Andresen

Komponentenbasierte
Softwareentwicklung

D1619635

 Bleiben Sie einfach auf dem Laufenden:
www.hanser.de/newsletter
Sofort anmelden und Monat für Monat
die neuesten Infos und Updates erhalten.

Andreas Andresen

Komponentenbasierte Softwareentwicklung

mit MDA, UML 2 und XML

2., neu bearbeitete Auflage

HANSER

Andreas Andresen hat als Methoden-Experte, Software-Architekt und Projektleiter zahlreiche Projekte auf der Basis objektorientierter und komponentenbasierter Methodik durchgeführt. Dabei ist er bei namhaften Unternehmen u.a. in den Bereichen Banken, Versicherungen, Telekommunikation und Medien tätig. Schwerpunkt seiner Tätigkeit ist die Steuerung und Architektur innovativer Softwareprojekte. Neben der Leitung anspruchsvoller Projekte führt er Schulungen zu komponentenbasierten Vorgehensmodellen, UML und MDA durch.

Das in diesem Buch vorgestellte Vorgehen zur komponentenbasierten Entwicklung basiert auf dem agilen Vorgehensmodell $S = k*c^2$®, das die von ihm gegründete andreas andresen consulting gmbh entwickelt hat.

www.hanser.de

Bibliografische Information Der Deutschen Bibliothek:

Die Deutsche Bibliothek verzeichnet diese Publikation in der Deutschen Nationalbibliografie; detaillierte bibliografische Daten sind im Internet über http://dnb.ddb.de abrufbar.

© 2004 Carl Hanser Verlag München Wien
Lektorat: Margarete Metzger
Herstellung: Irene Weilhart
Datenbelichtung, Druck und Bindung: Kösel, Krugzell
Printed in Germany

ISBN 3-446-22915-9

Inhalt

Für Tinka, Felix und Kiki

Vorwort

Software-Projekte werden zunehmend von Faktoren wie Kostenreduzierung, schnelleres Time-to-Market, Flexibilität, Erweiterbarkeit, Wiederverwendung, Sicherheitsaspekte etc. bestimmt. Um diesen Anforderungen Genüge leisten zu können, bedarf es eines Vorgehensmodells, das diese Aspekte explizit behandelt, in zeitkritischen Projekten einfach anzuwenden ist, sich stetig ändernde Anforderungen berücksichtigt und gleichzeitig die Qualität der zu entwickelnden Artefakte[1] gewährleistet. Ein solches Vorgehensmodell sollte in heterogenen System-Landschaften nutzbar sein und bestehende Systeme und Komponenten berücksichtigen können. Es sollte ein Modell sein, das mit Hilfe bewährter Standards (UML, OCL, XML, MDA) die Spezifikation und Interaktion von Komponenten und Systemen beschreibt; das sich nicht auf die Ausarbeitung einzelner Komponenten beschränkt, sondern ebenso zur Integration verschiedenster Komponenten und Systeme geeignet ist. Ein solches Vorgehensmodell sollte über Beschreibungsmittel verfügen, die für komponenten-basierte Anwendungen im Frontend- und Backend-Bereich, im Web- und E-Business-Umfeld, für die Anbindung XML-basierter Systeme oder u.a. für die Nutzung Message-orientierter Middleware brauchbar sind.

Das in diesem Buch vorgestellte Vorgehensmodell behandelt all diese Aspekte. Es ist ein Hands-On-Leitfaden zur Durchführung komponentenbasierter Projekte in heterogenen System-Landschaften mit agilen Ansätzen. Es kann zur Spezifikation einzelner Komponenten und Systeme wie zur Ausarbeitung komplexer Systeme eingesetzt werden. Das Vorgehensmodell eignet sich sowohl dazu, agil genutzt zu werden, als auch planungsgesteuert in größeren Projekten.

Dieses komponentenbasierte Vorgehensmodell beschreibt Aktivitäten und best practices zur

- Konzeption und Spezifikation von Komponenten,
- Modellierung und Architektur von Komponenten,
- Interaktion und Kommunikation von Komponenten,
- Integration bestehender Systeme und Komponenten,
- Entwicklung und Verteilung von Komponenten.

Darüber hinaus beschreibt es

- einen agilen Vorgehens- und Modellierungsansatz,
- architektonische Sichten für alle Entwicklungskontexte,
- Aspekte zur Wiederverwendung und Qualitätssicherung von Komponenten,
- Rollen, Skills und eine effiziente Projektorganisation.

Architekturen und architektonische Sichten eines Architektur-Frameworks sind das zentrale Instrument sowohl zur Spezifikation und Konstruktion von Komponenten als auch zur Beschreibung der Integration bestehender Systeme und Komponenten. Dieses Vorgehensmo-

---

[1] Artefakt = Arbeits-Ergebnis oder auch Arbeits-Produkt im Kontext der Software-Entwicklung. Dies kann die Beschreibung einer Architektur, eine Software-Komponente, ein Analyse- oder Design-Ergebnis, ein Verfahren, eine Anleitung, eine ausführbare Datei etc. sein.

dell ist konform zur Model Driven Architecture (MDA) der Object Management Group (OMG) entwickelt worden. Es kann für beliebige Komponenten-Standards genutzt werden und legt zur Modellierung von Komponenten die Unified Modeling Language (UML) zugrunde. Das Vorgehensmodell nutzt die eXtensible Markup Language (XML) zur Integration von Unternehmensanwendungen und dem Entwurf von Portalen. Es wird dargestellt, wie UML und XML aufeinander abbildbar sind. Anhand einer Roadmap für Komponenten-Systeme wird in Form eines durchgängigen Beispiels – auf Basis der J2EE-Spezifikation – eine erfolgreiche Anwendung des Vorgehensmodells beschrieben. Darüber hinaus werden gängige Standards der Komponententechnologie (J2EE, COM+, CCM, .NET) und deren Kommunikationsmodelle dargestellt und verglichen.

In der heutigen und zukünftigen Software-Entwicklung geht es zunehmend darum, verschiedenste Systeme und Komponenten zu vernetzen und miteinander kommunizieren zu lassen. Dieses Vorgehensmodell behandelt die Interaktion, Kommunikation und Integration von Komponenten und Systemen explizit. Damit stellt sich das hier beschriebene Vorgehensmodell den Anforderungen der „vierten Revolution"[2] – Anforderungen, die auf die Aspekte einer zunehmend mobileren und dynamischeren Informationswelt ausgerichtet sind.

Die Idee zu diesem Buch entstand aufgrund umfangreicher Projekterfahrungen rund um die komponentenbasierte Entwicklung, die mir die Notwendigkeit eines neuen Ansatzes im Kontext der komponentenbasierten Entwicklung deutlich gemacht haben. Das Vorgehensmodell wurde entwickelt, weil es an adäquaten Vorgehensmodellen mangelt, die sich explizit mit den Themen befassen, die im Kontext der Entwicklung komponentenbasierter, vernetzter Systeme in heterogenen Landschaften behandelt werden müssen. Es gibt zwar Vorgehensmodelle, die u.a. eine komponentenbasierte Entwicklung beschreiben, doch haben diese meist ihren Schwerpunkt in der Ausarbeitung von Objekten und sind entweder sehr granular oder so umfangreich, dass sie in der Praxis nur mit Mühe anzuwenden sind. Die heutige Entwicklung komponentenbasierter Systeme benötigt Vorgehensmodelle, die explizit Komponenten adressieren, schnell und einfach anzuwenden sind und dabei auch in einem heterogenen, vernetzten, unternehmensweiten System-Umfeld nutzbar sind.

Dieses Buch wendet sich an Software-Entwickler, System-Analytiker, Software-Architekten, Methoden-Experten, QS-Verantwortliche und Projekt- und IT-Manager anspruchsvoller, zeitkritischer, komponentenbasierter Projekte. Es ist als systematischer Leitfaden zur Entwicklung komponentenbasierter Systeme aufgebaut. Bewährte best practices aus dem Umfeld der komponentenbasierten Entwicklung und Erfahrungswerte des Autors werden als Tipps in grauen Balken hervorgehoben. Charakteristische Merkmale komponentenbasierter Entwicklung werden als Hinweise in Gestalt von Marginalien dargestellt.

Tabelle 1.1 bildet die Kapitel des Buches auf verschiedene Lesergruppen mit ihren jeweiligen Interessens-Schwerpunkten ab.

Ich würde mich freuen, wenn dieses Buch dazu beiträgt, Ihre komponentenbasierten Projekte erfolgreich zu meistern. Anregungen, Hinweise und Ideen nehme ich gerne entgegen (info@andreasandresen.de bzw. www.andreasandresen.de).

---

[2] Die vierte Revolution: Kommunikations-Systeme, Portale, IT-Systeme und Medien verschmelzen zu multifunktionalen, interaktiven Infotainment-Fabriken. Es werden komplexe, multimediale Informationshybride geschaffen.

Tabelle 1.1: Lesergruppen

Lesergruppe	Interessens-Schwerpunkte	Kapitel
IT-Manager, IT-Projektleiter, IT-Verantwortliche.	Sie haben wenig Zeit, sich mit Details auseinanderzusetzen und beabsichtigen auch nicht, selbst Software zu entwickeln, interessieren sich aber für komponentenbasierte Entwicklung und moderne Technologien. Sie möchten erfahren, wie man komponentenbasierte Projekte in der Praxis durchführt und welche Aspekte dabei beachtet werden sollten.	Kapitel 1–12. Dabei die Kapitel 3, 4 und 6–9 nicht im Detail.
Senior-Software-Entwickler, System-Analytiker	Sie entwickeln seit vielen Jahren Software und möchten sich jetzt näher mit komponentenbasierter Softwareentwicklung befassen. Dazu möchten Sie eine praxisbezogene, übersichtliche Einführung in die zentralen Aspekte komponentenbasierter Entwicklung erhalten.	Kapitel 1–12
Software-Experte neuer Technologien, Methoden-Experte	Sie wissen, wie man Objekte und Komponenten entwickelt und kennen ggf. das eine oder andere Vorgehensmodell. Sie interessieren sich für innovative Ansätze und Vorgehensmodelle, die es ermöglichen, komponentenbasierte Software effizient und qualitätsgesichert zu entwickeln.	Kapitel 2, 5–9, 11–12
Software-Architekt	Sie sind Experte auf dem Gebiet der Software-Entwicklung und konzipieren Software-Architekturen. Sie interessieren sich für innovative Ansätze, architekturzentrierte Vorgehensmodelle und Architektur-Frameworks, die es ermöglichen, Software-Komponenten und komponentenbasierte Software-Architekturen effizient und qualitätsgesichert zu entwickeln.	Kapitel 2, 5–9, 11–12
QS-Verantwortlicher	Sie sind im Bereich des Qualitäts-Managements von Software-Projekten tätig und verfügen über eingehende Kenntnisse der Prozesse rund um die Software-Entwicklung. Sie interessieren sich für Vorgehensmodelle und Architektur-Frameworks, die es ermöglichen, alle Artefakte der Software-Entwicklung systematisch und übersichtlich zu erarbeiten und zu dokumentieren.	Kapitel 2, 5–9, 11–12
Software-Entwickler	Sie interessieren sich für Software-Entwicklung und haben auch schon erste Erfahrungen gesammelt. Sie wünschen sich – in Form eines systematischen Leitfadens – eine umfassende, übersichtliche Einführung in das Thema der komponentenbasierten Software-Entwicklung.	Kapitel 1–12

Danksagung

Hiermit möchte ich mich bei allen bedanken, die zum Entstehungsprozess dieses Buches beigetragen haben – insbesondere bei Heike Klausener, Margarete Metzger, Gernot Starke und Irene Weilhart für hilfreiche Hinweise und Vorschläge zum Aufbau und zur Gestaltung des Buches. Besonderer Dank gilt dem Carl Hanser Verlag für die sehr konstruktive Zusammenarbeit.

1 Erfolg mit Komponenten

- Warum entwickelt man Komponenten?
- Warum benötigt man ein Vorgehensmodell?
- Welche Anforderungen werden an Komponenten-Architekturen gestellt?
- Welche Erfolgsfaktoren können zur Entwicklung von Komponenten genutzt werden?

1.1 Warum Komponenten?

Eine Software-Komponente besteht aus einem Software-Code, der eine spezifische Funktionalität zusammen mit einer Anzahl definierter Schnittstellen implementiert. Eine Software-Komponente kapselt einen spezifischen Bereich eines Geschäftsfeldes ein, ohne eine in sich abgeschlossene Applikation darzustellen. Eine Komponente kann nicht für sich alleine ablaufen. Komponenten können jedoch wie Teile eines Puzzles zusammengesetzt und zur Umsetzung eines Bereiches einer Geschäftslogik genutzt werden.

Wiederverwendbare Software-Bausteine

Ein wesentlicher Gedanke, der sich hinter der Entwicklung von Komponenten verbirgt, ist der Aspekt des wiederverwendbaren, bausteinartigen Moduls. Ein Interessent einer Komponente kann diese erwerben und ihre Funktionalität für seine Zwecke entsprechend nutzen: Z.B. indem er sie mit anderen Komponenten kombiniert, um so auf einfache Art und Weise einen Geschäftsbereich softwaretechnisch abzubilden. Er muss beim Einsatz einer inhaltlich zu seinem Aufgabenbereich passenden Komponente lediglich darauf achten, ihrer Schnittstellen-Spezifikation zu entsprechen und das zugrunde liegende Komponenten-Modell (Container der Komponente, Transaktionshandling, Persistierungsdienste, Sicherheitsaspekte, Lifecycle etc.) zu berücksichtigen. Damit könnte eine Komponente zu einer Art Ware werden, die käuflich von einem Anbieter erworben werden kann, um diese gewinnbringend im eigenen Unternehmensbereich einzusetzen.

> Realisieren Sie Komponenten als anwendungsspezifische Software-Bausteine.

Komponenten sind als Software-Bausteine in der Lage, den Anwendungskontext in den Vordergrund zu rücken. Komponenten können so konstruiert werden, dass die von ihnen umzusetzende Geschäftslogik einen aus Anwendersicht darstellbaren Bereich abdeckt. Zum einen kann so die semantische Lücke zwischen Anforderung an ein Software-Modul und Umsetzung dieses Moduls minimiert werden, zum anderen kann Software unabhängig von ihrer technischen Umsetzung konzipiert werden. Damit wird die Konzeption, Spezifikation und Entwicklung von Software erleichtert.

Trennung von Zuständigkeiten

Funktionale und technische Aspekte werden in verschiedenen Software-Modulen gekapselt. Die rein fachliche Business-Logik, welche zur Umsetzung der Geschäftsprozesse aus funktionaler Sicht dient, wird getrennt von der rein technischen Infrastruktur für die Abwicklung dieser Prozesse: Transaktionshandling, Nebenläufigkeit, Ressourcenmanagement, Sicherheit, Persistenz. Der Entwickler der Business-Logik kann sich auf seine rein fachlichen Aspekte konzentrieren, der System-Entwickler kann die dafür notwendige Infrastruktur liefern.

Die heutige Software-Landschaft ist geprägt von einer zunehmenden Verteilung der Software sowohl auf verschiedene Schichten innerhalb einer Applikation als auch auf verschiedene Rechner in einer verteilten Umgebung. Komponenten erleichtern eine solche Trennung von Zuständigkeiten. Gründe dieser zunehmenden Verteilung sind u.a. die Forderung nach Flexibilisierung von Software im Sinne ihrer Erweiterbarkeit und Anpassbarkeit, und die Forderung nach Skalierbarkeit von Software.

Gerade im Zeitalter von Internet, Intranet und Extranet sollen Software-Systeme dazu in der Lage sein, sowohl eine zunehmende Zahl von Nutzern abzudecken, als auch ein gutes Laufzeitverhalten zu erzielen. Die komponentenbasierte Entwicklung adressiert gerade diese Verteilbarkeit. Komponenten sind überschaubar große Software-Module, die unter Einhaltung architektonischer Erfordernisse und spezifischer Komponenten-Modelle bzw. Komponenten-Standards unternehmensweit und unternehmensübergreifend verteilt werden können.

Verbesserung der Software-Qualität

Komponenten können einfach mit anderen Komponenten kombiniert werden und Software muss nicht für jeden Bereich eigens neu entwickelt werden. Die unternehmensweite und unternehmensübergreifende Nutzung von Software wird grundlegend vereinfacht. Darüber hinaus lassen sich Komponenten leicht durch verbesserte oder veränderte Komponenten austauschen, da eine Komponente lediglich ihrer Spezifikation und ihrem Komponentenmodell Genüge leisten muss. Komponenten verbessern damit die Software-Qualität, da sie dazu beitragen, den Produktaspekt der Software in den Vordergrund zu rücken. Eine Komponente kann im Laufe ihrer Entwicklung zusehends verbessert und verfeinert werden, ohne ihre Schnittstellen nach außen grundsätzlich ändern zu müssen.

Komponenten reduzieren die Kosten

Durch diese Konzentration auf die Qualität einer Software reduzieren sich die Gesamtkosten für die Entwicklung von Software; Komponenten haben als Experten-Module meist weniger Fehler und weisen ein besseres Laufzeitverhalten auf als ständig neu zu entwickelnde in sich geschlossene Software bzw. monolithische Software-Systeme. Damit reduziert die komponentenbasierte Entwicklung den Total Cost of Ownership (TCO).

Vorteile von Komponenten

Komponenten liefern die folgenden Vorteile:
- Sie kapseln Geschäftslogik in eigenständige Module.
- Sie haben eine überschaubare Größenordnung.
- Sie trennen Zuständigkeiten.
- Sie sind einfach einsetzbar und kombinierbar.
- Sie sind unternehmensweit und unternehmensübergreifend nutzbar.
- Sie sind einfach wiederverwendbar.
- Sie fördern eine schnelle Applikationsentwicklung.

- Sie dienen einer flexiblen Verteilung von Software.
- Sie sind einfach auszutauschen.
- Sie verbessern ihre Qualität im Laufe der Zeit.
- Sie reduzieren den Total Cost of Ownership.
- Sie können als Produkte käuflich erworben werden.

Die Vorteile von Komponenten wurden in der Software-Industrie vor vielen Jahren erkannt und aufgegriffen. Mittlerweile zeugen die heutigen Komponenten-Standards wie die J2EE-Spezifikation (Java 2 Enterprise Edition) von SUN Microsystems, das CCM (CORBA Component Model) der Object Management Group, die COM+- und .NET-Standards von Microsoft von der Marktreife der komponentenbasierten Entwicklung.

1.2   Warum ein Vorgehensmodell?

Warum benötigt man ein Vorgehensmodell für die Entwicklung von Komponenten, wenn diese – für sich betrachtet – relativ einfach entwickelt werden können? Analog könnte man die Frage formulieren: Warum benötigt man qualitätsgesicherte Entwicklungsprozesse, um Autos zu bauen? Es sind eine Vielzahl von Teilen bzw. Komponenten für ein funktionsfähiges Auto zu entwickeln: Achsen, Getriebe, Motor, Aufhängung, Karosserie, Reifen etc. und nicht zuletzt für ihre Nutzung auch gut asphaltierte Straßen. Aber nicht nur die einzelnen Teile sind zu entwickeln, sie sind auch perfekt aufeinander abzustimmen, damit ihr Zusammenspiel reibungslos funktioniert und das Auto nicht an jeder Straßenecke mit einem neuen Schaden stehen bleibt. Ohne qualitätsgesicherte Fertigungsprozesse und ohne Straßen lassen sich Autos weder sicher bauen noch bequem fahren. Ähnliche Argumente gelten auch für die Komponenten eines komplexen Software-Systems, die sehr gut aufeinander abgestimmt sein müssen, damit das Software-System reibungslos entwickelt werden kann, funktionsfähig ist und während der Laufzeit nicht durch Fehlverhalten, Ausnahmefälle oder sogar Ausfälle und unzumutbare Performance- oder Sicherheitseinbußen den Nutzer verärgert.

Die Automobilindustrie hat viele Jahre benötigt, um effiziente Vorgehensprozesse zu entwickeln, die qualitativ hochwertige Autos hervorbringen. Die komponentenorientierte Software-Industrie hat in dieser Hinsicht noch viel vor sich. Für die Entwicklung von qualitativ hochwertiger komponentenbasierter Software ist ein Vorgehen zu nutzen, das es erlaubt, den Erfordernissen des Marktes entsprechend schnell und gleichzeitig hochwertig zu entwickeln. Ein solches Vorgehensmodell zur Entwicklung von Software-Komponenten und der Abstimmung des Zusammenspiels aller Komponenten stellt ähnlich wie eine Fertigungsstraße in der Autoindustrie die Infrastruktur für die Entwicklung qualitativ hochwertiger komponentenbasierter Software-Systeme dar. Ein solches Vorgehensmodell dient der qualitätsgesicherten Entwicklung von Software-Komponenten, deren Zusammenspiel mit anderen Komponenten und deren Erweiterung bzw. Anpassung.

Ein komponentenorientiertes Vorgehensmodell muss die Entwicklung von Komponenten, ihr Zusammenspiel und ihre flexible Erweiterung ermöglichen. Mir sind leider eine Vielzahl von Software-Projekten bekannt, die gerade das Vorgehensmodell bei der Entwicklung komponentenbasierter Software-Systeme derartig vernachlässigt haben, dass diese Projekte häufig zu scheitern drohten oder sogar ganz eingestellt wurden.

Die Notwendigkeit für ein effizientes Vorgehensmodell soll ein weiteres Beispiel „aus dem Leben" veranschaulichen.

1.2.1 Eine wahre Geschichte

Animiert durch viele Siege im Ostseeraum, befahl König Gustavus Adolphus von Schweden im Jahre 1625, die Vasa zu bauen. Es sollte das größte Flaggschiff seiner Flotte, ja der gesamten europäischen Flotte werden. Um dieses Schiff zu bauen, nahm er den holländischen Schiffsbauer Henrick Hybertsson unter Vertrag. Nach einer kurzen Diskussion der Anforderungen an das Flaggschiff zog sich der Schiffsbauer zurück, um ein Modell des zu bauenden Schiffes herzustellen. Der König war mit diesem Entwurf der Vasa sehr zufrieden und stellte eigens einen kleinen Eichenwald zur Abholzung zur Verfügung.

Es gab keinerlei Aufzeichnungen. Die Baumstämme wurden in der Annahme gefällt, dass das Schiff 108 Fuß lang werden würde. Jedoch änderte der König nach einer ersten Besichtigung seine Anforderungen und befahl, das Schiff nun mit einer Länge von 135 Fuß zu bauen. Der Schiffsbauer versuchte diesen Anforderungen zu entsprechen, verlängerte das Schiff auf 120 Fuß, indem er an die vorhandenen Planken neue Planken anzimmern ließ. Unterdessen zog sich der König für einen Sommeraufenthalt in den Süden Schwedens zurück. Hier erfuhr er, dass der dänische König den Bau eines Schiffes mit drei Kanonendecks beauftragt hatte, dies wäre ein Kanonendeck mehr, als die Vasa haben sollte. Nach Rückkehr in seine Stockholmer Residenz, begutachtete der schwedische König den Schiffsbau und zeigte sich äußerst beeindruckt von Architektur, Ornamenten und Verzierungen der entstehenden Vasa. Er stimmte dem weiteren Bau des Schiffes mit einer weiteren Modifikation zu: Es sollte ein zusätzliches Kanonendeck bekommen, um weitere 50 Kanonen unterbringen zu können. Des Weiteren befahl er, das Schiff einige Monate vor dem ursprünglich anvisierten Termin fertig stellen zu lassen, ohne Rücksicht auf die Kosten. Der Schiffsbauer war fassungslos, wie konnte der König solch eine große bauliche Veränderung fordern, nachdem der Kiel gelegt und alle Planken nahezu eingearbeitet waren? Doch den Wünschen des Königs konnte der Schiffsbauer nicht widersprechen und stimmte diesen neuen Anforderungen widerstrebend zu.

Bedingt durch diese Stresssituation wurde der Schiffsbauer Henrik Hybertsson ein Jahr vor Fertigstellung der Vasa sehr krank und starb. Man ernannte seinen Bruder und Geschäftspartner, Arent Hybertsson de Groote, zum neuen Schiffsbaumeister, obwohl dieser bekanntermaßen über weit weniger Erfahrung im Schiffsbau verfügte als sein verstorbener Bruder. Im Jahre 1625 gab es noch keinerlei Mathematik oder Physik, man modellierte, konstruierte und lernte. Außerdem wurden Details zum Bau erfolgreicher Schiffe wie Geheimnisse gehütet. Da die Architektur des im Bau befindlichen Schiffes in keiner Weise den Gewichtsverhältnissen eines neuen Decks Rechnung trug, schätzte der neue Schiffsbaumeister einen zusätzlich erforderlichen Ballast von 130 Tonnen zu den bisherigen 122 Tonnen Ballast. Doch unter Deck war für diesen zusätzlichen Ballast kein Raum vorgesehen, so dass man seine Unterbringung zunächst zurückstellte. An Deck wurden jedoch den Anforderungen eines neuen Kanonendecks entsprechend neue Planken eingezogen und das Schiff verbreitert.

Nachdem alle Veränderungen an der Vasa durchgeführt worden waren, ließ ein Admiral einen Stabilitätstest im Hafen durchführen, indem er 30 Matrosen befahl, von einer Seite des Schiffdecks auf die andere zu laufen. Das Ergebnis dieses Tests wurde als zufriedenstellend bewertet, obwohl das Schiff erheblich krängte, als die Matrosen zum dritten Mal über das Deck liefen. Das Schiff wurde jedoch als erfolgreich fertig gestellt deklariert, da niemand eine Abhilfe wusste und der König auf die zügige Fertigstellung pochte.

Die Jungfernfahrt der Vasa aus dem Hafen von Stockholm fand an einem Sonntag im August 1628 statt. Bedacht mit vielen Beifallsrufen und begleitet von vielen kleineren Segelbooten fuhr die Vasa in die vorgelagerten Schären von Stockholm. Etwa eine Seemeile vom Stockholmer Hafen entfernt kam ein leichte Brise auf, der die Hauptrahsegel des Schiffs erfasste, es kippte über und sank sofort.

Was können wir aus dieser wahren Begebenheit lernen?

- Zur Zeit des Baus konnten die Schiffsbauer offensichtlich unrealistische Kundenanforderungen noch nicht ablehnen.
- Der Schiffsbau kannte damals noch kein methodisch fundiertes Vorgehen.
- Man kannte noch keine ingenieurmäßige Wissenschaft.
- Anforderungen wurden meist mündlich überliefert.
- Entscheidendes Know-how wurde mündlich vererbt.
- Design-Methoden waren nicht ausreichend, basierten auf Skizzen, Modellen und deren Extrapolierungen.
- Die Implikationen, die veränderte Anforderungen mit sich brachten, wurden in ihrer Tragweite nicht verstanden (beispielsweise der Aufbau des zusätzlichen Kanonen-Decks).
- Anzeichen von Schwierigkeiten (beispielsweise das Ergebnis der Tests) wurden nicht ausreichend kritisch gewürdigt.
- Die Kommunikation unter den Experten war offensichtlich unzureichend.
- Arbeitsergebnisse verschiedener Phasen des Baus wurden keiner ausreichenden Qualitätssicherung unterzogen.
- Es wurde viel Zeit in Ornamente und Verzierungen gesteckt, nicht aber in den Nachweis der Seetüchtigkeit des Schiffes.

Die Geschichte zeigt, wie wichtig das gewählte Vorgehen, eine genaue Vorstellung des Produktes, qualifizierte Mitarbeiter und ein klar umrissenes Projekt für den Erfolg der Entwicklung sind. Sie macht deutlich, dass wichtige Informationen während der Entwicklung des Schiffes nicht adäquat kommuniziert bzw. bewertet wurden. Insbesondere rückt sie die essentielle Bedeutung des Umgangs mit Kunden-Anforderungen in den Vordergrund. Die Anforderungen der Auftraggeber sind Auslöser allen Wirkens. Anforderungen bilden die Messlatten, an denen sich alles Tun orientiert. Veränderte Anforderungen liefern veränderte Impulse, diese müssen mit den ursprünglichen Anforderungen in Einklang gebracht werden, müssen mit ihnen harmonieren. Daher ist ein qualifiziertes Anforderungs-Management für den Erfolg eines Projektes entscheidend.

> **Setzen Sie ein effizientes Anforderungs- und Change-Management auf.**

Im Schiffsbau muss ein Vorgehensmodell mitsamt allen Prozessen zur Entwicklung des Schiffes dazu beitragen, dass die Anforderungen der Auftraggeber qualitätsgesichert umgesetzt werden und das Schiff seetüchtig, langlebig und stabil konstruiert wird. In der Software-Industrie muss ein Vorgehensmodell dazu beitragen, dass die Software den Anforderungen der Auftraggeber entsprechend qualitätsgesichert entwickelt wird, robust und stabil ist und darüber hinaus den sich schnell verändernden Anforderungen des Marktes flexibel anpassen kann. Komponentenbasierte Entwicklung kann sich nicht darauf beschränken, ein Software-System solide zu entwickeln, dieses Software-System muss darüber hinaus flexibel erweiterbar sein.

1.3   Anforderungen an Komponenten-Architekturen

Eine Komponente muss für die Architektur des Systems, von welchem sie genutzt werden soll, konzipiert sein. So benötigt z.b. eine EJB-Komponente ein Architekturumfeld gemäß des J2EE-Standards, damit sie über spezifische Schnittstellen mit anderen Komponenten kommunizieren kann. Doch nicht jede Komponente erfüllt jeden Kommunikations-Standard (RMI, CORBA, COM+, DCOM, .NET/SOAP etc.), und nicht jede Komponente kann mit jeder anderen Komponente interagieren. So kann z.b. eine EJB-Komponente nicht ohne spezifische architektonische Brücken mit einer CORBA-Komponente[3] oder COM+-Komponente kommunizieren.

Welche Anforderungen muss eine effiziente Komponenten-Architektur erfüllen?

Die Architektur eines komponentenbasierten Systems muss u.a. so konzipiert sein, dass

- das System eine einfache Kommunikation der Komponenten und Systeme untereinander ermöglicht;
- eine Kommunikation der Komponenten sowohl auf System-Ebene als auch unternehmensweit und unternehmensübergreifend möglich ist;
- komplexe Zusammenhänge innerhalb von Systemen und zwischen Komponenten und Systemen auf übersichtliche und einfache Weise strukturiert werden können;
- die Komponenten und Systeme effizient dimensioniert werden;
- Änderungen, Verbesserungen und Erweiterungen an Komponenten und Systemen auf einfache und flexible Weise ermöglicht werden;
- bestehende Komponenten einfach integriert werden können;
- Komponenten in flexiblen Schichten-Architekturen angeordnet werden können;
- eine einfache Wiederverwendung von Komponenten ermöglicht wird;
- die Zuständigkeiten klar getrennt sind;
- das System die Anforderungen in Bezug auf Robustheit, Zuverlässigkeit, Performance, Sicherheit, Skalierbarkeit etc. erfüllt.

Um diesen Anforderungen gerecht werden zu können, sollte sich eine Komponentenarchitektur aus Teilarchitekturen spezifischer architektonischer Sichten mit verschiedenen Abstraktionsebenen zusammensetzen. Komponenten sollten je nach Entwicklungskontext und -Schwerpunkt diesen verschiedenen architektonischen Sichten zugeordnet werden können. Das in diesem Buch vorgestellte Vorgehensmodell wurde auf der Grundlage der oben beschriebenen Anforderungen entwickelt.

1.4   Erfolgsfaktoren komponentenbasierter Entwicklung

Wir konzentrieren uns in diesem Buch ausschließlich auf die Ausarbeitung von Komponenten. Es geht nicht darum, die Grundlagen objektorientierter Entwicklung aufzuzeigen, oder darzustellen, wie Objekte entwickelt werden. Dieses Vorgehensmodell setzt auf Erkenntnissen und „best practices" namhafter Vorgehensprozesse auf – mit ausschließlicher Konzentration auf die Entwicklung von Komponenten.

---

[3]   Architektonische Brücke ist im wahrsten Sinne des Wortes ein zutreffende Bezeichnung, da z.B. CORBA-Komponenten gemäß dem CORBA Component Model über spezielle Brücken mit EJB-Komponenten kommunizieren können (siehe Kapitel 10).

Das Vorgehensmodell ist so konzipiert, dass es sofort einsetzbar, einfach zu verstehen und auf die Bedürfnisse der Praxis ausgerichtet ist. Es soll komponentenbasierte Projekte schnell zum Erfolg führen, ohne dabei die Qualität zu vernachlässigen. Qualität ist ein entscheidender Faktor im Sinne eines langfristigen Return on Investment und erfordert ein Vorgehen, das die Artefakte fortwährend verbessern und verfeinern kann. Es wird daher ein Vorgehen skizziert, mit dem schnell Ergebnisse erzielt werden und welches durch iterative Anwendung zu einer sukzessiven Verfeinerung und Verbesserung der erarbeiteten Artefakte führt. Durch Nutzung eines agilen, heuristischen Ansatzes können sich kontinuierlich ändernde Anforderungen während der Entwicklung bzw. Modellierung des Systems optimal berücksichtigt werden.

Dabei sind Wissen und Kommunikation die Eckpfeiler dieses Vorgehensmodells, sowohl in Bezug auf die Komponenten als Artefakte als auch in Bezug auf die Projektteilnehmer.

Eine Komponente wird verstanden als autonomer Wissensträger, der über Schnittstellen mit anderen Komponenten und Systemen Informationen auf Grundlage des eigenen Wissens austauscht. Wissen gepaart mit Kommunikation ist die Grundlage für einen gewinnbringenden Einsatz von Komponenten. Wissen für sich genommen schafft noch keinen Mehrwert. Erst durch die Nutzung des Wissens, also durch die Kommunikation von Informationen auf der Basis dieses Wissens, manifestiert eine Komponente im Verbund mit anderen Komponenten und Systemen ihr Verhalten. Return on Investment ist dann gegeben, wenn eine effiziente Kommunikation einen optimierten Informationsfluss ermöglicht und wenn das Wissen von Komponenten gewinnbringend in Gestalt effizienten Verhaltens eingesetzt und wiederverwendet werden kann.

Eine effiziente Kommunikation im Team und ein kontinuierlicher transparenter Wissensaufbau sind für den Erfolg eines Projektes entscheidend. Wissen kann implizit und explizit aufgebaut und genutzt werden. Implizites Wissen entsteht in den Köpfen der Mitarbeiter, explizites Wissen ist dokumentiertes Wissen. Je zugänglicher dieses implizite und explizite Wissen für alle Projektteilnehmer wird, d.h. je besser es im Team kommuniziert wird und je verständlicher die Dokumentation der Artefakte erfolgt, desto reibungsloser und schneller kann ein System entwickelt werden. Je größer ein Team ist, desto notwendiger ist es, Wissen so zu dokumentieren, dass es für Dritte nutzbar ist. Je kleiner ein Team, desto weniger lebenswichtig ist eine explizite Dokumentation erworbenen Wissens. Agilität wird oft interpretiert als Verzicht auf Dokumentation. Doch auch Software im Sinne von Source-Code ist ein Dokument. Wenn diese Software von anderen genutzt, d.h. erweitert oder verändert werden soll, ist auch hier eine entsprechende Dokumentation notwendig. Mit anderen Worten: Agilität und Dokumentation schließen einander nicht aus. Vielmehr ist bei jedem Projekt zu prüfen, welcher Grad an Dokumentation in welcher Form sinnvoll sind. Eine effiziente Kommunikation im Team bedeutet Minimierung von semantischen Lücken und ein Projektumfeld, das einen reibunglosen Austausch von implizitem und explizitem Wissen ermöglicht.

Die Erfolgsfaktoren dieses Vorgehensmodells sind:

1. Fokus auf Komponenten

2. Komponenten als autonome Wissensträger

3. Konzentration auf Kommunikation

4. Methodische Konsistenz

5. Iteratives und inkrementelles Vorgehen

6. Architekturzentrierter Ansatz

7. Trennung von Zuständigkeiten

8. Konzentration auf Wiederverwendung

9. Agiler, ergebnisorientierter Ansatz

10. Qualitätsorientierte Ausrichtung

Diese Erfolgsfaktoren werden mittels Nutzung eines Architektur-Frameworks und anhand einer Roadmap für Komponenten-Systeme veranschaulicht.

1.5   Weiterführende Literatur

[Bro 00]   Alan W. Brown: *Large-Scale, Component-Based Development*, Prentice Hall 2000

[Lan 80]   Landström: *Geschichte der Vasa*, erhältlich im Vasa Museum von Stockholm 1980

[MDA]   Object Management Group: *Model Driven Architecture*, www.omg.org/mda/

2 Methodisches Vorgehen

- Worin unterscheiden sich die Begriffe Sprache, Methode und Vorgehensmodell?
- Was muss ein komponentenbasiertes Vorgehensmodell leisten?
- Was versteht man unter einem komponentenbasierten Vorgehensmodell?
- Welche Merkmale kennzeichnen das hier vorgestellte Vorgehensmodell?

In diesem Kapitel soll das methodische Rüstzeug beschrieben werden, welches man zur effizienten komponentenbasierten Entwicklung benötigt.

2.1 Sprache, Methode, Vorgehensmodell

Eine Begriffsunterscheidung der oft synonym verwendeten Begriffe Sprache, Methode und Vorgehensmodell verdeutlicht ihre unterschiedlichen Schwerpunkte:

- Eine **Sprache**, insbesondere eine Modellierungssprache (wie die Unified Modeling Language) dient in erster Linie zur grafischen Beschreibung des umzusetzenden Systems; sie beschreibt die (überwiegend grafische) Notation.
- Eine **Methode** wird verwendet, um die für die Beschreibung notwendigen formalen Elemente konsistent und einheitlich zu verwenden; sie beschreibt Elemente und Aktivitäten, um mit Hilfe einer Modellierungssprache zu sinnvollen Ergebnissen zu kommen.
- Ein **Vorgehensmodell** beschreibt den koordinierten Ablauf aller Aktivitäten, um mit Hilfe der Modellierungssprache(n) und der zugrunde liegenden Methode(n) einen Konstruktionsprozess für ein Produkt – nicht notwendig nur für ein SW-Produkt – anzuleiten.

2.2 Anforderungen an ein Vorgehensmodell

Welche Anforderungen muss ein Vorgehensmodell zur Entwicklung von Komponenten erfüllen? Was muss ein Vorgehensmodell beschreiben?

▶ Die Komponente ist das zentrale Konzept

Ein komponentenbasiertes Vorgehensmodell muss den Entwicklungsprozess von der Idee, dem Entwurf, über die Entwicklung bis zur Qualitätssicherung und Erweiterung von Komponenten beschreiben. Dabei ist die Komponente der zentrale Begriff des Vorgehensmodells, sie stellt das Konzept dar, welches eine Durchgängigkeit über alle Entwicklungsphasen hinweg gewährleistet.

▶ Erweiterbares Rahmenwerk

Eine Komponente sollte so flexibel konstruiert werden können, dass sie einfach erweitert, angepasst und wiederverwendet werden kann. Das in diesem Buch verwendeten Architektur-Framework ermöglicht es, Komponenten-Systeme in einem erweiterbaren Rahmenwerk zu spezifizieren und zu entwickeln.

▸ Integration erworbener Komponenten

Komponenten lassen sich auf zweierlei Art nutzen: Sie können als erworbene bzw. wiederverwendete Komponenten von einer bestehenden Systemlandschaft genutzt werden oder sie
können als neu entwickelte Komponenten in eine bestehende Architektur eingebettet werden. Das in diesem Buch vorgestellte Vorgehensmodell berücksichtigt beide Ansätze.

▸ Effiziente Projektorganisation

Um Komponenten effizient entwickeln zu können, sollte eine Projektorganisation beschrieben werden, die für eine erfolgreiche Umsetzung solcher Entwicklungsprozesse Grundlage
ist. Des Weiteren sollten Anforderungs-Management, Qualitätssicherung und die Wiederverwendung von Komponenten dargestellt werden.

▸ Entwicklung, Architektur und Qualitätssicherung ganzheitlich betrachten

Erst durch eine ganzheitliche Betrachtung der Entwicklung, der Architektur und der Qualitätssicherung von Komponenten in und der Einbindung dieser in die Prozesse eines Unternehmens kann ein erfolgreicher Weg zu einer komponentenbasierten IT-Landschaft beschrieben werden.

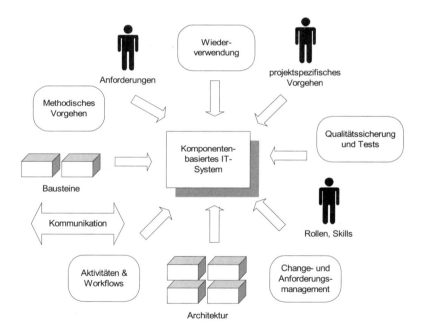

Abbildung 2.1: Parameter, die ein Vorgehensmodell berücksichtigen muss

Abbildung 2.1 veranschaulicht die Parameter, die ein Vorgehensmodell berücksichtigen
muss. Um ein solches Vorgehensmodell gewinnbringend zu nutzen, sind die in Abschnitt
1.4 beschriebenen Erfolgsfaktoren für die komponentenbasierte Entwicklung hilfreich.

2.3 Komponentenbasiertes Vorgehensmodell

Was ist ein komponentenbasiertes Vorgehensmodell?

Ein komponentenbasiertes Vorgehensmodell beinhaltet zum einen die Beschreibung eines Vorgehens zur Entwicklung von Komponenten auf der Basis eines methodischen Ansatzes und zum anderen die Modellierung von Komponenten auf der Basis spezifischer Modellierungssprachen. Ein Schwerpunkt dieses Vorgehensmodells ist die Beschreibung einer effizienten Kommunikation von Komponenten. Aus Sicht eines Clients unterscheiden sich Komponenten voneinander durch ihre Schnittstellen. Es sind insbesondere die Schnittstellen, die die Art und Weise der Kommunikation von Komponenten festlegen. Wir definieren ein komponentenbasiertes Vorgehensmodell folgendermaßen:

> **Definition:** Ein *komponentenbasiertes Vorgehensmodell* beschreibt alle Aktivitäten im Kontext eines vollständigen Software-Entwicklungszyklus auf der Basis von Komponenten. Workflows, Architekturen, Sichten und Bausteine dienen der Konzeption, Spezifikation, Strukturierung, Implementierung, Kommunikation und Verteilung von Komponenten. Zur Modellierung und Entwicklung der Komponenten werden spezifische Modellierungssprachen (z.B. UML, OCL) und Methoden (z.B. generative Entwicklung nach MDA, agile Modellierung) genutzt.

Das in diesem Buch beschriebene komponentenbasierte Vorgehensmodell nutzt einen architekturzentrierten Ansatz, der auf einem Architektur-Framework basiert, welches konform zur Model Driven Architecture ist. Es nimmt explizit Bezug auf die Modellierungssprache UML und die Beschreibungssprachen XML und OCL. Artefakte werden iterativ und inkrementell erarbeitet. Das Vorgehen ist agil und heuristisch; d.h. es kann optimal mit agilen Ansätzen genutzt werden, ist jedoch auch für einen stark planungsorientierten Ansatz nutzbar.

> ▸ Entwicklung beginnt mit der Idee von einer
> Komponente

Die Idee von einer Komponente stellt die Wurzel aller Aktivitäten zur Ausgestaltung der Komponente dar. Wichtig dabei ist zu betonen, dass zu Beginn der Entwicklung einer Komponente nicht etwa ein Objekt oder eine Reihe von Objekten stehen, aus denen heraus die Komponente geformt werden soll. Die Komponente selbst steht im Vordergrund, sie ist es, deren Eigenschaften definiert und beschrieben werden müssen. Die Objekte, aus denen sich eine Komponente dann zusammensetzt, orientieren sich an ihren definierten Eigenschaften.[4]

---

[4] Eine Komponente muss sich nicht notwendig aus Objekten zusammensetzen, sie kann auch prozedural programmiert sein. Entscheidend ist, dass sie sich nach außen hin als Komponente darstellt. Auf das Innere einer Komponente lässt sich nur über dedizierte Schnittstellen zugreifen, es ist von außen nicht sichtbar.

2.3.1 Merkmale des Vorgehensmodells

Basierend auf den Erfolgsfaktoren komponentenbasierter Entwicklung (siehe Abschnitt 1.4) und der obigen Definition komponentenbasierter Entwicklung, ist das hier beschriebene Vorgehensmodell gekennzeichnet durch:

- ein iteratives und inkrementelles Vorgehen,[5]
- einen achitekturzentrierten Ansatz,
- eine kommunikationsorientierte Betrachtung,
- ein agiles Vorgehen,
- ein einfache Erarbeitung der Artefakte,
- eine qualitätsorientierte Ausrichtung.

Dies wird in den folgenden Abschnitten erläutert.

Iteratives und inkrementelles Vorgehen

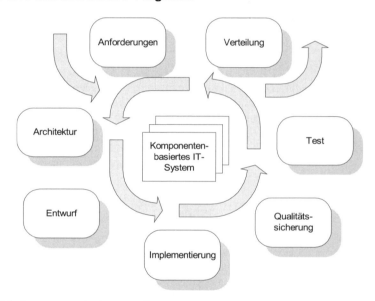

Abbildung 2.2: Iterativer und inkrementeller Ansatz

Das hier zugrunde gelegte Vorgehen ist iterativ und inkrementell: Artefakte, die zu erarbeiten sind, werden im Laufe eines Projektes bzw. während einer Produktentwicklung kontinuierlich verfeinert. Zur Entwicklung eines Artefaktes bzw. eines Produktes werden mehrere Entwicklungszyklen durchlaufen. Entwicklungszyklen werden iterativ so lange wiederholt, bis die geforderte Funktionalität und Qualität des zu erstellenden Produktes erarbeitet wurde. Dabei wächst das zu erstellende Produkt inkrementell an.

---

[5]   Es soll an dieser Stelle nicht weiter auf eine Unterscheidung zu anderen denkbaren Ansätzen (Wasserfallmodell, funktionale Dekomposition etc.) eingegangen werden, dies wird in der Literatur ausführlich behandelt.

> Entwickeln Sie Ihre Software-Systeme iterativ und inkrementell.

Abbildung 2.2 veranschaulicht den iterativen und inkrementellen Ansatz. Die genannten Phasen bzw. Workflows können teils parallel bearbeitet werden. Die im Rahmen der Workflows durchzuführenden Aktivitäten werden in den Kapiteln 6 bis 9 beschrieben.

Architekturzentrierter Ansatz

Die Gesamtarchitektur eines Software-Systems wird im Rahmen eines Architektur-Frameworks in Teilarchitekturen und architektonischen Sichten verschiedener Abstraktionsebenen unterteilt. Dieses architekturzentrierte Vorgehen entspricht dem Ansatz der Model Driven Architecture (MDA) der Object Management Group. Die MDA trennt die Geschäftslogik – die in Gestalt abstrakter Modelle spezifiziert wird – vom technischen Teil eines Systems. Ein Modell ist gemäß der MDA eine formale Repräsentation eines Systems oder Teilsystems, welches in der Regel über die Unified Modeling Language (UML) abgebildet wird.

> Nutzen Sie Teilarchitekturen zur Beschreibung und Modellierung Ihrer Artefakte.

Komponenten können als logische und als physische Komponenten modelliert werden. Mit Hilfe der UML ist eine statische und dynamische Modellierung von Komponenten möglich. Komponenten können unabhängig von spezifischen Komponenten-Standards spezifiziert werden. Komponenten-Spezifikationen dienen als Grundlage zur Implementierung von Komponenten mittels spezifischer Komponenten-Standards.

> Nutzen Sie geeignete UML-Modelle zur Modellierung Ihrer Komponenten.

Komponenten können zu Systemen zusammengesetzt werden, die ihrerseits als Komponenten konzipiert werden können. In Detailansichten lässt sich das Innenleben einer Komponente oder eines Systems darstellen. Verschiedene Arten von Komponenten können spezifischen System-Ebenen eines Komponenten-Systems zugeordnet werden.

> Nutzen Sie geeignete Bausteine und System-Ebenen zur Modellierung
> komponentenbasierter Systeme.

Die Architektur bildet die konzeptionelle Grundlage eines komponentenbasierten Systems. Alle zu erarbeitenden Artefakte können spezifischen architektonischen Sichten zugeordnet werden. Architektonische Sichten auf die jeweiligen Artefakte dienen einer effizienten und transparenten Abstimmung der Ergebnisse im Projektteam bzw. mit dem Management und den Auftraggebern.

> Nutzen Sie architektonische Sichten zur effizienten Darstellung Ihrer Artefakte.

Schichten-Architekturen gewährleisten eine lose Kopplung von Komponenten. Die Erweiterung, Skalierbarkeit und Wiederverwendung komponentenbasierter Systeme wird durch effiziente Komponenten-Architekturen erleichtert.

> Nutzen Sie effiziente Komponenten-Architekturen.

Diese Aspekte rund um die Architektur von Komponenten werden in den Kapiteln 4 bis 1 ausführlich behandelt.

Kommunikationsorientierter Ansatz

Komponentenbasierte Software-Systeme sind dann effizient nutzbar, wenn die Komponenten reibungslos miteinander kommunizieren können. Eine reibungslose Kommunikation setzt einen klaren Informationsfluss und eine effiziente Schnittstellen-Spezifikation voraus.

Der Informationsfluss zwischen Komponenten kann mittels geeigneter UML-Modelle dargestellt werden. Die Nutzung und Realisierung von Schnittstellen kann mittels Verträgen spezifiziert werden. Der Modellierung des Informationsflusses und der Spezifikation von Schnittstellen in Form spezifischer UML-Modelle wird ein besonderer Raum gewidmet (siehe Kapitel 7).

Zur Kommunikation von Komponenten sind verschiedene Kommunikationsmodelle und Interaktionsarten möglich. Unterschiedliche Kommunikationsmodelle werden in Kapitel 10 beschrieben.

> Nutzen Sie geeignete Modelle zur Spezifikation des Informationsflusses, der Interaktion und der Kommunikation von Komponenten.

Es sind jedoch nicht nur die Komponenten, die miteinander kommunizieren können sollen, sondern auch die Projektmitarbeiter, die eine effiziente Kommunikation untereinander benötigen, damit sie in der Lage sind, eine gut funktionierende Software zu entwickeln. Auf diesen Aspekt wird zum einen im Kapitel 11 eingegangen, zum anderen fördert gerade ein agiles Vorgehen, das im folgenden Abschnitt skizziert wird, eine gut funktionierende Kommunikation im Team.

Agiles Vorgehen

Ein agiles Vorgehen setzt die Schwerpunkte auf

- effiziente Kommunikation im Team,
- ergebnisorientiertes Arbeiten,
- sich ändernde Anforderungen und
- auf die Ausrichtung an den Erfordernissen des Kunden.

Ein Festhalten an der Einhaltung starrer Pläne und der Erstellung umfangreicher Dokumentation tritt in den Hintergrund. Vielmehr werden in Zusammenarbeit mit dem Kunden die jeweiligen Projektziele und -inhalte iterativ und agil festgelegt. Auf der Basis erarbeiteter Ergebnisse werden die jeweils nächsten Schritte und Artefakte abgestimmt (siehe z.B. [Mar 03] oder [Lar 04]).

▶ Agiles Manifest

Das agile Manifest von Kent Beck, Alister Cockburn, Martin Fowler und Jim Highsmith charakterisiert die wesentlichen Merkmale agiler Entwicklung (www.agilemanifesto.org und www.agilealliance.org):

- Die einzelnen Beteiligten und ihre Kommunikation untereinander sind wichtiger als fest vorgegebene Prozesse und Werkzeuge.

- Die Entwicklung lauffähiger Software ist wichtiger als eine umfassende Dokumentation.
- Die Zusammenarbeit mit dem Kunden ist wichtiger als rigide Vertragsverhandlungen.
- Auf sich ändernde Anforderungen einzugehen ist wichtiger als eine sture Befolgung von Plänen.

Genau hierzu eignet sich dieses Vorgehensmodell. Workflows, Artefakte und Sichten können den Phasen eines spezifischen Projektes entsprechend abgestimmt und definiert werden.

▸ Vorteile eines agilen Vorgehens

Mit der Nutzung spezifischer Sichten zur Modellierung des Systems wird, je nach Projektkontext und Projektbeteiligten, die Kommunikation im Team erleichtert. Sich ändernde Anforderungen können jederzeit in sich entsprechend ändernden Artefakten reflektiert werden. Der Kunde wird kontinuierlich in die entstehenden Artefakte – je nach gewünschtem Abstraktionsniveau – eingebunden. Dokumentiert wird dann und dort, wo es dem Projekt dient, zur Verbesserung der Transparenz, als Grundlage für die Erarbeitung weiterer Artefakte etc.: Nicht als Selbstzweck, sondern ausgerichtet an den zu erstellenden Ergebnissen, an den beteiligten Mitarbeitern, an den spezifischen Projektzielen.

Eine solches agiles Vorgehen im Sinne agiler Modellierung wird durch die Nutzung unterschiedlicher Bausteine und architektonischer Sichten zur Darstellung der Artefakte einerseits und verschiedener Workflows zur Erarbeitung der Artefakte andererseits ermöglicht. Für jedes Projekt werden die Bausteine und die architektonischen Sichten genutzt, die für das spezifische Projektziel am besten geeignet sind. Je nach Projekterfordernissen kann man einen Top-Down- oder einen Bottom-Up-Ansatz wählen, oder für verschiedene Bereiche und Artefakte beide Ansätze parallel.

Nutzen Sie, wo möglich, ein agiles Vorgehen.

▸ Große und kleine Projekte

Aber kann man ein agiles Vorgehen auch für große Projekte nutzen? Setzt nicht gerade Agilität bzw. Beweglichkeit voraus, dass alle Projektbeteiligten agil bleiben, d.h. auch entsprechend agil miteinander kommunizieren können? Ja, absolut. Wenn man schnell und agil auf sich ändernde Anforderungen reagieren möchte, benötigt man eine effiziente Kommunikation sowohl innerhalb des Teams als auch zwischen Produktentwicklungsteam und Auftraggeber bzw. Kunden. Zähe Vertragsverhandlungen, eine schleppende Abstimmung über geänderte Projektinhalte sind dann nur kontraproduktiv. Mit anderen Worten, je größer das Team, desto schwieriger wird es, ein agiles Vorgehen wirklich agil zu betreiben. Agilität lässt sich optimal in kleineren Teams umsetzen. Dennoch lassen sich auch große Projekte agil durchführen: Man kann z.B. kurze Iterationszyklen nutzen, d.h. die zu erarbeitenden Artefakte so dimensionieren, dass die Software in kurzen Zeitabständen (time boxes) entwickelt wird. Und man kann ein großes Team in kleinere Teams aufteilen, die jeweils disjunkte Softwarepakete entwickeln, welche untereinander über spezifische Schnittstellen miteinander kommunizieren. D.h. sowohl die zu entwickelnden Softwarepakete kommunizieren untereinander über dezidierte Schnittstellen, als auch die Teams, deren Teammitglieder jeweils die Projektmitarbeiter anderer Teams auf der Basis ihrer Zuständigkeiten kontaktieren können. Team- und softwarepaketübergreifende Themen können dabei entweder direkt zwischen den Projektbeteiligten angegangen werden oder bspw. mit Hilfe eines „communication boards", das übergreifende inhaltliche Themen aufgreift. Große Teams sind also kein Hindernis für ein agiles Vorgehen, die Projektlandschaft muss nur so gestaltet werden, dass Agilität auch gelebt werden kann. Dies setzt u.a. voraus, dass der Auftraggeber bzw. Kunde agil auf die entstehende Software Einfluss nehmen möchte, sei es durch sich ändernde Anforderungen, sei es durch sich ändernde Planungsinhalte.

> **Binden Sie Ihre Auftraggeber aktiv in den Entwicklungsprozess ein.**

▸ Abgestimmt auf den Auftraggeber

Dass sich die in diesem Buch beschriebenen Workflows für ein agiles Vorgehen gut eignen, bedeutet nicht, dass sie nicht auch anders, z.B. stark planungsorientiert, genutzt werden können. Doch sollte man sich die Vorteile eines agilen Vorgehens so weit wie möglich auch zu Nutze machen, denn Software kann so nicht nur schneller, sondern auch besser auf die Bedürfnisse und Möglichkeiten des Auftraggebers abgestimmt entwickelt werden.

Einfachheit

▸ Ein einfaches Vorgehen fördert eine zügige
Entwicklung

Wo viele Komponenten in einem komplexen Umfeld miteinander interagieren, tragen einfache Bausteine und Beschreibungsmittel und leicht nachzuvollziehende Aktivitäten bzw. Workflows zur Erarbeitung der Artefakte dazu bei, die Komplexität besser zu bewältigen. Dabei soll Einfachheit nicht den Verlust von Qualität beinhalten. Einfachheit soll verstanden werden im Sinne eines zielgerichteten und adäquaten Vorgehens.

Je komplexer ein zu entwerfendes System, desto wichtiger wird die Angemessenheit des methodischen Ansatzes. Bausteine und Beschreibungsmittel sollen adäquat eingesetzt werden können, und Aktivitäten zur Erarbeitung der Artefakte sollen einfach umsetzbar sein. Nur ein einfach umsetzbares Vorgehen kann langfristig erfolgreich genutzt werden. Es gibt viele Projekte, die gerade an hohen konzeptionellen und methodischen Ansprüchen scheitern; Projekte, die mangels Zeitnot, nicht ausreichender Skills und/oder Budgets nicht realisierbar sind.

Das komponentenbasierte Vorgehensmodell ist dazu konzipiert worden, Komponenten unter Nutzung von Komponenten-Standards bzw. Komponenten-Modellen (siehe Kapitel 10) zu entwerfen, zu entwickeln, zu testen, zu verteilen und flexibel zu erweitern.

Das hier beschriebene Vorgehensmodell konzentriert sich, trotz der Vielzahl möglicher Aktivitäten, Blickwinkel und Betrachtungsweisen im Kontext der Entwicklung von Komponenten, auf die wesentlichen Elemente, Sichten und Beschreibungsmerkmale eines solchen Vorgehens.

> **Konzentrieren Sie sich auf die wesentlichen Elemente und Beschreibungsmerkmale.**

▸ Agile Modellierung mit einfachen Techniken

Ein agiles Vorgehen beinhaltet auch die Nutzung agiler Modellierungstechniken wie u.a. (siehe z.B. www.agilemodeling.com):

- Pair Diagramming (in Anlehnung an Pair Programming),

- Parallele Modellierung (bspw. von Klassen- und Sequenzdiagrammen),
- Verwerfen temporärer Modelle,
- Nutzung einfacher Techniken und Tools.

Eine Nutzung möglichst einfacher Techniken bzw. Tools, um Ideen, Diagramme, Konzepte etc. zu dokumentieren und zu visualisieren, beschleunigt und erleichtert den Kommunikationsprozess im Team. Erschweren Sie sich selbst und anderen nicht die Arbeit durch unnötig komplizierte, lernintensive Toolumgebungen.

Ein Tool, das gerade im Kontext der agilen Modellierung einfach zu nutzen und auf Pair Diagramming ausgerichtet ist, ist z.B. „sketchIt!" der Firma United Architects[6]. Mit Hilfe dieses Tools können mehrere Nutzer gleichzeitig an einem Diagramm arbeiten, ohne sich physisch am selben Ort befinden zu müssen. Ideen, Konzepte und Diagramme können so simultan in Echtzeit im Sinne des „Pair Modelling" selbst in verteilten Teams kommuniziert und bearbeitet werden.

> Nutzen Sie einfache Tools zur Modellierung.

▸ Agilität und MDA

Lässt sich MDA mit Agilität verbinden? Bedeutet nicht gerade ein agiles Vorgehen eine Konzentration auf den Code und nicht auf das Modell? Sicher, wenn wir ausschließlich eXtreme Programming-Methoden betrachten, dann steht die Fokussierung auf eine reine Code-Entwicklung mit z.B. Pair Programming-Methoden im Vordergrund. Aber ein agiles Vorgehen lässt sich ebenso in den Bereich der Modellierung übertragen. Auch hier können Pair Diagramming-Methoden, eine parallele Entwicklung verschiedener Modelle, ein Verwerfen temporärer Modelle und die Nutzung einfacher Tools agil betrieben werden – insbesondere im Kontext der Nutzung des generativen Ansatzes der MDA. Bei einer agilen Modellierung wird der eXtreme Programming-Ansatz von der Codeentwicklung auf die Ebene der Modellierung gehoben. Code kann aus agil entwickelten Modellen generiert werden, und das automatisiert. D.h. der Code wird ebenso schnell entwickelt oder besser generiert, wie bei einer reinen Code-Entwicklung, nur dass dieser bei Nutzung von MDA und agiler Modellierung aus dem Modell generiert wird und nicht aus der Tastatur des Entwicklers. Vielleicht haben wir es hier bei der Nutzung der MDA mit einem ähnlichen Quantensprung zu tun wie einst beim Sprung von der Assembler-Entwicklung hin zu kompilierbaren Hochsprachen. Und mit einem agilen Ansatz wird Software noch näher am Kunden entwickelt, da die semantische Lücke zum Auftraggeber weiter minimiert wird. D.h. Agilität und MDA geben sich die Hand: Software kann agil modelliert und aus den Modellen generiert werden. Dies führt zu einer schnellen, effizienten, ergebnis- und kundenorientierten Entwicklung.

▸ Vorgehensmodell und Agilität

Dass bei der Nutzung von spezifischen Modellierungstechniken im Kontext der MDA ein Vorgehensmodell hilfreich ist, lässt sich leicht nachvollziehen: Welche Artefakte sind in welcher Reihenfolge oder auch Parallelität zu entwickeln bzw. zu modellieren? Welche Art von Aktivität ist in welcher Weise durchzuführen, um zu den gewünschten Ergebnissen zu

---

[6]   Siehe www.united-architects.com

gelangen? Genau hier hilft uns dieses agil nutzbare Vorgehensmodell: Es zeigt auf, welche Workflows, Aktivitäten, Bausteine und Sichten in welchem Kontext genutzt werden können. Das Vorgehensmodell nennt Aktivitäten, Beschreibungsmittel und best practices, um Software zu entwickeln, die aus einem Modell heraus generiert werden kann. Die im Vorgehensmodell beschriebenen Aktivitäten lassen sich dabei agil oder planungsorientiert nutzen.

Qualitätsorientierte Ausrichtung

Das Vorgehen ist qualitätsorientiert. Die Entwicklung von Komponenten wird als Produktentwicklung betrachtet. Komponenten können dazu beitragen, den Total Cost of Ownership (TCO) zu minimieren. Um Komponenten effizient wiederverwenden zu können, sind entsprechende Prozesse aufzusetzen. Die Aspekte der Wiederverwendung, Qualitätssicherung und Produktentwicklung von Komponenten werden in Kapitel 11 behandelt.

> Setzen Sie ein effizientes Qualitäts-Management auf.

▶ Best practices und
Erfolgsfaktoren

Dieses Buch dient der Beschreibung eines Vorgehens, um komponentenbasierte Entwicklung erfolgreich zu betreiben. Im Rahmen einer Roadmap für Komponenten-Systeme werden zahlreiche best practices und Workflows zur effizienten Entwicklung von Komponenten beschrieben. Darüber hinaus behandelt das Vorgehensmodell viele Aspekte im Umfeld der Entwicklung komponentenbasierter Systeme (Projektorganisation, Qualitätssicherung, Wiederverwendung, Produktentwicklung etc.), die für eine erfolgreiche Durchführung notwendig sind. Es werden kritische Erfolgsfaktoren skizziert, die für den Projekterfolg genutzt werden können. Das Vorgehensmodell kann den Mitarbeitern eines Projektes als Leitfaden und als Referenz für eine erfolgreiche komponentenbasierte Entwicklung dienen. Dabei wird auf umfangreiche Projekterfahrungen Bezug genommen, die als Tipps und Hinweise bei den einzelnen Aktivitäten vermerkt werden.

2.4   Weiterführende Literatur

[Her 00]   Peter Herzum, Oliver Sims: *Business Component Factory*, John Wiley & Sons 2000

[Jac 99]   Ivar Jacobsen, Grady Booch, James Rumbaugh: *The Unified Software Development Process*, Addison-Wesley 1999

[Lar 04]   Craig Larman: *Agile & Iterative Development*, Addison-Wesley 2004

[Mar 03]   Robert Martin: *Agile Software Development*, Prentice Hall 2003

3 Fokus auf Komponenten

- Was ist eine Komponente?
- Über welche Eigenschaften verfügt eine Komponente?
- Welche Arten von Komponenten gibt es?
- Wie wird eine Komponente mit Mitteln der UML dargestellt?

Gegenstand dieses Kapitels ist es, den für ein komponentenbasiertes Vorgehensmodell zentralen Begriff der Komponente zu definieren. Im Zusammenhang mit der Definition einer Komponente werden die Eigenschaften einer Komponente eingehend dargestellt. Darüber hinaus werden die spezifischen Merkmale unternehmensweit nutzbarer Komponenten spezifiziert.

Der Fokus dieses Kapitels ist die Betrachtung der Komponenten aus einer überwiegend technischen Sicht. Eine Betrachtung der Komponente aus fachlicher bzw. logischer Sicht wird in Abschnitt 5.2.6 und den Kapiteln 6 bis 10 beschrieben.

3.1　Was ist eine Komponente?

Was ist eine Komponente? Über welche Eigenschaften verfügt eine Komponente? Sehen wir uns die verschiedenen Definitionen für Komponenten von bekannten Pionieren komponentenbasierter Software einmal genauer an:

Peter Herzum und Oliver Sims definieren in ihrem Buch „Business Component Factory" (siehe [Her 00]) eine sog. Businesskomponente wie folgt:

A business component is the software implementation of an autonomous business concept or business process. It consists of all the software artefacts necessary to represent, implement, and deploy a given business concept as an autonomous, reusable element of all larger distributed information systems.

Die Meta Group (siehe http://www.metagroup.com) definiert eine Komponente in einem ihrer White Papers im `Kontext` der OpenDoc-Spezifikation wie folgt:

Software components are defined as prefabricated, pretested, self-contained, reusable software modules – bundles of data and procedures – that perform specific functions.

Jed Harris, der als einer der Pioniere der Software-Komponenten-Industrie gilt, hat eine Komponente wie folgt definiert:

A component is a piece of software small enough to create and maintain, big enough to deploy and support, and with standard interfaces for interoperability.

In ihrem Buch "The Essential Distributed Objects Survival Guide" tragen Orfali, Harkey und Edwards, siehe [Orf 96], die minimalen Anforderungen an eine Komponente zusammen:

A minimalist component:

Is a marketable entity: self-contained, shrink-wrapped, binary

Is not a complete application

Is usable in unpredicted combinations: 'plug-and-play' within 'suites of components'

Has a well-specified interface: can be implemented using objects, procedural code, or by encapsulating existing code

Is an interoperable object: can be invoked across processes, machines, networks, languages, operating systems, and tools

Is an extended object: supports encapsulation, inheritance, and polymorphism.

Clemens Szyperski, ein weiterer Pionier im Kontext objektorientierter und komponenten-basierter Software-Entwicklung, definiert eine Software-Komponente wie folgt [Szy 99]:

> *A software component is a unit of composition with contractually specified interfaces and explicit context dependencies only. A software component can be deployed independently and is subject to composition by third parties.*

Diese Komponenten-Definitionen weisen teils übereinstimmende, teils voneinander abweichende Merkmale auf. Gemeinsam ist ihnen die Sicht einer Komponente als eigenständigem Software-Modul. Einige der Autoren heben die Schnittstellen von Komponenten, ihre Kombinierbarkeit und ihre Verteilbarkeit hervor. Es lassen sich viele weitere Definitionen anderer Autoren heranziehen, die jedoch keine entscheidend anderen bzw. neuen Merkmale zur Definition einer Komponente liefern.

Die Definition einer Komponente des in diesem Buch beschriebenen Vorgehensmodells hebt im Gegensatz zu den hier angeführten das Wissen einer Komponente hervor.

Definition: Eine *Software-Komponente* ist ein eigenständiges Artefakt eines Software-Systems, welche über spezifisches Wissen verfügt und gemäß ihrer Spezifikation über eine oder mehrere Schnittstellen mit anderen Software-Komponenten und -Systemen kommunizieren kann. Das Wissen einer Software-Komponente repräsentiert ein Konzept eines Geschäftsfeldes. Eine Komponente kann verpackt und unter Berücksichtigung eines Komponenten-Modells als autonome, wiederverwendbare Einheit verteilt werden.

Im Kontext dieser Definition wird Wissen nicht als passiv gespeicherte Information verstanden, sondern als eine Summe von Informationen, die mit entsprechenden Methoden bearbeitet werden kann und sich in der Gesamtheit nach außen als Verhalten manifestieren kann. Das Wissen einer Komponente repräsentiert damit ein spezifisches, autonomes Konzept bzw. einen Prozess eines Geschäftsfeldes.

Stellt man gemäß dieser Definition die wesentlichen Eigenschaften einer Komponente dar, lassen sich die folgenden Merkmale extrahieren. Eine Komponente

1. ist ein eigenständiges Software-Artefakt;

2. verfügt über spezifisches Wissen;

3. dient der Bereitstellung seines Wissens über definierte Schnittstellen;

4. verfügt über eine Spezifikation;

5. dient der Kommunikation mit anderen Komponenten und Systemen;

6. kann verpackt werden;

7. genügt einem Komponenten-Modell;

8. kann als autonome; wiederverwendbare Einheit verteilt werden.

Abbildung 3.1 veranschaulicht die Merkmale einer Komponente.

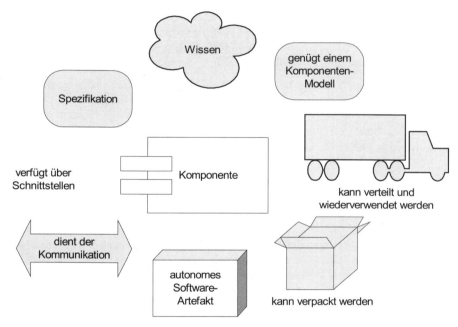

Abbildung 3.1: Merkmale einer Komponente

In den folgenden Abschnitten werden diese Eigenschaften einer Komponente anhand von Beispielen näher spezifiziert.

Eigenständiges Software-Artefakt

Eine Komponente ist ein eigenständiges Software-Artefakt mit definierten Eigenschaften, einer oder mehreren definierten Schnittstellen, ist eigenständig verteilbar und kann in eine definierte Software-Umgebung eingebettet werden. So z.B. kann eine EJB-Komponente als autonomes Software-Artefakt einem EJB-Container hinzugefügt werden, der die Infrastruktur zur Verfügung stellt, die sie zum Funktionieren benötigt.

Verfügt über spezifisches Wissen

Eine Komponente verfügt über spezifisches Wissen, welches eine Umsetzung eines autonomen Konzeptes bzw. Prozesses eines Geschäftsfeldes verkörpert. Eine Komponente eigenständig auszuarbeiten, ist gerade deswegen sinnvoll, weil eine Komponente über zusammenhängendes Wissen eines Geschäftsfeldes verfügt. Dieses Wissen wird als fachliche Einheit von der Komponente sinnvoll gekapselt. Andere Komponenten und Systeme können dieses Wissen unternehmensweit oder sogar unternehmensübergreifend aktivieren.

So verfügt z.B. eine Komponente zur Durchführung einer Ratenkreditberechnung über spezifisches Wissen, auf das andere Komponenten in- und außerhalb des Unternehmens zugreifen können.

Dient der Bereitstellung seines Wissens über definierte Schnittstellen

Abhängig von der Art der Schnittstelle kann eine Komponente andere Komponenten und Systeme auf ihr spezifisches Wissen zugreifen lassen bzw. auf Wissen anderer Komponenten zugreifen. Es werden je nach aktivierter Schnittstelle in einer Komponente spezifische Methoden aufgerufen, die ihrerseits Aktivitäten auf Basis des spezifischen Wissens der Komponente ausführen, die im Innern dieser Komponente gekapselt sind.

Eine Komponente kann über sog. Import- und Export-Schnittstellen verfügen. Eine Import-Schnittstelle ist eine Schnittstelle, die von einer anderen Komponente oder einem anderen System realisiert wird und von der die Komponente abhängig ist. Eine Export-Schnittstelle stellt Clients Methoden zur Verfügung. Eine einzelne Komponente kann über mehrere Import-Schnittstellen und über mehrere Export-Schnittstellen verfügen. Siehe auch Abbildung 3.8.

Verfügt über eine Spezifikation

Eine Komponente verfügt über eine Spezifikation, die die Dienste, die sie zur Verfügung stellt und die vertraglichen Bedingungen, zu denen diese angeboten werden, definieren. Die Schnittstellenspezifikation legt die Eigenschaften einer Komponente nach außen sichtbar fest und regelt die Art und Weise der Kommunikation von Komponenten untereinander oder von Komponenten mit anderen Systemen. Die vertraglichen Bedingungen legen fest, wie sie ihre Dienste zur Verfügung stellt bzw. welches Verhalten sie unter welchen Bedingungen aufweisen wird. So kann z.B. eine Komponente zur Ratenkreditberechnung nur dann erfolgreich aktiviert werden, wenn gewisse Input-Parameter (Bonitätsrahmen, Laufzeit, Kredithöhe) angegeben werden.[7]

Nur die Schnittstellen-Spezifikation ist es, die die Eigenschaften einer Komponente nach außen sichtbar festlegt. Wie es im Innern einer Komponente aussieht, ist von außen nicht sichtbar. Dies hat u.a. den großen Vorteil, dass eine Komponente bequem erneuert und ausgetauscht werden kann, solange nur die Spezifikationen ihrer Schnittstellen beachtet werden.

---

[7] Schnittstellen-Spezifikationen unterscheiden Komponenten von Objekten. Denn auch Objekte sind eigenständig und kapseln Daten und Methoden, um damit eigenständiges Verhalten zu ermöglichen. Aber Komponenten verfügen zusätzlich über Schnittstellen-Spezifikationen, die das Verhalten der Komponente zu anderen Komponenten und Systemen festlegen.

Dient der Kommunikation mit anderen Komponenten

Eine Komponente ist für eine Interaktion, d.h. für die Kommunikation mit anderen Komponenten und Systemen konzipiert. Erst durch die Kommunikation mit anderen Komponenten und Systemen kann ihr spezifisches Wissen aktiviert werden. So werden die Methoden einer Komponente zur Ratenkreditberechnung erst durch einen Aufruf eines Clients, wie z.B. einem Kunden, aktiviert.

Kann verpackt werden

Eine Komponente kann in andere Komponenten verpackt werden. Eine Verschachtelung von Komponenten ist möglich. Systeme, die sich aus Komponenten zusammensetzen, können ihrerseits als Komponenten fungieren. So kann sich z.B. ein System Billing aus verschiedenen Komponenten wie Rechnung, Mahnung, Fakturierung etc. zusammensetzen, aber nach außen über definierte Schnittstellen als Komponente auftreten. Wie es im Innern des Systems aussieht, bleibt den Clients verborgen.

Diese Art der Bausteinbildung mit Hilfe von Komponenten über verschiedene Granularitätsebenen hinweg wird ausführlich in Abschnitt 5.2.6 beschrieben.

Genügt einem Komponenten-Modell

Komponenten-Modelle definieren Standards in Bezug auf die Beschreibung, die Bezeichnung, die Spezifikation des Verhaltens, die Implementierung, die Interoperabilität, das Customizing, den Zusammenbau und die Bereitstellung von Komponenten. Ein Komponentenmodell legt fest, welche Anforderungen eine Komponente in semantischer und syntaktischer Hinsicht erfüllen muss. Damit hat jedes Komponentenmodell auch Einfluss auf die Art der Entwicklung, insbesondere auf die Art der Schnittstellen-Spezifikation und die Implementierung einer Komponente. Komponenten sind als autonome Module unter Berücksichtigung dieser Komponenten-Standards verteilbar und unternehmensweit bzw. sogar unternehmensübergreifend einsatzfähig.

Kann als wiederverwendbare Einheit verteilt werden

Komponenten, die als autonome, wiederverwendbare Module im Kontext einer spezifischen System-Infrastruktur gemäß eines Komponenten-Modells bzw. -Standards (siehe J2EE, CORBA, COM+, .NET,...) lauffähig sind, können von anderen Komponenten und Systemen genutzt werden. So können EJB-Komponenten von CORBA-Komponenten wiederverwendet werden, indem man spezielle Brücken konstruiert, über die diese verschiedenen Komponentenarten miteinander kommunizieren können (siehe Abschnitt 10.3).

Eine noch umfassendere Art der Wiederverwendung von Komponenten-Modellen ist jedoch mittels Plattform-unabhängiger Komponenten-Spezifikationen in Gestalt von sog. PIMs (= Platform Independent Model, Bezeichnung gemäß der Model Driven Architecture) möglich. Diese Spezifikationen weisen noch keine Besonderheiten eines spezifischen EJB-, CCM-, COM+- oder .NET-Komponentenmodells auf und sind daher für den Einsatz auf jeder dieser Plattformen geeignet. PIMs können auf sog. PSMs (= Platform Specific Model, gemäß MDA) abgebildet werden, dies sind Plattform-spezifische Modelle, die die Besonderheiten eines Komponenten-Modells berücksichtigen. Plattformunabhängige und Plattform-spezifische Spezifikationen von Komponenten werden im Rahmen der Roadmap (Kapitel 6 bis 10) beschrieben.

Was eine Komponente nicht ist

Die oben wiedergegebenen Definitionen beschreiben, was eine Komponente ist. Was nun ist keine Komponente bzw. was unterscheidet eine Komponente von Objekten?

Eine Komponente ist weder ein einzelnes Objekt[8] noch eine einzelne Methode. So sollte ein Klasse Währung nicht unbedingt als Komponente dargestellt werden, da sie in der Regel nur über wenige Attribute und wenige Methoden verfügt. Eine Komponente kann sich z.B. aus mehreren Klassen bzw. Objekten[9] zusammensetzen, die sie verbindet und nach außen kapselt. So könnte man eine Komponente Währungsrechner konzipieren, die mehrere Klassen zur Währungsumrechnung nutzt.

Eine Komponente kapselt ihr Wissen in einer Art Black Box, auf die von außen gemäß ihrer Spezifikation über definierte Schnittstellen zugegriffen werden kann. Wie eine Komponente im Innern aufgebaut ist, ob sie ihr Wissen in Gestalt von Objekten oder in Gestalt von Prozeduren umgesetzt hat, ist nicht von außen erkennbar und für die ‚Clients' einer Komponente auch nicht von Belang. Wesentlich für die Clients ist, dass das zu erwartende Verhalten einer Komponente gemäß ihrer Spezifikation für diese nachvollziehbar ist und die Komponente ihre vertraglichen Verpflichtungen erfüllt. Die Art der Schnittstellen-Spezifikation ist es, die eine Komponente grundlegend von Objekten unterscheidet. Die Spezifikation einer Komponente stellt einen vertraglichen Rahmen für ihre Kommunikation mit anderen Komponenten dar (die Spezifikation einer Komponente wird im Kontext der Roadmap ausführlich behandelt, siehe Kapitel 7).

Die Anzahl der Objekte oder Prozeduren im Innern einer Komponente ist abhängig von der Funktionalität, d.h. von dem von ihr umzusetzenden Konzept bzw. Prozess(en). Es ist denkbar, dass eine Komponente nur zwei oder drei Objekte sinnvoll kapselt (so z. B eine Komponente zur Währungsumrechnung) und eine andere bis zu fünfzig (so z.B. eine Komponente zur Visualisierung von grafischen dreidimensionalen Diagrammen). In der Regel sollte sich eine Komponente jedoch aus nicht mehr als zehn bis fünfzehn Objekten zusammensetzen. Wenn mehr Objekte notwendig sind, liegt es auf der Hand, diese als verschiedene Komponenten, die unterschiedliche Bereiche eines Geschäftsfeldes repräsentieren, umzusetzen.

3.2   Arten von Komponenten

Verschiedene Arten von Komponenten können entsprechend ihren Aufgabenbereichen klassifiziert werden. Eine übersichtliche Art der Zuordnung von Aufgabenbereichen zu

---

[8]   Objekt, das sich von einer Klasse ableitet. Streng genommen lässt sich ein einzelnes Objekt mit einer entsprechenden Schnittstellen-Spezifikation versehen als Komponente darstellen. Für eine Komponente sollten jedoch mehrere solcher Objekte gebündelt werden, die zusammen ein Konzept bzw. einen Prozess eines Geschäftsfeldes darstellen und sich nach außen als autonome Einheit kapseln lassen.

[9]   Ein Objekt ist eine Instanz einer Klasse. Wir werden später im Rahmen der Roadmap auch Komponenten-Instanzen bzw. Komponenten-Objekten begegnen.

Komponenten kann auf der Basis der Trennung von Zuständigkeiten erfolgen, z.B. auf der Basis einer Schichten-Architektur. Auf Grundlage der in Abschnitt 8.1 beschriebenen Schichten-Architektur können wird Komponenten unterteilen in:

1. Komponenten der Präsentations-Schicht: dienen dazu, eine nach außen sichtbare Nutzungs-Schnittstelle darzustellen. Diese Nutzungs-Schnittstelle kann z.B. als Graphical User Interface (GUI) oder als Batch-Zeilenkommando umgesetzt werden.

2. Komponenten der Controlling-Schicht: sie dienen der Verarbeitung komplexer Ablauflogik und als Mittler zwischen Komponenten der Business- und Präsentations-Schicht.

3. Komponenten der Business-Schicht: sie bilden die Geschäftslogik im Sinne autonomer Businesskonzepte ab.

4. Komponenten der Integrations-Schicht: sie dienen der Anbindung an Legacy-Systeme, Fremd-Systeme und Datenspeicher.

Die Tabellen 3.1 und 3.2 stellen verschiedene Arten von Komponenten, zugeordnet zu den Schichten der Schichten-Architektur, dar.

Tabelle 3.1: Komponenten der Präsentations-Schicht

Schicht	Bezeichnung	Beschreibung
Präsentations-Schicht	GUI-Komponente bzw. Widget	Eine GUI-Komponente kann z.B. ein Button, ein Menü, eine Auswahlbox, eine Checkbox etc. sein.
	Server Page (Java oder ActiveX)	Eine Server Page dient der Aufbereitung der Informationen für dynamischen Web-Content mittels HyperText Markup Language (HTML), Dynamic HyperText Markup Language (DHTML) oder der eXtensible Markup Language (XML).
	Servlet	Dient der Interaktion mit einem Web-Client in einem Request-Response-Mechanismus. Je nach Aufgabe kann ein Servlet auch der Controlling-Schicht zugeordnet werden.
	Portlet	Sie sind für die Art und Weise der Darstellung des Content (der z.B. via XML übermittelt wird) zuständig. Da sie als kleine Mini-Applikationen agieren können, lassen sie sich auch der Controlling- oder der Business-Schicht zuordnen.
	Session-Komponente	Hält die Informationen einer Nutzer-Session, z.B. die Informationen eines Warenkorbes.
	Interface Controller	Dient der Navigation innerhalb der Präsentations-Schicht. Koordiniert z.B. die Abfolge von Server Pages.
	Applet	Applets sind kleine in Java geschriebene Anwendungen, die in der Java Virtual Machine eines Web Browsers ausgeführt werden. Eine von einem Browser heruntergeladene Web-Seite kann ein solches Applet enthalten. Meist werden Applets zur Steuerung von Nutzereingaben verwendet. Ein Applet kann aber auch Business-Logik enthalten und daher ebenso der Controlling- bzw. Business-Schicht zugeordnet werden.

Tabelle 3.2: Komponenten der Controlling-, Business- und Integrations-Schicht

Schicht	Bezeichnung	Beschreibung
Controlling-Schicht	Workflow-Controller bzw. Prozess-Controller	Koordiniert die Interaktion mit einer oder mehreren Businesskomponenten. Diese Komponente kann z.B. den (ev. automatisierten) Ablauf eines Geschäftsprozesses im Sinne eines Use Cases umsetzen.
	Queue-Controller	Koordiniert die Abfolge von Anforderungen in einer Warteschlange (Queue), die bei einer asynchronen Kommunikation zwischen Komponenten genutzt wird.
	Publish/Subscribe-Controller	Dient der Benachrichtigung von Zustandsänderungen von Informationen. Kann auch innerhalb der Präsentations-Schicht für Zustandsänderungen spezieller Controls genutzt werden.
Business-Schicht	Prozess-Komponente	Dient der Steuerung eines Ablaufes einer bzw. mehrerer Komponenten. Diese Art der Komponente kann auch der Controlling-Schicht zugeordnet werden.
	Entity-Komponente	Dient der Persistierung von Daten, bildet Entitäten auf Komponenten ab (z.B. Kunde, Firma, Produkt etc.).
	Service-Komponente	Liefert einen Service (z.B. Währungsrechner, Kalender etc.), der von anderen Komponenten genutzt werden kann.
	Web Service	Eine URL-adressierbare Software-Komponente, deren öffentlich zugängliche Schnittstellen und Bindungen mittels XML definiert und beschrieben werden. Da Web Services URL-adressierbare Ressourcen anbieten, sind sie eng mit der Präsentations-Schicht gekoppelt.
	Adapter-Komponente	Dient der Anbindung eines anderen Systems mittels eines Adapters, der von außen auf das System gesetzt wird.
	Gateway-Komponente	Komponente im Innern eines Systems, die ein Gateway nach außen liefert.
Integrations-Schicht	Wrapper-Komponente	Dient der Anbindung von Legacy-Systemen. Erfolgt die Anbindung auf Ebene der Geschäftslogik, ist sie der Business-Schicht zuzuordnen. Erfolgt die Anbindung auf Ebene der Daten, ist sie der Integrations-Schicht zuzuordnen.
	Connector-Komponente	Connector-Komponenten dienen der Integration eines Fremd-Systems auf der Basis einer Connector-Architektur.
	Datenzugriffs-Komponente	Liefert den Datenzugriff für Komponenten der Business-, Controlling- und Präsentations-Schicht. Dabei werden die Besonderheiten einer Datenbank (Datenfelder, Datentypen etc.) berücksichtigt.

Wir werden im Laufe des Buches auf diese verschiedenen Arten von Komponenten detailliert eingehen.

3.3 Modellierung von Komponenten mit der UML

Hier wird zunächst die Modellierung und Notation von Komponenten mit UML Version 1.4 beschrieben. Darüber hinaus werden wir UML 2.0 zur Erweiterung und Verfeinerung der Modellierung von Komponenten nutzen. UML 2.0 baut auf UML 1.4 auf und verfügt über erweiterte Konzepte zur Modellierung und Notation der Interaktion von Komponenten. Es werden u.a. zur Darstellung des Informationsflusses und im Kontext der Kommunikation und Spezifikation von Komponenten auch Modelle und Notationen der UML 2.0 genutzt. Stellen im Buch, wo Modelle, die auf der UML 2.0 basieren, verwendet werden, sind als solche kenntlich gemacht.

Viele der in diesem Buch verwendeten Diagramme und Notationen können mit Mitteln der UML 1.4 dargestellt werden. Somit sind Sie als Leser nicht gezwungen, die UML 2.0 für eine erfolgreiche Modellierung von Komponenten zu nutzen, sie können diese jedoch optional zur Verfeinerung und Detaillierung ihrer Artefakte verwenden. Eine Übersicht der im Rahmen von UML 1.4 genutzten Diagramme ist im Anhang 13.1 wiedergegeben. Die Beschreibung der Notation von Komponenten mit der UML 2.0 erfolgt ebenso im Anhang 13.2.

UML als Modellierungssprache

Die UML dient als Modellierungssprache überwiegend zur grafischen Notation. Als Ergebnis der Modellierung erhält man Artefakte, die ihrerseits als Grundlage für weitere Modellierungsaktivitäten dienen können. Die UML ist eine Sprache, um Artefakte eines Software-Systems zu

- visualisieren,
- spezifizieren,
- konstruieren und
- dokumentieren.

Die UML verfügt über eine Notation und ein Metamodell. Die Notation ist die Syntax der Modellierungssprache, sie definiert grafische Elemente und Konzepte zur Modellierung (beispielsweise Klasse, Generalisierung, Assoziation etc.). Das Metamodell dient dazu, diese Elemente methodisch und syntaktisch konsistent und exakt in Gestalt eines Diagrammes darzustellen. Die Elemente der UML sind Diagramme, die es uns ermöglichen, Details eines Systems in Gestalt von Modellen darzustellen.

3.3.1 Was ist ein Modell?

Ein Modell ist eine vereinfachte Abbildung der Realität. Ein Modell kann als Muster für das zu entwickelnde System verstanden werden. Ein Modell kann zum einen sehr detaillierte Ansichten und zum anderen Übersichts-Ansichten umfassen, die einen Gesamteindruck des zu entwickelnden Systems vermitteln können. Darüber hinaus lassen Modelle verschiedene Perspektiven des zu entwickelnden Systems zu. Ein Modell kann dazu dienen, eine statische Sicht (Struktur) oder auch eine dynamisches Sicht (Verhalten) auf das zu entwickelnde System zu liefern.

Warum modellieren wir?

Wir modellieren, um ein besseres Verständnis des zu entwickelnden Systems zu erhalten. Vier Ziele werden beim Modellieren verfolgt:

1. ein zu entwickelndes System zu visualisieren;
2. die Struktur und das Verhalten eines Systems zu betrachten;
3. eine Schablone zu liefern, nach der ein System entwickelt werden kann;
4. den Entwicklungspfad zu dokumentieren.

Da mit der Größe die Komplexität des Systems zunimmt, kann die Gesamtheit eines solchen Systems nur mit verschiedenen Sichten auf und Ausschnitten aus dem zu entwickelnden System umfassend wiedergegeben werden. Je umfassender das zu entwickelnde System ist, desto größer ist der Nutzen einer Modellierung.

Welche Richtlinien sollte man bei einer Modellierung beachten?

In der Beschreibung der Unified Modeling Language durch die drei Amigos Booch, Rumbaugh und Jacobsen [Boo 99] werden vier grundlegende Richtlinien für ein erfolgreiches Modellieren genannt:

1. Die Wahl der zu erstellenden Modelle hat einen wesentlichen Einfluss auf die Art und Weise, wie ein Problem angegangen und eine Lösung erarbeitet wird.
2. Jedes Modell kann mit unterschiedlicher Detailtiefe ausgearbeitet werden.
3. Die besten Modelle haben einen Bezug zur Realität.
4. Es reicht nicht aus, ein einzelnes Modell zu entwickeln. Jedes nichttriviale System sollte mit einem Satz voneinander fast unabhängiger Modelle beschrieben werden.

> Modellieren Sie nicht zu grob.

Es ist leicht einzusehen, dass die Wahl des Modells für das zu realisierende System entscheidenden Einfluss hat, da die Sicht auf ein System anhand des Modells bzw. des Modellausschnitts erfolgt. Kann ein Modell beispielsweise gewisse Sichten auf ein System nicht liefern, die jedoch für die Entwicklung dieses Systems entscheidend sind, kann dies auf die Entwicklung des Systems verheerende Auswirkungen haben.

> Nutzen Sie geeignete Modelle mit Bezug zur Realität.

Des Weiteren kann eine zu grobe Sicht auf das zu entwickelnde System manche Problemfelder außer Acht lassen, die während der Realisierung zu Baustellen werden, die das gesamte Projekt gefährden können.

> Nutzen Sie Modelle zur Abstimmung mit Projektbeteiligten.

Darüber hinaus kann ein Modell, das beispielsweise in der Lage ist, mittels Prototypen eine Darstellung des Systems zu visualisieren, den Auftraggeber frühzeitig einbinden und so sicherstellen, dass die Entwicklung in die gewünschte Richtung geht.

3.4   UML-Notation einer Komponente

Eine Komponente kann

- als logische Komponente, z.B. als Businesskomponente, Business-System
- und als physische Komponente, z.B. als EJB-Komponente, CORBA-Komponente, COM+- und .NET-Komponente

modelliert werden. Eine physische Komponente stellt die Realisierung einer während des Designs entworfenen logischen Komponente dar. In diesem Kapitel werden die Beschreibungsmittel der UML zur Darstellung logischer und physischer Komponenten vorgestellt.

3.4.1   Notation einer logischen Komponente

Die Modellierung einer Komponente aus logischer Sicht betrifft ihre Darstellung als logischen Baustein (siehe auch Kapitel 5.2.6), die Darstellung ihrer Beziehungen zu anderen logischen Komponenten und Systemen und die ihr zugeordneten Verantwortlichkeiten.

Die Modellierung einer Komponente aus logischer Sicht kann mit Hilfe des UML-Begriffs des Subsystems realisiert werden. Wir beschreiben hier zunächst ein Subsystem auf der Basis von UML 1.4 und anschließend Erweiterungen bzw. Änderungen durch UML 2.0.

Aufbau eines UML-Subsystems

- Ein Subsystem stellt eine Verhalteneinheit dar, die über Schnittstellen verfügen kann. Diese Schnittstellen stellen ihre Spezifikation dar. Neben den Schnittstellen können weitere Elemente wie z.B. Use Cases und Zustandsdiagramme ein Subsystem spezifizieren.
- Ein Subsystem verfügt intern über Implementierungs-Elemente, die von außen nicht sichtbar sind.
- Da ein Subsystem ein Subtyp des UML-Begriffs Package ist, kann ein Subsystem andere Design-Elemente enthalten. Diese internen Elemente realisieren die Operationen bzw. Schnittstellen des Spezifikationsteils des Subsystems und können als gekapselte Elemente nicht von Clients eines Subsystems eingesehen werden. Damit wird die Trennung von Spezifikation und Implementierung einer Komponente realisiert.

Notation eines UML-Subsystems

- Ein Subsystem wird grafisch wie ein Package dargestellt, hat aber als Differenzierungsmerkmal eine umgedrehte Gabel auf dem Reiter oder in der oberen rechten Ecke des Rechteckes. Ein Subsystem kann auch über das Stereotyp <<Subsystem>> als solches gekennzeichnet werden.
- Ein Subsystem kann in verschiedene Bereiche unterteilt werden: Elemente zur Spezifikation sind im linken Bereich angesiedelt, Elemente zur Realisierung im rechten Bereich.
- Optional kann die Abbildung von Elementen des Realisierungs-Bereichs auf Elemente des Spezifikations-Bereichs mittels Konnektoren oder Pfeilen dargestellt werden.

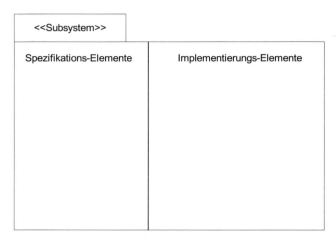

Abbildung 3.2: UML-Subsystem

Abbildung 3.2 stellt ein UML-Subsystem mit seinen verschiedenen Bereichen dar. Die Unterteilung eines Subsystems dient nur der Veranschaulichung der internen Elemente und ist daher optional.

▸ **Erweiterungen durch UML 2.0**

In UML-Version 2.0 ist ein Subsystem eine Art UML-Komponente, die ebenso über Spezifikations- und Implementierungs-Elemente und über Schnittstellen verfügen kann. Subsysteme können mit anderen Komponenten und Subsystemen über Schnittstellen, Anschlüssen (ports) und Konnektoren (connectors) verdrahtet (wired) werden. Uns genügen in diesem Kontext zunächst die Eigenschaften eines Subsystems der UML-Version 1.4. Eine Migration der von uns als Subsysteme modellierten logischen Komponenten von UML-Version 1.4 auf UML-Version 2.0 ist ohne Probleme möglich.

Schnittstellen eines UML-Subsystems

Eine Schnittstelle wird grafisch in der Kurzversion als Lollipop-Symbol dargestellt; in der ausführlichen Version wird sie als Rechteck dargestellt und mit dem Stereotyp <<Schnittstelle>> oder mit einem kleinen Kreis als Schnittstellensymbol gekennzeichnet.

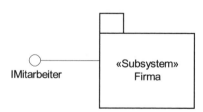

Abbildung 3.3: Komponente als Subsystem mit Schnittstelle

Der Name einer Schnittstelle hat gewöhnlich zur leichteren Erkennbarkeit ein Präfix, welches auf eine Schnittstelle rückschließen lässt. In dem Beispiel der Abbildung 3.3 wird das Präfix ‚I' für Interface verwendet.

▸ UML-Realisierungs-Notation

Mittels der UML- Realisierungs-Notation wird die Realisierung der Schnittstelle eines Subsystems dargestellt: Die Realisierungs-Notation verwendet eine gestrichelte Linie mit einer ausgefüllten Pfeilspitze, die zu dem Rechteck zeigt, welches die Schnittstelle darstellt. Abbildung 3.4 veranschaulicht diese Notation.

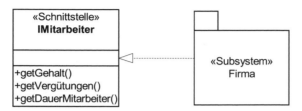

Abbildung 3.4: Komponente mit Schnittstelle als UML-Subsystem in ausführlicher Darstellung

▸ Schnittstellen sind eigenständige Einheiten

Eine Schnittstelle kann durch mehrere Subsysteme realisiert werden, und ein Subsystem kann verschiedene Schnittstellen umsetzen. Schnittstellen gehören den Subsystemen nicht an, sie sind selbstständige Einheiten. Subsysteme und ihre Schnittstellen sind daher getrennt entwickel- und wartbar. Zwei Subsysteme, welche die gleichen Schnittstellen umsetzen, können miteinander ausgetauscht werden. Dies sind wichtige Merkmale von Komponenten in Bezug auf die Plug&Play-Fähigkeit komponentenbasierter Software-Systeme.

> Nutzen Sie UML-Diagramme zur Modellierung des internen Designs
> einer logischen Komponente.

Zur Modellierung des internen Designs eines Subsystems können diverse UML-Diagramme genutzt werden. Klassendiagramme können die Beziehungen zwischen den internen Elementen eines Subsystems oder auch zu anderen Subsystemen darstellen. Zustands- oder Aktivitätsdiagramme können das Verhalten eines Subsystems als Ganzes modellieren, und Interaktionsdiagramme können genutzt werden, um die Implementierungen der wesentlichen Schnittstellen darzustellen.

▸ Modellierung eines logischen Komponenten-
Bausteins als Komponenten-Spezifikation

UML-Stereotyp Komponenten-Spezifikation

Da ein Subsystem im Kontext der Komponenten-Modellierung als Instrument zur Spezifikation von Komponenten genutzt werden kann, können wir eine <<Komponenten-Spezifikation>> als einen weiteren Stereotyp eines UML-Subsystems definieren. Die <<Komponenten-Spezifikation>> verfügt über die Eigenschaften eines Subsystems und dient explizit dazu, Komponenten zu designen, d.h. Komponenten als logische Bausteine zu spezifizieren. Durch Verwendung dieses Stereotyps wird die semantische Lücke zwischen Komponenten-Kandidat und dem Design einer Komponente einerseits und der Implementierung der Komponente andererseits minimiert.

> Verwenden Sie <<Komponenten-Spezifikation>> als UML-Stereotyp einer
> logischen Komponente.

Im Kontext der Modellierung einer Komponenten-Spezifikation können Use Cases, Zustandsdiagramme, Aktivitätsdiagramme und vor allem Klassen- und Interaktionsdiagramme genutzt werden. Bei der Modellierung logischer Komponenten sind jedoch keine Informationen über den physischen Ort einer Komponente in Gestalt von Implementierungs-Diagrammen notwendig, noch sind Informationen über Implementierungs-Artefakte notwendig.

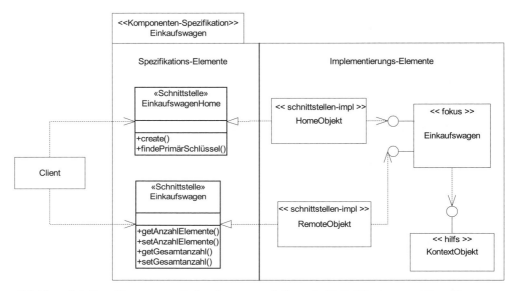

Abbildung 3.5: Eine Komponente Einkaufswagen modelliert als UML-Komponenten-Spezifikation

Abbildung 3.5 veranschaulicht die Modellierung einer Komponente namens Einkaufswagen als UML-Komponenten-Spezifikation. Die Komponente verfügt über Schnittstellen als Spezifikations-Elemente und Klassen, die eine Implementierung der Spezifikations-Schnittstellen darstellen. Ein Client greift von außen auf die Schnittstellen der Komponente zu, die für ihn unsichtbar im Innern realisiert sind. Die Schnittstellen-Implementierungen nutzen die Klassen Einkaufswagen und KontextObjekt zur Umsetzung ihrer Funktionalität. Die geschlossenen hohlen Pfeilspitzen, welche auf die Schnittstellen-Spezifikationen deuten, stellen Realisierungs-Beziehungen dar, die offenen Pfeilspitzen stellen Abhängigkeiten zu anderen Elementen dar.

3.4.2 Notation einer physischen Komponente

Eine Komponenten-Implementierung ist die Abbildung einer logischen Komponente unter Berücksichtigung eines Komponentenmodells[10] auf eine physische Komponente. Darüber

---

[10] Es ist auch möglich, kein Standard-Komponentenmodell für die Realisierung von Komponenten zu nutzen.

hinaus sind die Entwicklungsumgebung und die Programmiersprache als auch die Verteilungsumgebung zu beachten. Zur Darstellung einer physischen Komponente kann das UML-Konstrukt Komponente genutzt werden. Zunächst wird die Definition des Begriffs einer Komponente im Sinne des UML-Standards wiedergegeben.

UML-Definition einer Komponente

Die Definition des Begriffs der Komponente im Sinne der UML-Version 1.4 lautet wie folgt:

> Eine Komponente stellt eine modulare, verteilbare und ersetzbare Einheit eines Systems dar, welche ihren Inhalt kapselt und eine oder mehrere Schnittstellen nach außen zur Verfügung stellt.

Eine Komponente kann sich aus einfacheren Teilen zusammensetzen (Sub-Komponenten oder Klassen). Eine Komponente bietet Clients die über seine Schnittstellen definierten Services an, die von Elementen zur Verfügung gestellt werden, die im Innern der Komponente gekapselt sind. Eine Komponente kann über Schnittstellen verfügen, die eine Abhängigkeit von Services anderer Komponenten darstellen.

Das Verhalten einer Komponente wird über seine Schnittstellen zur Verfügung gestellt und mittels der im Innern der Komponente gekapselten Inhalte, d.h. mittels seiner dort enthaltenen Teile umgesetzt. Eine Komponente kann durch ein oder mehrere Artefakte implementiert werden, wie z.B. als Binärdatei, als ausführbare Datei und/oder als Skript-Datei.

> ▸ Modellierung einer physischen Komponente als UML-Komponente

Notation einer physischen Komponente

Eine physische Komponente wird gemäß des UML-Standards als Rechteck dargestellt, welches zur Veranschaulichung noch zwei kleine überlappende Rechtecke als Komponenten-Symbol an der linken Seite des Rechteckes enthalten kann. Die beiden kleinen übereinanderliegenden Rechtecke stellen Schnittstellen dar. Die Bezeichnung einer Komponente kann in das Rechteck geschrieben werden. Abbildung 3.6 veranschaulicht diese Notation.

Abbildung 3.6: UML-Darstellung einer physischen Komponente

Namen einer physischen Komponente

Eine Komponente hat einen eindeutigen Namen, der sie innerhalb eines Packages von anderen Komponenten unterscheidet. Eine physische Komponente enthält meist noch eine Endung (z.B. .dll oder .java), die sich auf die Zielplattform der Komponente bezieht.

> Geben Sie den Komponenten eindeutige, sprechende Namen.

Komponenten-Instanz

Eine Komponenten-Instanz wird durch einen Namen und einen Typ gekennzeichnet. Der Name der Komponente und ihr Typ können entweder als String innerhalb des Komponenten-Symbols dargestellt werden oder unter bzw. über der Komponente. Dabei wird die folgende Syntax verwendet:

Komponenten-Name : Komponenten-Typ

Die Angabe des Komponenten-Typs ist optional; sofern er weggelassen wird, wird auch der Doppelpunkt weggelassen. Ebenso kann der Komponenten-Name weggelassen werden. Der Typ einer Komponente kann durch Stereotype weiter klassifiziert werden. Abbildung 3.7 zeigt ein Beispiel einer solchen Enterprise JavaBean-Komponente.

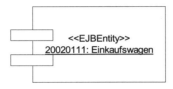

Abbildung 3.7: Beispiel einer Komponenten-Instanz vom Typ Einkaufswagen

Import- und Export-Schnittstellen werden genauso wie bei logischen Komponenten dargestellt. In einer verdichteten Darstellung werden die Export-Schnittstellen, d.h. die Schnittstellen, die eine Komponente zur Verfügung stellt, in sog. Lollipop-Notation abgebildet. Import-Schnittstellen, d.h. die von einer Komponente benötigten Schnittstellen, werden als Abhängigkeiten, d.h. als gestrichelte, offene Pfeile dargestellt. Die ausführliche Darstellungsform zeigt eine Schnittstelle als Rechteck mit dem Stereotyp <<Schnittstelle>>. Die Operationen der Schnittstelle befinden sich – wie bei einer Klasse – im unteren Bereich. Abbildung 3.8 veranschaulicht diese Schnittstellen-Notation.

Notation der Schnittstellen einer physischen Komponente

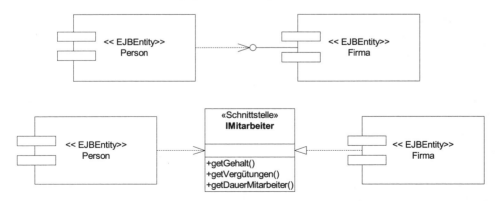

Abbildung 3.8: Import- und Export-Schnittstellen von physischen Komponenten

Im Beispiel der Abbildung 3.8 sind für die Operationen der Schnittstelle noch keine Restriktionen als Anfangs- und Endbedingungen bzw. Invarianten formuliert worden. Derartige Restriktionen (Constraints) können mittels der Object Constraint Language (OCL) formuliert werden. Die OCL ist als Teil der UML in der Object Constraint Language Specification beschrieben (siehe auch [War 97]). Im Kontext des hier beschriebenen komponentenbasierten Vorgehensmodells wird die OCL dazu verwendet, vertragliche Beziehungen für die Spezifikation von Komponenten zu beschreiben.

In einer verdichteten Übersicht veranschaulicht Abbildung 3.9 Abhängigkeiten zwischen physischen Komponenten am Beispiel von Enterprise JavaBeans. Die einzelnen physischen Komponenten sind so dargestellt, wie die jeweiligen Clients die Komponenten-Schnittstellen wahrnehmen. Das Innenleben der Komponenten, d.h. die Realisierung ihrer Dienste, die sie über ihre Export-Schnittstellen anbietet, bleibt den Clients verborgen. Das Innenleben einer Komponenten-Implementierung lässt sich auch in einer Detailsicht darstellen, ähnlich wie in Abbildung 3.5 am Beispiel einer Komponenten-Spezifikation. In Kapitel 10 wird das Innenleben von physischen Komponenten am Beispiel von Enterprise JavaBeans ausführlich dargestellt.

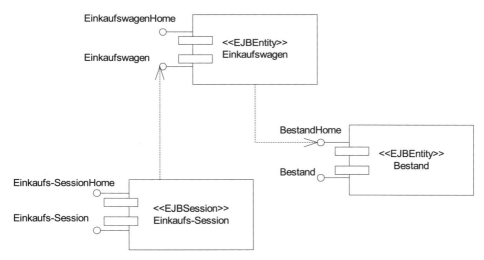

Abbildung 3.9: Abhängigkeiten zwischen physischen Komponenten am Beispiel von EJBs

Arten von physischen Komponenten

Grundsätzlich lassen sich je nach betrachtetem Kontext drei Arten physischer Komponenten differenzieren ([Boo 99]):

- *Arbeitsprodukt-Komponenten* (work product component) berücksichtigen den Entwicklungskontext. Je nach Entwicklungsumgebung kann sich eine Komponente aus einer Reihe von Dateien zusammensetzen: Z.B. Source-Code-, Header-, Build-Dateien etc. Alle diese Dateien sind zusammen zu berücksichtigen, um eine verteilbare Komponente (durch Kompilation z.B.) zu erzeugen. Arbeitsprodukt-Komponenten sind u.a. auch im Kontext eines Konfigurations- und Versions-Managements von Bedeutung.

- *Verteilbare Komponenten* (deployment component) sind in der Lage, verteilt zu werden, sie können auf Knoten verteilt werden. Verteilbare Komponenten sind z.B. DLL-Dateien, EXE-Dateien, JAR-Dateien, Java-Dateien (.class) etc. wie all jene Dateien, die zur Verteilung auf einem Rechnerknoten erforderlich sind (z.B. Skripte, Initialisie-rungs-Dateien, Deskriptor-Dateien).

- *Ausführungs-Komponenten* (execution component) sind Komponenten, die im Kontext der Ausführung eines Systems als Instanzen erzeugt werden, so z.B. COM+-Kompo-nenten, die aus einer DLL instanziiert werden können.

Mit Hilfe einer einfachen UML-Abhängigkeits-Beziehung lassen sich z.B. die Arbeitspro-dukt-Komponenten auf verteilbare Komponenten abbilden. Abbildung 3.10 veranschaulicht dies am Beispiel einer Einkaufswagen-Komponente in einer C++-Entwicklungsumgebung.

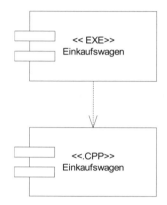

Abbildung 3.10: Abbildung einer Arbeitsprodukt-Komponente auf eine verteilbare Komponente

Stereotypen zur Klassifizierung von physischen Komponenten

Zur Klassifizierung von Komponenten verfügt UML über fünf Stereotypen:

1. <<executable>>:   ist auf einem Knoten ausführbar;
2. <<library>>:   statische oder dynamische Objekt-Bibliothek;
3. <<table>>:   repräsentiert eine Datenbank-Tabelle;
4. <<file>>:   repräsentiert ein Dokument mit Quell-Code oder Daten;
5. <<document>>:   stellt ein Dokument dar.

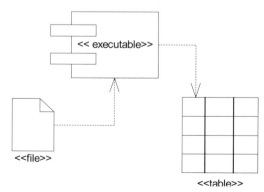

Abbildung 3.11: Zusammensetzung einer physischen Komponente

Diese Klassifizierung dient der Veranschaulichung von Komponenten, die sich, um lauffähig zu sein, aus unterschiedlichen Teilen zusammensetzen; z.B. eine EJB-Komponente aus
verschiedenen Klassen und einem Deployment-Descriptor (siehe auch Abschnitt 9.3.1).

Nutzen Sie Stereotype zur Klassifizierung Ihrer Komponenten.

Den Stereotypen können spezifische Icons zugeordnet werden, um diese leichter auseinan-
der zu halten. *Abbildung 3.11* veranschaulicht eine Zusammensetzung einer physischen
Komponente anhand verschiedener Stereotypen.

3.4.3 Abbildung von logischen auf physischen Komponenten

Es ist möglich, logische Komponenten direkt auf physische Komponenten abzubilden. Dies
wird in der Praxis häufig umgesetzt, so z.B. die direkte Abbildung von Businesskomponenten auf Enterprise JavaBeans. In einem solchen Fall einer direkten Eins-zu-Eins-Abbildung
ist eine detaillierte Darstellung der Komponenten-Implementierung (zusätzlich zur Komponenten-Spezifikation) optional; es reicht aus, den eindeutigen Namen für die Komponenten-
Implementierung abgebildet auf die Komponenten-Spezifikation anzugeben.

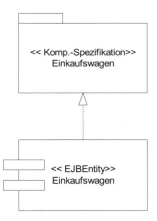

Abbildung 3.12: EJB-Entity als Realisierung einer Komponenten-Spezifikation

Die Abbildung einer Komponenten-Spezifikation auf eine Komponenten-Implementierung
kann grafisch anhand der Realisierungs-Beziehung (gestrichelte Linie mit geschlossener,
unausgefüllter Pfeilspitze) dargestellt werden. Abbildung 3.12 veranschaulicht eine solche
Abbildung anhand einer Komponente Einkaufswagen.

3.4.4 Metamodell zentraler Begriffe

Wir wollen zentrale Begriffe im Kontext der Komponenten in Form eines Metamodells betrachten. Abbildung 3.13 veranschaulicht Zusammenhänge von Begriffen rund um die
Komponenten auf der Basis von UML 1.4.

Im Kontext der Konzeption von Komponenten werden Komponenten-Kandidaten und Assoziationen zu anderen Komponenten und Systemen beschrieben. Ein Komponenten-
Kandidat kann eine oder mehrere Komponenten-Spezifikationen beinhalten. Auf Basis ei-

ner Spezifikation kann eine Komponenten-Implementierung realisiert werden, die genutzt werden kann, um Komponenten zu verteilen. Eine verteilte (installierte) Komponente kann während der Laufzeit Komponenten-Instanzen erzeugen.

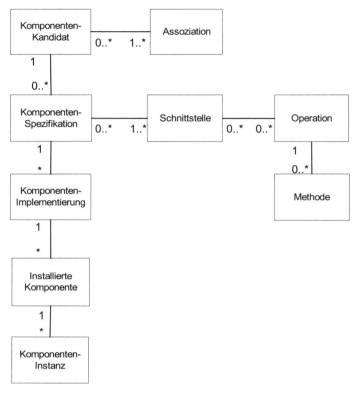

Abbildung 3.13: Metamodell zentraler Begriffe im Kontext der Komponentenspezifikation

Die Spezifikation von Komponenten umfasst u.a. die Spezifikation ihrer Schnittstellen. Eine Komponente kann ein oder mehrere Schnittstellen enthalten. Eine Schnittstelle verfügt über Operationen, über die man auf die Dienste einer Komponenten-Instanz zugreifen kann. Eine Operation umfasst die Signatur, eine Methode aber implementiert eine Operation mit einem entsprechenden Methodenrumpf.

3.4.5 Modellierung und Notation von Komponenten mit UML 2.0

Der Begriff einer Komponente im Sinne von UML 2.0 ist gleichermaßen für logische und physische Komponenten nutzbar. Dies beinhaltet eine Erweiterung im Vergleich zu UML 1.4, wo der Begriff der Komponente einer physischen Komponente entspricht. Darüber hinaus verfügt eine UML-2.0-Komponente über Anschlüsse (ports) und Konnektoren (connectors), die es ermöglichen, Komponenten untereinander je nach Betrachtungskontext verschiedenartig zu verdrahten. Die Eigenschaften einer Komponente auf der Basis von UML 2.0 sind im Anhang 13.2 beschrieben.

Wir wollen an dieser Stelle die Notation einer UML-2.0-Komponente darstellen, siehe Abbildung 3.14. Eine Komponente wird gemäß UML-2.0-Standard als Rechteck dargestellt, welches optional zur Veranschaulichung noch ein Komponenten-Symbol als Icon in der oberen rechten Ecke enthalten kann. Das Stereotyp <<Komponente>> klassifiziert eine Komponente als solche.

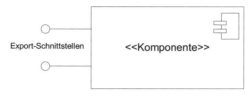

Abbildung 3.14: Komponente in UML-2.0-Notation

Verwendung von UML 1.4 und UML 2.0 in diesem Buch

Die Notation einer Komponente auf der Basis der UML-Version 2.0 ist übersichtlicher als die der Version 1.4. Daher werden wir diese Notation im Kontext der Roadmap für Komponenten-Systeme verwenden (Kapitel 6 bis 10). Um dem Leser jedoch auch die Modellierung auf der Basis von UML 1.4 zu ermöglichen, werden wir zur Konzeption und Spezifikation von Komponenten zunächst Subsysteme und Diagramme der UML 1.4 nutzen und erst sukzessive die UML-2.0-Notation einführen. Wir werden im Kontext der Spezifikation und Implementierung von Komponenten u.a. Ports und Konnektoren von Komponenten verschiedener Detaillierungsebenen darstellen (siehe Kapitel 6 bis 10). Solche Darstellungen auf der Basis von UML 2.0 sind Erweiterungen und Verfeinerungen von Modellen der UML 1.4 und keine unabdingbare Voraussetzung zur Modellierung von Komponenten. Statische und dynamische Beziehungen zwischen Komponenten können mit den bekannten Diagrammen der UML-Version 1.4 dargestellt werden (siehe Anhang 13.1.2). Doch werden wir – um u.a. auch das Potenzial des in diesem Buch beschriebenen MDA-konformen Ansatzes ausschöpfen zu können –, die UML-2.0-Notation dort verwenden, wo dies den jeweiligen Kontext präziser und übersichtlicher darstellt.

3.5   Weiterführende Literatur

[Boo 99]   Grady Booch, James Rumbaugh, Ivar Jacobsen: *The Unified Modeling Language User Guide*, Addison-Wesley 1999

[Gru 00]   Volker Gruhn, Andreas Thiel: *Komponenten-Modelle*, Addison-Wesley 2000

[Hei 01]   George T. Heineman, William T. Council: Component-based Software Engineering, Addison-Wesley 2001

[Her 00]   Peter Herzum, Oliver Sims: *Business Component Factory*, John Wiley & Sons 2000

[Orf 96]   Robert Orfali, Dan Harkey, Jeri Edwards: *The Essential Distributed Objects Survival Guide*, John Wiley & Sons 1996

[Szy 99]   Clemens Szyperski: *Component Software*, Addison-Wesley 1999

[UML 02]   Object Management Group: *Unified Modeling Language: Infrastructure version 2 und Superstructure version 2 beta R1*, September 2002, www.omg.org

4 Was kann Architektur?

Software-Projekte werden heute zunehmend von Faktoren wie Kostenreduzierungen, Flexibilität, schnelleres Time-to-Market, Sicherheitsaspekte, Erweiterbarkeit, höhere Anforderungen an die Qualität etc. bestimmt. Eine solide, erweiterbare und flexible Architektur schafft nicht nur die Möglichkeit, solchen Anforderungen erfolgreich zu entsprechen, sondern, darüber hinaus, schnell auf immer neue Anforderungen zu reagieren.

Dieses Kapitel stellt dar,

* warum Architektur benötigt wird;
* was Architektur leistet;
* welche Faktoren Einfluss auf Software-Architekturen haben;
* wodurch architektonischer Stil, architektonische Richtlinien und Architekturprinzipien gekennzeichnet werden;
* welche Merkmale eine effiziente Architektur aufweisen soll;
* welche Ziele ein architekturzentriertes Vorgehensmodell verfolgt.

4.1 Warum Architektur?

> Mit einer erweiterbaren & flexiblen Architektur schnell auf neue Anforderungen reagieren

Im Zeitalter von Internet, Intranet und Extranet sind viele verschiedene Systeme und Komponenten miteinander zu verzahnen. Web-basierte Lösungen sollen auf Informationen eines Hostrechners zugreifen können, um z.B. mittels eines unternehmensübergreifenden Extranets diversen Zwischenhändlern transparente Einblicke in Lagerbestände eines Unternehmens zu ermöglichen. Oder Handy-Nutzer sollen mit Hilfe eines Portals für mobile Endgeräte sog. location based services (Dienste, die ortsgebundene Informationen anbieten) nutzen können: Um z.B. einen Tisch in einem nahe gelegenen Restaurant zu reservieren, ein Zimmer in einem Hotel des nächsten Ortes zu buchen oder sich unterwegs bei der Suche der nächstgelegenen Tankstelle unterstützen zu lassen. Informationen über das Nutzerverhalten sollen ausgewertet und gewinnbringend für den Nutzer und den Provider verarbeitet werden können. Es soll daher Content für verschiedene Endgeräte (Handy, Palm, Notebook etc.) mit Personalisierungsdiensten und Kunden-Informationen von Hostrechnern und verschiedenen Datenbanken verknüpft werden. ERP- (Enterprise Resource Planning) und CRM-Systeme (Customer Relationship Management) sollen eingebunden werden, um die Betreuung und den Service für die Kunden zu optimieren. Aus diesen Gründen ist eine erweiterbare und flexible Architektur notwendig, die eine schnelle Reaktion auf neue Anforderungen ermöglicht.

Abbildung 4.1 zeigt eine vereinfachte Darstellung einer WAP-Architektur für den Zugriff eines WAP-fähigen Handys über einen Access-Server und ein WAP-Gateway auf verschiedene Content-Server. Die in Anspruch genommenen Dienste sind je nach Provider mittels unterschiedlicher Billing-Systeme entsprechend abzurechnen. Meist sind verschiedene Content-Provider einzubinden und jeweils separat abzurechnen.

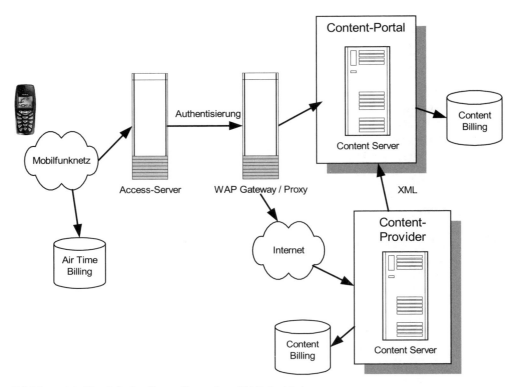

Abbildung 4.1: Vereinfachte Darstellung einer WAP-Architektur

Als weiteres Beispiel einer komponentenbasierten Architektur ist in der Abbildung 4.2 eine J2EE-Architektur dargestellt. Verschiedene Clients greifen via Internet per http und SSL oder Inhouse über einen Web-Container via RMI auf Enterprise JavaBeans-Komponenten zu, die ihrerseits über JDBC auf Daten aus einer Datenbank zugreifen.

Um eine solche Vernetzung reibungslos zu ermöglichen, müssen viele verschiedene Komponenten und Systeme miteinander kommunizieren. Je komplexer das zu entwickelnde Software-System ist, desto wichtiger wird eine transparente, solide und konsistente Architektur für das zu entwickelnde System. Aus diesen Gründen sind Architekturen und architektonische Sichten zu entwickeln, die eine flexible Nutzung der Systeme und Komponenten mit ihren spezifischen Informations- und Kommunikationskanälen erlauben. Je nach System sind spezifische Komponenten und Schnittstellen auszuarbeiten, um den unterschiedlichen zu leistenden Anforderungen gerecht zu werden.

Wie sind diese Komponenten und Schnittstellen zu entwickeln und wie geht man vor, wenn man bestehende Systeme anbinden will? Wie muss man Komponenten und Architekturen bauen, damit man Komponenten unternehmensweit oder auch unternehmensübergreifend nutzen kann?

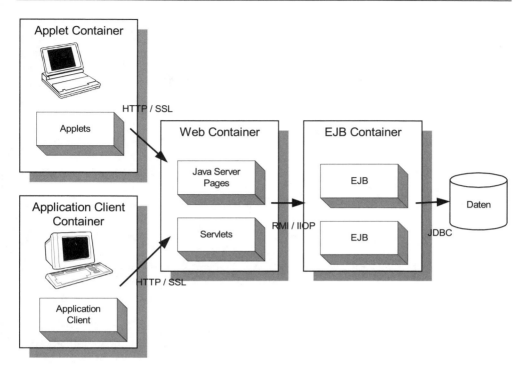

Abbildung 4.2: J2EE-Architektur

Ähnlich wie bei einem Hausbau sollte ein Software-System nicht einfach drauflos entwickelt werden. Fast jeder traut sich den Bau einer Hundehütte ohne ausgefeilte Konstruktionspläne zu, doch sollte ein Einfamilienhaus nur auf Grundlage durchdachter Konstruktionszeichnungen gebaut werden. Sowohl statische Berechnungen als auch diverse Ansichten und Pläne für die verschiedenen am Bau beteiligten Gewerke sind notwendig, um ein Haus so zu bauen, dass es den Anforderungen und Wünschen des Bauherren und den gesetzlichen Anforderungen entspricht. Je größer das zu bauende Haus, desto wichtiger ist es, das Vorgehen präzise zu planen, und desto wichtiger werden die Berechnungen der Statik und untereinander konsistente Konstruktionspläne, um nicht während des Baus Schiffbruch zu erleiden oder bei Fertigstellung mit bösen und teuren Überraschungen konfrontiert zu werden. Es gibt genügend Beispiele für größere Häuser (mehrstöckige Wohngebäude, Wolkenkratzer), die aufgrund von inneren oder äußeren Einwirkungen zusammenbrachen, weil sie in einigen Bereichen der Statik diesen Kräften nichts entgegenzusetzen hatten.

Diese Argumente gelten auch für ein Software-System: Je komplexer und größer es ist, desto mehr Anforderungen muss es erfüllen. Was muss bei der Entwicklung eines hochperformanten Software-Systems berücksichtigt werden, das beispielsweise von einer Vielzahl von Nutzern, mit einer großen Zahl paralleler Zugriffe genutzt wird? Wie konzipiert man ein System, welches als HA-System (HA=High-Availability-System mit 99,999% Ausfallsicherheit) zur Verfügung stehen soll, und/oder ein System, welches ständig um neue Funktionalitäten ergänzt werden soll? Ebenso wie in der Baubranche gibt es in der IT-Branche genügend Beispiele von IT-Systemen, die den Anforderungen nicht standhielten, weil die zugrunde liegende Architektur nicht entsprechend darauf ausgerichtet war.

Formulieren Sie Anforderungen an die Software-Architektur explizit.

Die Erfahrung des Autors aus vielen Software-Projekten hat gezeigt, dass Artefakte rund um die Architektur einer Software häufig sehr stiefmütterlich behandelt werden und aufgrund dessen Projekte uneffizient durchgeführt, Folgekosten entstanden sind oder aber Projekte vor Erreichen der Ziele gescheitert sind.

Oftmals liegt es daran, dass

- die Anforderungen an die Architektur des Software-Systems nicht klar formuliert werden;
- wichtige Merkmale einer Architektur, wie die Erweiterbarkeit und Skalierbarkeit des Systems nicht betrachtet werden;
- die Architektur den Anforderungen der Auftraggeber in vielen Bereichen nicht gerecht wird;
- Schichten des Software-Systems eng verzahnt werden und damit unerwünschte Abhängigkeiten generieren;
- zyklische Abhängigkeiten zwischen Komponenten und Systemen realisiert werden;
- die Interaktion unterschiedlicher Komponenten und Systeme nur sehr mühsam realisiert wird, weil die Schnittstellen zwischen den Komponenten und Systemen nicht adäquat spezifiziert wurden;
- verschiedene Entwickler bzw. Teams eines Software-Systems jeweils andere Vorstellungen von Architektur haben und diese unterschiedlichen Vorstellungen in ihren Teilprodukten umsetzen;
- für manche Artefakte keinerlei architektonische Betrachtung stattfindet bzw. keine architektonischen Sichten vorhanden sind;
- keine Architektur-Richtlinien vorhanden sind.

Sehr viel Zeit wird in Projekten damit vertan, die genannten Aspekte und weitere Problemfelder im nachhinein geradezubiegen. Oft geraten gerade deshalb Projekte ins Abseits, oder sie scheitern sogar. Das muss nicht sein. Bei einem Hausbau holt man den Architekten auch nicht erst nach dem Einsturz von Zwischendecken hinzu. Die Architektur bildet den Ausgangsrahmen, ist die konzeptionelle Grundlage des Baus. Und der Architekt begleitet den Bau eines Hauses von Beginn an bis zu seiner Abnahme. Dabei werden die anfangs grob skizzierten Anforderungen der Bauherren zusehends verfeinert und ausdifferenziert. Und so sollte es auch mit Software-Projekten gehandhabt werden. Eine Architektur sollte vor Realisierungsbeginn entworfen und während der Projektlaufzeit iterativ verfeinert werden. Die Anforderungen an die Architektur sollten klar formuliert werden. Für jede Phase der Software-Entwicklung sollten die jeweiligen Artefakte erarbeitet und mittels architektonischer Sichten spezifiziert werden. Die Kommunikation der Systeme und Komponenten sollte modelliert werden und die Abnahmekriterien für die Produkte sollten für Auftraggeber und Auftragnehmer eindeutig und transparent sein.

Legen Sie Anforderungen an die Software-Architektur frühzeitig fest und stimmen Sie sie mit Auftraggebern und Projektleitung ab.

4.2 Was leistet Architektur?

4.2.1 Was ist Architektur?

▶ Definition Software-Architektur

Es gibt zahlreiche unterschiedliche Definitionen des Begriffes Software-Architektur in der Fachliteratur[11]. Viele dieser Definitionen weisen gemeinsame, sich nicht widersprechende, sondern ergänzende Merkmale auf. Im Rahmen dieses Vorgehensmodells wird Software-Architektur im Kontext komponentenbasierter Software-Entwicklung wie folgt definiert.

Definition: *Software-Architektur* ist die Identifikation, Spezifizierung und Dokumentation sowohl der statischen Struktur als auch der dynamischen Interaktion eines Software-Systems, welches sich aus Komponenten und Systemen zusammensetzt. Dabei werden sowohl die Eigenschaften der Komponenten und Systeme als auch ihre Abhängigkeiten und Kommunikationsarten mittels spezifischer Sichten beschrieben und modelliert. Software-Architektur betrifft alle Artefakte der Software-Entwicklung.

Ein Unterschied zu anderen Definitionen des Begriffes Software-Architektur ist das zusätzliche Merkmal, dass Software-Architektur alle Artefakte der Software-Entwicklung betrifft. Dies wird in Abschnitt 4.2.2 eingehender dargestellt.

Die Definition soll nicht dahingehend missverstanden werden, dass Software-Architektur z.B. die Farbe oder das Layout eines GUI-Frontends beinflusst oder umgekehrt. Die Software-Architektur kann jedoch Vorgaben in Bezug auf die Anzahl und das Format der Inhalte auf einem GUI-Frontend machen. Hier sei auf den common sense des Lesers verwiesen.

▶ Software-Architektur betrifft alle Artefakte
der Software-Entwicklung

Eine knappe Definition des Begriffes reicht jedoch nicht aus, um herauszustellen, was Software-Architektur leisten kann bzw. welche Inhalte unter diesem Begriff zusammengefasst werden. Im folgenden Abschnitt wird daher genauer darauf eingegangen, was eine Software-Architektur leisten kann.

4.2.2 Was kann Software-Architektur leisten?

Software-Architektur

- bildet die konzeptionelle Grundlage und ist ein Rahmenwerk für Veränderungen;
- beschreibt die Struktur eines Systems;
- trägt maßgeblich zur Einheitlichkeit des Systems bei;
- kann ein System sinnvoll unterteilen;
- verfügt über kontextspezifische Sichten;
- betrifft alle Artefakte komponentenbasierter Entwicklung.

---

[11] Das Software Engineering Institute (SEI) der Carnegie-Mellon Universität der Vereinigten Staaten von Amerika hat in der Fachliteratur über 50 verschiedene Definitionen für den Bergiff „Software-Architektur" ausgemacht (http://www.sei.cmu.edu/architecture/definitions.html).

Konzeptionelle Grundlage und Rahmenwerk für Veränderungen

Die Architektur ist die konzeptionelle Grundlage des zu entwickelnden Software-Systems.
Eine Architektur dient als Rahmen für das zu entwickelnde Software-System: Software-
Architektur verhilft nach Tom DeMarco dazu, ein Framework for Change zu schaffen, d.h.
einen Rahmen für die Erweiterung und Anpassung eines Systems an sich ständig verän-
dernde Anforderungen.

> Konzipieren Sie Ihre Software-Architektur als Rahmenwerk für Veränderungen.

Die Architektur sollte so gestaltet werden, dass sie leicht modifiziert und erweitert werden
kann, wenn neue Anforderungen dies erfordern. Bereiche, die häufiger Änderungen unterliegen, sollten herausgefiltert werden. Strukturen, die im Laufe der Zeit am wenigsten verändert werden, sollten den Aufbau der Architektur am stärksten prägen: Teilstrukturen,
Subsysteme, Komponenten und ihre Schnittstellen sollten sich an diesen Strukturen orientieren. Dies hat eine Analogie zum Bau eines Bürogebäudes, wo z.B. die äußeren Wände
selten geändert werden, aber innere Wände durchaus versetzt werden könnten.

Mittels Abstraktionen können Modelle von bzw. Sichten auf zu entwickelnde Artefakte
konzipiert werden, die im Laufe eines Projektes iterativ verfeinert und erweitert werden.
Komponenten und Systeme werden mit all ihren Eigenschaften und Abhängigkeiten mittels
dieser Modelle entworfen, verändert, verfeinert und festgelegt. Spezifische Sichten auf die
verschiedenen Artefakte der Software-Entwicklung ermöglichen je nach Betrachtungs- und
Entwicklungskontext ihren Entwurf, ihre Gestaltung und ihre Abstimmung. Die zu entwickelnden Artefakte orientieren sich dabei an den architektonischen Vorgaben, Stilen, Richtlinien und Restriktionen.

Struktur eines IT-Systems

> Architektur beschreibt statische
> und dynamische Aspekte

Eine Architektur beschreibt die Struktur eines Software-Systems, in dem es die verschiedenen beteiligten Komponenten und Systeme und deren Interaktionsmechanismen über ihre
jeweiligen Schnittstellen und Abhängigkeiten darstellt. Dabei werden zum einen die statischen Aspekte der Komponenten und Systeme je nach Kontext aus verschiedenen Perspektiven oder auch Sichten betrachtet. Anhand der Interaktionsmechanismen der Komponenten
und Systeme können zum anderen die Dynamik der Systeme und deren Komponenten untersucht werden.

Architektur kann verstanden werden als High-Level-Design eines Systems, welches im
Rahmen von Multi-Level-Views betrachtet und verfeinert werden kann. Dabei definiert die
Architektur die Gesamt-Struktur und die Teilstrukturen des Systems und seiner Komponen-
ten anhand verschiedener Modelle.

Einheitlichkeit des IT-Systems

IT-Architektur ist in Hinsicht auf die Einheitlichkeit eines IT-Systems von entscheidender
Bedeutung. Eine in sich konsistente Architektur für ein Software-System aufzubauen, ist
eine der grundlegendsten Aktivitäten im Rahmen der Entwicklung von Software. Denn nur
mit einer in sich stimmigen Architektur kann sichergestellt werden, dass man der Komple-

xität eines IT-Systems Herr wird und statt eine Vielzahl von Insellösungen zu produzieren, parallel an mehreren Teilen des Systems arbeiten kann.

> ▶ Einfache Erweiterung und Wiederverwendung
> durch Konsistenz der Architektur

Durch Ausarbeitung einer in sich konsistenten Architektur können Software- und Hardware-Experten ihre Systeme effizient entwerfen und vorhersehbar planen. Gut abgestimmte Schnittstellen gewährleisten, dass die geforderte Funktionalität, eine ausreichende Performance etc. erzielt werden können. Mittels einer konsistenten Gesamtarchitektur können Komponenten und Systeme von anderen Systemen einfacher wiederverwendet werden.

Schichten eines IT-Systems

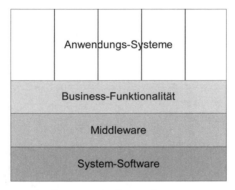

Abbildung 4.3: Schichten-Architektur eines Software-Systems

> ▶ Eine Schichten-Architektur
> reduziert Abhängigkeiten

Schichten-Architekturen gruppieren Funktionalität und machen komplexe Systeme handhabbar. Komponenten von Anwendungs-Systemen, die in Schichten unterteilt sind, können transparent auf Komponenten niedrigerer Schichten zugreifen. Eine solche Art von Schichten-Architektur ermöglicht es den Komponenten oberer Schichten, die Funktionalität zugrunde liegender Schichten zu nutzen, ohne diese selbst entwickeln zu müssen. Damit können sich beispielsweise Entwickler von Geschäftslösungen bei der Entwicklung von Anwendungs-Systemen vollständig auf die umzusetzende Geschäftslogik bzw. Anwendungsfunktionalität konzentrieren, ohne sich um Transaktions-Handling, Sicherheitsaspekte, konkurrierenden Zugriff oder Datenbankzugriffs-Mechanismen kümmern zu müssen. Designer und Entwickler einer jeden Schicht brauchen sich nur auf ihre spezifische Funktionalität zu konzentrieren. Eine Darstellung einer solchen Schichten-Architektur eines Software-Systems ist in Abbildung 4.3 wiedergegeben.

Innerhalb einer solchen Schichten-Architektur ist jede Schicht auf einer ihr zugrunde liegenden, allgemeineren Schicht aufgebaut. Eine Schicht setzt sich aus einer Reihe von Systemen zusammen, die alle auf der gleichen Abstraktionsebene angesiedelt sind bzw. über Funktionalität gleicher Art verfügen. Je höher eine Schicht, desto spezifischer ist sie.

Unterteilen Sie komplexe Software-Systeme in lose gekoppelte Schichten.

Eine derartige Schichten-Architektur reduziert die Abhängigkeiten zwischen den einzelnen Software-Komponenten. Je tiefer eine Komponente in einer Schichten-Architektur angesiedelt ist, desto allgemeiner ist ihre Funktionalität. Entwicklungsprozesse können einer jeden Schicht angepasst werden, um so Komponenten verschiedener Abstraktionsebenen zu entwickeln. Entwickler können je nach Schwerpunkt bzw. Skills Komponenten für eine bestimmte Schicht entwickeln. Die Abhängigkeiten zu anderen Schichten werden auf wenige Komponenten begrenzt, die für den Export bzw. Import von Schnittstellen zuständig sind. So werden nur schwer nachzuvollziehende Abhängigkeiten zwischen verschiedenartigen Komponenten vermieden.

▸ Vorteile einer Schichten-Architektur

Diese Art der Trennung in verschiedene Schichten hat eine Reihe von Vorteilen:

- Die Wiederverwendung einzelner Komponenten wird vereinfacht.
- Die Entwicklungszeit für Komponenten wird reduziert.
- Komplexe Abhängigkeiten zwischen Komponenten werden vermieden.
- Die Qualität der Komponenten wird verbessert.
- Die Erweiterung des Systems wird vereinfacht.
- Die Kommunikation über die Funktionalität der Komponenten wird vereinfacht.
- Der Zukauf von Fremd-Software wird erleichtert.
- Entwicklungskosten werden gesenkt.

Kontextspezifische Sichten

Mittels spezifischer Abstraktionen und Filter können Software-Artefakte eines Systems so dargestellt werden, dass diese in Form von architektonischen Sichten auf die jeweiligen Stakeholder und die jeweilige Entwicklungsphase zugeschnitten sind. Architektonische Sichten dienen dazu, spezifische Artefakte eines Software-Systems je nach Kontext betrachten und bearbeiten zu können.

▸ Sichten auf Artefakte des Software-Systems

Sichten auf Artefakte ermöglichen je nach Entwicklungskontext ihre Identifikation, ihre Spezifikation und ihre Konstruktion. Die Sichten dienen Auftraggebern, Entwicklern, Architekten und Projektleitern der transparenten Abstimmung der zu erarbeitenden Artefakte.

Architektur betrifft alle Artefakte

Führt man die Überlegungen zur Entwicklung eines komplexen Software-Systems weiter, stellt man fest, dass alles, was an Anforderungen und Wünschen, was an Restriktionen und Bedingungen, was an bestehenden Systemen und geforderten Systemen vorhanden ist, zur Entwicklung und damit zur Architektur eines Software-Systems beiträgt (siehe hierzu auch den Abschnitt 4.3). Verbale, grafische und schriftliche Anforderungen und Wünsche, Beschreibungen und Darstellungen, existierende architektonische Artefakte und vorhandene Anwendungen, bestehende Systeme etc.; all diese Elemente tragen zur Entwicklung und zur Architektur eines Software-Systems bei. Auf einen Punkt gebracht: Alle Artefakte der Software-Entwicklung haben Einfluss auf die Architektur.

Dies soll jedoch nicht so verstanden werden, dass man von Architektur spricht, wenn man eine Anforderung in Prosa beschreibt. Jedoch sind diese Beschreibungen Ausgangspunkt zur Ausarbeitung von Architekturen und Entwicklung von Systemen. Daher sollten diese Beschreibungen durch ihre Zuordnung zu den architektonischen Sichten einen Bezug zu den zu entwickelnden Systemen und Komponenten erhalten, die sie implizit beschreiben bzw. fordern.

Wenn nun all diese verschiedenen Elemente und Artefakte zur Entwicklung und zur Architektur eines Software-Systems beitragen, so sollte es entsprechende architektonische Sichten und spezifische Architekturen für die unterschiedlichen Perspektiven und zu entwickelnden Artefakte im Rahmen einer Software-Entwicklung geben. Und wenn all diese Elemente und Aspekte zur erfolgreichen Entwicklung eines Systems beitragen, dann sollte es auch für alle geeignete Mittel zur Beschreibung und Dokumentation geben.

> Dokumentieren Sie Artefakte der Software-Entwicklung und ordnen Sie sie architektonischen Sichten zu.

Genau dies ist der Ansatz des hier dargestellten architekturzentrierten Vorgehensmodells: Alle Artefakte, die im Rahmen der Entwicklung eines Software-Systems auszuarbeiten sind, sollen entsprechend dokumentiert, aus spezifischen architektonischen Sichten betrachtet und verschiedenen Teilarchitekturen zugeordnet werden können. Nur so ist eine qualifizierte Erarbeitung aller Teile des Software-Systems möglich. Nur so kann man den Anforderungen und Wünschen der Stakeholder nachvollziehbar und transparent gerecht werden. Nur so kann eine effiziente Wiederverwendung erarbeiteter Artefakte gewährleistet werden. Und nur so kann es flexibel erweitert werden.

Eine transparente Darstellung der zu erarbeitenden und existierenden Artefakte im Rahmen einer Gesamtarchitektur ist gerade auch in Hinsicht auf eine durchzuführende Ist-Aufnahme zu Beginn eines Software-Entwicklungsprojektes notwendig und sehr hilfreich. In Kapitel 5 werden Architekturen und architektonische Sichten dargestellt.

> Führen Sie zu Beginn eines Projektes eine Ist-Aufnahme aller Artefakte einer Software-Architektur durch.

4.3 Einflussfaktoren auf eine Architektur

Es gibt Aspekte bzw. Artefakte, die auf die Architektur eines Software-Systems einen direkten, und andere, die einen eher indirekten Einfluss haben.

- Die direkten Einflussfaktoren sind als Bestandteile einer Gesamtarchitektur zu sehen (z.B. die Use Cases und Geschäftsprozesse, für die eine Architektur zu entwickeln ist). Sie sind Artefakte, die im Kontext einer Gesamtarchitektur zu erarbeiten bzw. festzulegen und abzustimmen sind.
- Die indirekten Einflussfaktoren charakterisieren die Art und Weise der Erarbeitung der Artefakte einer Gesamtarchitektur, d.h. sie nehmen Bezug auf das Projektumfeld: In welcher Zeit welche Artefakte zu erarbeiten sind, welche Skills dafür vorhanden, welche Restriktionen aus Sicht des Budgets zu berücksichtigen, welche Unternehmensrichtlinien zu befolgen sind etc. Die indirekten Einflussfaktoren sind nach Erarbeitung einer Gesamtarchitektur nicht sichtbar bzw. nicht dokumentiert, beeinflussen aber ihre Inhalte und ihre Qualität. Indirekte haben damit Auswirkungen auf die direkten Einflussfaktoren.

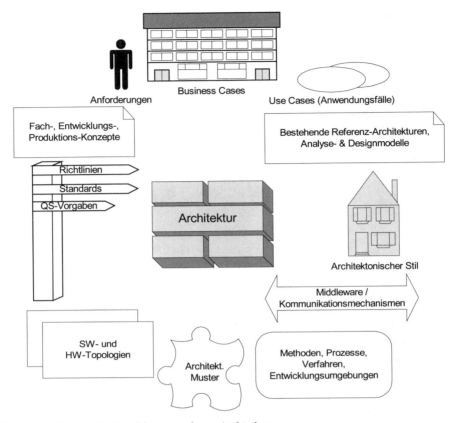

Abbildung 4.4: Direkte Einflussfaktoren auf eine Architektur

Direkte Einflussfaktoren

Folgende Faktoren haben auf die Architektur eines zu entwickelnden Software-Systems direkten Einfluss (vgl. Abbildung 4.4):

1. Ziele, funktionale und nicht-funktionale Anforderungen.

2. Zentrale Business Cases / Use Cases / Geschäftsprozesse.

3. Bestehende Referenz-Architekturen / Analyse- & Design-Konzepte.

4. Muster / Frameworks / Hot-Spots.

5. Middleware / Kommunikationsmechanismen.

6. Bestehende Systeme und Komponenten, Software- und Hardware-Topologien.

7. Fach-, Entwicklungs- und Produktions-Konzepte.

8. Methoden, Prozesse, Verfahren und Entwicklungsumgebungen.

9. Standards und QS-Vorgaben.

10. Architektur-Stil, -Prinzipien und -Richtlinien.

Indirekte Einflussfaktoren

Zu den indirekten Einflussfaktoren auf die Architektur eines Software-Systems zählen u.a.
(vgl. Abbildung 4.5):

1. Projektplanung

2. Projektmitarbeiter

3. Projektrisiken

4. Organisationsstruktur des Unternehmens

5. Unternehmens-Strategie

6. Unternehmensrichtlinien

7. Budget

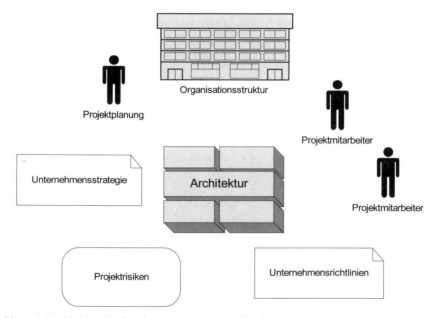

Abbildung 4.5: Indirekte Einflussfaktoren auf eine Architektur

Die verschiedenen Einflussfaktoren werden in den folgenden Abschnitten beschrieben.

Ziele, funktionale und nicht-funktionale Anforderungen

Die Ziele eines Software-Projekts werden meist in Gestalt eines Businessplans und in Form
von Business Cases in einer verdichteten Darstellung wiedergegeben. Eine Verfeinerung
und Differenzierung dieser Ziele sind die detaillierten funktionalen und nicht-funktionalen
Anforderungen.

Funktionale Anforderungen sind all die Anforderungen, die sich auf die Funktionalität des
Systems beziehen, ohne dabei die qualitativen bzw. restriktiven Aspekte darzustellen. Dies
sind insbesondere Anforderungen an die Prozesse aus Nutzersicht und die Funktionen, die
das zu entwickelnde System umzusetzen hat. Diese funktionalen Anforderungen werden

von den beteiligten Stakeholdern, d.h. Auftraggebern, Endbenutzern, den Fach- und Marketingabteilungen, dem Management etc. formuliert. Die einzelnen Anforderungen sollten mit Prioritäten versehen und verschiedenen Phasen oder Entwicklungsstufen des zu entwickelnden Systems zugeordnet werden.

> Versehen Sie Anforderungen mit Prioritäten, und ordnen Sie die Anforderungen den Phasen des Projektes zu.

Nicht-funktionale Anforderungen sind Anforderungen, die überwiegend die Qualität und die Rahmenbedingungen der zu entwickelnden Software betreffen. Sie berücksichtigen u.a. Kriterien und Prozesse aus Entwickler- und Betreiber-Sicht. Die nicht-funktionalen Anforderungen kann man den folgenden Bereichen zuordnen:

- Look & Feel
- Usability
- Performanz
- Erweiterbarkeit
- Flexibilität
- Betrieb
- Wartung
- Sicherheit
- Gesetzliche Bestimmungen
- Kulturelle & politische Restriktionen

Zu den nicht-funktionalen Anforderungen zählen auch technische Konzepte, wie sie z.B. zum Aufbau der System-Infrastruktur benötigt werden.

> Ordnen Sie qualitativen Anforderungen Größenordnungen zu.

Diese nicht-funktionalen Anforderungen werden ebenso wie die funktionalen Anforderungen von den beteiligten Stakeholdern formuliert. Es ist sinnvoll, diese nicht-funktionalen, eher qualitativ ausgerichteten Anforderungen, soweit möglich, mit Größenordnungen bzw. Maßeinheiten zu versehen. Z.B. kann man die Anzahl der erwarteten Nutzer des Systems für Stufe 1, 2 etc. des Projektes festlegen. Auch bei den nicht-funktionalen Anforderungen sollte eine Priorisierung durchgeführt werden, da sich nicht selten einige der Anforderungen gegenseitig beeinflussen bzw. sogar konträr zueinander stehen.[12]

Zentrale Business Cases / Use Cases / Geschäftsprozesse

▸ Business-Konzept

Ein Business-Konzept skizziert auf einer High-Level-Ebene anhand von Business Cases das zu entwickelnde System aus Sicht des Auftraggebers bzw. der Stakeholder. Die in dem Konzept dargestellten Business-Szenarien bzw. die Instanzen von Business Cases sind als Anker und als Referenz für das zu entwickelnde System zu verwenden. In einem Business-

---

[12] Z.B. die Menge der dargestellten oder zu aktualisierenden Informationen und die Performanz des Systems.

Konzept werden die Anforderungen an das System, die Ziele, die wichtigsten Geschäfts-szenarien und der erwartete ROI (Return on investment) verdichtet dargestellt.

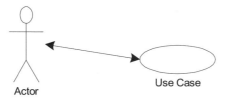

Abbildung 4.6: Use-Case-Diagramm

Die zentralen Use Cases bzw. Geschäftsprozesse sind die Geschäftsprozesse, die die Kern-Funktionalität des zu entwickelnden Systems betreffen. In der Regel nutzen verschiedene Geschäftsprozesse gleiche und verschiedene Funktionalität eines Systems. Die zentralen Use Cases bzw. Geschäftsprozesse beziehen sich auf die Business-Szenarien, die zusam-men genommen die Kern-Funktionalität des Systems als Schnittmenge abbilden. Aktoren interagieren mit Use Cases, um solche Geschäftsprozesse durchzuführen. Abbildung 4.6 veranschaulicht ein Use-Case-Diagramm mit Aktor und Use Case.

> **Beginnen Sie ein Projekt mit den zentralen Use Cases.**

Referenz-Architekturen / Analyse- & Design-Konzepte

Selten wird ein Projekt „auf der grünen Wiese" durchgeführt. Fast immer gilt es, bestehen-de Systeme anzubinden. Wenn eine enge Anbindung an ein bestehendes System erforder-lich ist – z.B. im Sinne einer Integration oder Erweiterung –, ist auch die Architektur des Systems zu betrachten. Architekturen bestehender Systeme sollten in Bezug auf ihren Auf-bau, die Kopplung ihrer Schichten, der genutzten Kommunikationsmechanismen, der Ab-hängigkeiten von und Schnittstellen zu anderen Systemen untersucht werden. Insbesondere sollten entsprechende Referenz-Modelle und Referenz-Architekturen untersucht werden.

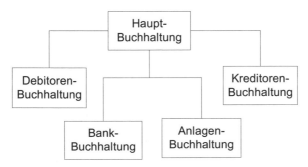

Abbildung 4.7: Beispiel eines Referenz-Modells aus dem Bereich Finanzwesen

Ein Referenz-Modell ist ein funktionaler Entwurf eines IT-Systems auf einer High-Level-Darstellung. Es ist eine Abbildung der Funktionalität eines IT-Systems, welches sich aus unterschiedlichen Teilsystemen (Business-Systemen) eines Geschäftsbereiches zusammen-setzt und anhand dessen der Datenfluss zwischen den Systemen aufgezeigt werden kann.

Ein Referenz-Modell eignet sich für die Analyse und Konzeption eines Geschäftsbereiches zur Kommunikation mit beteiligten Mitarbeitern, Abteilungen und Bereichen. Häufig wird ein solches Modell im Rahmen der Präsentation eines IT-Systems als Instrument des Managements genutzt. Darüber hinaus ist ein Referenz-Modell die Grundlage für die Ausarbeitung einer Referenz-Architektur. In Abbildung 4.7 ist ein Beispiel für ein solches Referenz-Modell aus dem Bereich Finanzwesen dargestellt.

Eine Referenz-Architektur fußt auf einem Referenz-Modell, welches auf Software-Komponenten abgebildet wird. Die Software-Komponenten realisieren die im Referenz-Modell abgebildete Funktionalität der Systeme und ihren Informations- bzw. Datenfluss. Dabei muss die Abbildung eines im Referenzmodell beschriebenen Systems nicht notwendig eindeutig auf die Komponenten abzubilden sein. Es ist durchaus denkbar, dass eine Komponente nur einen Teil der Funktionalität eines im Referenzmodell beschriebenen Systems abbildet oder dass eine Komponente Funktionalität von mehreren im Referenzmodell beschriebenen Systemen realisiert.

Die Referenz-Architektur wird uns im Rahmen der Roadmap wieder begegnen, da sie im Kontext der Spezifizierung der Komponenten eines IT-Systems zentral ist (siehe Kapitel 7).

Architekturmuster

Architekturmuster bzw. Entwurfsmuster dienen dazu, ein komplexes Software-Entwicklungs-Problem elegant und einfach zu lösen. Es sind funktionstüchtige Lösungsanweisungen für andernfalls nur mit vielen Umwegen zu bewältigende Aufgaben. Häufig gilt es, im Rahmen der Entwicklung von Software immer wieder ähnliche Probleme zu meistern. Nicht selten löst jeder Entwickler diese Probleme eigenständig und profitiert nicht von den Ergebnissen anderer. Architekturmuster schaffen hier Abhilfe, indem sie wiederverwendbare Regelwerke, Architekturmuster zur Lösung von Standardproblemen beschreiben.

Entwurfsmuster haben mittlerweile eine weite Verbreitung gefunden. Das wohl bekannteste Werk zum Thema Entwurfsmuster (Pattern) ist das Buch der ‚Gang of Four': Design Patterns von Erich Gamma, Richard Helm, Ralph Johnsson und John Vlissides [Gam 95]. In diesem Buch werden viele sehr nützliche Architekturmuster beschrieben, die sich mittlerweile in vielen Bibliotheken, Anwendungen und Frameworks wiederfinden.

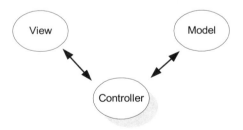

Abbildung 4.8: Model View Controller

Ein sehr verbreitetes Entwurfsmuster ist das MVC-Pattern (Model-View-Controller), welches eine klare Trennung zwischen darstellender Schicht (View), verarbeitender Controlling-Schicht (Controller) und Geschäftslogik-Schicht (Model) beschreibt. Damit wird eine lose Kopplung zwischen Präsentations-Schicht und Business-Schicht über eine Controlling-

Schicht gewährleistet. Änderungen in der Präsentations-Schicht beeinflussen die Business-Schicht nicht und anders herum wirken sich Änderungen in der Art und Weise der Verarbeitung der Geschäftslogik (beispielsweise Änderung der Businesskomponente oder veränderte Datenbankzugriffe) nicht auf die Präsentations-Schicht aus. Auf diese Art und Weise können u.a. verschiedene Views gleichzeitig mit den Informationen nur einer Business-komponente (Model) gefüttert werden: Beispielsweise können die Informationen von Hochrechnungen eines Wahlkampfes gleichzeitig als Balken- und Torten-Diagramm oder als Tabelle dargestellt werden. Eine ausführliche Beschreibung des MVC-Patterns findet sich u.a. in [Gam 95], [Bus 98] und in [Sta 02]. Abbildung 4.8 veranschaulicht das MVC-Pattern.

Frameworks

Frameworks sind Sammlungen verschiedener einzelner Komponenten mit definiertem Kooperationsverhalten, die eine Vielzahl von Aufgaben eines oder mehrere Geschäftsbereiche erfüllen sollen.

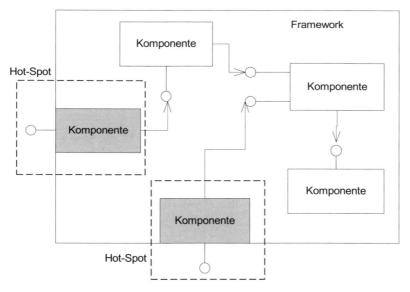

Abbildung 4.9: Hot-Spots eines Frameworks

Innerhalb von Frameworks finden verschiedene Patterns Anwendung. Ein Framework kann auch als erweiterbarer Rahmen für Systeme, Komponenten, Patterns und Kooperationen zwischen diesen verstanden werden.

▶ Hot-Spots

Einige der Komponenten eines Frameworks können ausgetauscht bzw. erweitert werden. Stellen, an denen ein Framework erweitert werden kann – durch Austausch oder Verfeinerung von Komponenten –, nennt man Hot-Spots. Ein gut entworfenes Framework liefert eine Reihe solcher wohldefinierter Hot-Spots.

Diese Hot-Spots sind es, die ein Framework für die eigene Verwendung interessant machen, denn sie ermöglichen die Anpassung des Frameworks an die eigenen Bedürfnisse. Abbildung 4.9 stellt Hot-Spots eines Frameworks dar.

Middleware/Kommunikationsmechanismen

Die zu nutzende Middleware legt implizit die Art der zu verwendenden Komponenten fest. Beispielsweise wird man bei Nutzung von CORBA als Middleware versuchen, Komponenten zu nutzen, die nahtlos mit einer CORBA-Infrastruktur zusammenarbeiten können bzw. mit Hilfe der IDL an CORBA angepasst werden können. Bei Nutzung einer J2EE-Plattform werden EJBs (Enterprise JavaBeans) Verwendung finden und bei Nutzung eines MTS (Microsoft Transaction Server) werden COM+-Komponenten eingesetzt. Damit hat die Auswahl der zu nutzenden Middleware einen wesentlichen Einfluss bei der Ausarbeitung der Artefakte der Anwendungs- und System-Architektur (siehe hierzu Kapitel 8 und 9). Je nach Art der Middleware wird u.a. ein anderes Transaktionshandling, werden andere Persistenzdienste genutzt. Dies wiederum konfrontiert den Entwickler der Komponenten mit jeweils anderen Problemstellungen. Es werden ihm je nach genutzter Middleware mit den spezifischen Laufzeitumgebungen jeweils andere Services zur Verfügung gestellt bzw. es sind andere Schnittstellen zu programmieren. Abbildung 4.10 veranschaulicht die Nutzung von Middleware durch Komponenten.

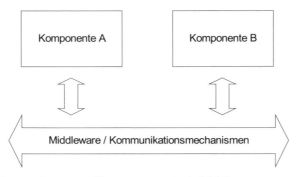

Abbildung 4.10: Kommunikation von Komponenten mittels Middleware

Die Art der zu nutzenden Middleware legt darüber hinaus die Art der Kommunikation der Komponenten fest. Diese für die verschiedenen Standards unterschiedlichen Kommunikationsmechanismen sind ausführlich in Kapitel 10 beschrieben.

Bestehende Systeme und Komponenten

Vorhandene und zu nutzende Systeme und Komponenten sollten sowohl aus externer Sicht (Black-Box) und wenn erforderlich auch aus interner Sicht (White-Box) auf die folgenden Kriterien im Sinne eines Assessments untersucht werden:

- Beschreibung und Aufbau
- Funktionalität
- Schnittstellen und Abhängigkeiten
- Restriktionen / Bedingungen / Regeln

Es sollten alle Dokumente und Ansprechpartner, die es in Bezug auf die bestehenden Systeme und Komponenten gibt, zu Rate gezogen werden. In der Regel reicht eine Black-Box-Sicht aus, da es bei der Integration bestehender Systeme und Komponenten primär um ihre Schnittstellen und um die von ihnen zur Verfügung gestellten Services ankommt.

Software- und Hardware-Topologien

Im Kontext von Software- und Hardware-Topologien werden die verschiedenen Rechner bzw. Knoten, auf denen die zu entwickelnden Systeme zum Einsatz kommen sollen, und ihre Vernetzungen betrachtet. Je nach Betrachtung können entweder Software- oder Hardware-Konfigurationen oder aber beide Konfigurationen zusammen für die einzusetzenden Systeme dargestellt werden. Bei der Betrachtung von Software-Topologien können Komponenten aus Verteilungssicht in Gestalt von UML-Packages mit Abhängigkeiten dargestellt werden. Ein Beispiel eines solchen Verteilungsmodells ist in Abbildung 4.11 dargestellt.

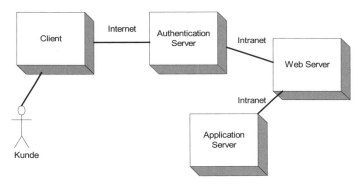

Abbildung 4.11: Verteilungsmodell

Fach-, Entwicklungs-, Produktions-Konzepte

Fach-, Entwicklungs- und Produktions-Konzepte, die im Unternehmen ausgearbeitet wurde bzw. gültig sind, sollten bei der Ausarbeitung der Architektur-Artefakte berücksichtigt werden, da diese meist auf die konkreten Bedürfnisse und Anforderungen des Unternehmens zugeschnitten sind.

Methoden, Prozesse, Verfahren, Entwicklungsumgebungen

Methoden, Prozesse und Verfahren, die im Unternehmen zum Einsatz kommen, sollten bei der Entwicklung von Architektur-Artefakten ebenso berücksichtigt werden, da diese Einfluss auf die Art der zu erarbeitenden Artefakte haben. Auch sollte man auf die durch Nutzung der Methoden, Prozesse und Verfahren vorhandenen Skills zurückgreifen, um die Artefakte des neuen IT-Systems effizient ausarbeiten zu können.

Im Unternehmen existierende Entwicklungsumgebungen haben wesentlichen Einfluss auf die Art der zu entwickelnden Komponenten und Systeme. So führt ein Entwicklungsumfeld, welches sich aus Microsoft-Produkten zusammensetzt, zur Entwicklung anderer Komponentenarten, als dies z.B. mit Tools anderer Hersteller wie von Sun oder Borland der Fall ist. Mit anderen Worten: Sind Entwicklungs-Umgebungen vorgegeben, bzw. sollen die mit ihnen verbundenen Skills der Mitarbeiter genutzt werden, so sind diese bei der Ausarbeitung der möglichen Arten von Komponenten zu beachten.

Standards, QS-Vorgaben und Unternehmens-Richtlinien

Es kann über die architektonischen Richtlinien hinaus weitere zu befolgende Standards geben, die Einfluss auf eine Architektur haben. Beispielsweise kann dies die Verwendung einer bestimmten Art von Firmen-Produkten für Software oder Hardware sein. Oder aber die Prozesse zur Ausarbeitung der Architektur-Artefakte unterliegen spezifischen Unternehmens-Richtlinien, die befolgt werden müssen. D.h. auch Standards und Unternehmens-Richtlinien, die auf den ersten Blick nicht direkt in Verbindung mit dem Thema „Architektur" zu stehen scheinen, haben Einfluss auf die Architektur-Artefakte.

Ziele, Architektur-Prinzipien, architektonischer Stil und -Richtlinien

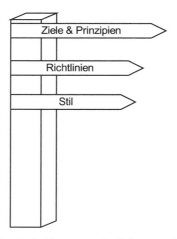

Abbildung 4.12: Ziele, architektonische Prinzipien, Richtlinien und Stil

Die mit dem IT-System verfolgten Ziele und darauf aufbauende Architektur-Prinzipien haben wesentlichen Einfluss auf die Architektur des Systems. Grundlegende Überlegungen zur Art und Weise der Ausarbeitung einer Architektur können als Architektur-Prinzipien formuliert werden. Diese liefern einen Rahmen bzw. ein Fundament für das auszuarbeitende System. Die Architektur-Prinzipien leiten sich von den strategischen Zielen ab, die mit dem zu entwickelnden IT-System verbunden sind. Abbildung 4.12 veranschaulicht Ziele, Prinzipien, Richtlinien und Stil.

Ziele und Architektur-Prinzipien dieses Vorgehensmodells

Mittels eines planmäßigen, iterativen, architekturzentrierten Vorgehens und durch Nutzung eines strukturierten Top-Down-Ansatzes lassen sich robuste, erweiterbare und wiederverwendbare Systeme bauen. Durch eindeutige Bezeichnung und Zuordnung existierender und neu zu entwickelnder Artefakte im Rahmen einer Gesamtarchitektur können komplexe Systeme erfolgreich entwickelt und beherrscht werden. Durch ein ergebnisorientiertes Vorgehen lassen sich Bottom-up-Artefakte erarbeiten, die iterativ einem Gesamt-Top-Down-Ansatz zugeordnet werden können.

Ziele dieses Vorgehensmodells

Die Ziele des hier beschriebenen architekturzentrierten Ansatzes sind:

1. Flexibilität & Erweiterbarkeit

2. Verbesserung der Software-Qualität

3. Beschleunigung des Time-to-market

4. Reduzierung der Entwicklungs- und Wartungskosten

Architektur-Prinzipien dieses Vorgehensmodells

Die von diesen Zielen abgeleiteten Architektur-Prinzipien sind:

1. Ausarbeitung von Komponenten als autonome Einheiten

2. Darstellung architektonischer Sichten für alle Artefakte

3. Nutzung eines Architektur-Frameworks zum Aufbau einer konsistenten Gesamtarchitektur

4. Darstellung der Interaktions- und Kommunikationsarten

5. Optimierung der Wiederverwendung von Komponenten und Systemen

Diese Architektur-Prinzipien dienen als Ausgangsbasis für alle Aktivitäten im Kontext der komponentenbasierten Entwicklung. Die im Folgenden beschriebenen architektonischen Richtlinien und der architektonische Stil bauen auf ihnen auf.

Architektonischer Stil

Der architektonische Stil legt fest, wie man Systeme und Komponenten eines zu beschreibenden Software-Systems modelliert und welche Beschreibungssprachen und Methoden dafür Verwendung finden. Es werden die Arten oder Typen von Komponenten und Systemen, deren Muster und deren Interaktionsmechanismen festgelegt. Ein architektonischer Stil kann verstanden werden als ein Satz von Festlegungen und Regeln für eine Architektur. Festlegungen und Regeln, die sowohl die Art der Komponenten und Systeme und deren Charakteristika betreffen, als auch deren Interaktions-Mechanismen bestimmen. Diese Festlegungen und Regeln können u.a. als Restriktionen formuliert werden.

Der Begriff „architektonischer Stil" lehnt sich am Begriff zur Klassifizierung von Gebäuden an: Stil im Sinne von Klassizismus oder Gotik nutzt gewisse Beschreibungsmerkmale zur Kennzeichnung. Ein architektonischer Stil kann als Abstraktion für eine Reihe von Architekturen verstanden werden. Der architektonische Stil eines Software-Systems kennzeichnet die Art und Weise des Zusammenbaus eines komplexen Systems und beschreibt grundlegende Zusammenhänge zwischen Komponenten und Systemen unter- und miteinander.

Architektonischer Stil dieses Vorgehensmodells

Der architektonische Stil eines komponentenbasierten Software-Systems wird durch die folgenden Merkmale bestimmt:

1. Die Komponenten-Arten (z.B. Prozess-, Entity-, Service-Komponenten);

2. die Anordnung dieser Komponenten (z.B. im Rahmen von Systemebenen);

3. die Art der Kommunikation und Interaktion der Komponenten und Systeme;

4. die semantischen Restriktionen (z.B. im Kontext der Spezifikations-Sicht durch Festlegung der Regeln und Bedingungen, die Schnittstellen der Komponenten zu erfüllen haben);

5. die Spezifizierung der Schnittstellen (z.B. durch Spezifizierung von Zustandsautomaten an Konnektoren).

Diese den architektonischen Stil beschreibenden Merkmale werden ausführlich im Rahmen der Roadmap behandelt.

Architektonische Richtlinien

Architektonische Richtlinien sind fundamentale Leitlinien zur Ausarbeitung einer in sich konsistenten, soliden Architektur. Sie sollten als Richtlinien für alle im Rahmen eines Architekturprozesses anfallenden Aktivitäten verstanden werden. Nur unter konsistenter Einhaltung dieser Richtlinien kann gewährleistet werden, dass Systeme oder Komponenten, die unabhängig voneinander konzipiert wurden, reibungslos miteinander interagieren können. Zusammen mit den Festlegungen zum architektonischen Stil, welcher die Art der Systeme und Komponenten und deren Interaktion beschreibt, liefern die architektonischen Richtlinien den qualitativen Input, der zur Ausarbeitung einer soliden, konsistenten Architektur führt.

Architektonische Richtlinien dieses Vorgehensmodells

1. Funktionale Modularität: Aufteilung in Domains, Systeme und Komponenten.

2. Trennung von Zuständigkeiten.

3. Nutzung von Schichten-Architekturen.

4. Lose Kopplung der Systeme und Komponenten.

5. Trennung von Schnittstellendesign und System-Design: Zusammensteckbare Systeme und Komponenten.

6. Gerichtete Abhängigkeiten zwischen Systemen und Komponenten.

7. Vermeidung zyklischer Abhängigkeiten.

8. Autonomie von Komponenten und Systemen.

9. Reduktion der Komplexität: Nutzung einfacher Lösungen.

Abbildung 4.13 veranschaulicht die Zusammenhänge zwischen IT-Architektur, Zielen, Architektur-Prinzipien, architektonischem Stil und architektonischen Richtlinien. Im Kontext der Roadmap werden wir anhand eines durchgängigen Beispiels auf diese architektonischen Richtlinien Bezug nehmen (siehe Kapitel 6 bis 10).

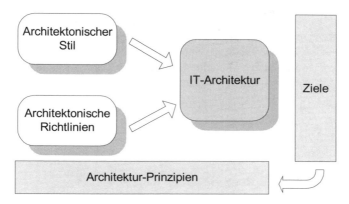

Abbildung 4.13: Ziele, Prinzipien, Stil und Richtlinien im Kontext einer IT-Architektur

4.4 Merkmale einer effizienten Architektur

Eine effiziente Architektur lässt sich durch die folgenden qualitativen Merkmale beschreiben. Sie ist

- leicht wartbar,
- zuverlässig,
- performant,
- flexibel erweiterbar,
- skalierbar,
- sicher,
- steuerbar und
- transparent dokumentiert.

Wir wollen auf diese Qualitätsmerkmale im Folgenden etwas näher eingehen.

Wartbarkeit

Die Wartbarkeit betrifft die Fähigkeit, Fehler an einer Komponente beheben zu können bzw. Funktionalität einer Komponente zu ändern, ohne andere Komponenten des Systems zu beeinträchtigen.

Die Wartbarkeit ist verknüpft mit der Art und Weise der Dekomposition der Komponenten eines Systems und mit der Art der Kopplung der Komponenten untereinander. Die Wartbarkeit kann an dem Änderungsaufwand gemessen werden, den Anforderungen an veränderte Funktionalität mit sich bringen. Beispielsweise kann eine Anforderung für veränderte Funktionalität zu einer Änderung an nur einer Komponente führen, oder sie kann viele Komponenten eines Systems betreffen. Im letzteren Fall dauert die Änderung nicht nur viel länger, sie wird auch viel teurer. Ein einfach zu wartendes System ist durch autonome Komponenten gekennzeichnet, die nur minimal viele Interaktionspunkte zu anderen Komponenten aufweisen.

Im Kontext der Ermittlung der Wartbarkeit eines Systems sind die Interaktions- und Spezifikationssichten der Referenz-Architektur (siehe Kapitel 7) hilfreich, da diese zum einen den hierarchischen Zusammenbau der Systeme und Komponenten aufzeigen und zum anderen die Schnittstellen der Systeme und Komponenten untereinander qualifizieren. Darüber hinaus ist die Systemebenen-Sicht hilfreich, wenn Komponenten in verschiedene Arten von Komponenten (beispielsweise Prozess-, Entity- und Service-Komponenten) unterteilt wurden. Nicht zuletzt sind auch die Schichten-Sichten der Anwendungs-Architektur für die Darstellung der Art der Kopplung der Komponenten und Systeme hilfreich (s. Kapitel 10).

Anhand von Änderungs-Szenarien lassen sich Änderungen am System durchspielen und die Auswirkungen auf alle beteiligten Komponenten und Systeme untersuchen. Der Änderungsaufwand kann als Anzahl an Zeilen Code und an der Anzahl zu ändernder Komponenten gemessen werden.

Zuverlässigkeit und Verfügbarkeit

Die Zuverlässigkeit betrifft die Integrität und Konsistenz eines Systems und aller seiner Transaktionen. Die Verfügbarkeit sagt aus, ob die angebotenen Dienste auch immer zur Verfügung stehen.

Die Zuverlässigkeit und Verfügbarkeit eines Systems[13] wird daran gemessen, wie ein System bei normaler Nutzung und bei fehlerhafter oder bei mutwillig falscher Nutzung des Systems reagiert.

- Wie verhält sich ein System bei Nutzung über einen längeren Zeitraum?
- Führt eine fehlerhafte Bedienung des Systems nur zu einer Ausnahmebehandlung (exception handling), zu einem lokalen Fehlverhalten in einer Komponente, oder werden mehrere Komponenten oder gar andere Systeme betroffen sein?
- Bleibt das System auch bei fehlerhafter Nutzung verfügbar?

Je mehr Komponenten und Systeme bei fehlerhafter oder zu starker Nutzung betroffen sind, desto weniger zuverlässig ist ein System. Oder anders formuliert: Systeme mit Nutzer-Szenarien, an denen viele Komponenten beteiligt sind, sind generell weniger zuverlässig als Systeme, in denen diese Szenarien nur wenige Komponenten betreffen. Ein zuverlässiges System verfügt darüber hinaus für mögliche Fehlerfälle über entsprechende Ausnahmebehandlungen.

Zuverlässigkeit und Verfügbarkeit hängen ab vom grundsätzlichen Aufbau des Systems und der Art der Umsetzung seiner Komponenten. Sie sind abhängig von der funktionalen Dekomposition, der Autonomie der Komponenten, der Kopplung der Komponenten, dem Layering der Komponenten in Gestalt von Schichten- und Ebenenbildungen und den Skills bei der Umsetzung der Komponenten.

Zur Betrachtung der Zuverlässigkeit eines Software-Systems sind daher die Sichten der Referenz-Architektur und der Anwendungs-Architektur hilfreich. Darüber hinaus sind auch die Sichten der System-Architektur, insbesondere in Bezug auf die Art und Weise der Integration anderer Systeme nützlich (siehe Kapitel 7 bis 10).

---

[13] Es soll an dieser Stelle darauf hingewiesen werden, dass wir die Zuverlässigkeit und Verfügbarkeit von Software-Systemen betrachten, nicht die von Hardware-Systemen.

Ein System, welches mit redundanten Komponenten ausgestattet ist, kann die Verfügbarkeit des Systems gewährleisten, auch wenn die Zuverlässigkeit einzelner Komponenten nicht gegeben sein sollte.

Performanz

Die Performanz eines Systems betrifft das Anwortzeitverhalten spezifischer Transaktionen pro Nutzer. Die Performanz eines Systems wird am Durchsatz, d.h. der Anzahl der Nutzer-Szenarien pro Zeiteinheit gemessen. Im Rahmen von Nutzertests wird insbesondere die parallele Nutzung des Systems durch viele Nutzer betrachtet.

Nach Möglichkeit sollte das Verhalten je System bzw. je Komponente auf Basis von Nutzer-Szenarien dargestellt werden können. Die Dauer, die eine jede Komponente für den Durchlauf eines Szenarios benötigt, die durchschnittlichen Verweilzeiten bzw. auch die Worst-Case-Szenarien sollten dargestellt werden. Diese Werte können, bezogen auf einzelne Komponenten, in der Regel im Rahmen von Unit-Tests von den Software-Architekten bzw. Software-Entwicklern ermittelt werden. Im Kontext von System- und Integrationstests können diese Performanz-Ermittlungen auf die Interaktion von Komponenten und Systemen ausgedehnt werden.

Erweiterbarkeit

Erweiterbarkeit beinhaltet die flexible Erweiterung des Systems mittels neuer Funktionalität in Gestalt neuer Komponenten und Systeme, ohne die Systemfunktionalität zu beeinträchtigen. D.h. die Erweiterbarkeit untersucht, wie einfach und wie flexibel ein System um neue Komponenten und Systeme erweitert werden kann. Hier spielt insbesondere die Art der Kopplung der Komponenten und die Art der Layerings in Gestalt von Ebenen innerhalb eines Systems und Schichten aus Sicht der Anwendungs-Architektur eine Rolle. Es ist zu untersuchen, ob die Schnittstellen klar definiert und die Abhängigkeiten unidirektional sind, ob die Autonomie der Komponenten gewährleistet ist und diese Artefakte nachvollziehbar dokumentiert sind. Hier sind die architektonischen Sichten der Referenz- und Anwendungs-Architektur hilfreich, die diese Merkmale darstellen.

Skalierbarkeit

Skalierbarkeit betrifft die Fähigkeit eines Systems, die geforderte Service-Qualität bei zunehmender Systemlast bereitzustellen, ohne dass das System verändert werden muss.

Skalierbarkeit beinhaltet eine Erhöhung des Durchsatzes der Anzahl an Nutzer-Prozessen, die mittels des Systems bewältigt werden. Dieser Aspekt ist insbesondere dann entscheidend, wenn ein System sukzessive immer mehr Zugriffe verwalten können soll, d.h. wenn der Marktanteil mit Hilfe des Systems gesichert und vergrößert werden soll. Die Untersuchung der Skalierbarkeit betrifft im Wesentlichen die Sichten der System-Architektur, die u.a. darüber Auskunft erteilen können, wie ein Load-Balancing gehandelt wird und wie Systeme in Clustern angelegt werden können. Hier ist die Unterscheidung zwischen Hardware-gesteuerter und Software-gesteuerter Skalierbarkeit wichtig, da man oft mittels eines entsprechenden Aufbaus der System-Architektur die Skalierbarkeit der Software-Systeme gewährleisten kann, ohne auf eine teure Skalierung der Hardware-Ressourcen zurückgreifen zu müssen.

Sicherheit

Die Sicherheit eines Systems betrifft im Wesentlichen drei Aspekte:

- Integrität,
- Geheimhaltung,
- Verfügbarkeit.

Die Integrität eines Systems ist beispielsweise bedroht, wenn Hacker illegal versuchen, von außen in ein System einzudringen.

Mit dem Eindringen in ein fremdes System ist auch der Aspekt der Geheimhaltung involviert, der Informationen betrifft, die nur für einen spezifischen Adressatenkreis bestimmt sind. Besonders gefährdet ist das System dann, wenn es sich dabei um vertrauliche Informationen handelt, d.h. wenn es z. B. um Informationen öffentlicher oder medizinischer Einrichtungen oder um Informationen von Finanzdienstleistungen handelt.

Die Verfügbarkeit eines Systems ist dann sicherheitsrelevant, wenn diese Verfügbarkeit wichtige Informationsflüsse beeinträchtigen kann, wie z.B. im Flugverkehr, in medizinischen Einrichtungen, an der Börse, oder Systeme, die ihren Kunden einen Rund-um-die-Uhr-Service garantieren sollen.

Um die Sicherheit eines Systems zu prüfen, ist die Kopplung der Komponenten und Systeme untereinander zu untersuchen, d.h. es sind alle Schnittstellen zwischen Komponenten und Systemen im Rahmen von Nutzertests zu untersuchen. Diese Nutzertests sollten gewisse „Worst-Case-Szenarien" durchlaufen und beispielsweise Angriffe auf das System simulieren. In vielerlei Hinsicht gelten auch hier die Anmerkungen zur Untersuchung des Aspekts der Zuverlässigkeit eines Systems und der dafür zu nutzenden architektonischen Sichten der Anwendungs- und Systemarchitektur. Der Blickwinkel hier ist jedoch primär auf den Aspekt der Sicherheitsgefährdung durch illegale Fremdeinwirkung von außen gerichtet.

Steuerbarkeit

Die Steuerbarkeit eines Systems bezieht sich auf die Aspekte der Skalierbarkeit, Verfügbarkeit, Zuverlässigkeit, Sicherheit und Performanz. Die Architektur muss so gebaut sein, dass sie die Überwachung und Steuerung des Systems zulässt. Komponenten und Systeme müssen dynamisch konfiguriert werden können. Eine Verbesserung der Service-Qualität durch veränderte Konfigurationen sollte ohne Beeinträchtigung des Systemverhaltens gewährleistet werden können.

Dokumentation

Der Aspekt der Dokumentation einer Software bzw. einer Software-Architektur mag auf den ersten Blick trivial bzw. banal anmuten, er ist es jedoch keineswegs. Sehr viele Projekte, die die Dokumentation vernachlässigt oder geflissentlich ignoriert haben, konnten – wenn überhaupt – nur mit großen Problemen erweitert werden. Artefakte anderer Mitarbeiter wurden nicht verstanden, ignoriert oder gänzlich verworfen. Das Fehlen einer transparenten Dokumentation der Artefakte hatte also eine große Anzahl von kostenintensiven Problemen zur Folge. Für eine Dokumentation ist wichtig, dass alle Artefakte, die im Rahmen der Entwicklung auszuarbeiten sind, transparent für alle Beteiligten beschrieben werden. Nur so kann gewährleistet werden, dass diese Artefakte auch einfach und flexibel verändert, verfeinert und erweitert werden können.

Nicht selten scheitern Projekte, die in vielen Bereichen gute Lösungen geschaffen haben mögen, mangels ausreichender Dokumentation: Der Projektverlauf verzögert sich, Teams werden ausgetauscht, die neuen Mitarbeiter verschmähen die Artefakte ehemaliger Projektmitarbeiter mangels Nachvollziehbarkeit, das Projekt verzögert sich zunehmend und das Management muss früher oder später aus Kosten- und Zeitgründen die Beendigung des Projektes entscheiden. Dies kann einfach vermieden werden, wenn alle Artefakte von Beginn an transparent und nachvollziehbar für alle Projektbeteiligten dokumentiert werden.

Auch die Nutzung eines agilen Vorgehens impliziert nicht einen Verzicht auf Dokumentation. Dokumentiert wird dort, wo es allen Beteiligten dient: Zur Verbesserung der Kommunikation, Transparenz, Produktqualität. Eine adäquat – den Projektanforderungen entsprechend – dokumentierte Software vereinfacht die Kommunikation, erleichtert eine Wiederverwendung der Artefakte und verbessert die Produktqualität.

4.5 Weiterführende Literatur

[Bas 98]   Len Bass, Paul Clements, Rick Kazman: *Software Architecture in Practice*, Addison-Wesley 1998

[Bos 00]   Jan Bosch: *Design and Use of Software Architectures*, Addison-Wesley 2000

[Bus 98]   Frank Buschmann, Regine Meunier, Hans Rohnert, Peter Sommerlad, Michael Stal: *Pattern-orientierte Software-Architektur*, Addison-Wesley 1998

[Cad 02]   Mark Cade, Simon Roberts: *Enterprise Architect for J2EE Technology*, Sun Microsystems Press 2002

[Gam 95]   Erich Gamma, Richard Helm, Ralph Johnson, John Vlissides, *Design Patterns*, Addison-Wesley 1995

[Pre 97]   Wolfgang Pree: *Komponentenbasierte Software-Entwicklung mit Frameworks*, dpunkt.verlag 1997

[Sta 02]   Gernot Starke: *Effektive Software-Architekturen*, Carl Hanser Verlag 2002

5 Agiles Vorgehensmodell

- Wie kann das Vorgehensmodell genutzt werden?
- Wie ist das Vorgehensmodell aufgebaut?
- Welche Architekturen und architektonischen Sichten nutzt es?
- Wie wird die MDA im Kontext des Vorgehensmodells berücksichtigt?
- Was beinhaltet ein agiler Vorgehensansatz?
- Welche Workflows dienen zur Ausarbeitung der Artefakte?
- Welche Bausteine nutzt es zur Entwicklung von Komponenten?
- Welche Eigenschaften müssen unternehmensweit nutzbare Komponenten besitzen?
- Wie ist die Roadmap zum Komponenten-System aufgebaut?

In diesem Kapitel wird dargestellt, wozu das Vorgehensmodell genutzt werden kann, wie es aufgebaut ist und welche Artefakte dazu dienen, komponentenbasierte Systeme erfolgreich und wiederverwendbar modellieren und entwickeln zu können. Es werden die zentralen Begriffe „Teilarchitektur", „architektonische Sicht" und Bausteine eines Architektur-Frameworks definiert und beschrieben, wie sie im Kontext dieses Vorgehensmodells Verwendung finden. Darüberhinaus wird das Vorgehensmodell in Bezug auf die Nutzung der MDA und agiler Ansätze erläutert. Außerdem wird eine Roadmap zur Nutzung des Vorgehensmodells skizziert.

5.1 Wie kann das Vorgehensmodell genutzt werden?

- Wozu kann das Vorgehensmodell genutzt werden?
- Warum ist es entwickelt worden?
- Was kann es leisten?

▸ Wozu es genutzt werden kann

Dieses Vorgehensmodell ist ein Hands-On-Leitfaden zur erfolgreichen Modellierung und Entwicklung von Komponenten-Systemen. Unter Nutzung eines agilen Vorgehens beschreibt es Aktivitäten zur Identifikation, Spezifikation, Realisierung und Verteilung von Komponenten. Das Vorgehensmodell ist darüber hinaus ein Wegweiser zum Aufbau effizienter Komponenten-Architekturen.

▸ Warum es entwickelt wurde

Das Vorgehensmodell wurde entwickelt, weil es an einfachen und übersichtlichen Wegweisern zur Ausarbeitung komponentenbasierter Systeme mangelt[14]. Die Praxis zeigt, dass komplexe Prozesse nur selten effizient umgesetzt werden. Sei es, dass die Ausbildung der Mitarbeiter unzureichend ist oder die anvisierten Projekttermine zu eng liegen. Das hat zur

---

[14] Existierende Vorgehensprozesse haben meist ihren Ursprung in der Objektorientierung, sind entweder sehr granular oder so umfangreich, dass sie nur mit Mühe für eine komponentenbasierte Entwicklung genutzt werden können. Dieses Vorgehensmodell hingegen beschreibt in knapper, einfacher und übersichtlicher Darstellung die Konzeption, Spezifikation, Entwicklung und Verteilung von Komponenten.

Folge, dass Artefakte rund um die Komponenten nicht ausreichend spezifiziert und dokumentiert werden. Später kann ein Entwickler einer Komponente dann oft nicht mehr erkennen, auf Grundlage welcher Anforderungen sie entwickelt wurden. Damit ist die Komponente nur schwer wiederverwendbar.[15] Oder aber Komponenten und Systeme erhalten mit
der Zeit ein Eigenleben, so dass der Schwerpunkt der Entwicklung in eine andere Richtung,
als die ursprünglich anvisierte läuft. Häufig sind fertige Komponenten so mangelhaft dokumentiert, dass sie nur schwer wiederzuverwenden sind. Solche Komponenten werden
dann ignoriert und neue entwickelt. Dies führt zu höheren Aufwänden bzgl. Ressourcen,
Kosten etc. Viele Projekte scheitern aber auch aufgrund der geringen Transparenz ausgearbeiteter Artefakte. Wir hatten in Abschnitt 1.2 am Beispiel der Geschichte der Vasa gesehen, wie Projekte Schiffbruch erleiden können, wenn kein durchgängiges, transparentes,
methodisches Vorgehen genutzt wird.

Hier schafft das komponentenbasierte Vorgehensmodell Abhilfe:

> ▸ Was das Vorgehensmodell leisten kann

- Es ist einfach umzusetzen und bezieht sich explizit auf Komponenten.
- Es hat einen übersichtlichen, leicht nachvollziehbaren Aufbau und beschreibt alle Arte-
  fakte im Kontext komponentenbasierter Entwicklung.
- Es zeigt auf, wie man effiziente Komponenten-Architekturen baut und wie man Kom-
  ponenten wiederverwendbar modelliert und entwickelt.
- Es berücksichtigt die Integration bestehender Komponenten und Systeme.
- Es ermöglicht eine durchgängige, transparente und vollständige Erarbeitung der Arte-
  fakte rund um die Komponenten.
- Es nutzt agile Techniken und methodische Ansätze (siehe auch Abschnitt 2.3).
- Es kann ad hoc – zu Beginn und in der Mitte eines Projektes – aufgesetzt werden.
- Es kann für beliebige Komponenten-Standards genutzt werden (EJB, CCM, COM+,
  .NET).
- Es verwendet Standards zur Modellierung und Entwicklung von Komponenten.

> ▸ Wie ist das Vorgehensmodell aufgebaut?

Um die Standards zur Beschreibung und Modellierung der Artefakte effizient einsetzen zu
können, nutzt das Vorgehensmodell ein Architektur-Framework, das eine Konzeption, Spezifikation, Entwicklung und Verteilung von Komponenten erheblich vereinfacht.

5.2   Architektur-Framework

Das Vorgehensmodell basiert auf einem Architektur-Framework für die Ausarbeitung wiederverwendbarer Komponenten und effizienter Komponenten-Architekturen.

Das Architektur-Framework setzt sich zusammen aus:

- Vier Teilarchitekturen, welche zusammen die Gesamtarchitektur eines Softwaresystems repräsentieren,
- architektonischen Sichten für alle Artefakte komponentenbasierter Entwicklung,

---

[15] Die Selbstbeschreibungsfähigkeit einer Komponente – sofern vorhanden – mag hier ein wenig
Abhilfe schaffen, aber diese reicht nicht für eine effiziente Wiederverwendung aus.

- Workflows zur Erarbeitung der Artefakte,
- Bausteine zum Zusammenbau der Komponenten-Systeme,
- Eigenschaften unternehmensweit nutzbarer Komponenten,
- Interaktions- und Kommunikationsarten von Komponenten und Systemen,
- Standards zur Modellierung und Entwicklung,
- Best practices.

Definition: Ein *Architektur-Framework* ist ein erweiterbares Rahmenwerk, welches sich aus Teilarchitekturen, architektonischen Sichten, Bausteinen, Interaktions- und Kommunikationsarten, Workflows und best practices zusammensetzt. Zur Beschreibung und Spezifikation aller Artefakte nutzt es Architektur-, Beschreibungs-, Komponenten-, Kommunikations- und Modellierungs-Standards.

Abbildung 5.1 veranschaulicht den Aufbau des Architektur-Frameworks.

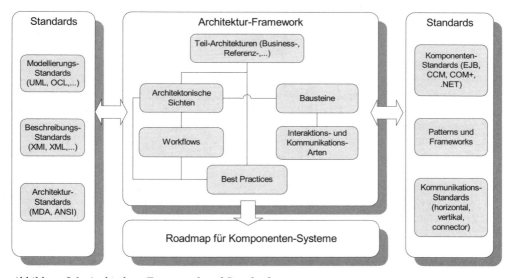

Abbildung 5.1: Architektur-Framework und Standards

▶ Teilarchitektur und architektonische Sicht

Eine Teilarchitektur stellt ein Package[16] für Artefakte einer Abstraktionsebene dar. Architektonische Sichten differenzieren Artefakte einer Abstraktionsebene anhand des Kontextes. Die Teilarchitekturen und architektonischen Sichten dienen einer präzisen, transparenten und vollständigen Erarbeitung der Artefakte rund um die Komponenten. Die Zuordnung kontextspezifischer architektonischer Sichten zu Teilarchitekturen vereinfacht die Erarbeitung der Artefakte eines Komponenten-Systems. Die hier vorgestellten Definitionen und Spezifikationen der Teilarchitekturen und der architektonischen Sichten sind in dieser Form neu, sie werden in den Abschnitten 5.2.1 und 5.2.2 beschrieben.

---

[16]   Im Sinne des UML-Begriffs „Package". Ein Package kann beliebige Modellierungs-Artefakte enthalten.

▸ Workflows

Workflows beschreiben Aktivitäten zur Identifikation, Spezifikation, Realisierung und Verteilung von Komponenten. Die Workflows werden in Abschnitt 5.2.5 skizziert und im Rahmen der Entwicklung der Artefakte der einzelnen Teilarchitekturen detailliert beschrieben (Kapitel 6 bis 10).

▸ Bausteine

Komponenten-Systeme lassen sich aus Bausteinen zusammensetzen. Es lassen sich logische Komponenten-Bausteine verschiedener Granularität definieren. Diese logischen Bausteine lassen sich auf physische Komponenten und Systeme abbilden.

▸ Unternehmensweit nutzbare Komponenten

Damit Komponenten unternehmensweit bzw. unternehmensübergreifend nutzbar sind, müssen sie über spezifische Eigenschaften verfügen. Dies Eigenschaften werden in Abschnitt 5.2.7 beschrieben.

▸ Interaktions- und Kommunikationsarten

Die Modellierung der Kommunikation und Interaktion von Komponenten mittels vertraglicher Vereinbarungen wird im Kontext der Business- und Referenz-Architektur behandelt (Kapitel 6 und 7). Komponenten und Systeme können auf unterschiedliche Art miteinander kommunizieren. Dazu können zum einen geeignete Patterns und zum anderen entsprechende Kommunikations-Standards genutzt werden. Kommunikationsarten und Interaktionsmodi von Komponenten und Systemen werden in Abschnitt 7.4.7 beschrieben. Verschiedene Kommunikations-Standards werden in Abschnitt 9.2.1 dargestellt.

▸ Standards

Das Vorgehensmodell nutzt Standards zur Modellierung (UML, OCL, XML,...), Komponenten-Entwicklung (EJB, CCM, COM+, .NET) und Kommunikation (vertikale, horizontale, Connector-Standards) von Komponenten. Es ist konform zu Architektur-Standards wie MDA und ANSI/IEEE 1471.

▸ Best practices

Im Rahmen der Roadmap zum Komponenten-System werden viele „best practices" aufgeführt, die sich in der Praxis als erfolgreich herauskristallisiert haben. Projektspezifische best practices können Workflows und architektonischen Sichten zugeordnet werden.

▸ Roadmap

Anhand eines durchgängigen Beispiels zur Entwicklung eines komponentenbasierten Unternehmensportals werden die Aktivitäten und auszuarbeitenden Artefakte veranschaulicht. Es wird dargestellt, wie man Komponenten unabhängig von einer Plattform spezifiziert und wie man Plattform-spezifische Spezifikationen für verschiedene Systemlandschaften nutzen kann.

Die folgenden Fragen werden mit Hilfe des Vorgehensmodells beantwortet:

• Wie findet man Komponenten?
• Welche Aktivitäten sind zur Spezifikation von Komponenten erforderlich?
• Welche Arten von Komponenten sind wann zu erarbeiten?

- Welche Workflows kann man nutzen?
- Wie erstellt man wiederverwendbare Komponenten?
- Wie spezifiziert man effiziente Komponenten-Architekturen?
- Welche Abhängigkeiten existieren zwischen den Artefakten?
- Wie implementiert man Komponenten?
- Wie testet man Komponenten?
- Was muss man bei der Verteilung von Komponenten beachten?

Zur Entwicklung komponentenbasierter Systeme werden eine Vielzahl von Artefakten benötigt, die verschiedenen Abstraktionsebenen entsprechen und je nach Kontext aus verschiedenen Perspektiven zu betrachten sind. Artefakte komponentenbasierter Systeme können verschiedenen Teilarchitekturen und architektonische Sichten zugeordnet werden. Workflows dienen zu Erarbeitung der Artefakte.

5.2.1 Gesamtarchitektur und Teilarchitekturen

Die Begriffe Gesamtarchitektur, Teilarchitektur und architektonische Sicht sind miteinander gekoppelt.

Definition: Eine *Gesamtarchitektur* stellt alle Artefakte eines Software-Systems in strukturierter Form dar. Sie kann in verschiedene Teilarchitekturen und architektonische Sichten unterteilt werden.

Definition: Eine *Teilarchitektur* ist Bestandteil der Gesamtarchitektur eines Software-Systems. Sie ist eine Abbildung eines Software-Systems auf Basis einer spezifischen Abstraktionsebene. Eine Teilarchitektur setzt sich aus architektonischen Sichten zusammen.

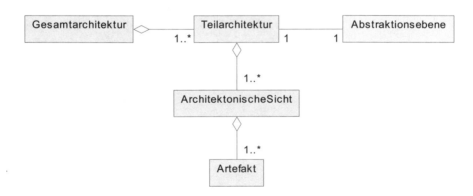

Abbildung 5.2: Beziehungen Gesamtarchitektur bis zum Artefakt

Die Beziehungen zwischen Gesamtarchitektur, Teilarchitektur, architektonischer Sicht und Artefakt lassen sich Abbildung 5.2 entnehmen.

Vier Teilarchitekturen

Die Gesamtarchitektur eines komponentenbasierten Software-Systems unterteilen wir auf der Basis verschiedener Abstraktionsebenen in die vier Teilarchitekturen: Business-, Referenz-, Anwendungs- und System-Architektur. Diese Unterteilung spiegelt eine zunehmende Konkretisierung der Artefakte eines Software-Systems von der Business-Architektur hin zur System-Architektur wider:

- *Business-Architektur:* Business-Cases und -Konzepte, Anforderungen, Prozesse und Referenz-Modelle. Die Referenz-Modelle sind unabhängig von der Art der Software-Realisierung und werden auch als Computation Independent Model (CIM) bezeichnet.
- *Referenz-Architektur:* Spezifikation der Komponenten und Systeme. Interaktion, Kommunikation der Komponenten und Systeme. Systemebenen verschiedener Arten von Komponenten. Die Modelle sind unabhängig von der Art des Komponentenmodells und werden auch als Platform Independent Model (PIM) bezeichnet.
- *Anwendungs-Architektur:* Implementierung der Komponenten und Systeme mittels spezifischer Komponentenmodelle, Realisierung von Schichten-Architekturen und Integrations-Lösungen. Die Modelle, sie werden auch als Platform Specific Model (PSM) bezeichnet, sind unabhängig von der Art des Systemumfeldes.
- *System-Architektur:* Implementierung der Komponenten und Systeme in systemspezifischer Infrastruktur als Enterprise Deployment Model (EDM). Physische Anbindung an bestehende Systeme. Konfiguration und Verteilung der Komponenten auf systemspezifische Knoten. Spezifikation des Laufzeitverhaltens.

Abbildung 5.3 stellt die vier Teilarchitekturen entsprechend der unterschiedlichen Abstraktionsebenen dar.

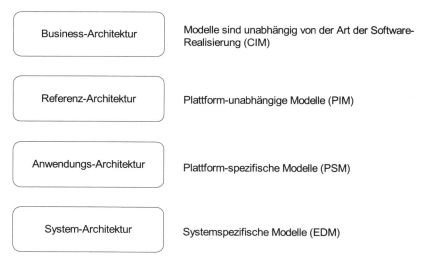

Abbildung 5.3: Teilarchitekturen der Gesamtarchitektur eines Software-Systems

▸ Trennung von Zuständigkeiten

Diese Teilarchitekturen sind nach dem Ansatz der Trennung von Zuständigkeiten unterteilt. Die Trennung ermöglicht die Modellierung und Architektur von Artefakten auf einer spezi-

fischen Abstraktionsebene. Die erarbeiteten Artefakte einer höher gelegenen Abstraktionsebene können jeweils für verschiedene Realisierungen einer niedriger gelegenen Abstraktionsebene genutzt werden.

▸ Konform zur Model Driven Architecture

Diese Unterteilung einer Gesamtarchitektur eines Software-Systems in Teilarchitekturen
entspricht dem Ansatz der Model Driven Architecture (MDA) der Object Management
Group. PIMs entsprechen den Modellen der Referenz-Architektur, PSMs den Modellen der
Anwendungs-Architektur und EDMs können den Modellen der System-Architektur zugeordnet werden (siehe Abschnitt 5.2.3).

▸ Nutzung der Teilarchitekturen in dieser
Roadmap

Im Kontext des in der Roadmap beschriebenen Beispiels (Kapitel 6 bis 10) werden die vier
Teilarchitekturen für die Ausarbeitung von J2EE-spezifischen Komponenten spezifiziert.
Abbildung 5.4 stellt die Nutzung der Teilarchitekturen zur Realisierung einer J2EE-
Plattform auf der Basis von UML, OCL, XML und EJB dar.

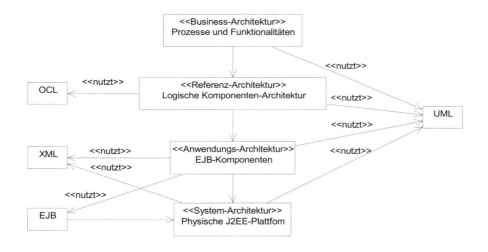

Abbildung 5.4: Nutzung der Teilarchitekturen zur Realisierung einer J2EE-Plattform

Prozesse und Funktionalitäten des zu entwickelnden Systems werden mit Hilfe der UML
z.B. in Gestalt von Use Cases und Aktivitätsdiagrammen spezifiziert. Diese dienen ihrerseits als Grundlage zur Ausarbeitung einer logischen Komponenten-Architektur, deren Artefakte mit Mitteln der UML und OCL modelliert werden. Mit Hilfe der Referenz-
Architektur lässt sich unter Nutzung der XML und in Bezugnahme auf das EJB-Kompo-
nenten-Modell eine Anwendungs-Architektur ausarbeiten. Die Artefakte der Anwendungs-
Architektur dienen ihrerseits als Grundlage zur Spezifikation der Anwendung für eine
J2EE-konforme Plattform.

Diese Unterteilung einer Gesamtarchitektur in die vier Teilarchitekturen erlaubt es u.a.,
Anwendungen unabhängig von der Middleware, auf der diese zum Einsatz kommen sollen,

zu spezifizieren. Es besteht daher die Möglichkeit, die Spezifikation der Software-Komponenten im Kontext der Referenz-Architektur sowohl für EJB-, CCM-, COM+ oder .NET-Komponenten zu nutzen. Im Rahmen der Anwendungs- und System-Architektur sind die spezifischen Komponenten-Modelle und System-Infrastrukturen zu berücksichtigen.

Vorteile der vier Teilarchitekturen

Die Vorteile der Unterteilung einer Software-Architektur in vier Teilarchitekturen verschiedener Abstraktionsebenen sind:

- Eine Business-Architektur kann völlig losgelöst von den Besonderheiten software-basierter Modellierung spezifiziert werden. Die Artefakte der Business-Architektur sind für verschiedenste Umsetzungen nutzbar. Die semantische Lücke zwischen Auftraggeber und Auftragnehmer der Software-Lösung wird minimiert.
- Eine Referenz-Architektur in Gestalt einer logische Komponenten-Architektur, die unabhängig von den Besonderheiten der spezifischen Infrastruktur (Schnittstellen-Spezifika, Exception-Handling, semantische Besonderheiten etc.) von Komponenten-Modellen definiert ist, lässt sich einfacher darstellen und analysieren.
- Eine Referenz-Architektur kann für die Umsetzung mehrerer Komponenten-Modelle genutzt werden.
- Eine Integration bestehender Komponenten und Systeme lässt sich mittels einer logischen Komponenten-Architektur, d.h. Referenz-Architektur einfacher darstellen.
- Artefakte der Anwendungs-Architektur im Sinne einer Umsetzung eines Komponenten-Modells können unabhängig von den Spezifika eines bestimmten IT-Systemumfeldes definiert werden. Damit sind diese Spezifikationen grundsätzlich in verschiedenen IT-Landschaften (Applikations-Servern, Web-Servern etc.) einsetzbar.

Stereotype

Im Kontext der UML-Modellierung lassen sich den Namen der Teilarchitekturen entsprechende Stereotype zuordnen. Die Stereotype <<Business-Architektur>>, <<Referenz-Architektur>>, <<Anwendungs-Architektur>>, <<System-Architektur>> sind von dem UML-Begriff „Package" abgeleitet und können daher alle Arten von Modell-Elementen enthalten. Die Stereotype müssen dabei die Bedingung erfüllen, dass sie nur Artefakte enthalten, die gemäß ihrer Abstraktionsebene bzw. ihrer Zuständigkeit zugeordnet werden dürfen.

Eine Teilarchitektur setzt sich aus architektonischen Sichten zusammen, daher soll zunächst der Begriff „architektonische Sicht" definiert werden, um anschließend die in diesem Vorgehensmodell genutzten architektonischen Sichten zu benennen.

5.2.2 Architektonische Sichten

Definition: Eine *architektonische Sicht* stellt eine kontextspezifische Sicht auf ein Software-System dar und ist einer Teilarchitektur zugeordnet. Sie enthält eine Sammlung von Artefakten eines Software-Systems, die einer spezifischen Abstraktionsebene zugeordnet sind. Mittels einer architektonischen Sicht lässt sich ein Software-System aus kontextspezifischen Blickwinkeln betrachten.

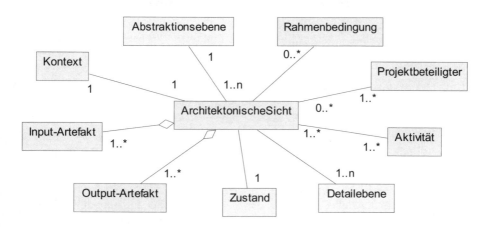

Abbildung 5.5: Architektonische Sicht

Abbildung 5.5 stellt Beziehungen zu den Parametern einer architektonischen Sicht dar.

- *Kontext:* Beschreibt das Umfeld, in dem die Artefakte einer architektonischen Sicht eingebettet sind.
- *Abstraktionsebene*: Eine architektonische Sicht dient der Betrachtung einer spezifischen Auswahl von Artefakten, die auf eine bestimmte Abstraktionsebene abgestimmt sind. Da verschiedene architektonische Sichten verschiedene Abstraktionsebenen beinhalten, können diese auch dazu genutzt werden, andere architektonische Sichten zu verfeinern und zu detaillieren.
- *Rahmenbedingungen*: Die Erarbeitung von Artefakten einer architektonischen Sicht unterliegt projektspezifischen Rahmenbedingungen.
- *Projektbeteiligte:* Eine architektonische Sicht dient verschiedenen Projektbeteiligten als Mittel der Darstellung und Verständigung.
- *Zustand:* Artefakte werden aus Sicht eines Ist-Zustandes und eines Soll-Zustandes betrachtet.
- *Input- und Output-Artefakte:* Die Ausarbeitung der Artefakte einer architektonischen Sicht (Komponenten, UML-Modelle etc.) beinhaltet die Nutzung von Input-Artefakten, die mittels geeigneter Aktivitäten in Output-Artefakte transformiert werden.
- *Aktivitäten:* Es werden Analyse- und Modellierungstechniken in Gestalt von Aktivitäten beschrieben. Die Aktivitäten dienen der Transformation eines Ist-Zustandes in einen Soll-Zustand.
- *Detailebene:* Artefakte einer architektonischen Sicht können mittels verschiedener Detailebenen in unterschiedlichen Detailansichten betrachtet werden. So können z.B. Komponenten im Rahmen ihrer Spezifikation sowohl von außen als auch von innen in einer Detailansicht spezifiziert werden. Ebenso lassen sich Schnittstellen verdichtet in Lollipop-Notation darstellen oder in Detailansichten mitsamt allen Operationen und Datentypen betrachten.

Die in diesem Vorgehensmodell definierten architektonischen Sichten entsprechen den empfohlenen Praktiken für Architekturbeschreibungen des ANSI/IEEE-Standards 1471.

ANSI/IEEE Standard 1471

Der ANSI/IEEE Standard 1471[17] „Empfohlene Praktiken für Architekturbeschreibungen von Softwareintensiven Systemen", der 2001 verabschiedet wurde, unterscheidet bei Architekturbeschreibungen zwischen Views (Sichten) und Viewpoints (Arten bzw. Schablonen für Sichten). Viewpoints beschreiben Sprachen, Notationen, Analysetechniken und die Projektbeteiligten für spezifische Sichten. Anwender des Standards können die für sie nützlichen Viewpoints selbst spezifizieren. Eine Instanz einer solchen Schablone kann z.B. durch Rahmenbedingungen oder den Zustand spezifiziert werden.

▸ Konform zum ANSI/IEEE Standard 1471

Eine architektonische Sicht entspricht einem Viewpoint, eine Sicht entspricht einer Instanz der architektonischen Sicht. In diesem Buch werden anhand der Definition des Kontextes, der Input- und Output-Artefakte (u.a. der UML-Elemente), der Projektbeteiligten und der Analyse- und Modellierungs-Aktivitäten die Viewpoints bzw. architektonischen Sichten beschrieben. Im Rahmen der Roadmap betrachten wir spezifische Sichten als Instanzen architektonischer Sichten in Gestalt von Beispielen. Diese Unterscheidung zwischen Schema und Content mag auf den ersten Blick verwirrend sein, sie dient jedoch der besseren Wiederverwendung von Viewpoints bzw. architektonischen Sichten.

Stereotype

Im Kontext der UML-Modellierung ist es hilfreich, die verschiedenen architektonischen Sichten mit entsprechenden Stereotypen zu klassifizieren. Die Bezeichnungen der Stereotype entsprechen den Namen der Sichten; sie werden von dem UML-Begriff „Package" abgeleitet und können daher beliebige Arten von Modell-Elementen enthalten. So wird für die Prozess-Sicht das Stereotyp <<Prozess-Sicht>> definiert. Das Stereotyp <<Prozess-Sicht>> muss dabei die Bedingung erfüllen, kontextrelevante Input- und Output-Artefakte der spezifischen Abstraktionsebene zu enthalten.

Teilarchitekturen, architektonische Sichten und Workflows

Abbildung 5.6 auf Seite 77 veranschaulicht die im Rahmen des Vorgehensmodells genutzten architektonischen Sichten und Teilarchitekturen, denen sie zugeordnet sind. Außerdem sind die Workflows, die von der Roadmap genutzt werden, auf die entsprechenden architektonischen Sichten abgebildet. Die Workflows können auf Artefakte weiterer architektonischer Sichten zugreifen, um ihre spezifischen Aktivitäten durchführen zu können. Die Nutzung der Artefakte anderer Sichten im Kontext eines Workflows unterliegt keinen Restriktionen, es können auch Sichten der Business-Architektur auf Sichten der System-Architektur (sofern vorhanden) zugreifen.

Zusätzlich zu den in Abbildung 5.6 dargestellten architektonischen Sichten werden eine User-Interface- und eine Daten-Sicht genutzt, die jedoch keinen maßgeblichen Einfluss auf die Modellierung und Architektur von Businesskomponenten haben bzw. haben sollten. Sie werden in den Abschnitten 9.7 und 9.8 beschrieben.

---

[17] siehe auch http://www.pithecanthropus.com

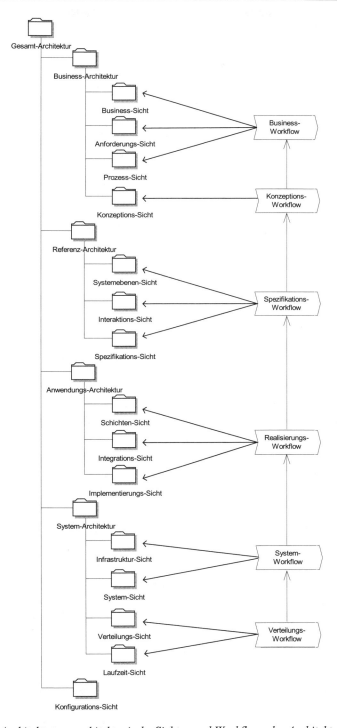

Abbildung 5.6: Architekturen, architektonische Sichten und Workflows des Architektur-Frameworks

Die im Kontext dieses Vorgehensmodells genutzten architektonischen Sichten sind zahlreicher als die, die in anderen bekannten Vorgehensprozessen verwendet werden. Dies hat folgende Gründe: die architektonischen Sichten sind

- überschaubar groß;
- sehr granular, d.h. sie adressieren nur wenige spezifische Aspekte und Artefakte;
- eindeutig bestimmten Abstraktions-Ebenen einer Gesamtarchitektur zugeordnet;
- abgestimmt auf die Modellierung und Entwicklung von Komponenten;
- für eine architekturzentrierte Entwicklung konzipiert;
- und konform zum Ansatz der MDA und zum ANSI/IEEE-Standard 1471.

Vorteile der Nutzung architektonischer Sichten

Die Vorteile einer durchgängigen und eindeutigen Zuordnung der Artefakte zu spezifischen architektonischen Sichten und ihren Teilarchitekturen sind vielfältig. Architektonische Sichten

- ermöglichen eine effiziente architekturzentrierte Modellierung,
- sind je nach Kontext nutzbar,
- trennen Zuständigkeiten,
- konzentrieren sich auf wenige Artefakte,
- liefern eine Übersicht über alle Artefakte eines komponentenbasierten Systems,
- stellen Abhängigkeiten der Artefakte untereinander übersichtlich dar,
- verfügen über einfach nachvollziehbare Aktivitäten zur Erarbeitung der Artefakte,
- ermöglichen die Beherrschung komplexer Projekte,
- gewährleisten eine transparente Ist-Aufnahme zu Beginn eines Projektes,[18]
- ermöglichen eine vollständige Dokumentation erarbeiteter Artefakte,
- vereinfachen einer effiziente Wiederverwendung von Artefakten,
- verbessern die Qualität der Artefakte rund um die Komponenten,
- tragen zum Aufbau langlebiger Modelle und Architekturen bei,[19]
- liefern Transparenz für alle Projektbeteiligten,
- optimieren die Traceability aller Artefakte.

Jede architektonische Sicht hat ihren Fokus in nur wenigen spezifischen Aspekten der Entwicklung von Komponenten. Jeder Projektbeteiligte kann sich auf die für ihn relevanten Aspekte einer komponentenbasierten Entwicklung konzentrieren.

▶ Abhängigkeiten der Sichten untereinander

Artefakte architektonischer Sichten beeinflussen sich gegenseitig. So können Änderungen von Anforderungen zu veränderten Prozessen, veränderten Komponenten etc. führen. Ebenso beeinflussen existierende Artefakte einer System-Landschaft die wiederverwendbaren Komponenten und Systeme.

---

[18] Da nicht jedes Projekt alle Artefakte neu zu entwickeln hat, sondern häufig bestehende Systeme und Komponenten zu berücksichtigen sind, ist gerade eine solche Ist-Aufnahme wichtig für den Projekterfolg.

[19] Z.B. im Sinne einer Model Driven Architecture, die Architektur-Artefakte von 20 Jahren Dauer anstrebt.

▸ Effiziente Wiederverwendung

Es spielt keine entscheidende Rolle, mit welcher architektonischen Sicht man bei der Erarbeitung der Artefakte rund um die Komponenten beginnt. Wichtig ist, dass man im Sinne einer effizienten Wiederverwendung von Komponenten die Artefakte im Laufe des Projektes vollständig und übersichtlich dokumentiert, d.h. eindeutig den architektonischen Sichten zuordnet. Die Praxis beweist es immer wieder, dass nur konsistent und nachvollziehbar dokumentierte Artefakte effizient wiederverwendet werden können.

> Dokumentieren Sie Ihre Artefakte vollständig und übersichtlich.

Die Darstellung architektonischer Sichten und ihre Zuordnung zu spezifischen Teilarchitekturen ermöglicht eine architekturzentrierte Modellierung, wie sie im Sinne der Model Driven Architecture der OMG umgesetzt wird.

5.2.3 Model Driven Architecture (MDA)

Die MDA definiert einen Ansatz zur Spezifikation von Software-Systemen, die die Spezifikation der System-Funktionalität von der spezifischen Plattform trennt, auf die diese umgesetzt werden sollen. Eine Plattform ist gemäß der MDA eine Spezifikation bzw. Umsetzung von technologischen Details, die für die grundlegende Funktionalität einer Software-Komponente nicht relevant ist.

So ist z.B. die Funktionalität zur Überweisung einer Summe Geldes unabhängig von der Art der technologischen Plattform. Die Funktionalität kann in diesem Fall spezifiziert werden als Abhebung einer bestimmten Summe Geld von einem Konto und Übertragung dieser Summe auf ein anderes Konto, wobei die Bedingung erfüllt sein muss, dass beide Konten demselben Kunden gehören. Die Funktionalität bzw. das Business-Konzept bleibt unverändert dasselbe, egal ob dieses Business-Konzept mit CORBA-Komponenten, mit EJBs oder mit .NET-Kompo-nenten umgesetzt wird.

Ziel der Model Driven Architecture ist es, Plattform-unabhängige Modelle zu entwickeln, auf deren Basis Plattform-spezifische Modelle für unterschiedliche Plattformen erstellt werden können. Diese Plattform-spezifischen Modelle können für konkrete Systemplattformen – z.B. für einen spezifischen J2EE-Applikationsserver oder einen CORBA-Server – genutzt werden, indem man ausführbare Anwendungen generiert.

CIM, PIM, PSM und EDM

Gemäß MDA lassen sich Systeme je nach Abstraktionsgrad in vier verschiedene Modelle unterteilen:

CIM

Ein CIM (Computation Independent Model) ist das Modell eines zu entwickelnden Systems, welches völlig unabhängig von der Software spezifiziert wird, mit der dieses entwickelt werden kann. Ein CIM beschreibt ein System aus Business-Sicht und wird daher häufig auch Business-Modell genannt.

PIM

Ein PIM (Platform Independent Model) liefert die formale Spezifikation der Struktur und der Funktionalität eines Systems, ohne dabei die konkrete technische Umsetzung des Systems zu berücksichtigen. Ein PIM beschreibt Software-Komponenten und deren Interaktion unabhängig von der Plattform, auf der diese zum Einsatz kommen sollen.

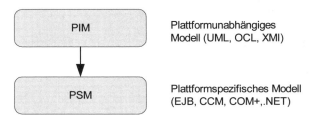

Abbildung 5.7: PIM und PSM gemäß der Model Driven Architecture

PSM

Ein PSM (Platform Specific Model) berücksichtigt die jeweilige Basistechnologie, auf der ein PIM zum Einsatz kommen kann. So werden z.B. Java-Applikations-Server, CORBA-Broker, .NET-Spezifika oder das Web Services-Protokoll SOAP spezifiziert. Abbildung 5.7 veranschaulicht den Zusammenhang zwischen PIM und PSM.

EDM

Ein Enterprise Deployment Model (EDM) berücksichtigt die systemspezifische Infrastruktur (Web- und Applikations-Server, Komponenten-Container etc.). Ein PSM kann auf verschiedenen EDMs zum Einsatz kommen.

Die Differenzierung zwischen PIMs und PSMs ermöglicht eine Modellierung mittels UML-Diagrammen unabhängig von der spezifischen Plattform, auf der sie zum Einsatz kommen. Ein PIM kann auf mehreren PSMs zum Einsatz kommen. Aus PSMs können automatisiert Code-Gerüste generiert werden. Auf diesen Code-Gerüsten können Komponenten-Entwickler aufsetzen, um die Verarbeitungslogik der Komponenten schrittweise zu verfeinern.

Mappings

Die MDA ermöglicht unterschiedliche Mappings zwischen den Modellen verschiedener Abstraktionsebenen (PIM, PSM, EDM).

Es lassen sich z.B. die folgenden Mappings durchführen:

- Von PIM zu PIM: Zwischen verschiedenen Plattform-unabhängigen Modellen.
- Von PIM zu PSM: Als Verfeinerung und Konkretisierung des Modells.
- Von PSM zu PSM: Als weitere Verfeinerung und Berücksichtigung konkreter Zielplattformen.
- Von PSM zu PIM: Als Extraktion Plattform-unabhängiger Modelle aus existierenden Implementierungen spezifischer Plattformen.
- Von PSM auf EDM: Plattform-spezifische Modelle, die in spezifischen System-Infrastrukturen zum Einsatz kommen.

PIM auf PSM

Abbildung 5.8 stellt ein MDA Metamodell dar, welches die Transformation eines Komponenten-Architektur-Modells – als PIM – mithilfe spezifischer Abbildungsregeln – als EDOC[20]-EJB-Abbildung – in ein spezifisches EJB-Modell – als PSM – darstellt. Das PSM-konforme EJB-Modell dient dann zur Umsetzung auf einer spezifischen J2EE-Plattform.

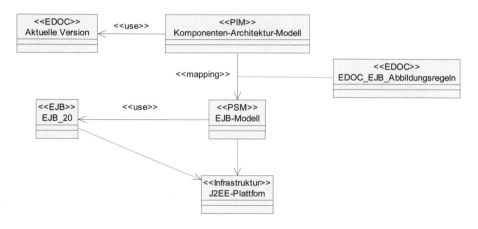

Abbildung 5.8: MDA Metamodell

▸ Anwendungen unabhängig von Middleware spezifizieren

Der Ansatz der MDA erlaubt es, Anwendungen unabhängig von der spezifischen Middleware, auf der diese zum Einsatz kommen sollen, zu spezifizieren. Software-Systeme können so spezifiziert werden, dass sie für den Einsatz auf unterschiedlichen technologischen Plattformen gerüstet sind. Es besteht daher die Möglichkeit, die Spezifikation des Business-Konzepts einer Software-Komponente sowohl für eine EJB-, eine CCM-Komponente oder eine .NET-Komponente zu nutzen.

PSM auf EDM

Ein PSM kann in einer systemspezifischen Infrastruktur unter Berücksichtigung spezifischer Applikations-Server, Komponenten-Container, Deployment-Spezifika etc. implementiert werden. Dazu wird ein PSM auf ein Enterprise Deployment Model abgebildet.

Auch hier gilt, wie bei der Abbildung von PIM auf PSM, dass ein PSM für verschiedene EDMs verwendet werden kann. Abbildung 5.9 veranschaulicht dieses Mapping. PSMs, z.B. spezifische Komponenten-Systeme, können somit unabhängig von der Systemumgebung spezifiziert werden.

---

[20] EDOC-Profil (UML Profile for Enterprise Distributed Object Computing) der OMG, welches mit dem Ziel der Vereinfachung der Entwicklung komponentenbasierter Systeme entwickelt wurde.

Abbildung 5.9: Abbildung von PSM auf EDM

MDA und UML 2.0

Zur Darstellung Plattform-unabhängiger und Plattform-spezifischer Modelle nutzt die MDA Artefakte der UML 2.0. Die UML 2.0 weist eine Reihe von Vorteilen auf (siehe auch Anhang 13.2):

- Aus UML-2.0-Modellen kann automatisch Plattform-unabhängiger Quellcode erzeugt werden.
- UML-2.0-Modelle sind ausführbar.
- UML-2.0-Modelle können vor ihrer Implementierung verifiziert und validiert werden.
- Die UML 2.0 erlaubt die Modellierung komplexer, verschachtelter Komponenten-Architekturen (siehe auch Abschnitt 5.2.6).
- Die UML 2.0 kann das Systemverhalten beschreiben.

Simulation und Test

Der modellorientierte Ansatz von MDA auf der Basis von UML 2.0 erlaubt es, Modelle frühzeitig auf Fehler in Konzeption und Spezifikation zu überprüfen. Mittels Simulationen kann ein Modell solange getestet und modifiziert werden, bis die Ergebnisse den Anforderungen entsprechen. Lange Iterationen zwischen Konzeption, Spezifikation und Realisierung werden abgekürzt.

Vorgehensmodell und MDA

Die Teilarchitekturen und architektonischen Sichten des in diesem Buch beschriebenen Vorgehensmodells sind konform zum Ansatz der MDA, indem sie die Ausarbeitung von UML-Modellen verschiedener Abstraktionsebenen ermöglichen (siehe auch Abschnitt 5.2.1):

- Ein CIM kann in Sichten („view") der Business-Architektur,
- ein PIM in Sichten der Referenz-Architektur,
- ein PSM in Sichten der Anwendungs-Architektur und
- ein EDM in Sichten der System-Architektur modelliert werden.

Mittels spezifischer Workflows, die auf die architektonischen Sichten abgestimmt sind, lassen sich die jeweiligen Artefakte gezielt erarbeiten. Das Architektur-Framework dieses Vorgehensmodells geht sogar über diesen Ansatz hinaus, indem es in einigen Bereichen weitere architektonische Sichten anbietet, die je nach Kontext spezifische Aspekte beleuchten, die im Rahmen der Entwicklung und Architektur von Komponenten-Systemen relevant sind (siehe u.a. die Sichten der Business-Architektur, die Schichten-Sicht, die Infrastruktur-Sicht, die Konfigurations-Sicht etc.).

5.2.4 Agiles Vorgehen

Agil. Was bedeutet das eigentlich? Die Brockhaus Enzyklopädie erklärt die lateinische Herkunft des Wortes: „agilis", was so viel bedeutet wie „beweglich", „leicht zu führen" oder auch flink, gewandt, regsam, geschäftig. Eine geeignetere Bezeichnung für einen Ansatz zur Entwicklung von Software mit kontinuierlich sich ändernden Anforderungen in unserer schnelllebigen Zeit lässt sich kaum finden. Ok. Aber was ist zu tun, um Software agil zu entwickeln?

▸ Agile Alliance

Agilität im Kontext der Softwareentwicklung bedeutet z.B., die Werte der „Agile Alliance" (www.agilealliance.org) zu berücksichtigen (siehe auch Abschnitt 2.3). Man kann beispielsweise Kent Becks eXtreme Programming-Ansatz zu Grunde legen und Software mittels Pair Programming, Story Cards, Simple Design, Test First etc. nutzen (siehe auch [Bec 00]. Dieser Ansatz stellt die Programmiertätigkeit in den Vordergrund, ist code-zentriert und ermöglicht schnelle Iterationszyklen. Aber eine strenge Befolgung dieses Ansatzes wäre zu eXtreme, d.h. zu code-orientiert, um ihn im Kontext der Entwicklung MDA-konformer Software zu nutzen.

▸ Agile Modellierung

Was wir benötigen, ist einen Ansatz, der uns erlaubt, Modelle auf der Basis der UML agil zu entwickeln, und dies so gut, dass sie ausführbar („executable") sind. Was wir tun müssen, ist die Agilität auf die Ebene der Modellierung zu heben, so dass wir in der Lage sind, Software-Modelle ergebnisorientiert und offen für Änderungswünsche zu entwickeln. Und diese Software-Modelle müssen den Anforderungen der MDA-Spezifikation genügen, um ausführbar und wiederverwendbar zu sein. Ist das überhaupt möglich? Ja, ist es. Auch die Modellierung kann agil betrieben werden. Und nichts spricht dagegen, diese Modellierung so zu betreiben, dass sie konform zur MDA ist.

▸ Werte agiler Modellierung

Die agile Modellierung (siehe auch www.agilemodeling.com) baut auf den Werten von XP (eXtreme Programming) auf und erweitert diese um eine fünfte Eigenschaft: Demut. Damit lassen sich die Werte agiler Modellierung wie folgt zusammenfassen:

- *Kommunikation*: Anhand von Modellen wird die Kommunikation innerhalb des Teams und zwischen Team und Auftraggeber bzw. Kunden gefördert.
- *Einfachheit*: Ein wesentlicher von Entwicklern und Modellierern zu berücksichtigender Aspekt ist, dass Modelle für die Entstehung von Software entscheidend sind. Es ist einfacher, ein paar Diagramme zu modellieren, als viele Zeilen Code zu schreiben.
- *Feedback*: Durch Einholung von Feedback mit Hilfe von Diagrammen ist man in der Lage, Ideen zu transprotieren und zu kommunizieren und auf diesen Input frühzeitig zu reagieren.
- *Mut*: Mut ist wichtig, da es oft unerlässlich ist, Modelle zu ändern, zu „refactoren", wenn einige der früheren Entscheidungen sich als nicht adäquat herausstellen.
- *Demut*: Gute Modellierer bzw. Entwickler zeichnen sich durch Demut aus, indem sie erkennen, dass alle am Projekt beteiligten Mitarbeiter in gleicher Weise zum Projekterfolg beitragen können. Ein jeder hat in seinem Bereich besondere Skills und sollte daher von den anderen mit Respekt behandelt werden.

▸ Best practices agiler Modellierung

Best practices im Kontext agiler Modellierung sind:

- *Verwenden Sie adäquate Artefakte:* Jedes Artefakt hat seinen eigenen Anwendungs-kontext. Je nachdem, was Sie entwerfen wollen, ob Geschäftsprozesse, Komponenten-Kandidaten, Lifecycle von Komponenten, Datenbankzugriff etc., eignen sich jeweils andere Artefakte für die Modellierung (siehe hierzu auch die architektonischen Sichten des Architektur-Frameworks in Abschnitt 5.2).

- *Aktive Beteiligung der Auftraggeber und Nutzer:* Beteiligen Sie Auftraggeber, Endan-wender und Nutzer des zu erstellenden Systems am Entwicklungsprozess. Damit er-möglichen Sie zeitnahe Entscheidungsprozesse, ein frühes Feedback und eine bessere Priorisierung der Anforderungen des zu entwickelnden Systems.

- *Pair Modelling*: Modellieren Sie Ihre UML-Diagramme in kleinen Teams (z.B. mit zwei oder drei Mitarbeitern). Setzen Sie sich z.B. zu zweit an den Computer und mo-dellieren Sie Ihre Diagramme unter Nutzung der Business-, Konzeptions-, Spezifikati-ons-, Realisierungs-, System-, Verteilungs- und Test-Workflows.

- *Parallele Entwicklung mehrerer Modelle*: Modellieren Sie verschiedene Diagramme zu bestimmten Anforderungen gleichzeitig, z.B. Klassen- und Sequenzdiagramme. Damit lassen sich die Artefakte gegenseitig verifizieren und „beflügeln". Außerdem können verschiedene Diagramme für denselben Anforderungskontext jeweils andere Aspekte beleuchten.

- *Gemeinsame Nutzung der Artefakte*: Ein jedes Artefakt sollte prinzipiell – wenn erfor-derlich – von jedem Projektbeteiligten nutzbar und änderbar sein.

- *Inkrementelle Entwicklung*: Erstellen Sie Ihre Architektur-Artefakte inkrementell in kleinen Schritten. D.h. erarbeiten Sie ihre Modelle auf der Basis einiger weniger An-forderungen. Spezifizieren Sie Ihre UML-Diagramme nur für die Anforderungen, die Sie explizit bearbeiten wollen. Spezifizieren Sie Ihre Modelle nicht für zukünftige Ite-rationen. Dazu dienen zukünftige Anforderungen. Und diese können völlig anders aus-sehen, als die, die Sie zur Zeit bearbeiten. Dann hätten Sie für den Papierkorb model-liert, aber nicht für die zu erstellende Software.

- *Kurze Iterationszyklen*: Ein Vorteil bei der Nutzung kurzer Iterationszyklen ist, dass Sie den Kunden schneller zufrieden stellen, da Sie nur Anforderungen der jeweils höchsten Priorität bearbeiten. Außerdem führt dieses Vorgehen dazu, dass Anforde-rungen schneller erarbeitet und spezifischer auf die zu erstellende Software abgestimmt werden können.

- *Veränderungen aufgreifen*: Nehmen Sie veränderte Anforderungen bzw. Veränderun-gen bereitwillig an („embrace change"). Veränderungen sollten Sie nicht als Feind, sondern als Freund annehmen. Veränderungen beinhalten immer auch neue Chancen und können kreative Energien freisetzen. Veränderte Anforderungen ermöglichen es dem Auftraggeber bzw. Kunden, das jeweils optimalste Produkt zu entwickeln.

- *Refactoren Sie frühzeitig*: Nutzen Sie „Refactoring"-Techniken kontinuierlich auch im Kontext der Modellierung. Warten Sie nicht irgendwelche Reviews ab, um Ihre Model-le zu verbessern. Tun Sie es dann, wenn Sie den Eindruck gewinnen, dass es etwas zu verbessern oder zu konsolidieren gibt. Greifen Sie zurück auf bekannte Patterns oder suchen Sie nach schon erstellten Mustern, wenn Sie ein schwieriges Problem zu lösen haben. Aber übertreiben Sie dabei nicht. Refactoren Sie Ihre Modelle nur für die vorliegenden Anforderungen, nicht aber für denkbare zukünftige Iterationen oder Anforderungen, denn diese können wieder ganz anders aussehen.

- *Testen Sie*: Testen Sie Ihre Modelle parallel zur Modellierung. Verfeinern Sie Ihre Modelle, bis sie fehlerfrei ausführbar sind. Damit sind Sie in der Lage, frühzeitig Feedback zum Produkt einzuholen und dem Kunden bzw. Auftraggeber schnell sichtbare Ergebnisse vorzuweisen.
- *Reviews*: Nutzen Sie Reviews am Ende einer Iteration. Damit erhalten Sie die Möglichkeit, herauszufinden, welche methodischen Ansätze gut waren, wie Sie Ihre Schätzungen realistischer angehen können und was Sie in Zukunft besser machen können.
- *Nutzen Sie einfache Techniken und Tools*: Eine Nutzung möglichst einfacher Techniken bzw. Tools[21], um Ideen, Diagramme, Konzepte etc. zu dokumentieren und zu visualisieren, beschleunigt und erleichtert den Kommunikationsprozess im Team. Erschweren Sie sich selbst und anderen nicht die Arbeit durch unnötig komplizierte, lernintensive Toolumgebungen.

▸ Agilität ergänzt bestehende Methoden

Agilität ist kein in sich geschlossenes methodisches Vorgehen. Ein agiles Vorgehen ist vielmehr eine Einstellung, die allen Teilnehmern eines Projektes innewohnt: d.h. die Einstellung, agil, d.h. unter Berücksichtigung von Werten wie der Agile Alliance ein Projekt durchzuführen. Nicht die sture Abfolge von Prozessen tritt in den Vordergrund, sondern die iterative Ausbildung von projektspezifischen best practices, um ein Projekt so durchführen zu können, wie es für die Projektziele und das Projektumfeld am besten geeignet ist. Agilität ist daher keine Methode, es ist vielmehr eine Ergänzung zu vorhandenen methodischen Ansätzen bzw. Methoden. Agiles Vorgehen bedeutet jedoch keine vollständige Abkehr von der Nutzung von Workflows. Vielmehr ist je nach Projektgröße und Projektgegebenheiten zu entscheiden, welche spezifischen Workflows in welcher Ausprägung genutzt werden können. Workflows werden auch in Projekten genutzt, die so eXtreme sind, dass sie scheinbar noch nicht einmal dokumentieren. Auch in diesen Projekten wird wiederholt eine Reihe von Aktivitäten durchlaufen, um zum gewünschten Projekterfolg zu gelangen.

Die Erfahrungen des Autors zeigen, dass jedes Software-Projekt anders geartet ist. Projekte unterscheiden sich voneinander durch jeweils andere Ziele, Anforderungen, Inhalte, Zeithorizonte, Budgets, Skills etc. Manche Projekte können auf vorhandenen Ergebnissen aufsetzen, andere müssen diese modifizieren bzw. anpassen, wieder andere fangen bei null an. Die Prioritäten werden für jedes Projekt anders vorgegeben.

▸ Workflows als Muster

Zu Beginn und während der Durchführung eines jeden Projektes ist das Vorgehen projektspezifisch zu definieren. Nicht jedes Projekt erfordert die Erarbeitung aller Artefakte und die Durchführung aller Aktivitäten, um zum Ziel zu kommen. Anforderungen an das zu erstellende System ändern sich im Laufe der Zeit. Dies erfordert ein Vorgehen, welches projektspezifischen Besonderheiten und sich ändernden Anforderungen gerecht wird. Das hier beschriebene Vorgehensmodell verfolgt daher ein agiles, heuristisches Vorgehen. Best practices, Workflows, Aktivitäten, architektonische Sichten sind projektspezifisch anzupassen. Die zu erarbeitenden Artefakte und die durchzuführenden Aktivitäten sind zu Beginn

---

[21] Siehe z.B. das Produkt „sketchIt!" der Firma United Architects (www.united-architects.com)

und während der Durchführung eines jeden Projektes jeweils spezifisch neu festzulegen. Die in diesem Vorgehensmodell dargestellten Workflows sind daher als Muster für eine Reihe von Aktivitäten zu verstehen, die man projektspezifisch erweitern oder ändern kann.

5.2.5 Workflows

Workflows sind Arbeitsabläufe, die eine Reihe von Aktivitäten in logischer Folge nutzen, um aus einem Ausgangszustand eines Artefaktes (beispielsweise einer funktionalen Anforderung) einen Endzustand zu erzeugen (beispielsweise eine Komponente). Diese Workflows können zur Verfeinerung der Artefakte wiederholt durchlaufen werden.

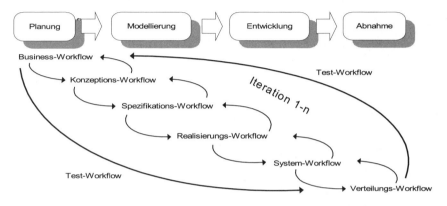

Abbildung 5.10: Phasen und Workflows

Die Workflows zur Ausarbeitung eines Softwaresystems, die im Kontext dieses agilen Vorgehensmodells genutzt werden können, sind:

- Business-Workflow
- Konzeptions-Workflow
- Spezifikations-Workflow
- Realisierungs-Workflow
- System-Workflow
- Verteilungs-Workflow
- Test-Workflow

Die einzelnen Workflows werden in den Kapiteln 6 bis 10 detailliert beschrieben. Wie man der Abbildung 5.10 entnehmen kann, begleitet der Test-Workflow (siehe Abschnitt 11.7) die Modellierungs-, Entwicklungs- und Verteilungs-Workflows. Dies basiert auf dem Ansatz, dass Tests kontinuierlich am Modell parallel zu Konzeption, Spezifikation, Realisierung und Verteilung durchgeführt werden (siehe auch den Ansatz der MDA in Abschnitt 5.2.3). Aktivitäten rund um die Tests der Komponenten und Systeme sind in Abschnitt 11.7 beschrieben.

▸ Analyse und Design

Wie man den Projektphasen und den Bezeichnungen der Workflows entnehmen kann, wird eine Trennung in die Begriffe „Analyse" und „Design" nicht vorgenommen. Natürlich ist dies möglich. Analyse beinhaltet all die Artefakte, die noch unabhängig von der spezifischen Implementierungsumgebung spezifiziert werden. Design-Artefakte berücksichtigen eine spezifische Implementierungsumgebung, wie z.B. eine bestimmte Komponenten-Plattform. So lassen sich Analyse-Artefakte überwiegend auf die Artefakte der Business- und Referenz-Architektur abbilden, und Design-Artefakte lassen sich größtenteils der Anwendungs-Architektur zuordnen. Die hier vorgenommene Unterteilung in verschiedene Workflows, die dazu dienen, Artefakte verschiedener Teilarchitekturen auszuarbeiten, ist jedoch noch etwas differenzierter. Eine Trennung in Business-, Referenz-, Anwendungs- und System-Architektur ermöglicht eine Ausarbeitung von Artefakten auf jeweils verschiedene Abstraktionsebenen, was eine bessere Wiederverwendung für jeweils unterschiedliche Detaillierungen bzw. Implementierungen ermöglicht. Darüber hinaus ist diese Unterteilung konform zum Ansatz der Model Driven Architecture, die eine Trennung in CIM, PIM, PSM und EDM vornimmt.

▸ Objekte und Komponenten

Lassen sich die Workflows auch dazu nutzen, Objekte auszuarbeiten oder sind sie explizit auf Komponenten abgestimmt? Die Aktivitäten, die in den Workflows beschrieben sind, lassen sich auch auf Objekte anwenden. Doch sind für viele Aktivitäten die im Text verwendeten Beispiele auf Komponenten ausgerichtet. Dennoch können die Aktivitäten ebenso gut zur Ausarbeitung und Entwicklung von Objekten genutzt werden, die dann möglicherweise im Rahmen der Realisierung z.B. als EJBs umgesetzt werden.

▸ Workflows und agiles Vorgehen

Die Workflows können agil genutzt werden. D.h. unter Verwendung agiler Modellierungs-techniken können einzelne Iterationszyklen zügig durchlaufen und veränderte Anforderungen bei jeder Iteration neu aufgenommen werden. Der Kunde kann kontinuierlich in den Software-Enstehungsprozess eingebunden werden. Insbesondere wird gerade auf der Basis des MDA-Ansatzes eine generative Entwicklung unterstützt: Die zu entwickelnde Software ist aus dem Modell heraus generierbar, und damit ist für den Auftraggeber das Endprodukt während des Entwicklungsprozesses jederzeit sichtbar und überprüfbar. Der Auftraggeber kann auf der Basis des entstehenden Produktes neue Anforderungen definieren. Die semantische Lücke und die „verification gap" zwischen Auftraggeber und Produktentwickler werden minimiert (siehe auch [Mel 04]). Der Kunde bzw. der Auftraggeber gestaltet das Softwareprodukt während des Entstehungsprozesses aktiv mit.

▸ Agilität und MDA

Somit wird auch ersichtlich, warum ein agiles Vorgehen – d.h. ein Vorgehen, das ein jederzeit lauffähiges Produkt erzeugt, welches flexibel auf sich ändernde Anforderungen reagieren kann und den Kunden bzw. Auftraggeber kontinuierlich einbezieht – gut mit dem architekturzentrierten Ansatz der MDA vereinbar ist. Die MDA gewährleistet eine Entwicklung generierbarer Modelle. Der Kunde bzw. Auftraggeber kann das Modell gestalten bzw. mitgestalten und das Endprodukt jederzeit aus dem Modell heraus erzeugen lassen. Software wird überprüfbar, der Kunde bzw. Auftraggeber kann auf die entstehende Software direkten

Einfluss ausüben. Anforderungen können auf der Basis des entstehenden Produktes jeweils iterativ neu definiert werden.

Workflows und Planung

Die in diesem Buch dargestellten Workflows eignen sich dazu, Artefakte verschiedener Abstraktionsebenen auszuarbeiten, die alle Teil des zu entwickelnden Produktes sind. Softwareentwicklung wird ganzheitlich betrachtet und beinhaltet alle Artefakte, die ein generierbares Modell erzeugen können: Ausgehend von Business Cases und Anforderungen werden spezifische UML-Diagramme entwickelt, die so weit verfeinert werden, bis ausführbare Modelle entstehen. Aktivitäten und Workflows können teils parallel durchlaufen werden, teils sequentiell. Auf der Basis der Aktivitäten, die im Rahmen eines Workflows durchzuführen sind, lassen sich Projektinhalte einer Iteration klar planen. Da jede Iteration ihre eigenen Schwerpunkte beinhaltet, d.h. jeweils andere Artefakte zu erarbeiten sind, sind die spezifischen Aktivitäten je nach Projektinhalten und je Iteration festzulegen. Auf der Basis der durchzuführenden Aktivitäten lässt sich der Projektplan so für jede Iteration detaillieren. Je kleiner das Projekt, desto einfacher ist die Planung, desto agiler kann das gesamte Team zusammenarbeiten. Je größer das Projekt, desto wichtiger wird eine adäquate Teamaufteilung, die die Kommunikation im Projekt und die Erarbeitung der Artefakte so agil wie möglich zulässt.

Iterative und inkrementelle Entwicklung

Die Phasen Planung, Modellierung, Entwicklung und Abnahme werden iterativ durchlaufen. Artefakte werden inkrementell erarbeitet und im Laufe der Entwicklung zunehmend verfeinert. Abbildung 5.10 veranschaulicht die Nutzung der Workflows über die Phasen eine Projektes. Der Schwerpunkt der Aktivitäten verlagert sich im Laufe der Entwicklung vom Business-Workflow zu den System- und Verteilungs-Workflows.

> ▸ Anzahl der Iterationen ist projektspezifisch

Die Anzahl der Iterationen je Workflow ist abhängig von der Größe des Projektes und den spezifischen Projektinhalten. Es ist z.B. denkbar, den Business- und Konzeptions-Workflow in nur ein bis zwei Iterationen durchzuführen, die Spezifikations- und Realisierungs- und System-Workflows aber in drei bis vier Iterationen. In der Praxis werden in größeren Projekten meist nur wenige Gesamt-Iterationen durchgeführt. Bei Nutzung von z.B. Extreme Programming-Methoden in kleineren Projekten können viele kleine Iterationen durchgeführt werden (siehe [Bec 00]).

Je kürzer die Intervalle für die einzelnen Iterationen sind, desto einfacher lassen sich die Endprodukte überprüfen und desto effizienter können Auftraggeber und Endbenutzer in den Entwicklungsprozess eingebunden werden.

> Nutzen Sie möglichst kurze Iterations-Zyklen.

Abbildung 5.11 veranschaulicht die iterative Erarbeitung der Artefakte eines Komponenten-Systems entlang der Business-, Referenz-, Anwendungs- und System-Architektur.

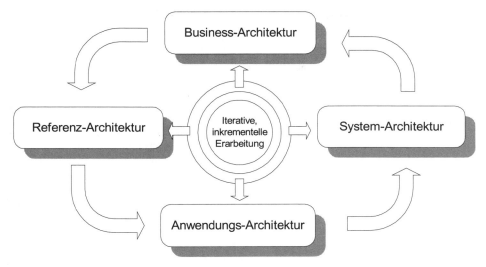

Abbildung 5.11: Iterative Erarbeitung der Architekturen eines Komponenten-Systems

‣ KISS

Beginnen Sie Ihre Entwicklung mit den zentralen Anforderungen, Use Cases und Prozessen. Konzentrieren Sie sich zunächst auf die wichtigsten Komponenten. Mit anderen Worten: Keep it stupid and simple (KISS). Damit stellen Sie sicher, dass sie wichtige, zentrale Aspekte frühzeitig bearbeiten und außerdem schnell erste Ergebnisse produzieren. Auf diese Art und Weise können Sie erste Iterationszyklen zügig durchlaufen.

> Konzentrieren Sie sich zunächst auf zentrale Anforderungen, Prozesse und Komponenten.

‣ Agiler, projektspezifischer Ansatz

Je nach Projekt ist zu unterscheiden, welche Aktivitäten für welchen Workflow, welche Rollen und welche best practices geeignet sind. Die Nutzung der Workflows und der architektonischen Sichten soll nicht so verstanden werden, dass diese notwendig sequentiell erarbeitet werden müssten. Vielmehr unterstützen diese einen agilen, heuristischen Ansatz. Vorhandene Artefakte können entsprechenden Sichten zugeordnet werden und insofern lässt sich projektspezifisch dort mit der Arbeit beginnen, wo dies am zweckmäßigsten ist. Hierbei sind die spezifischen Projektinhalte, Rahmenbedingungen und Skills der Mitarbeiter in Betracht zu ziehen. Ein Projekt, welches z.B. auf bestehende Komponenten aufsetzt, könnte damit beginnen, zunächst die Konzeptions-Sicht zu erarbeiten. Dies soll nicht bedeuten, dass eine Integration neuer Komponenten in bestehende Systeme nicht auch eine Anpassung der Dokumentation aller Artefakte der Business-Architektur erforderlich macht. Doch könnte dies in einem solchen Fall auch parallel oder nachträglich erfolgen.

> Beginnen Sie ihre Arbeit mit den Workflows und architektonischen Sichten, die für das Projekt am zweckmäßigsten sind.

▸ Ad hoc nutzbare Workflows

Die Workflows können jederzeit genutzt werden. Entscheidend ist, dass die Input-Artefakte, auf die ein spezifischer Workflow aufsetzt, um seine Output-Artefakte zu erarbeiten, in ausreichender Form vorliegen. Im Idealfall werden die einzelnen Workflows sequentiell und iterativ durchlaufen.

▸ Parallele Bearbeitung von Artefakten

In der Praxis – beispielsweise bei Nutzung vorhandener Komponenten und Systeme – erweist es sich jedoch als zweckmäßig, viele Workflows parallel aufzusetzen, wie z.B. die parallele Ausarbeitung von Artefakten der Referenz- und Anwendungs-Architektur. Ein Software-Architekt, der festlegt, welche Patterns wo eingesetzt werden sollen, und der die Art und Weise der Integration bestehender Komponenten und Systeme spezifiziert, kann unabhängig von einem Komponenten-Entwickler tätig sein, der seine Businesskomponenten spezifiziert und entwickelt.

Die Workflows zur Ausarbeitung von Artefakten sind auf die Modellierung und Entwicklung komponentenbasierter Systeme[22] ausgerichtet. Auch wenn manche Workflows dazu genutzt werden könnten, Software-Systeme zu entwickeln, die beispielsweise rein objektorientiert aufgebaut sind,[23] liegt der Fokus auf der Planung, Modellierung, Entwicklung und Abnahme von Komponenten.

▸ Workflows sind veränder- und erweiterbar

Die einzelnen Workflows sollten abgestimmt auf die best practices des Unternehmens bzw. entsprechend den Erfahrungswerten der Projektbeteiligten angepasst werden. Abfolgen von Aktivitäten können modifiziert werden, manche können ganz wegfallen oder neue eingeführt werden. Die Rollen der Projektbeteiligten ändern sich möglicherweise, neue Rollen sind eventuell zu definieren.

Es lassen sich weitere Workflows konzipieren, die jeweils spezifische architektonische Sichten nutzen, um Artefakte zu erarbeiten. So sind Workflows denkbar, die speziell auf Zwecke des Projektmanagements ausgerichtet sind und dazu bestimmte architektonische Sichten und deren Artefakte nutzen. In diesem Buch liegt der Schwerpunkt auf der Entwicklung von Komponenten, so dass nur zum Teil auf die Aspekte des Projektmanagements eingegangen werden kann (siehe auch Kapitel 12).

5.2.6 Komponenten-Bausteine

Je nach Betrachtungstiefe lassen sich verschiedene logische Bausteine zum Aufbau komponentenbasierter Systeme darstellen. Diese logischen Bausteine lassen sich auf physische Bausteine abbilden (EJBs, CORBA-Komponenten, Web Services etc.). Die logischen Komponenten-Bausteine können in vier Kategorien unterteilt werden, die ihre unterschiedliche Granularität widerspiegeln:

• Verteilbare Komponenten,

---

[22] Komponenten, die z.B. als Businesskomponenten, als Agenten oder Portlets agieren können.

[23] Detaillierte Workflows zur Erarbeitung von objektorientiert aufgebauten Systemen sind z.B. im Rational Unified Process (RUP) dargestellt.

- Businesskomponenten,
- Business-Systeme,
- Business-Domains.

Eine solche Differenzierung von Komponenten in Kategorien unterschiedlicher Granularität ist z.B. in [Her 00] beschrieben. Auch die Model Driven Architecture sieht Verschachtelungen von Komponenten unterschiedlicher Granularität vor.

Verteilbare Komponenten

Verteilbare Komponenten sind die kleinste Art von Komponenten, die unternehmensweit verteilbar sind. Der interne Aufbau einer solchen Komponente ist meist objektorientiert, d.h. die Komponente setzt sich aus einer gewissen Anzahl objektorientiert ausgearbeiteter Klassen zusammen. Diese Art von Komponenten wird in der Regel als Enterprise Java-Bean, als CORBA-Komponente, als COM- oder .NET-Komponente (Web Services) oder auch als Portlet implementiert (siehe Kapitel 10).

Eine verteilbare Komponente kann jeder Schicht einer Schichten-Architektur angehören. So gibt es neben den verteilbaren Komponenten der Business- und Integrations-Schicht (z.B. in Gestalt von Enterprise JavaBeans) auch verteilbare Komponenten für die Präsentations- und Controlling-Schicht: So z.B. JavaServer Pages, Servlets oder JavaBeans.

Es sind die verteilbaren Komponenten, die als kleinste Einheit komponentenbasierter Betrachtungen die Bausteine bilden, aus denen sich Businesskomponenten zusammensetzen lassen. Verteilbare Komponenten sind autonom verteilbar, stellen aber – in der Regel – für sich genommen noch kein autonomes Businesskonzept dar.

Elemente einer verteilbaren Komponente

Eine verteilbare Komponente setzt sich aus den folgenden Elementen zusammen:

- Export-Schnittstelle(n)
- Export-Schnittstellen-Implementierung(en)
- Wissen
- Abhängigkeit(en) zu anderen Komponenten und Systemen
- Proxy-Implementierung(en) für Abhängigkeiten
- Stecker

Abbildung 5.12 stellt diese Elemente grafisch dar. Eine Fassung ist Teil der Entwicklungs- bzw. Ausführungsumgebung. Sie sorgt dafür, dass eine Komponente mit einem entsprechenden Stecker auf zugrunde liegende Services zugreifen kann.

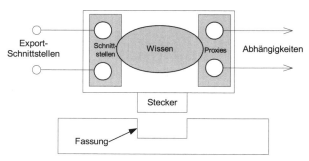

Abbildung 5.12: Verteilbare Komponente

Das Wissen einer Komponente ist der für den Entwickler aus Sicht der Umsetzung einer funktionalen Anforderung zu programmierende Code. Dieser Code kann objektorientiert, objektbasiert oder auch prozedural entwickelt werden. Entscheidend für eine Komponente ist ihr Erscheinungsbild nach außen in Form von Export-Schnittstellen und Abhängigkeiten. Der Entwickler sollte sich jedoch ausschließlich mit der funktionalen Sicht einer Komponente auseinandersetzen müssen. Mit anderen Worten, die Implementierungs-Umgebung sollte so ausgestattet sein, dass sich der Entwickler nicht über die Art und Weise der technischen Umsetzung des Wissens einer Komponente zu kümmern braucht.

Trennung von Wissen und technologischer Plattform

Erstellt ein Entwickler z.B. eine Komponente für ein grafisches User Interface, so sollte er sich nicht darum kümmern müssen, wie ein vergrößer- oder ein verkleinerbares Fenster zu programmieren ist; dieses technische Umfeld sollte ihm in Gestalt einer Fassung von der Entwicklungsumgebung zur Verfügung gestellt werden können. Der Entwickler einer verteilbaren GUI-Komponente in Gestalt einer JavaBean sollte sich nur um Layout und Oberflächenfunktionalität kümmern müssen. Mit Hilfe des Steckers der verteilbaren Komponente kann diese in eine entsprechende Fassung der Entwicklungs- und Laufzeitumgebung (z.B. Swing-API und AWT Packages) gesteckt werden. Diese Fassung liefert all die zugrunde liegende technische Funktionalität (Event-Handling, spezifisches Look and Feel etc.), die für die Aktivierung des kodierten Wissens benötigt wird.

Ein anderes Beispiel der Trennung von Wissen und zugrunde liegender technischer Entwicklungs- bzw. Ausführungsumgebung ist die Entwicklung einer Enterprise JavaBean. Der Entwickler braucht sich nur um die Business-Sicht seiner EJB zu kümmern, aber nicht um das Transaktionshandling oder um die Art der Persistierung seiner EJB. Ein EJB-Container liefert dem Entwickler die Fassung, in die er seinen Stecker der EJB stecken kann, damit er sich auf das Wissen der Komponente in Form von Business-Logik und Business-Funktionalität konzentrieren kann.

Verteilbare Komponenten sind die atomaren Bausteine, aus denen Businesskomponenten und Business-Systeme aufgebaut werden.

Businesskomponenten

Eine Businesskomponente kapselt ein autonomes Business-Konzept. Sie setzt sich aus einer logischen Gruppierung zusammenhängender verteilbarer Komponenten, ihren Atomen, zusammen. Die Komponenten einer Businesskomponente gehören meist mehreren Schichten einer Schichten-Architektur an. So kann sich eine Businesskomponente aus Komponenten der Präsentations-, Controlling-, Business- und Integrationsschicht zusammensetzen. Eine Businesskomponente kann in einer Verteilungs-Schicht nur eine verteilbare Komponente aufweisen oder aber auch mehrere verteilbare Komponenten.

Die verteilbaren Komponenten einer Businesskomponente müssen nicht notwendig physisch auf demselben Rechner liegen; es ist durchaus denkbar, dass eine Businesskomponente über mehrere Rechner-Knoten verteilt wird.

Beispiel

Eine Businesskomponente eines Online-Banking-Systems für Web- und WAP-Frontends kann über mehrere verteilbare Komponenten der Präsentationsschicht verfügen, um verschiedene endgerätspezifische Darstellungen einer Login-Maske zu ermöglichen, wohingegen sie in der Controlling- und Business-Schicht nur über je eine verteilbare Komponente verfügt. Abbildung 5.13 stellt den grundsätzlichen Aufbau einer Businesskomponente mit verteilbaren Komponenten unterschiedlicher Schichten und ihren Schnittstellen dar.

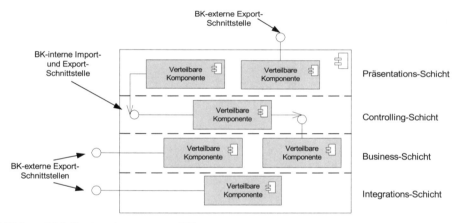

Abbildung 5.13: Businesskomponente (BK)

Eine Businesskomponente verfügt über interne Export-Schnittstellen, die nur im Innern einer Businesskomponente sichtbar sind, und über extern sichtbare Export-Schnittstellen, auf die Clients von außen zugreifen können.

Eine Businesskomponente kann sich auch aus verteilbaren Komponenten nur einer oder zweier Schichten zusammensetzen: z.B. aus verteilbaren Komponenten der Business- und/oder Integrations-Schicht. Im Extremfall kann eine solche Businesskomponente z.B. anhand nur einer EJB oder CORBA-Komponente implementiert werden. Eine solche Businesskomponente hätte dann kein ihrem Businesskonzept zugeordnetes Frontend. Ihre Funktionalität könnte jedoch im Kontext eines Business-Systems mit anderen Businesskomponenten, die über verteilbare Komponenten der Präsentations- und Controlling-Schicht verfügen, von einem Client ansprechbar sein. Eine solche Businesskomponente könnte z.B. dazu dienen, Berechnungen durchzuführen, die zwar im Hintergrund ablaufen, doch über verschiedene Nutzungsschnittstellen aktiviert werden können. Es ist auch denkbar, dass ein User Interface überhaupt nicht benötigt wird und weitere Komponenten und Systeme z.B.

im Rahmen eines automatisierten Workflows auf Berechnungsfunktionen zur Durchführung spezifischer Geschäftsprozesse zugreifen.

Der Begriff der Businesskomponente ist insbesondere auch in Hinblick auf die Produktorientierung und die Wiederverwendung von Komponenten von Bedeutung (siehe Kapitel 11).

Kategorien von Businesskomponenten

Um eine einfache Strukturierung und Verteilung von Businesskomponenten innerhalb von Business-Systemen zu ermöglichen, erscheint es sinnvoll, diese in verschiedene Kategorien einzuteilen:

- Prozess-Komponenten
- Entity-Komponenten
- Service-Komponenten

Diese Differenzierung der verschiedenen Arten von Komponenten entspricht der Klassifizierung von Komponenten gemäß dem UML 2.0-Standard.

Prozess-Komponenten

Prozess-Komponenten stellen einen Geschäftsprozess dar. Eine Prozess-Komponente führt eine Reihe von Aktivitäten aus bzw. unterstützt entsprechende Aktivitäten, um ein bestimmtes Geschäftsziel zu erreichen. Ein Beispiel für eine derartige Komponente im Kontext einer Girokonto-Bankanwendung wäre eine Kreditprüfungskomponente, die periodisch die Höhe des in Anspruch genommenen Kredits überprüft. Prozess-Businesskomponenten sind transaktionsbasiert.

Entity-Komponenten

Entity-Komponenten sind Komponenten, die zentrale Businesskonzepte darstellen und von Prozess-Komponenten genutzt werden, um spezifische Geschäftsziele zu erreichen. Beispiele solcher Komponenten im Kontext einer Bank-Anwendung sind Kunde und Konto. Entity-Komponenten sind persistierbar.

Service-Komponenten

Service-Komponenten sind Komponenten, die von mehreren Business-Systemen genutzt werden können und daher so ausgelagert werden sollten, dass von mehreren Systemen aus auf sie zugegriffen werden kann. Beispiele für solche Service-Businesskomponenten im Kontext einer Bankanwendung sind ein Adressverzeichnis oder ein Währungsrechner oder aber eine Komponente zur Verwaltung einer Session mit einem Kunden.

Die Businesskomponenten stellen die molekularen Bausteine dar, aus denen sich ein komponentenbasiertes System zusammensetzt.

Business-Systeme

Ein Business-System setzt sich aus einer Reihe von Businesskomponenten zusammen, die zusammen genommen einen Geschäftsbereich oder einen Teilbereich eines Unternehmens abdecken. Ein Business-System kann als ganzheitliches System im Sinne einer Anwendung betrachtet werden. Es verfügt über Komponenten, die in der Regel alle Schichten einer Schichten-Architektur für eine Anwendung abdecken: Präsentations-, Controlling-, Business- und Integrations-Schicht. Die Anzahl der Komponenten je Schicht variiert von System zu System. Ein Business-System kann als autonomes System verteilt und in Betrieb genommen werden. Es kann ebenso wie eine Businesskomponente von außen als Komponente angesprochen werden, wenn die Schnittstellen zu diesem System entsprechend modelliert werden.

Ein Business-System muss nicht notwendig über Komponenten der Präsentations-Schicht verfügen. So ist denkbar, dass sich ein komplexes Rechenprogramm aus verschiedenen Businesskomponenten zusammensetzt, die zusammen ein Business-System bilden, welches nur über Schnittstellen auf Ebene der Controlling- und Business-Schicht verfügt.

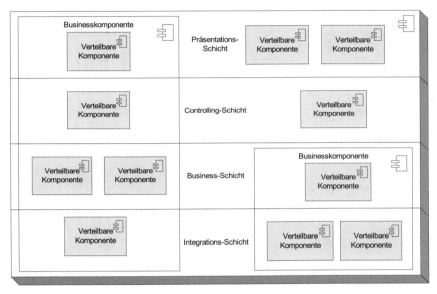

Abbildung 5.14: Taxonomie der Komponenten-Bausteine

Da ein Business-System mehrere Businesskomponenten enthält, kapselt ein solches System mehrere autonome, zusammenhängende Business-Konzepte zu einem Gesamtkonzept. Ein Beispiel eines solchen Systems ist ein Girokonto-Verwaltungssystem zum Online-Banking, welches u.a. die Businesskomponenten Transaktionsnummern-Verwaltung, Girokonto, Kunde etc. kapselt.

Innerhalb eines Business-Systems können auch verteilbare Komponenten angesiedelt sein, die keiner bestimmten Businesskomponente zugeordnet sind. Beispiele für derartige verteilbare Komponenten sind JavaBean-Komponenten eines GUI-Frontends.

Die Taxonomie der hier vorgestellten Arten von Komponenten lässt sich der Abbildung 5.14 entnehmen. Die Notation einer verteilbaren Komponente in der Abbildung 5.14 entspricht dem UML 2.0-Standard (siehe auch Abschnitt 13.2).

Beispiel

Ein Beispiel eines Business-Systems ist ein Online-Banking-System mit Prozess-, Entity- und Service-Komponente, siehe Abbildung 5.15. In der Abbildung sind nur die Businesskomponenten des Systems dargestellt. Der Zugriff der Komponenten untereinander ist top-down und transitiv. Prozess-Komponenten können auf Entity- und Service-Komponenten zugreifen, jedoch nicht umgekehrt.

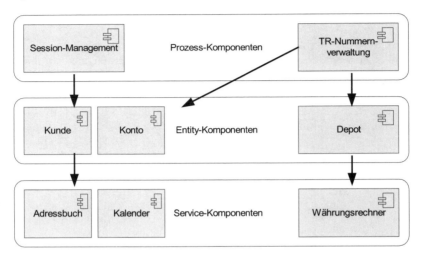

Abbildung 5.15: Prozess-, Entity- und Service-Komponenten eines Business-Systems

Unterschied Businesskomponente und Business-System

Was unterscheidet eine Businesskomponente von einem Business-System? Oder, anders formuliert: Wenn eine Businesskomponente über verteilbare Komponenten aller Schichten verfügt, kann man dann schon von einem Business-System sprechen?

Ein Business-System verfügt über Prozess-, Entity- und Service-Komponenten. Damit unterscheiden sich Business-Systeme von Businesskomponenten, die zwar ein autonomes Businesskonzept verkörpern, aber kein autonom funktionierendes System repräsentieren. Einzelne Businesskomponenten verfügen möglicherweise über verteilbare Komponenten aller Schichten, aber sie verfügen über kein Layering, d.h. über keine Ebenen-Bildung im Sinne der Unterscheidung von agierenden Prozess-Komponenten, eher statischen Entity-Komponenten und zuarbeitenden Service-Komponenten (siehe Abschnitt 7.2). Mit anderen Worten: Nicht eine lose Gruppierung verschiedener inhaltlich zusammenhängender Businesskomponenten repräsentiert ein Business-System, sondern eine sinnvoll intergierende Anzahl verschiedener Prozess-, Entity- und Service-Komponenten im Sinne eines autonom funktionierenden Systems.

Ein Business-System entspricht aus Sicht der Bausteine einem komplexen Molekül.

Business-Domains

Business-Domains sind Zusammenschlüsse von Business-Systemen zu einer Domain. Eine solche Domain kann ein Geschäftsbereich eines Unternehmens darstellen oder einen unternehmensübergreifenden Verbund mehrerer Systeme unterschiedlicher Unternehmen. Ein Beispiel einer Business-Domain wäre der Bereich Rechnungswesen, der einzelne Systeme wie Kunden- und Kontoverwaltung und In- und Exkasso-System zusammenschließt.

Abbildung 5.16 stellt eine solche Domain dar.

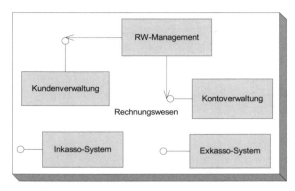

Abbildung 5.16: Business-Domain

Ein weiteres Beispiel einer Business-Domain ist eine lose Kopplung verschiedener Business-Systeme unterschiedlicher Organisationen, um diese z.B. im Kontext einer B2B-Lösung oder im Rahmen einer Intranet-/Extranet-Lösung nutzen zu können.

Um auch hier wieder die Analogie zur Chemie herzustellen, entspräche eine Business-Domain beispielsweise einer DNS (Desoxyribonukleinsäure), d.h. einem Zusammenspiel verschiedener komplexerer Moleküle.

Kapselung

Die einzelnen Business-Systeme innerhalb der Domain können von außen gesehen ebenso gekapselt werden wie die Businesskomponenten innerhalb eines Business-Systems. Die Systeme interagieren über Schnittstellen und Abhängigkeiten. Von Bedeutung in diesem Kontext ist die Art und Weise des Zusammenspiels. Verschiedene Kommunikationsarten und Interaktionsmodi von Business-Systemen und Businesskomponenten werden in Kapitel 8 beschrieben.

In Analogie zu einem Business-System kann eine Business-Domain von außen als eine einzelne Komponente betrachtet werden, indem sie ihr Innenleben (d.h. die einzelnen Business-Systeme) kapselt und Schnittstellen zur Verfügung stellt, die von anderen Business-Systemen oder Business-Domains genutzt werden können bzw. Abhängigkeiten zu ihnen aufweist.

Verschachtelung

Die Möglichkeit der komponentenorientierten Verschachtelung von verteilbaren Komponenten, Businesskomponenten, Business-Systemen und Business-Domains spiegelt sich auch in der grafischen Notation wider: Ein kleines Komponenten-Symbol in der oberen rechten Ecke hebt deren Komponenten-Eigenschaften hervor. Dies entspricht der UML-2.0-Notation.

5.2.7 Unternehmensweit nutzbare Komponenten

Die im Rahmen des hier beschriebenen Vorgehensmodells adressierten Komponenten sollen unternehmensweit und sogar unternehmensübergreifend Verwendung finden. Komponenten, die unternehmensweit bzw. -übergreifend sind, verfügen über die in Abschnitt 3.1 und 5.2.6 definierten Eigenschaften hinaus über weitere wichtige Eigenschaften (siehe u.a. [Her 00] und [Gru 00]). Unternehmensweit einsetzbare Komponenten

- verfügen über unternehmensweit nutzbare Export-Schnittstellen;
- sind portabel;
- sind unabhängig von einer Programmiersprache;
- sind kontextunabhängig;
- trennen Spezifikation und Implementierung;
- sind miteinander kombinierbar;
- können auf verschiedenen Ebenen eines Unternehmensbereiches konzipiert werden;
- sind wiederverwendbar;
- verfügen über einen anwendungsnahen Scope;
- sind selbstbeschreibungsfähig;
- verfügen über Plug&Play-Mechanismen;
- sind kompatibel zu einer Standard-Komponenten-Technologie (z.B. EJB, COM+, .NET, CCM);
- sind in der Lage, die Sicherheits-Erfordernisse des Unternehmens zu erfüllen.

In den folgenden Abschnitten werden die Eigenschaften unternehmensweit nutzbarer Komponenten näher beschrieben.

Verfügen über unternehmensweit nutzbare Export-Schnittstellen

Der Ausführungsort einer Komponente sollte für die Inanspruchnahme ihrer Dienste nicht relevant sein. Ob eine Komponente sich auf einem lokalen Rechner befindet oder auf einem Server an einem entfernten Ort der Erde, sollte für den Nutzer keinen Unterschied darstellen.

Unternehmensweit nutzbare Komponenten verfügen über Schnittstellen, auf die über ein unternehmensweites bzw. unternehmensübergreifendes Netzwerk zugegriffen werden kann. Diese Schnittstellen können idealerweise von einem beliebigen Ort eines Unternehmens bzw. eines Client-Systems aus aktiviert werden. Entscheidend ist, dass eine solche Export-Schnittstelle anderen Komponenten und Systemen mit entsprechenden Standard-Komponenten-Technologien bekannt gemacht wird (siehe Kapitel 10).

Sind portabel

Komponenten sollten ohne Portierungsaufwand auf einer Vielzahl von Plattformen einsatzfähig sein. Wir werden im Kontext der Roadmap sehen, wie man Komponenten-Spezifikationen unabhängig von einem spezifischen Komponenten-Modell modelliert, um sie dann für verschiedene Plattformen nutzen zu können. Darüber hinaus sind Plattform-spezifische Komponenten mittels spezfischer Brücken von Komponenten anderer Plattformen nutzbar (siehe Kapitel 7 und 10).

Sind unabhängig von einer Programmiersprache

Eine Komponente sollte in einer beliebigen Programmiersprache entwickelt werden können. Eine Komponente könnte beispielsweise prozedural programmiert werden und dennoch über Schnittstellen verfügen, die einer EJB- oder CCM-Spezifikation Genüge leisten.

Sind kontextunabhängig

Der Rahmen für den Einsatz einer Komponente sollte sich nur an ihrer Fachlichkeit und an ihrer spezifischen Schnittstellen-Spezifikation orientieren und nicht von spezifischen Plattformen oder Netzwerktechnologien abhängig sein.

Trennen Spezifikation und Implementierung

Die Spezifikation einer Software-Komponente und ihrer Schnittstellen sollte unabhängig von ihrer Implementierung durchgeführt werden können. Wie die Dienste einer Komponente in ihrem Innern im Einzelnen implementiert werden, ist für den Client einer Komponente nicht relevant. Wir werden diese Aspekte im Rahmen der Roadmap in den Kapiteln 7 und 8 ausführlich behandeln.

Sind kombinationsfähig

Komponenten sollten miteinander kombinierbar und ineinander verschachtelbar sein. Es sollten je nach Verschachtelungstiefe verschiedene Ebenen von Komponenten darstellbar sein (siehe Abschnitt 5.2.6).

Repräsentieren verschiedene Ebenen eines Unternehmensbereiches

Unternehmensweit nutzbare Komponenten sollten auf verschiedenen Ebenen bzw. Detaillierungsgraden eines Unternehmensbereiches konzipiert werden können. So gibt es mit aufsteigender Hierarchie (siehe Abschnitt 5.2.6):

* Verteilbare Komponenten
* Businesskomponenten
* Business-Systeme
* Business-Domains

Beispiele für derartige Komponenten auf der Ebene von Businesskomponenten im Kontext einer Bank-Anwendung sind Komponenten, die die Geschäftslogik und die Geschäftsregeln eines Girokontos darstellen, oder Komponenten, die ein Adressverzeichnis oder einen Währungsrechner repräsentieren. Auf Ebene eines Business-Systems ist dies beispielsweise ein Kontoverwaltungssystem. Auf Ebene eines Business-Domains wäre dies beispielsweise der Bereich Rechnungswesen, welcher alle Kontoverwaltungssysteme und Inkasso- und Exkasso-Systeme eines Unternehmens umfasst.

Sind wiederverwendbar

Komponenten sollten so aufgebaut sein, dass sie in vergleichbarer Umgebung einfach wiederverwendbar sind. Wir werden die Aspekte rund um die Wiederverwendung von Komponenten in Kapitel 11 ausführlich behandeln.

Besitzen einen anwendungsnahen Scope

Die Größe einer Komponente sollte anwendungsnah konzipiert und so bemessen werden, dass diese weder eine eigene Applikation noch ein einzelnes Objekt darstellt. Beim Scope einer Komponente sollte insbesondere deren Wiederverwendbarkeit berücksichtigt werden.

Unternehmensweit nutzbare Komponenten verfügen über eine ausreichende Größe. Aufgrund der Größe von Komponenten kann die Komplexität der zu erstellenden Software reduziert werden. Wird eine Businesskomponente beispielsweise mit Hilfe einer objektorientierten Sprache umgesetzt, so setzt sich eine typische Businesskomponente aus mindestens drei bis zu 30 verteilbaren Komponenten zusammen, die ihrerseits zusammenaddiert aus bis über hundert sog. Business-Klassen zusammengesetzt sind.

Verfügen über Selbstbeschreibungsfähigkeit

Eine Komponente sollte über Mittel verfügen, die eine Selbstbeschreibung ihrer angebotenen Dienste, insbesondere ihrer Methoden und Signaturen ermöglicht. Selbstbeschreibende Komponenten sind einfacher wiederverwendbar. Darüber hinaus ist ein „Late Binding" (späte Bindung) einer Komponente eine Voraussetzung zur effizienten Laufzeitkopplung.

Verfügen über Plug&Play-Mechanismen

Eine Komponente sollte nach einfacher Installation bzw. Autoinstallation sofort einsatzfähig sein. In Kapitel 10 werden die derzeit wichtigsten Komponenten-Standards beschrieben, die aus derartigen Anforderungen an die Eigenschaften von Komponenten für verteilte Software-Systeme hervorgegangen sind.

Sind kompatibel zu einer der Standard-Komponenten-Technologien

Unternehmensweit nutzbare Komponenten – im Sinne von Plattform-spezifischen Komponenten-Spezifikationen und physischen Komponenten – sollten mindestens zu einer der Standard-Komponenten-Technologien (siehe Kapitel 10) kompatibel sein. Damit können sie die ihnen im Rahmen einer solchen Standard-Komponenten-Technologie angebotene Infrastruktur nutzen. Derart unternehmensweit nutzbare Komponenten werden beispielsweise in Gestalt von EJBs unter Nutzung der gemäß J2EE-Spezifikation gebotenen Infrastruktur umgesetzt oder als Komponenten gemäß CCM-, COM+ oder .NET.

Komponenten-Spezifikationen, die unabhängig von einer spezifischen Plattform konzipiert werden, sind natürlich für beliebige Plattformen spezifizierbar.

Erfüllen die Sicherheitserfordernisse eines Unternehmens

Unternehmensweit nutzbare Komponenten sind sowohl in der Lage, vor konkurrierendem Zugriff zu schützen, als auch die Sicherheits-, Transaktions-, Datenbankzugriffs-Mechanismen und -Erfordernisse des Unternehmens zu erfüllen (siehe Kapitel 10). Diese Sicherheitserfordernisse werden von den heutigen Komponenten-Standards in der Regel erfüllt.

5.2.8 Erweiterbares Architektur-Framework

Dimensionen des Architektur-Frameworks

Das Architektur-Framework lässt sich in einem vierdimensionalen Raum veranschaulichen. UML-Modelle architektonischer Sichten (Konzeptions-, System-Ebenen-, Interaktions-, Schichten-, Infrastruktur-, Verteilungs-Sicht etc.) nutzen Bausteine (Businesskomponenten und -Systeme, Prozess-, Entity-, Service-Komponenten, EJBs, Web Services etc.), die mittels spezifischer Interaktions- und Kommunikationsarten (synchrone bzw. asynchrone Kommunikation, Patterns, horizontale Standards, Connector-Standards etc.) kommunizieren.

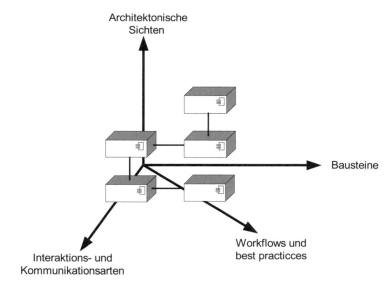

Abbildung 5.17: Erweiterbares Architektur-Framework

Diese Dimensionen stellen für sich genommen einen dreidimensionalen Raum dar, der alle Artefakte rund um die Komponenten enthält. Dieser dreidimensionale Raum kann in Räume der vier Teilarchitekturen (Business-, Referenz-, Anwendungs- und System-Architektur) – entsprechend der verschiedenen Abstraktionsebenen – unterteilt werden.

▸ Vierte Dimension

Zur Modellierung und Spezifikation der Artefakte werden Workflows und best practices genutzt. Diese bilden eine vierte, zeitliche Dimension. Diese vierte Dimension hängt stärker als die räumlichen Dimensionen von den Projektgegebenheiten ab, da sie spezifische Aktivitäten widerspiegelt, die an die jeweiligen Projekterfordernisse anzupassen sind.

Abbildung 5.17 skizziert die vier Dimensionen des Architektur-Frameworks. Konkrete Projekte, die spezifische Workflows und best practices nutzen, lassen sich innerhalb des vierdimensionalen Raumes als Instanzen des Architektur-Frameworks darstellen. Abbildung 5.17 stellt eine Momentaufnahme von Artefakten eines Projektes dar, wobei die zeitliche Dimension auf eine Ebene des dreidimensionalen Raumes projiziert wurde.

Erweiterbares Rahmenwerk

Das Architektur-Framework ist als erweiterbares Rahmenwerk konzipiert, d.h., alle Dimensionen lassen sich erweitern bzw. anpassen. Je nach Anwendungskontext, Systemumgebung, Projektinhalten etc. lassen sich für die jeweiligen Abstraktionsebenen sowohl weitere architektonische Sichten (oder sogar Teilarchitekturen), Bausteine, Interaktions- und Kommunikationsarten, als auch weitere Workflows und best practices definieren.

Rahmenwerk für Veränderungen

Das Architektur-Framework ist als Rahmenwerk für Veränderungen konzipiert. Anpassungen an veränderte Business-Prozesse, verändertes Schnittstellen-Design, neue Komponenten und Systeme, neue Middleware, veränderte bzw. neue Komponenten-Standards oder Web Services, neue Applikations- und Webserver können durch Modifikation der Artefakte architektonischer Sichten spezifischer Abstraktionsebenen einfach umgesetzt werden.

5.3   Roadmap für Komponenten-Systeme

In den Kapiteln 6 bis 9 wird die Nutzung des Vorgehensmodells in Gestalt einer Roadmap für Komponenten-Systeme veranschaulicht.

▸ B2B-Unternehmensportal

Die Roadmap stellt anhand eines durchgängigen Beispiels die Entwicklung eines B2B-Unternehmensportals dar, welches auf der Basis von Komponenten entwickelt wird. Die Roadmap ist entlang der Erarbeitung der Artefakte der vier Teilarchitekturen

*   Business-Architektur,
*   Referenz-Architektur,
*   Anwendungs-Architektur und
*   System-Architektur

des Architektur-Frameworks aufgebaut.

▸ Workflows

Dabei werden die Aktivitäten der verschiedenen Workflows in Gestalt von Aktivitätsdiagrammen veranschaulicht und anhand der architektonischen Sichten detailliert. Diese Aktivitätsdiagramme beschreiben einen grundsätzlichen Ablauf von Aktivitäten und sind als Muster bzw. Schablonen zur projektspezifischen Nutzung gedacht, auch wenn die Anzahl und die Rollen von Projektbeteiligten je nach Projekt variiert, sowie die Anzahl der Aktivitäten und die Rahmenbedingungen.

▸ Aktivitäten

Zur Erarbeitung der Artefakte einer jeden architektonischen Sicht sind entsprechende Aktivitäten aufgeführt, die in die Workflows eingebettet sind, aber nicht immer einer spezifischen Abfolge unterliegen müssen. Es ist in jedem Projekt je nach Zustand der Artefakte, die für eine architektonische Sicht auszuarbeiten sind, zu entscheiden, welche Aktivitäten wie genutzt werden sollen.

Abbildung 5.18 veranschaulicht den Aufbau des Architektur-Frameworks anhand der Darstellung von architektonischen Sichten der Business-Architektur und Artefakten des Business- und Konzeptions-Workflows.

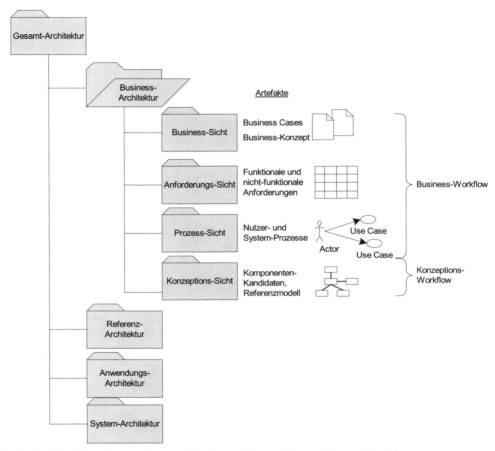

Abbildung 5.18: Architektur-Framework mit architektonischen Sichten und Workflows

▶ Template für architektonische Sichten

Für die Beschreibung aller architektonischen Sichten wird in den Kapiteln 6 bis 9 ein Template genutzt, das sich aus den Parametern

- Kontext,
- Input-Artefakte,
- Output-Artefakte,
- Projektbeteiligte und
- Aktivitäten

zusammensetzt. Im Rahmen des durchgängigen Beispiels wird die Erarbeitung der Artefakte der verschiedenen architektonischen Sichten veranschaulicht.

▸ Konzepte, Techniken und best practices

Die zur Ausarbeitung der Artefakte benötigten Konzepte und Techniken werden kontextab-
hängig beschrieben. Zahlreiche Praxistipps, die sich als best practices herauskristallisiert
haben, heben wir im Kontext der Roadmap hervor.

5.4   Weiterführende Literatur

[Bas 98]   Len Bass, Paul Clements, Rick Kazman: *Software Architecture in Practice*, Addison-
              Wesley 1998

[Bec 00]   Kent Beck: *Extreme Programming*, Addison-Wesley 2000

[Boa 99]   Bernard H. Boar: *Constructing Blueprints for Enterprise IT Architectures*, John Wiley
              and Sons 1999

[Bos 00]   Jan Bosch: *Design and Use of Software Architectures*, Addison-Wesley 2000

[Fra 03]   David S. Frankel: *Model Driven Architecture*, Wiley Publishing - OMG Press 2003

[Gru 00]   Volker Gruhn, Andreas Thiel: *Komponenten-Modelle*, Addison-Wesley 2000

[Her 00]   Peter Herzum, Oliver Sims: *Business Component Factory*, John Wiley & Sons 2000

[Hru 02]   Peter Hruschka, Chris Rupp: *Agile Softwareentwicklung für Embedded Real-Time
              Systems mit der UML*, Carl Hanser Verlag 2002

[Hub 02]   Richard Hubert: *Convergent Architecture, Building Model-Driven J2EE Systems with
              UML*, Wiley Publishing – OMG Press 2002

[IEE 00]   IEEE Architecture Working Group: IEEE Recommended Practice for
              Architectural Description, Standard 1471, www.pithecanthropus.com/~awg

[Kle 03]   Anneke Kleppe, Jos Warmer, Wim Bast: *MDA Explained*, Addison-Wesley 2003

[Mel 04]   Stephen J. Mellor: *Agile MDA*, MDA Journal June 2004

6 Komponenten der Business-Achitektur

6.1 Business-Architektur

- Wie formuliert man die Geschäftslogik für ein Komponenten-System?
- Welches Business-Konzept dient als Grundlage eines Komponenten-Systems?
- Welche Art Anforderungen an ein Komponenten-System sind zu beachten?
- Welche Art von Prozessen sollte wie dargestellt werden?
- Wie kann man Komponenten finden?

Die Business-Architektur ist eine Gesamtsicht der Auftraggeber und Endbenutzer, der Fachbereiche und der Projektleitung auf das zu entwickelnde System. Sie bildet die Geschäftslogik der zu entwickelnden Komponenten ab. Es werden Konzepte, Anforderungen, Prozesse und Komponenten-Kandidaten erarbeitet. Die Business-Architektur dient als Anker und Ausgangspunkt aller Aktivitäten zur Identifizierung und Entwicklung von Komponenten.

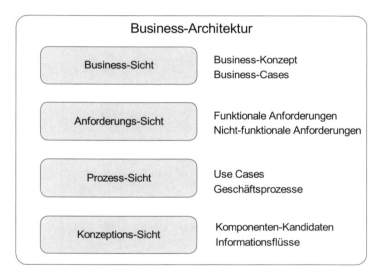

Abbildung 6.1: Architektonische Sichten der Business-Architektur und ihre Artefakte

Der Business-Architektur lassen sich vier architektonische Sichten zuordnen, diese sind in Abbildung 6.1 dargestellt. Die unterschiedlichen Sichten der Business-Architektur stellen jeweils einen verschiedenen Kontext des zu entwickelnden Systems dar. Gemeinsam ist allen Sichten, dass sie Artefakte enthalten, die noch unabhängig von den Spezifika einer Software-Entwicklung sind: sie befinden sich alle auf derselben Abstraktionsebene. Die Artefakte der Business-Architektur könnten dazu genutzt werden, beliebige Systeme zu realisieren.[24] Wir werden sie jedoch im Rahmen der anderen Teilarchitekturen dazu verwenden,

---

[24] Dies müssen nicht notwendig Software-Systeme sein.

Komponenten zu entwickeln. Artefakte der Business-Architektur werden mittels eines Business-Workflows und eines Konzeptions-Workflows erarbeitet.

6.2   Business-Workflow

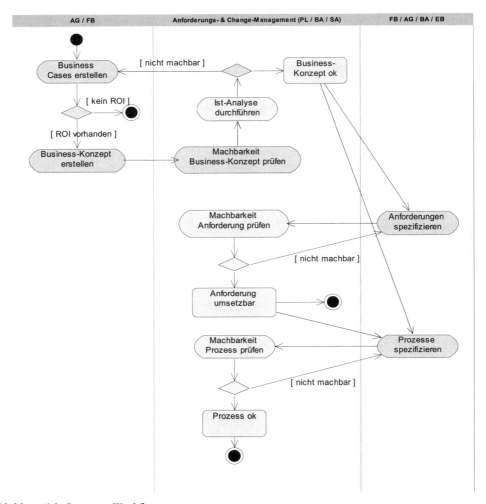

Abbildung 6.2: Business-Workflow

Der Business-Workflow dient der Ausarbeitung von Artefakten der Business-, Anforderungs- und Prozess-Sicht. Abbildung 6.2 skizziert die Aktivitäten des Business-Workflows. Der oder die Auftraggeber (AG) – dies können z.B. auch Mitarbeiter des Fachbereiches (FB) sein – erstellen Business Cases, die in ein Business-Konzept einfließen. Im Kontext der Prüfung der Machbarkeit ist zunächst eine Ist-Analyse durchzuführen, die den Projektbeteiligten die existierenden Artefakte aufzeigt. Diese können den architektonischen Sichten des Architektur-Frameworks zugeordnet werden. Das Business-Konzept dient nach

Überprüfung auf Machbarkeit durch Projektleitung (PL), Business-Analytiker (BA) und Software-Architekten (SA) als Input-Artefakt für die Ausarbeitung von Anforderungen und Prozessen. Die Anforderungen und Prozesse werden von Business-Analytikern, Fachbereichs-Mitarbeitern, Auftraggebern und Endbenutzern (EB) oder weiteren Projektbeteiligten erarbeitet und wiederum auf ihre Machbarkeit überprüft. Sollte eine Anforderung oder ein Prozess nicht umsetzbar sein, muss er überarbeitet werden bzw. wird je nach Dringlichkeit verworfen oder zurückgestellt. Hierfür ist ein adäquates Anforderungs- und Change-Management aufzusetzen, das umso wichtiger ist, je häufiger Änderungswünsche formuliert werden und je mehr Mitarbeiter bzw. Abteilungen und Bereiche beteiligt sind. Im Kontext der Beschreibung einer optimalen Projektorganisation wird in Kapitel 12 hierauf eingegangen.

Der skizzierte Ablauf in Abbildung 6.2 mag trivial erscheinen. Mir sind jedoch einige Projekte bekannt, die gerade diese simplen Abläufe – Machbarkeit prüfen, Ist-Analyse durchführen – nicht berücksichtigt haben. Meist hatten dann diese Projekte zu einem späteren Zeitpunkt nicht unerhebliche Schwierigkeiten.

> Prüfen Sie Anforderungen auf ihre Machbarkeit. Führen Sie zu Beginn eines Projektes eine Ist-Analyse durch.

Ist-Analyse

Ziel der Ist-Analyse ist ein Assessment der bestehenden Business-, Anwendungs-, System- und Entwicklungslandschaft, um darauf aufsetzend ein für den Auftraggeber maßgeschneidertes Produkt entwickeln zu können. Es sollte auf Basis der Ist-Analyse eruiert werden können, welche Systeme und Komponenten wiederverwendbar bzw. integrierbar sind, welche nach Aufbereitung weiterzuverwenden sind und welche Systeme und Komponenten gänzlich neu entwickelt werden müssen. Die folgenden Bereiche sollten im Rahmen einer Ist-Analyse betrachtet werden:

- Fach-, Entwicklungs-, Produktions-Konzepte etc.
- Prozessbeschreibungen
- Bestehende Systeme und Komponenten
- Existierende Patterns und Frameworks
- Schnittstellen zu bestehenden Systemen und Komponenten
- Existierende Architekturen (Anwendungs-, Systemarchitekturen etc.)
- Eingesetzte Middleware, genutzte Kommunikationsmechanismen
- Vorhandene Entwicklungsumgebungen
- Software- und Hardware-Topologien
- Methoden, Prozesse, Verfahren, Richtlinien

Die untersuchten Artefakte sollten transparent dokumentiert und klassifiziert werden. Je weiter ein Projekt voran geschritten ist, desto wichtiger wird die Nutzung eines Repositorys, dem alle untersuchten Artefakte kontextspezifisch zugeordnet werden können.

> Nutzen Sie das Architektur-Framework als Rahmen und Repository zur Durchführung einer Ist-Analyse.

Im Rahmen des Business-Workflows werden Artefakte überwiegend aus der Sicht der Business-Verantwortlichen[25] erarbeitet. Die Artefakte werden noch völlig unabhängig von der Art und Weise der Umsetzung dokumentiert, auch wenn diese z.B. als Anforderungen formuliert werden können.[26] Artefakte des Business-Workflows sind notwendige Input-Artefakte zur Konzeption und Spezifikation von Komponenten.

Abbildung 6.3 veranschaulicht die architektonischen Sichten der Business-Architektur und ihre Abhängigkeiten bzw. Beziehungen untereinander. Die Abbildung macht z.B. deutlich, dass die Erarbeitung der Prozesse von den Artefakten der Business-Sicht und der Anforderungs-Sicht abhängig ist.

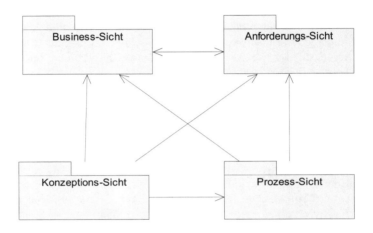

Abbildung 6.3: Abhängigkeiten der architektonischen Sichten der Business-Architektur

In den folgenden Abschnitten wollen wir uns die Sichten der Business-Architektur genauer ansehen.

6.3   Business-Sicht

Kontext

Betrachtung des bzw. der zu entwickelnden Systeme aus Sicht der Auftraggeber und des Managements und der Initiatoren des zu entwickelnden Systems. Es werden Business-Konzepte und Business Cases als Grundlage für das zu erstellende System erstellt. Abbildung 6.4 veranschaulicht die Business-Sicht im Kontext des Architektur-Frameworks.

---

[25]   Dies können natürlich auch IT-Verantwortliche sein.

[26]   Z.B. die Anforderung, dass das System auf der Basis der J2EE-Spezifikation zu erarbeiten ist.

Input-Artefakte

Zielvorgaben, strategische Ausrichtung, Interviews, Gespräche, Notizen, bestehende Systeme und Komponenten, existierende Artefakte bzw. Dokumentation.

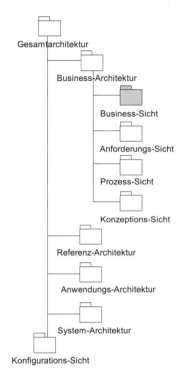

Abbildung 6.4: Business-Sicht im Kontext des Architektur-Frameworks

Output-Artefakte

Business Cases

Die Business-Sicht betrachtet das zu erstellende System aus Sicht der mit dem System verfolgten Ziele und der umzusetzenden Business Cases. Business Cases dienen der Erörterung des Nutzens und der Machbarkeit von Projektinhalten im Sinne der Geschäftsinteressen und der Unternehmensstrategie. Es wird u.a. untersucht, welche Ziele verfolgt werden, welche Risiken damit verbunden sind und ob ein spezifischer Business Case einen Return on Investment (ROI) verspricht oder nicht. Dabei werden Entwicklungs-, Betriebs-, Wartungskosten und die Kosten für mögliche Erweiterungen und Anpassungen untersucht.

Business-Konzept

Die Business Cases werden in Prosa, z.B. mittels einer entsprechend strukturierten Dokumenten-Vorlage, und grafisch in einem Business-Konzept verankert. Darüber hinaus werden die Zielsetzung des Projektes, die verfolgte Unternehmensstrategie und der erwartete ROI im Kontext des Business-Konzeptes festgehalten.

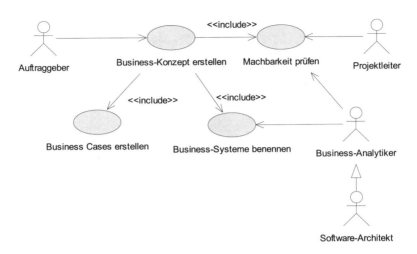

Abbildung 6.5: Use Cases der Business-Sicht

Business-Systeme

Es werden die zu entwickelnden Business-Systeme benannt. Zur Darstellung der Business-Systeme kann – sofern schon vorhanden – die Konzeptions-Sicht in einer High-Level-Darstellung der betreffenden Systeme genutzt werden.

Projektbeteiligte[27]

Auftraggeber, Mitarbeiter des Fachbereiches, Projektleiter, Business-Analytiker, Software-Architekt.

Aktivitäten

Abbildung 6.5 veranschaulicht die Use Cases zur Erarbeitung der Artefakte der Business-Sicht. Die Use Cases lassen sich fast eins zu eins auf die durchzuführenden Aktivitäten abbilden. Die Erarbeitung der Business Cases und des Business-Konzeptes orientieren sich an den Input-Artefakten. Das nachfolgende Beispiel veranschaulicht einige wesentliche Merkmale von Business Cases.

> Planen Sie mehrere Iterationen für ein Business-Konzept.

Wichtig im Zusammenhang mit der Erstellung des Business-Konzeptes ist, dass der Auftraggeber ein klares Bild des bzw. der zu erstellenden Systeme zeichnet. Das Business-Konzept sollte ebenso wie andere Artefakte in mehreren Iterationen erarbeitet werden. Nicht selten unterscheidet sich die Sprache des Auftraggebers von der des Projektleiters bzw. Business-Analytikers. Es sollte Wert darauf gelegt werden, dass die Projektbeteiligten

---

[27] Eine Definition der Verantwortlichkeit einer jeden Rolle findet sich im Kontext der Beschreibung der Projektorganisation (siehe Kapitel 11).

ein gemeinsames Verständnis des umzusetzenden Systems haben. Die mit einem zu erstellenden System verfolgten Ziele sollten eindeutig herausgearbeitet werden.

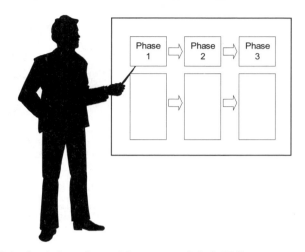

Abbildung 6.6: Sicht der Auftaggeber auf das zu entwickelnde IT-System

Im Folgenden werden ein Business Case und ein Business-Konzept für ein Unternehmensportal dargestellt, welche Grundlage des durchgängigen Beispiels der Roadmap sind. Business Case und Business-Konzept werden vereinfacht dargestellt, um Wesentliches hervorzuheben und damit das durchgängige Beispiel leichter zu verfolgen ist.

6.3.1 Business Case für B2B-Unternehmensportal „MyPortal"

„Produktbeschreibung: „MyPortal" ist ein mobiles Unternehmensportal der Firma AAC, welches dazu dienen soll, Mitarbeiter und Kunden des Unternehmens über verschiedene Endgeräte (Handy, PDA, Notebook, Pager,...) mobil auf unternehmensspezifische Dienste zugreifen zu lassen. Die Dienste werden über einen Produktkatalog angeboten, mittels eines Sales-Systems bearbeitet und mit Hilfe eines Billing-Systems abgerechnet. Zur Optimierung der Kundenbeziehungen wird ein Customer Care-System eingebunden. Es soll auf eine unternehmensinterne Kundendatenbank zugegriffen werden können. Für eine detaillierte Darstellung der einzelnen Business-Cases sei auf das Business-Konzept „MyPortal" verwiesen.

Produktziele: Verbesserung der Infrastruktur durch Optimierung der Mobilität der Mitarbeiter und Kunden des Unternehmens. Beschleunigung unternehmensinterner Prozesse. Beschleunigung von Verkaufsprozessen. Reduzierung des Total Cost of Ownership (TCO). Verbesserung der Remote-Kooperation zwischen Mitarbeitern (Remote Collaboration) und mit Kunden des Unternehmens.

Risiken: Sicherheitsrisiken bei Zugriff auf unternehmensinterne Daten. Risiko möglicher mangelnder Akzeptanz durch unzureichende Performance, z.B. wegen begrenzter Übertragungs-Bandbreiten. Risiko der zu langsamen Verbreitung entsprechender mobiler Endgeräte.

Kosten-Betrachtungen: Entwicklungskosten ca. 1,8 Millionen Euro, Betriebskosten ca. 300.000 Euro/Jahr, reine Wartungskosten ca. 100.000 Euro/Jahr. ROI nach ca. 2–3 Jahren, bei ca. 10.000 Kunden-Transaktionen pro Jahr. Gewinne von über 1,0 Mio Euro ab 20.000 Kunden-Transaktionen pro Jahr.

Rahmenbedingungen: Einbindung des Customer Care-Systems „MyCustomer", Erstellung eines Sales-System „MySales", Nutzung des Billing-Systems „MyBilling", Zugriff auf die Kunden-Datenbank „MyClient-DB". Einsatz komponentenbasierter Technologie und Nutzung etablierter Standards (UML, J2EE).

Zeithorizont: Entwicklung eines Prototyps 2 Monate. Entwicklung des Portals 9 Monate. Beginn sofort."

Strukturieren Sie die Business-Cases anhand von Merkmalen.

6.3.2 Business-Konzept für „MyPortal"

Auszug aus dem Business-Konzept des B2B-Unternehmensportals „MyPortal":

„Das B2B-Unternehmensportal „MyPortal" dient der Vereinfachung, Verbesserung und Beschleunigung von Prozessen mit Firmen-Kunden. Registrierte Firmen-Kunden können auf das Portal zugreifen. Ein Kunde kann für den Zugriff verschiedene Kanäle wählen: Handy, PDA, Web, Telefon oder Fax (Multi-Channel-Architektur). Je nach Kunden-Profil verfügt ein Kunde über spezifische Zugriffsrechte. Produktgruppen können je nach Kunden-Profil eingesehen werden. Ein Kunde kann Produkte über einen Produktkatalog auswählen und Aufträge erteilen. Ein Auftrag kann verschiedene Liefertermine beinhalten. Es können bei der Auftragserteilung je nach Kundenrechten spezifische Zahlungsmodalitäten angegeben werden. Ein Firmen-Kunde kann jederzeit den Status seines Auftrages einsehen. Ein Customer Care-System dient der Optimierung der kundenspezifischen Betreuung. Jeder Kundengruppe (kleine, mittelständische, große Unternehmen) sind besonders geschulte Mitarbeiter eines Call-Centers zugeordnet, die für Rückfragen, für technische Probleme oder Fragen der Auftragsabwicklung zur Verfügung stehen. Bei Bedarf können die Mitarbeiter des Call-Centers Rückfragen an die jeweiligen Key-Account-Manager der Kunden weiterleiten. Alle Transaktionen, Kunden-Anfragen und Absprachen werden transparent für die Mitarbeiter des Call-Centers verwaltet. Informations- und Serviceleistungen werden kundengruppenspezifisch angeboten ..."

6.4   Anforderungs-Sicht

Kontext

Detaillierte Anforderungen stellen die Ausgangsbasis zur Entwicklung eines Software-Produktes dar. Anforderungen können mit Bezug auf eine Neuentwicklung oder eine Erweiterung bzw. Anpassung eines Systems formuliert werden. Die Anforderungs-Sicht betrachtet alle Anforderungen an das zu erstellende System. Die Anforderungen können von allen Projektbeteiligten formuliert werden. In erster Linie sind dies die Auftraggeber, die Endbenutzer, eine Fachabteilung, eine QS-Abteilung etc. Abbildung 6.7 veranschaulicht die Einbindung der Anforderungs-Sicht in das Architektur-Framework.

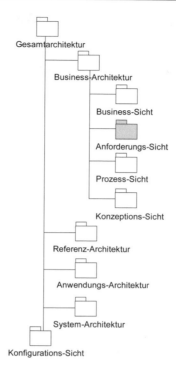

Abbildung 6.7: Anforderungs-Sicht im Kontext des Architektur-Frameworks

Input-Artefakte

Artefakte der Business-Sicht, Interviews, bestehende Systeme und Komponenten, existierende Artefakte bzw. Dokumentation.

Output-Artefakte

Die Anforderungen an ein zu erstellendes oder zu erweiterndes System werden als funktionale und nicht-funktionale Anforderungen, als Rahmenanforderungen und als Anforderungen an Entwicklung und Produktion aufgenommen. Anforderungen können des Weiteren in Anforderungen aus Nutzer- und aus Betreiber-Sicht differenziert werden.

Anforderungen können den folgenden Bereichen zugeordnet werden:

Funktionale Anforderungen

Funktionale Anforderungen beziehen sich auf alle Aspekte eines Systems, die die Funktionalität bzw. den Ablauf eines oder mehrerer Geschäftsprozesse betreffen. Die dabei betrachteten Geschäftsprozesse sind überwiegend Prozesse aus Nutzersicht. Fragen, die in diesem Kontext zu stellen sind: Was soll das System aus Datensicht, Funktionssicht und Prozess-Sicht leisten?

Nicht-funktionale Anforderungen

Wie und in welcher Qualität werden die Leistungen des Systems bereitgestellt? Dies sind Anforderungen in Bezug auf die Zuverlässigkeit, Verfügbarkeit, Sicherheit, Performance, Skalierbarkeit, Benutzbarkeit, Portabilität etc.[28]

Die nicht-funktionalen Anforderungen lassen sich den folgenden Bereichen zuordnen:

- Look & Feel
- Usability
- Performanz
- Erweiterbarkeit
- Flexibilität
- Betrieb & Wartung
- Sicherheit

Rahmen-Anforderungen

Welche rechtlichen, gesetzlichen, kulturellen, politischen, organisatorischen, technischen Restriktionen sind zu berücksichtigen?

Entwicklungs- und Produktionsanforderungen

Welche Prozesse, Methoden, Verfahren, Tools und Unternehmens-Strategien sind einzusetzen bzw. zu berücksichtigen?

Projektspezifische Anforderungen

Welche projektspezifischen Bedingungen und Restriktionen sind zu beachten? Welche Projektinhalte sind unter welchen Gegebenheiten bzw. mit welchen Mitteln zu erarbeiten?

Projektbeteiligte

Auftraggeber, Mitarbeiter der Fachbereiche, Business-Analytiker, End-Benutzer; im Kontext der Überprüfung auf Machbarkeit (siehe Business-Workflow) auch der Projektleiter.

Aktivitäten

Abbildung 6.8 zeigt Use Cases im Kontext der Anforderungs-Sicht. Die Aktivitäten zur Erarbeitung der Anforderungen orientieren sich am projektspezifischen Anforderungs- und Change-Management und an den Output-Artefakten:

- Funktionale Anforderungen;
- Nicht-funktionale Anforderungen;
- Rahmen-Anforderungen;
- Entwicklungs- und Produktionsanforderungen;
- projektspezifische Anforderungen.

---

[28] Siehe Abschnitt 4.3.

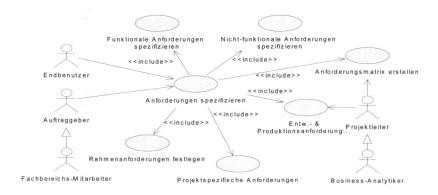

Abbildung 6.8: Use Cases der Anforderungssicht

Funktionale und nicht-funktionale Anforderungen sind Gegenstand häufiger Besprechungen und Interviews mit den Auftraggebern und werden im Rahmen des Anforderungs-Workflows iterativ erarbeitet. Den einzelnen Anforderungen sollten Prioritäten zugeordnet werden, und es sollte festgelegt werden, in welcher Phase eines Projektes die jeweiligen Anforderungen umzusetzen sind. Kunden bzw. Auftraggeber kennen ihre Anforderungen zu Beginn eines Projektes meist nicht sehr genau, vielmehr werden diese im Laufe der Erörterung fortwährend detailliert. Anforderungen sollten daher iterativ erfasst und dokumentiert werden.

> Erarbeiten Sie Anforderungen iterativ. Planen Sie mehrere Iterationen mit dem Auftraggeber ein.

Dokumentations-Struktur für Anforderungen

Anforderungen sollten klassifiziert und übersichtlich dokumentiert werden. Abbildung 6.9 stellt eine Dokumentations-Struktur für Anforderungen – unterteilt in Nutzer- und Betreiber-Anforderungen – schematisch in Gestalt eines Baum-Ordners dar. Anforderungen sollten eindeutig nummeriert und bezeichnet werden, um diese jederzeit referenzieren zu können.

> Richten Sie eine eindeutige und übersichtliche Dokumentations-Struktur für die Darstellung unterschiedlicher Anforderungen ein.

Es ist die Qualität einzelner Anforderung zu bewerten: Es ist zu untersuchen, ob die Anforderungen korrekt, vollständig, präzise, verständlich, nachvollziehbar und umsetzbar sind. Darüber hinaus ist die Konsistenz mit anderen Anforderungen zu prüfen (siehe auch Prüfung der Machbarkeit in Abbildung 6.2).

> Untersuchen Sie die Qualität und die Konsistenz der Anforderungen.

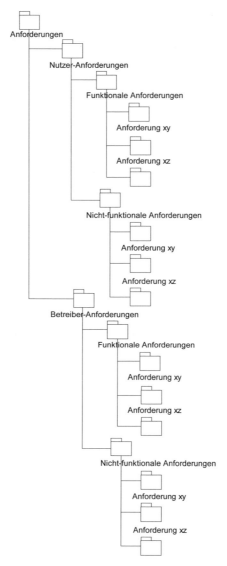

Abbildung 6.9: Dokumentations-Struktur für Anforderungen

Anforderungs-Matrix

Die Anforderungen sollten darüber hinaus in Gestalt einer Anforderungs-Matrix festgehalten werden, um z.B. Auftraggeber, Prioritäten und spezifische Stufen eines Entwicklungs-Projektes zuordnen zu können. Eine solche Anforderungs-Matrix dient dazu, Anforderungen auf Prozesse und Workflows, auf Komponenten und Systeme abzubilden. Eine Anforderungs-Matrix sollte den jeweiligen Systemen zugeordnet werden. Damit wird gewährleistet, dass Anforderungen nachvollziehbar und transparent für Auftraggeber, Projektleitung und Projektbeteiligte in entsprechenden Komponenten und Systemen umgesetzt werden.

▸ Anforderungs- und Change-Management

Da sich Anforderungen im Laufe eines Projektes meist kontinuierlich ändern, müssen sie von einem effizienten Anforderungs- und Change-Management gesteuert bzw. verwaltet werden (siehe auch Abschnitt 12.2).

6.4.1 Anforderungsmatrix für „MyPortal"

Tabelle 6.1 stellt beispielhaft funktionale Anforderungen des Unternehmensportals „My-Portal", abgebildet auf Prozesse und Komponenten, dar. Es sind Auftraggeber (AG), Entwicklungsstufe, Priorität der Anforderung, Build-Nr., Art der Anforderung (Software, Hardware,...), Name des Use Cases, Name der Komponente dargestellt. Eine solche Anforderungs-Matrix gewährleistet eine ‚Traceability' von Anforderungen auf die spezifizierten Prozesse und Komponenten.

Tabelle 6.1: Beispiel einer Anforderungs-Matrix für das Unternehmensportal „MyPortal"

Nr.	Anforderung	AG	Stufe	Prio	Build	Art	Name Use Case	Komponente
1	Verkaufsprozess Produktgruppe A	AAC[29]	1	1	B1	SW	UCProduktgruppeA	EjbProdukt-gruppeA
2	Lastschrift-einzugsverfahren	AAC	2	3	B3	SW	UCLastschrift	EjbLastschrift
3	Integration Electronic Customer Care System	AAC	1	1	B2	SW	UCCustomerCare	EjbIntegrationCCS
4	Darstellung Kundenakte	AAC	1	1	B1	SW	UCKundenakte	EjbKundenakte
5	Integration Kundendatenbank	AAC	1	1	B1	SW	UCMyClient-DB	EjbMyClientDB
6	Produktkatalog	AAC	1	1	B1	SW	UCProduktkatalog	EjbProduktkatalog
..	..	..	..	..	..	..	..	..

Klassifizieren und priorisieren Sie Anforderungen.

Eine Anforderungs-Matrix sollte darüber hinaus dazu verwendet werden, Anforderungen, Prozesse und Szenarien auf Test Cases abzubilden. Diese dienen ihrerseits der Durchführung von Test Suites auf der Grundlage formulierter Anforderungen der Auftraggeber.[30]

Die Anforderungs-Matrix der Tabelle 6.1 gibt nur einige Kriterien wieder, die im Zusammenhang mit der Erstellung von Anforderungen untersucht werden können. Aus Platzgrün-

---

[29] Andreas Andresen Consulting GmbH

[30] Siehe auch Abschnitt 11.7.

den wurde in diesem Beispiel auf eine Spalte für eine genauere Beschreibung der Anforderungen verzichtet. Anforderungen sollten gruppiert und Abhängigkeiten von Anforderungen untereinander dargestellt werden. Achten Sie auch darauf, dass Anforderungen verständlich für und abgestimmt auf die Auftraggeber dokumentiert werden.

Dokumentieren Sie Anforderungen abgestimmt auf die Auftraggeber.

6.5 Prozess-Sicht

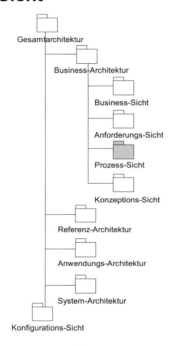

Abbildung 6.10: Prozess-Sicht im Kontext des Architekur-Frameworks

Kontext

Die Prozess-Sicht ist eine dynamische Sicht auf das zu erstellende System. Auf Basis des Business-Konzeptes und auf Grundlage formulierter Anforderungen werden Nutzer- und System-Prozesse bzw. -Workflows ausgearbeitet.[31] Nutzerprozesse beschreiben Geschäftsabläufe aus Nutzersicht, d. h. sie beschreiben, wer was in welchem Kontext mit einem System machen kann. System-Prozesse beschreiben Prozesse aus Betreiber-Sicht, die größtenteils unsichtbar hinter den Kulissen der Sicht eines Nutzers ablaufen. Systemprozesse[32] beschreiben z.B., auf welche Datenbanken zugegriffen werden soll, welche XLST-Transformationen durchzuführen sind, um Endgeräte-spezifischen Content darzustellen, oder welche Prozesse bei einer Integration des unternehmensinternen Billing-Systems abzubil-

---

[31]   Die Begriffe Prozess und Workflow werden hier synonym verwendet

[32]   Auch Betreiber-Prozess genannt.

den sind. Die Nutzer- und Systemprozesse müssen aufeinander abgebildet werden können; dies ist u.a. bei einem Systemtest relevant. Abbildung 6.10 veranschaulicht die Prozess-Sicht im Kontext des Architektur-Frameworks.

Input-Artefakte

Business-Sicht, Anforderungs-Sicht, existierende Prozessbeschreibungen und vorhandene Komponenten und Systeme.

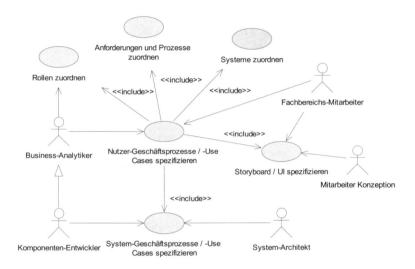

Abbildung 6.11: Aktoren und Use Cases der Prozess-Sicht

Output-Artefakte

Nutzer- und System- bzw. Betreiber-Prozesse. Die Prozesse können als Use Cases oder Aktivitätsdiagramme spezifiziert werden. Es können jedoch auch andersartige Prozessbeschreibungen erstellt werden, die beispielsweise als ereignisgesteuerte Prozessketten (EPK) oder als Ablaufdiagramme in Gestalt von Flow-Charts dargestellt werden. Ob Use Case-Diagramme, Use Cases und Aktivitätsdiagramme zur Beschreibung der Geschäftsabläufe ausreichen oder ob zusätzliche Prozessbeschreibungen, bspw. in Gestalt von EPKs oder Petri-Netzen, erarbeitet werden, ist abhängig vom Einsatzkontext des zu erstellenden Systems. Soll das zu erstellende System mehrere kooperierende Prozesse verarbeiten können, eignen sich bspw. Petri-Netze für deren Darstellung. Prozessbeschreibungsverfahren sind abhängig von der spezifischen Unternehmenskultur bzw. den Skills ihrer Mitarbeiter. Verschiedene Verfahren zur Beschreibung von Prozessen können sich gegenseitig ergänzen, da sie jeweils verschiedene Perspektiven auf die Prozesse haben bzw. andersgeartete Schwerpunkte aufweisen. Im Kontext der Beschreibung von Nutzerprozessen eines Portals ist auch eine Darstellung in Gestalt von Storyboards sinnvoll.

Projektbeteiligte

Business-Analytiker, Fachbereichs-Mitarbeiter, Komponenten-Entwickler, Mitarbeiter der Konzeption, Mitarbeiter des Marketings, System-Architekt, Methoden-Experte.

Aktivitäten

Abbildung 6.11 stellt Use Cases der Prozess-Sicht dar. Business-Analytiker und Fachbereichsmitarbeiter und Komponenten-Entwickler spezifizieren den Ablauf der Workflows bzw. Prozesse aus Nutzersicht, wohingegen System-Architekten die Prozesse aus Betreiber-Sicht spezifizieren. Diese Trennung der Verantwortlichkeiten in Bezug auf die Beschreibung von Nutzer- bzw. System-Prozessen ist nicht bindend und wird von Projekt zu Projekt verschieden gehandhabt. In kleineren Projekten kann es durchaus vorkommen, dass Business-Analytiker und Komponenten-Entwickler die Nutzer- und System-Prozesse in Eigenregie beschreiben. In der Regel werden die System-Prozesse jedoch überwiegend von System-Architekten beschrieben.

> Beschreiben sie Prozesse aus Nutzersicht und aus Betreibersicht, damit Sie das Software-System ganzheitlich betrachten und bearbeiten können.

Aktivitätsdiagamm zum Use Case „Nutzer-Prozesse spezifizieren"

Der Use Case „Nutzer-Geschäftsprozesse spezifizieren" ist in Abbildung 6.12 in Gestalt eines Aktivitätsdiagrammes detailliert dargestellt.

Es wird zunächst die Methodik und Notation zur Beschreibung von Prozessen festgelegt;[33] dabei können Beschreibungen bestehender Prozesse auf die Art der Notation und Methodik Einfluss haben. Im Anschluss daran beschreiben wir bestehende (falls noch nicht geschehen) und neue Prozesse und Rollen. Die Prozesse können anhand von Storyboards visualisiert werden. Dies kann z.B. auch in Gestalt von einer prototypischen User Interface-Umsetzung der Prozesse veranschaulicht werden. Neue und geänderte Prozesse sind im jeweiligen Fachbereich abzustimmen, abgestimmte Prozesse auf Systeme und Anforderungen abzubilden. Dabei sollten die Prozesse der Anforderungs-Matrix (siehe Abschnitt 6.4) zugeordnet werden.

> Bilden Sie Nutzer- und Betreiber-Prozesse auf die Anforderungen ab.

Änderungen von Prozessen sind mit den Anforderungen abzustimmen. Dazu ist ein adäquates Anforderungs- und Change-Management zu nutzen (siehe Abschnitt 12.2). Es ist darauf zu achten, dass alle beteiligten Bereiche effizient in die Prozesse des Anfoderungs- und Change-Managements eingebunden werden, so u.a. die Mitarbeiter des Marketings, der Fachbereiche, der Konzeption, die Auftraggeber etc.

---

[33] Im Kontext der Roadmap werden Use Cases und Aktivitätsdiagramme zur Beschreibung von Prozessen bzw. Workflows genutzt.

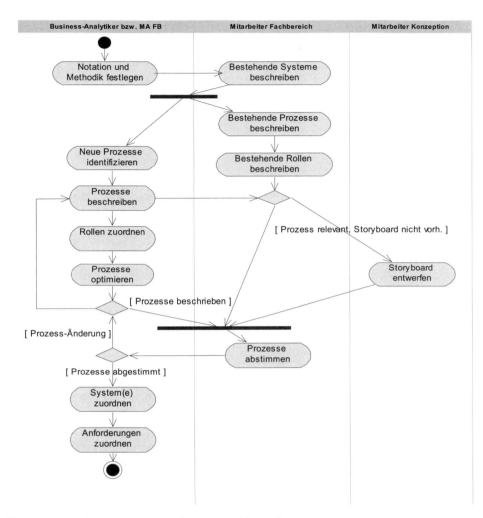

Abbildung 6.12: Aktivitäten zur Ausarbeitung von Nutzer-Prozessen

6.5.1 Nutzer- und Betreiber-Prozesse für „MyPortal"

Prozesse aus Nutzersicht

Abbildung 6.13 stellt Use Cases und Aktoren im Kontext einer Auftragserteilung durch Firmenkunden für das B2B-Unternehmensportal „MyPortal" dar.

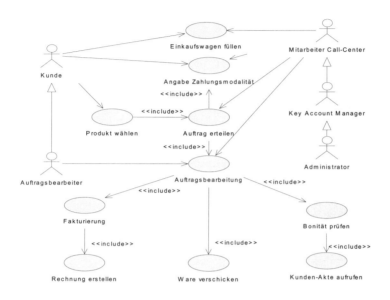

Abbildung 6.13: Use Cases aus Nutzersicht des Unternehmensportals „MyPortal"

Ein Firmenkunde möchte ein oder mehrere Produkte, die er einem Einkaufswagen hinzugefügt hat, kaufen. Nach Angabe der Zahlungsmodalitäten bestätigt der Kunde den Auftrag, so dass eine Transaktion für den Warenkauf durchgeführt werden kann. Im Rahmen der Transaktion wird der Auftrag an das Sales-System übergeben, wo er weiter bearbeitet wird.

Aktivitäten des Use Cases „Auftragsbearbeitung"

Der Use Case „Auftragsbearbeitung" wird im Aktivitätsdiagramm der Abbildung 6.14 detailliert dargestellt. Die Vorbedingung (precondition) ist der Eingang eines Auftrages durch einen Firmenkunden an das Sales-System. Das Ziel des Uses Cases ist der Versand der Ware an den Kunden mit anschließendem Zahlungseingang durch den Kunden.

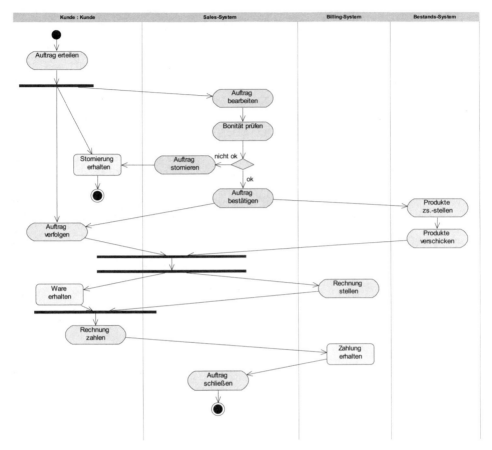

Abbildung 6.14: Aktivitätsdiagramm zum Use Case „Auftragsbearbeitung"

Erfolgsszenario des Use Cases „Auftragsbearbeitung":

1. Das Sales-System prüft die Bonität des Kunden.

2. Bei ausreichender Bonität bestätigt das Sales-System den Auftrag.

3. Der Kunde erhält eine Auftragsbestätigung.

4. Der Auftrag wird zur Weiterbearbeitung an das Bestandssystem weitergeleitet.

5. Mitarbeiter des Bestandssystems stellen Produkte des Auftrags zusammen.

6. Die Produkte des Auftrags werden veschickt.

7. Das Billing-System erstellt eine Rechnung für den Auftrag.

8. Der Kunde zahlt die Rechnung.

9. Das Billing-System bestätigt den Zahlungseingang.

10. Das Sales-System schließt den Auftrag.

Dabei sind folgende Ausnahmen (exceptions) möglich:

1. Die Bonität des Kunden ist nicht ausreichend.
2. Die Produkte sind nicht mehr oder noch nicht lieferbar.
3. Der Auftrag wird zwischenzeitlich durch den Kunden storniert.
4. Die Ware kommt nach Versand nicht beim Kunden an.
5. Das Billing-System erhält keinen Zahlungseingang.

Prozesse aus Betreibersicht

Um den Firmenkunden jederzeit neue und aktuelle Produkte anbieten zu können, sind Produktbeschreibungen von den verschiedenen Lieferanten des Portals „MyPortal" periodisch neu zu importieren. Es ist daher ein Import-Workflow zu definieren, der die Produktlisten, die von Mitarbeitern des Sales-Bereiches in Absprache mit jeweiligen Lieferanten definiert wurden, regelmäßig und bei Bedarf importiert. Abbildung 6.15 stellt Prozesse aus Betreibersicht für das Unternehmensportal in Gestalt von Use Cases dar.

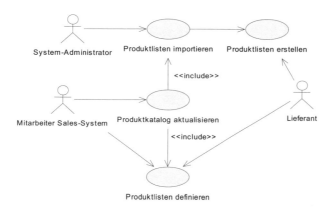

Abbildung 6.15: Use Cases aus Betreibersicht für B2B-Unternehmensportal „MyPortal"

6.6   Konzeptions-Workflow

Der Konzeptions-Workflow wird auf die Konzeptions-Sicht abgebildet. Abbildung 6.16 veranschaulicht die Aktivitäten des Konzeptions-Workflows.

> Nutzen Sie CRC-Karten zur Modellierung von Komponenten-Kandidaten.

Komponenten-Kandidaten können auf Grundlage erarbeiteter und existierender Dokumentationen (Anforderungen, Prozessbeschreibungen etc.) und Systeme identifiziert werden. Zur Identifizierung von Komponenten-Kandidaten können Substantive von Anforderungs-Beschreibungen, Prozess-Beschreibungen genutzt werden. Komponenten-Kandidaten können z.B. auf CRC-Karten (Component Responsibility Card) – in Anlehnung an die Verwendung von Class Responsibility Cards – notiert werden. Dieser Ansatz hat sich in der Praxis als sehr erfolgreich erwiesen. Einer Komponente werden sodann die Eigenschaften,

Funktionalitäten und Schnittstellen zugeordnet, über die diese als autonomer, eigenverant-
wortlicher Wissensträger verfügen soll.

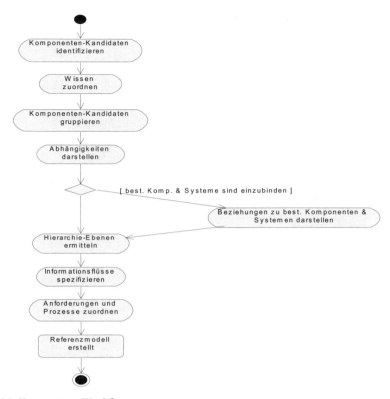

Abbildung 6.16: Konzeptions-Workflow

Auf Basis dieser Zuordnungen des spezifischen Wissens können erste Redundanzen der
Komponenten-Kandidaten beseitigt und die Komponenten gruppiert werden. Dies kann
beispielsweise durch Nutzung von Metaplantechnik und Pinwänden erfolgen. Dabei lassen
sich eventuell vorhandene Hierarchie-Ebenen – d.h. eine Verschachtelung von Businesskomponenten, -Systemen und -Domains – identifizieren. Sofern bestehende Komponenten
und Systeme einzubinden sind, werden auch Beziehungen zu diesen dargestellt. Abhängigkeiten werden als einfache Assoziationen mit Multiplizitäten dargestellt. Anforderungen
und Prozesse sollten auf die Komponentenkandidaten abgebildet und der Anforderungs-
Matrix zugeordnet werden (siehe auch Tabelle 6.1).

Bilden Sie die Komponenten-Kandidaten auf Anforderungen und Prozesse ab.

6.7   Konzeptions-Sicht

Kontext

Die Konzeptions-Sicht dient der Ausarbeitung von Referenz-Modellen eines oder mehrerer Geschäftsbereiche[34] eines Software-Systems.

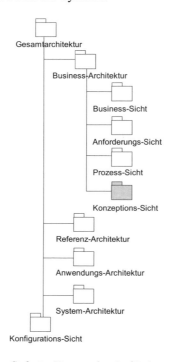

Abbildung 6.17: Konzeptions-Sicht im Kontext des Architektur-Frameworks

Definition: Ein *Referenz-Modell* ist eine Unterteilung von Funktionalität eines Geschäfts- bzw. Problembereiches inklusive der Darstellung von Abhängigkeiten und Informationsflüssen zwischen den Teilen.

Ein Referenz-Modell dient dem Entwurf einer Komponenten-Architektur aus statischer und dynamischer Sicht. Die Konzeptions-Sicht setzt auf den Artefakten der Sichten der Business-Architektur auf. Abbildung 6.17 veranschaulicht die Konzeptions-Sicht im Kontext des Architektur-Frameworks.

Input-Artefakte

Business-Konzepte, funktionale und nicht-funktionale Anforderungen, Prozessbeschreibungen, bestehende Komponenten und Systeme, existierende Dokumentation.

---

[34]   oder eines Geschäftsbereich-Teils

Output-Artefakte

Darstellung der Kandidaten von Komponenten und Systemen, ihren Abhängigkeiten und Informationsflüssen aus konzeptioneller, logischer Sicht in einem Referenzmodell. Dazu werden statische UML-Klassendiagramme und dynamische UML-Informationsfluss-Diagramme genutzt.

Projektbeteiligte

Komponenten-Entwickler, Business-Analytiker, System-Analytiker, Software-Architekt, Methoden-Experten.

Aktivitäten

Die Aktivitäten des Konzeptions-Workflow dienen der Erarbeitung von Komponenten-Kandidaten anhand des Konzeptions-Workflows. Es werden Abhängigkeiten und hierarchische Verschachtelungen für Businesskomponenten, Business-Systeme und Business-Domains entworfen. Dabei werden anzubindende Systeme und Komponenten berücksichtigt. Darüber hinaus werden Informationsflüsse zwischen beteiligten Komponenten-Kandidaten und Systemen spezifiziert.

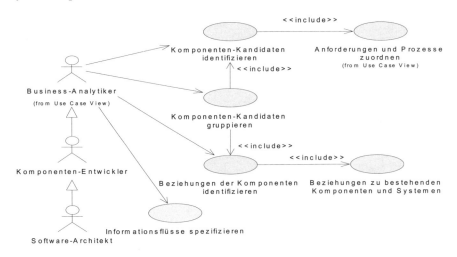

Abbildung 6.18: Aktoren und Use Cases der Konzeptions-Sicht

Abbildung 6.18 veranschaulicht anhand von Use Cases der Konzeptions-Sicht die beteiligten Aktoren des Konzeptions-Workflows. Komponenten-Entwickler und Systemanalytiker identifizieren, gruppieren und stellen Beziehungen zwischen Komponenten dar. Ein Software-Architekt unterstützt bei der Gruppierung und der Darstellung der Abhängigkeiten von Komponenten-Kandidaten.

Wieso ist es sinnvoll, die Konzeptions-Sicht hervorzuheben?

Im Rahmen der Konzeptions-Sicht werden Ideen zu Komponenten dargestellt. Auch Business-Systeme oder Business-Domains können als Kandidaten einfließen. Die Konzeptions-

Sicht bzw. das Referenz-Modell berücksichtigt noch keinerlei Abbildung auf „echte" Software-Komponenten und -Systeme. Es ist keinesfalls zwingend, dass diese Komponenten-Kandidaten auch tatsächlich als Komponenten umgesetzt werden. Vielmehr stellt das Referenzmodell Kandidaten dar, die erst im Laufe der weiteren Spezifikation endgültig als Komponenten bestätigt und verfeinert werden. Sie können die Kandidaten als Klassen, als verteilbare Komponenten, als Businesskomponenten oder als Business-Systeme[35] darstellen. Dieses zu verifizieren und festzulegen, ist u.a. Aufgabe des Spezifikations-Workflows. Der Spezifikations-Workflow dient darüber hinaus der Vervollständigung der Artefakte des Referenz-Modells im Kontext einer Referenz-Architektur.

Die Konzeptions-Sicht verfügt im Vergleich zur Business-, Anforderungs- und Prozess-Sicht über anders geartete Artefakte: Wir reden hier erstmals von Komponenten. D.h., Komponenten, Systeme, ihre Beziehungen und Informationsflüsse werden in einem ersten Wurf dargestellt.

6.7.1 Referenz-Modell für „MyPortal"

Abbildung 6.19 stellt ein Referenz-Modell dar, welches auf Basis der Anforderungen und Prozessbeschreibungen für das Unternehmensportal „MyPortal" erstellt wurde. Es sind die Komponenten-Kandidaten, ihre Abhängigkeiten und ihre Multiplizitäten mit Hilfe eines statischen UML-Klassendiagramms dargestellt.

Bis auf die eindeutigen Bezeichnungen für die Systeme Sales- und Billing-System ist aus diesem Referenz-Modell noch nicht ersichtlich, welche Komponenten-Kandidaten als Business-Systeme, als Businesskomponenten oder Klassen umgesetzt werden. Um dieses herauszufinden, sind die Komponenten-Kandidaten genauer zu beschreiben.

Dazu ist die Zuordnung des Wissens hilfreich, die im Kontext der Identifizierung und Gruppierung der Komponenten-Kandidaten vorgenommen wurde. Darüber hinaus können das Business-Konzept, die funktionalen Anforderungen und die Prozessbeschreibungen dazu genutzt werden, das Portal genauer einzugrenzen.

---

[35] Im Extremfall könnte man die Komponenten-Kandidaten mit ihren Beziehungen als Entwurf für die Umsetzung in einer prozeduralen Sprache nutzen. Oder aber man verwendet die Kandidaten als Vorlage für die Ausarbeitung eines Entity-Relationship-Modell (ERM). Der Fantasie sind hier keine Grenzen gesetzt.

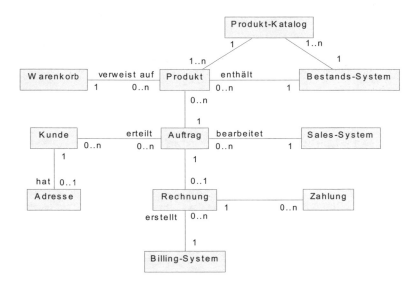

Abbildung 6.19: Beispiel eines Referenz-Modells für das Unternehmensportal „MyPortal"

Zuordnung von Wissen zu Komponenten-Kandidaten

Die Tabelle 6.2 stellt die Zuordnung von Wissen zu den einzelnen Komponenten-Kandidaten der Abbildung 6.19 dar.

Tabelle 6.2: Komponenten-Kandidaten und das ihnen zugeordnete Wissen

Komponenten-Kandidat	Zugeordnetes Wissen[36]
Produktkatalog	Firmenkunden haben je nach Kundenprofil Zugriff auf bestimmte Produktgruppen eines Produktkatalogs. Mit einer integrierten Such-funktion kann eine Produktgruppe oder ein String, der in der Produkt-beschreibung vorkommt, gefunden werden. Ein Kunde kann in einem Produktkatalog mittels einer Baumdarstellung blättern. Ein bestimm-tes Produkt kann durch Direktauswahl mit allen Details dargestellt werden.
Warenkorb	Ein Kunde kann Produkte per Klick einem Warenkorb hinzufügen. Der Warenkorb ist während einer Session für den Kunden jederzeit sichtbar. Ein Kunde kann die Details des Warenkorbes einsehen. Pro-dukte können aus dem Warenkorb gelöscht werden, Mengen können verändert werden. Der Kunde kann vom Warenkorb direkt zur Kasse (Auftragsvergabe bzw. Bestellung) gelangen.
Auftrag	Ein Auftrag enthält die Kunden-Identität, die Produkt-Ids, die Preise und die Anzahl der bestellten Produkte.

---

[36] Siehe Abschnitt 3.1.

Tabelle 6.2: Komponenten-Kandidaten und das ihnen zugeordnete Wissen (Fortsetzung)

Komponenten-Kandidat	Zugeordnetes Wissen[37]
Sales-System	Bearbeitet die Aufträge (u.a.). Verfügt über Beziehungen zum Billing-System, zum Lager und zum Customer Care System.
Billing-System	Dient der Erstellung und Abwicklung von Rechnungen und Zahlungen auf Basis erteilter Aufträge. Verwaltet In- und Exkasso-Vorgänge. Wird vom Sales-System aktiviert.
Bestands-System	Dient der Verwaltung aller Produkte. Bei Eingang neuer Produkte werden diese dem Produktkatalog zugeordnet. Ausgang von Ware wird in einer Bestandsverwaltung registriert. Ein automatisches Bestellsystem regelt den Bestand der Produkte.
Kunde	Registrierter Kunde des Portals. Es gibt verschiedene Arten von Firmenkunden (kleine, mittelständische, große Unternehmen). Ein Kunde kann je nach Kundenprofil auf bestimmte Produktgruppen zugreifen und erhält, zusätzlich zu kundengruppenspezifischen Produktinformationen und -Empfehlungen, Rabatte auf spezifische Produktgruppen. Ein Kunde hat eine oder mehrere Adressen.
Rechnung	Eine Rechnung wird vom Billing-System erstellt. Eine Rechnung kann zu einer bzw. mehreren Zahlungen durch einen Kunden führen.
Zahlung	Eine Zahlung wird durch einen Kunden vorgenommen. Es gibt verschiedene Zahlungsziele und Zahlungsmodi.
Adresse	Eine Adresse enthält alle für eine Rechnungserstellung erforderlichen Daten (Firmenbezeichnung und Anschrift). Darüber hinaus werden Telefon- und Faxnummern wie auch E-Mail-Adressen verwaltet.

Zuordnung zu Business-Systemen

Es lassen sich auf Grundlage der Prozessbeschreibungen in Gestalt der Use Cases und Aktivitätsdiagramme (siehe Abbildung 6.13 und Abbildung 6.14) Aktivitäten und Komponenten-Kandidaten den folgenden Systemen zuordnen:

- Ein Warenkorb verweist auf eine Anzahl von Produkten. Einem Warenkorb können Produkte hinzugefügt bzw. aus ihm gelöscht werden. Aus einem Warenkorb gelangt man zur Kasse.

- Ein Sales-System bearbeitet einen Auftrag, überprüft die Bonität, übergibt die Rechnungsdaten an ein Billing-System und beendet nach Bestätigung des Zahlungseinganges durch das Billing-System die Auftragsbearbeitung.

- Ein Billing-System erstellt eine Rechnung und überwacht den Zahlungseingang. Nach erfolgtem Zahlungseingang wird dies dem Sales-System gemeldet, so dass der Auftrag geschlossen werden kann.

- Ein Bestands-System verwaltet Produkte, stellt Produkte zusammen und verschickt diese.

---

[37] Siehe Abschnitt 3.1.

Die Aktivitäten stellen Kandidaten für Businesskomponenten dar, die einen Workflow bzw. einen Prozess abbilden. Abbildung 6.20 veranschaulicht die Zuordnung der Aktivitäten und Komponenten-Kandidaten zu den Business-Systemen Sales-, Bestands- und Billing-System und stellt deren Abhängigkeiten dar.

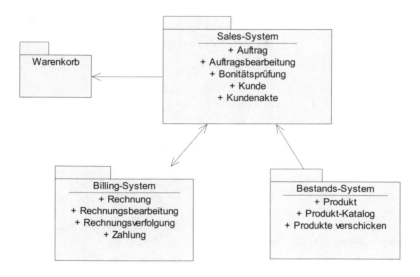

Abbildung 6.20: Zuordnung der Komponenten-Kandidaten zu Business-Systemen

Die Abhängigkeiten und ihre Multiplizitäten des statischen Referenzmodells in Abbildung 6.19 repräsentieren implizit die Informationsflüsse zwischen den Komponenten-Kandidaten. Die Informationsflüsse können jedoch anhand von Informationsfluss-Diagrammen noch einfacher veranschaulicht werden.

Darstellung von Informationsflüssen

Mit Hilfe der UML 2.0 ist es möglich, die Informationsflüsse zwischen den Komponenten-Kandidaten zu visualisieren. Abbildung 6.21 stellt Informationsflüsse zwischen den Komponenten-Kandidaten Kunde und den Systemen Sales-, Bestands- und Billing-System dar. Das Schlüsselwort <<flow>> kennzeichnet einen Informationsfluss. Es werden Aufträge, Produkte und Rechnungen als Informations-Elemente übermittelt.

> Nutzen Sie Informationsfluss-Diagramme zur Darstellung des Informationsflusses zwischen Komponenten.

Mit der Darstellung der Informationsflüsse können wir die statischen Modelle erweitern um dynamische Aspekte der beteiligten Komponenten und Systeme. Wir haben damit ein Referenz-Modell unseres Portals aus statischer und dynamischer Sicht spezifiziert, welches als Grundlage für beliebige Software-Systeme genutzt werden kann.

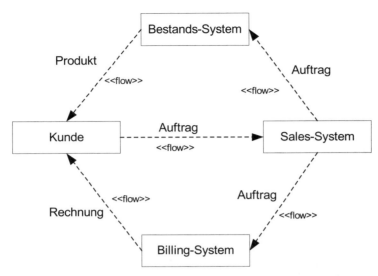

Abbildung 6.21: Informationsflüsse zwischen beteiligten Komponenten und Systemen

Die im Rahmen des Business-Workflows erarbeiteten Artefakte der Business-Architektur sind Ausgangsbasis für alle anderen Teilarchitekturen.

6.8   Weiterführende Literatur

[Bau 01]   Herbert Bauer: *Unternehmensportale*, Galileo Press 2001

[Kul 00]   Daryl Kulak, Eamonn Guiney: *Use Cases – Requirements in Context,* Addison-Wesley 2000

[Hat 00]   Derek Hatley, Peter Hruschka, Imtiaz Pirbhai: *Process System Architecture and Requirements Engineering*, Dorset House Publishing 2000

[Rob 99]   Suzanne Robertson, James Robertson: *Mastering the Requirements Process*, Addison-Wesley 1999

[Sch 02]   Bruno Schienmann: *Kontinuierliches Anforderungs-Management*, Addison-Wesley 2002

[Tex 97]   Putnam Texel, Charles Williams: *Use Cases*, Prentice Hall 1997

[UML 02]   Object Management Group: *Unified Modeling Language: Infrastructure version 2 und Unified Modeling Language: Superstructure version 2 beta R1*, September 2002, www.omg.org

7 Komponenten der Referenz-Architektur

- Über welche Arten von Komponenten verfügt ein Komponenten-System?
- Wie interagieren und kommunizieren die Komponenten und Systeme?
- Welche Regeln und Bedingungen müssen die Komponenten einhalten?
- Wie spezifiziert man Verträge für Komponenten und Systeme?
- Wie kann man den Komponenten sinnvoll Patterns zuordnen?

Die Referenz-Architektur dient der Identifikation, dem Entwurf und der Spezifikation von Komponenten und Systemen aus logischer Sicht. Sie stellt Artefakte und Sichten rund um die Komponenten dar, die unabhängig von einer spezifischen Realisierungs-Umgebung bzw. einem spezifischen Komponenten-Modell (EJB, COM+, .NET oder CORBA) sind.[38] Komponenten und Systeme, ihre Services, ihre Schnittstellen und ihre Abhängigkeiten werden aus funktionaler, konzeptioneller Sicht spezifiziert. Dabei können die Komponenten und Systeme in verschiedenen Detaillierungstiefen und Modellierungsebenen dargestellt werden.

Definition: Eine *Referenz-Architektur* ist ein Referenz-Modell, welches auf Software-Komponenten abgebildet wird und Informationsflüsse zwischen Komponenten in Gestalt von Schnittstellen, Abhängigkeiten und vertraglichen Vereinbarungen spezifiziert.

Der Referenz-Architektur lassen sich drei architektonische Sichten einer Abstraktionsebene zuordnen, diese sind zusammen mit ihren jeweiligen Artefakten in *Abbildung 7.1* dargestellt.

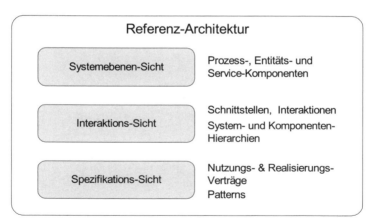

Abbildung 7.1: Referenz-Architektur

Die Referenz-Architektur kann auch als Komponenten-Architektur-Spezifikation verstanden werden. Diese wird jedoch nicht einmalig entworfen und dann ev. verworfen, sondern die Artefakte der Referenz-Architektur werden im Rahmen eines inkrementellen Prozesses

---

[38] im Sinne von PIMs, um die Beziehung zur MDA herzustellen (siehe Abschnitt 5.2.3).

iterativ verändert, erweitert und zunehmend verfeinert. Darüber hinaus dienen die Artefakte der Referenz-Architektur als Grundlage zur Umsetzung von Software-Komponenten mit einem (oder mehreren) Komponenten-Modellen.[39] Artefakte der Referenz-Architektur werden anhand des Spezifikations-Workflows erarbeitet.

7.1   Spezifikations-Workflow

Der Spezifikations-Workflow dient der Spezifikation der Komponenten und Systeme in Bezug auf ihre Systemebenen, ihre Interaktion und ihre vertraglichen Vereinbarungen.

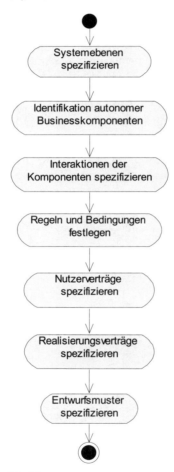

Abbildung 7.2: Spezifikations-Workflow

Es werden – sofern diese schon bekannt sind – Anbindungen an bestehende Komponenten und Systeme spezifiziert und in diesem Zusammenhang ein Assessment vorhandener Architektur-Artefakte durchgeführt. Dabei werden Patterns und Integrationslösungen spezifi-

---

[39]   im Sinne von PSMs

ziert. Der Spezifikations-Workflow umfasst die Systemebenen-, Interaktions- und Spezifi-kations-Sichten. Abbildung 7.2 veranschaulicht den Spezifikations-Workflow.

7.2 Systemebenen-Sicht

Kontext

Die Systemebenen-Sicht dient der Ebenen-Bildung innerhalb eines Business-Systems, wel-ches sich aus Komponenten zusammensetzt. Die Systemebenen-Sicht stellt ein sog. La-sagne-Modell eines Systems dar, um verschiedene Kategorien von Businesskomponenten zu strukturieren (siehe auch [Her 00]).

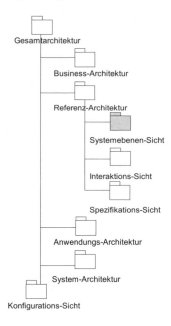

Abbildung 7.3: Systemebenen-Sicht im Kontext des Architektur-Frameworks

Im Kontext der Systemebenen-Sicht werden innerhalb eines Business-Systems sog.

- Prozess-Komponenten
- Entity-Komponenten und
- Service-Komponenten

unterschieden. Diese Ebenen-Bildung von Komponenten innerhalb eines Business-Systems entspricht ihren unterschiedlichen Schwerpunkten: Die dynamischen, meist steuernden, transaktionsorientierten Prozess-Komponenten, die statischen, datenorientierten, persistier-baren Entity-Komponenten und die zuliefernden, zustandslosen Service-Komponenten (siehe Abschnitt 5.2.6). Eine Unterteilung von Komponenten in entity, process und service components wird auch in dem derzeit noch in Entwicklung befindlichen UML-2.0-Standard vorgenommen.

System-Ebenen dienen dazu, Systeme übersichtlich zu strukturieren und Komponenten mit unterschiedlichen Zuständigkeiten zu differenzieren. Die System-Ebenen-Sicht ist u.a. auch ein weiterer Schritt in Richtung einer Modellierung der Dynamik der beteiligten Komponenten und Systeme, da erstmals Prozess-Komponenten dargestellt werden. Abbildung 7.3 veranschaulicht die Systemebenen-Sicht im Kontext des Architektur-Frameworks.

> Nutzen Sie System-Ebenen zur übersichtlichen Strukturierung Ihrer Komponenten und Systeme.

Input-Artefakte

Komponenten-Kandidaten des Referenz-Modells, Business-Systeme, Use Cases und Prozessbeschreibungen, existierende Systeme und Dokumentation.

Output-Artefakte

Prozess-, Entity- und Service-Komponenten der Business-Systeme. Darstellung der Komponenten in Ebenen von UML-Subsystemen. Die Komponenten können als UML-Subsysteme, als UML-Klassen oder als UML-Komponenten (UML-Version 2.0) visualisiert werden.

Projektbeteiligte

Business-Analytiker, Komponenten-Entwickler, Software-Architekten.

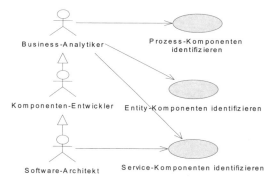

Abbildung 7.4: Aktoren und Use Cases der Systemebenen-Sicht

Aktivitäten

Die Aktivitäten zur Abbildung von Komponenten-Kandidaten auf die Ebenen der Business-Systeme umfassen:

- Identifizierung von Prozess-Komponenten auf Basis der Use Cases bzw. Prozessbeschreibungen und Zuordnung dieser zu Business-Systemen: Welche Komponenten steuern, koordinieren bzw. managen andere Komponenten? Welche Komponenten bilden Prozesse bzw. Use Cases ab? Welche Komponenten sind transaktionsbasiert?

- Identifizierung von Entity-Komponenten auf Basis des statischen Referenzmodells und Zuordnung dieser zu Business-Systemen: Welche Komponenten dienen überwiegend als Datenspeicher? Welche Komponenten sind zu persistieren?
- Identifizierung von Service-Komponenten auf Grundlage der Use Case- bzw. Prozess-Beschreibungen: Welche Komponenten bilden häufig genutzte Services ab? Welche Komponenten dienen als einfache Zulieferer? Welche Komponenten sind zustandslos (stateless)?

Abbildung 7.4 veranschaulicht Aktoren und Use Cases der System-Ebenen-Sicht.

7.2.1 Systemebenen des Portals „MyPortal"

Wir führen die Ermittlung der Prozess-, Entity- und Service-Komponenten am Beispiel des Sales-Systems durch: Auf Basis der Use Cases der Abbildung 6.13 wurden die Prozess-komponenten „Auftragsbearbeitung" und „Bonitätsprüfung" identifiziert. Als Entity-Komponenten wurden anhand des Referenzmodells und seiner Beschreibungen „Kunde", „Auftrag" und „Kundenakte" ermittelt. Als Service-Komponenten dienen „Kalender", „Rechner" und „Notizen".

Abbildung 7.5 stellt das Sales-, Bestands- und Billing-System des Portals „MyPortal" mit Prozess-, Entity- und Service-Komponenten – von oben nach unten angeordnet – dar. Der Zugriff der Komponenten aufeinander innerhalb eines Systems ist unidirektional mit Top-Down-Transparenz. Eine Prozess-Komponente könnte bei Bedarf auch direkt auf eine Service-Komponente zugreifen.

Wie wir den drei Systemen entnehmen können, lauten die Service-Komponenten aller Systeme gleich. Hier haben wir eine Redundanz, die wir beseitigen können, indem wir diese Service-Komponenten z.B. in einem eigenen System zusammenfassen oder aber die Services, die dort benötigt werden, dem vorhandenen System-Umfeld entnehmen können. Da wir das System-Umfeld an dieser Stelle nicht untersuchen wollen, stellen wir die Entscheidung über den Verbleib dieser Komponenten zunächst zurück.

▸ Schicht und Ebene

Die System-Ebenen-Sicht ist orthogonal zur Schichten-Sicht einer Anwendung zu verstehen. Eine Businesskomponente, die einer bestimmten Ebene eines Business-Systems angehört, kann allen Schichten der Schichten-Architektur angehören. In diesem Buch wird durchgängig der Begriff „Schicht" im Sinne der Verteilungs-Schicht und der Begriff „Ebene" im Sinne der Differenzierung innerhalb eines Business-Systems verwendet. Die Schichten eines Systems werden im Kontext der Anwendungs-Architektur behandelt (siehe Kapitel 8).

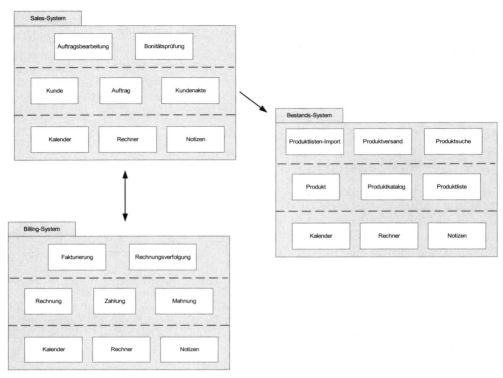

Abbildung 7.5: System-Ebenen-Sicht des Sales-Systems von „MyPortal"

7.3   Interaktions-Sicht

Kontext

Die Interaktions-Sicht ist eine dynamische Sicht auf die Komponenten. Sie betrachtet die Interaktion von Komponenten und Systemen, dabei werden ihre Verantwortlichkeiten festgelegt:

- Welche Komponenten arbeiten mit welchen anderen zusammen?
- Welche Information fließt von wo nach wo?
- Welche Komponente muss über welche Schnittstelle verfügen, um die erforderliche Funktionalität zu liefern?
- Welche Regeln bzw. Bedingungen sind zu beachten?

Es werden die Schnittstellen und Abhängigkeiten der Systeme und Komponenten auf Systemebene und auf systemübergreifender Ebene betrachtet. Dabei setzt die Interaktions-Sicht auf dem statischen Referenzmodell der Konzeptions-Sicht auf. Die Komponenten-Kandidaten der Konzeptions-Sicht werden verifiziert und Redundanzen beseitigt. Die Artefakte der Interaktions-Sicht sind Verfeinerungen der Ergebnisse der Konzeptions-Sicht.

Im Kontext der Interaktions-Sicht werden darüber hinaus Geschäftsregeln und Bedingungen formuliert. Diese Geschäftsregeln betreffen die Nutzung der Schnittstellen und die Abhängigkeiten der Komponenten und Systeme untereinander. Abbildung 7.6 veranschaulicht die Interaktions-Sicht im Kontext des Architektur-Frameworks.

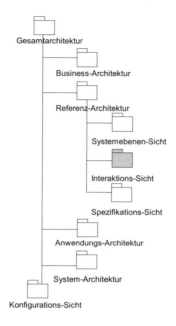

Abbildung 7.6: Interaktions-Sicht im Kontext des Architektur-Frameworks

Input-Artefakte

Anforderungen, Prozessbeschreibungen, Referenz-Modell, Artefakte der Systemebenen-Sicht.

Output-Artefakte

Businesskomponenten mit ihren Abhängigkeiten, Schnittstellen, Regeln, Bedingungen und Interaktionen. Notation der Komponenten als UML-Subsysteme bzw. als UML-Komponenten (mit UML 2.0). Klassifizierung von Schnittstellen mit Hilfe des UML-Stereotyps <<Schnittstellen-Spezifikation>>. Notation von Regeln und Bedingungen als Notizen an Komponenten, an Export- und an Import-Schnittstellen. Darstellung der Interaktion von Komponenten mittels UML-Interaktionsdiagrammen.

Projektbeteiligte

Komponenten-Entwickler, Software-Architekt, System-Architekt.

Aktivitäten

Die Aktivitäten dienen dazu, Business-Systeme, Businesskomponenen und ihre Schnittstellen zu identifizieren.

Aktivitäten zur Identifikation von Businesskomponenten

- *Identifizierung autonomer Businesskomponenten:* Dies sind Businesskomponenten, die ein autonomes Konzept repräsentieren und für sich alleine stehen können, d.h. deren Existenz nicht von Beziehungen zu anderen Entitäten bzw. Komponenten abhängt.
- *Identifizierung von System-Businesskomponenten:* Dies sind Businesskomponenten, die systemübergreifend Funktionalität anbieten. System-Businesskomponenten repräsentieren ein Business-System nach außen. Je nachdem, ob eine System-Businesskomponente im Innern des Business-Systems gekapselt ist oder von außen an das System adaptiert wurde, spricht man entweder von einer Gateway- oder von einer Adapter-Komponente (siehe Abbildung 8.11).
- *Identifizierung von Infrastruktur-Komponenten:* Dies sind Komponenten, die keinem spezifischen Business-Konzept entsprechen, aber dafür Sorge tragen, dass die Businesskomponenten ihre Arbeit effizient erledigen können, z.B. Komponenten zur Ausnahme- bzw. Fehlerbehandlung, zur Nutzung von Bibliotheken, zum Zugriff auf systemweite Dienste. Infrastruktur-Komponenten sind weder von anderen Businesskomponenten abhängig, noch verfügen sie über irgendein Wissen anderer Businesskomponenten.

Aktivitäten zur Identifikation der Schnittstellen

- Definieren der Schnittstellen von Business-, System- und Infrastruktur-Komponenten.
- Definieren der Regeln und Bedingungen.

Abbildung 7.7 veranschaulicht Aktoren und Use Cases im Kontext der Interaktions-Sicht.

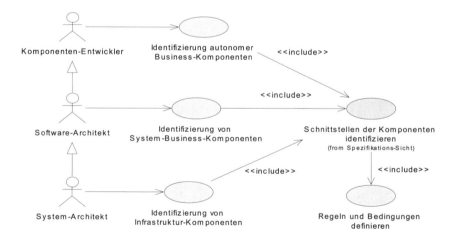

Abbildung 7.7: Aktoren und Use Cases der Interaktionssicht

7.3.1 Identifizierung von Businesskomponenten

Um autonome Businesskomponenten zu identifizieren, ist es hilfreich, sich zu überlegen, welche Komponente über Wissen verfügt, das ein autonomes Konzept eines Geschäftsfeldes bzw. eines Geschäftsprozesses repräsentiert.

Businesskomponenten des Unternehmensportals „MyPortal"

Bezug nehmend auf das Referenz-Modell aus Abschnitt 6.7 und den Prozessbeschreibungen (siehe Abbildung 6.13), lassen sich folgende autonome Businesskomponenten extrahieren:

Als Prozess-Komponenten:

- Auftragsbearbeitung
- Bonitätsprüfung
- Fakturierung
- Warenversand

Als Entity-Komponenten:

- Produkt
- Kunde
- Auftrag
- Warenkorb

▶ UML-Stereotype

Autonome Businesskomponenten können mit dem UML-Stereotyp <<Businesskomponente>> klassifiziert werden. Das Stereotyp <<Businesskomponente>> ist eine Verfeinerung des Stereotyps <<Komponenten-Spezifikation>>, so dass die Eigenschaften der <<Komponenten-Spezifikation>> übernommen werden. Eine Businesskomponente zeichnet sich darüber hinaus noch durch ein autonomes Business-Konzept aus.

Die weiteren Komponenten-Kandidaten (Kundenakte, Zahlung, Rechnung etc., siehe Abbildung 7.5) sind eng mit den Businesskomponenten verknüpft, so dass wir diesen zum jetzigen Zeitpunkt noch kein autonomes Business-Konzept zuordnen können. Im Laufe der weiteren Spezifikation der Interaktion der Komponenten werden wir jedoch festlegen, wie diese Komponenten-Kandidaten umgesetzt werden können.

7.3.2 Identifizierung von Business-Systemen

Darüber hinaus lassen sich drei Business-Systeme definieren:

- Bestands-System
- Sales-System
- Billing-System

Für diese Business-Systeme kann je eine System-Businesskomponente identifiziert werden. So für das Sales-System eine Komponente mit der Bezeichnung „Sales-System-Manager". Für die anderen Business-Systeme verfahren wir ebenso. Der Aufbau des Sales-Systems stellt sich inklusive der System-Businesskomponente wie in Abbildung 7.8 dar.

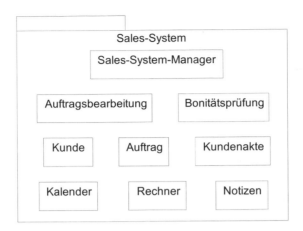

Abbildung 7.8: Sales-System erweitert um System-Businesskomponente

7.3.3 Identifizierung von Infrastruktur-Komponenten

Als Infrastruktur-Komponenten können wir eine Komponente mit der Bezeichnung „Exception-Handler" identifizieren, die für die Ausnahmebehandlung von Businesskomponenten zuständig ist. Weitere Komponenten sind z.B. Performance-Monitore oder Loadbalancer. Diese Infrastruktur-Komponenten lassen sich keinem spezifischen Business-konzept zuordnen, so dass man nicht von Businesskomponenten sprechen kann, sondern von Komponenten, die von übergeordneter technischer Art sind.

Bevor wir näher auf die Interaktion der Komponenten und die Spezifikation ihrer Schnittstellen eingehen, wollen wir Arten und Aufbau von Komponenten-Schnittstellen genauer betrachten.

7.3.4 Arten von Schnittstellen

Die Modellierung von Komponenten-Schnittstellen umfasst deren

- Konzeption,
- Spezifikation und
- Implementierung.

Konzeptions-Schnittstellen sind Schnittstellen, die im Rahmen der Ausarbeitung von Kandidaten von Businesskomponenten dargestellt werden. Da die Konzeption von Schnittstellen nur eine grobe Vorstufe ihrer Spezifikation ist und die Implementierung von Schnittstellen ihre Realisierung mittels eines konkreten Komponentenmodells beinhaltet, ist es an dieser Stelle ausreichend, die Spezifikation von Schnittstellen auf der Basis von UML zu beschreiben.

Im Kontext der Businesskomponenten und Business-Systeme lassen sich verschiedene Arten von Schnittstellen unterscheiden[40]:

- Businesskomponenten-interne und -externe Schnittstellen
- System-interne Schnittstellen
- System-externe Schnittstellen

Businesskomponenten-interne und -externe Schnittstellen

Businesskomponenten-interne Schnittstellen sind nur im Innern einer Businesskomponente sichtbar, d.h. es sind Schnittstellen zwischen den verschiedenen Schichten einer Businesskomponente. So kann beispielsweise eine Komponente der Controlling-Schicht auf eine Komponente der Business-Schicht über eine Schnittstelle zugreifen, die für die Controlling-Schicht sichtbar ist, jedoch nicht für Clients außerhalb der Businesskomponente.

Businesskomponenten-externe Schnittstellen sind Schnittstellen, die Clients außerhalb einer Businesskomponente z.B. als Export-Schnittstellen angeboten werden. Abbildung 7.9 stellt verschiedene Arten von Schnittstellen einer Businesskomponente dar.

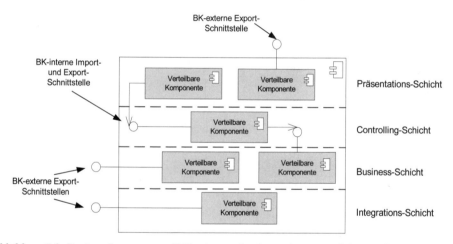

Abbildung 7.9: Businesskomponente (BK) mit verschiedenen Arten von Schnittstellen

System-interne Schnittstellen

Dies sind Schnittstellen, die für andere Businesskomponenten desselben Systems sichtbar sind, jedoch nicht für Komponenten oder Systeme außerhalb dieses Systems.

Ein Beispiel für eine system-interne Schnittstelle wäre die Kommunikation zweier Businesskomponenten innerhalb eines Kontoverwaltungs-Systems zur Aktualisierung eines Kontostandes, wo eine Komponente zur Administration des Kontostandes eine andere Komponente zur Verwaltung von Zahlungsaktivitäten über Zahlungseingänge und Zahlungsausgänge befragt. Diese Aktualisierung der Zahlungsein- und ausgänge kann jedoch

---

[40]   siehe auch [Her 99]

nicht direkt von außen aktiviert werden, da dies z.B. aus rechtlichen Gründen nur innerhalb des Systems zu festgelegten Zeitpunkten gestattet ist.

System-externe Schnittstellen

Dies sind Schnittstellen, die auch außerhalb des eigenen Systems sichtbar sind. Diese Schnittstellen können z.B. von sog. Gateway-Komponenten bereitgestellt werden oder aber als Schnittstellen von Businesskomponenten, auf die von anderen Systemen oder Komponenten zugegriffen werden können soll.

Ein Beispiel einer solchen Schnittstelle ist eine Schnittstelle zur Abfrage des aktuellen Kontostandes, die von Komponenten und Systemen außerhalb des Kontoverwaltungssystems aktiviert werden kann. Abbildung 7.10 veranschaulicht system-externe und system-interne Schnittstellen.

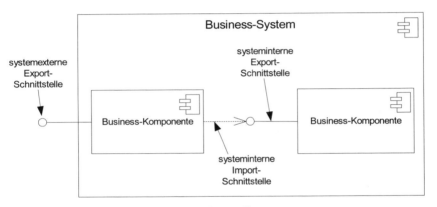

Abbildung 7.10: System-interne und -externe Schnittstellen

7.3.5   Aufbau von Komponenten-Schnittstellen

Eine Schnittstelle einer Komponente verfügt über

- einen Namen der Schnittstelle,
- Operationen,
- Signatur der Operationen,
- Anfangs- und Endbedingungen pro Operation,
- Invarianten,
- Rollenbeschreibungen.

Name

Der Name einer Schnittstelle ist ein Text-String, der sich aus dem eigentlichen Namen der Schnittstelle und dem Namen der Komponente (Komponenten-Spezifikation bzw. Komponente) zusammensetzt. Die Bezeichnung der Komponente steht vor der Schnittstellen-Bezeichnung (z.B. Firma::IMitarbeiter, siehe Abbildung 3.8).

Operation und Signatur

Eine Schnittstelle kann über eine oder mehrere Operationen verfügen. Eine Operation stellt eine Aktion dar, die eine Komponenten-Instanz für einen Client ausführen kann. Eine Operation setzt sich aus folgenden Merkmalen zusammen:

- Input-Parameter: Information, die der Komponenten-Instanz zufließt
- Output-Parameter: Information, die von der Komponenten-Instanz zurückgegeben wird
- Zustandsänderung der Komponenten-Instanz
- Bedingungen

Die Signatur einer Operation kann null oder mehrere Parameter enthalten.

Die Syntax einer Signatur ist wie folgt:

[Richtung] Name : Typ [= Default-Wert]

Dabei kann die Richtung die folgenden Werte enthalten: In, out, inout.

Die Syntax für eine Operation ist wie folgt:

[Sichtbarkeit] Name [(Parameter-Liste)] [: Rückgabe-Typ] [{Zustands-String}]

Der Zustands-String kann folgende Werte enthalten:

Zustands-String	Bedeutung
Frage	Die Ausführung der Operation lässt den Zustand des Systems unverändert.
Sequentiell	Aufrufer der Operation müssen beachten, dass nur ein Aufruf pro Zeiteinheit erfolgen kann.
Gesichert	Vielfältige Aufrufe sind möglich, da gesichert ist, dass diese sequentiell abgearbeitet werden.
Konkurrierend	Vielfältige konkurrierende Aufrufe möglich.

Eine Operation kann Parameter folgender Art enthalten:

- einen einfachen Datentyp, wie z.B. String oder Integer;
- einen Business-Datentyp, wie z.B. eine Kundenakte;
- eine Referenz auf ein Komponenten-Objekt;
- eine beliebige ‚Collection' dieser Parameter-Arten.

▶ Datentypen werden „by value" übergeben

Datentypen werden immer mittels Wert („by value") übergeben, d.h. die Werte haben keine eigene Identität und können nicht zwischen dem Aufrufenden und Umsetzenden einer Operation geteilt werden, jeder hat seine eigene Kopie. Beispiele für Operationen:

GetDauerMitarbeiter()

GetID():Integer

Set(n: Name, s:String)

Anfangs- und Endbedingungen, Invariante

Die Spezifikation einer Schnittstelle stellt eine Vertragsbeziehung zwischen Komponenten dar. Eine Komponente bietet Dienste an, die eine andere Komponente zu bestimmten Bedingungen nutzen kann. Um einen solchen Vertrag aufstellen zu können, sollte die Spezifikation vertragsgerecht entworfen werden. Als Standard zur Modellierung einer solchen vertragsmäßigen Beziehung hat sich das Konzept „Design by contract" von Bertrand Meyer durchgesetzt. Im Kontext der Spezifikations-Sicht wird dieses Konzept beschrieben und die Begriffe „Vertrag", „Anfangs- und Endbedingungen" und „Invariante" detailliert erläutert.

Rollenbeschreibungen

Eine Komponente kann viele Schnittstellen realisieren. Alle Schnittstellen müssen gemäß ihrer Vertragsspezifikation zur Verfügung gestellt werden. Dennoch können in einem spezifischen Kontext nur eine oder einige wenige Schnittstellen relevant sein. In einem solchen Fall repräsentiert eine Schnittstelle eine Rolle, die eine Komponente übernimmt. So z.B. spielt die Komponente „Person" die Rolle eines Mitarbeiters in Abbildung 3.8.

UML-Stereotyp für Komponenten-Schnittstellen

Die den Businesskomponenten im Kontext der Spezifikation zugeordneten Schnittstellen haben als UML-Stereotyp <<Spezifikations-Schnittstelle>>. Spezifikations-Schnittstellen verfügen im Vergleich zu einer Standard-UML-Schnittstelle (die für Klassen und Objekte konzipiert wurde und mit dem Stereotyp <<interface>> gekennzeichnet wird) über erweiterte Spezifikations-Möglichkeiten. So kann eine Spezifikations-Schnittstelle über Attribute, über sog. Business-Datentypen und über Assoziationen verfügen. Das Stereotyp <<Business-Datentyp>> wird für komplexe Datenstrukturen verwandt, die zwischen Komponenten mit Hilfe einer Schnittstelle ausgetauscht werden.

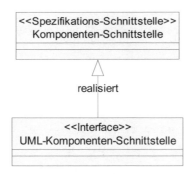

Abbildung 7.11: UML-Schnittstelle als Realisierung einer Komponenten-Schnittstelle

Der Bezug einer Spezifikations-Schnittstelle zu einer Standard-UML-Schnittstelle kann im Sinne einer Realisierungs-Beziehung zur Spezifikations-Schnittstelle hergestellt werden. Abbildung 7.11 veranschaulicht diesen Zusammenhang.

Bezeichnung von Komponenten-Schnittstellen

Im Kontext der Definition von Schnittstellen von Business-Systemen hat es sich bewährt, eine Schnittstelle mit einer sprechenden Bezeichnung zu versehen. Für die Bezeichnung von Schnittstellen von System-Businesskomponenten verwenden wir folgende Konventionen:

- Eine Schnittstelle beginnt mit dem Präfix „S" (für Schnittstelle)
- Eine System-Schnittstelle sollte mit dem Suffix „Management" enden

Schnittstellen von Businesskomponenten beginnen mit dem Präfix „S", ein spezielles Suffix ist nicht erforderlich. Es wird mindestens je eine solche Schnittstelle für jede Businesskomponente und jede Business-System-Komponente konzipiert. So lauten die Schnittstellen des Beispiel-Portals „SKunde" und „Sprodukt" für die Businesskomponenten „Kunde" und „Produkt", die Bezeichnungen der Schnittstellen für die System-Businesskomponenten entsprechend „SBillingSystemMgmt", „SBestandsSystemMgmt" und „SSalesSystemMgmt" für die Komponenten „Billing-System-Manager", „Bestands-System-Manager" und „Sales-System-Manager".

7.3.6 Schnittstellen von „MyPortal"

In Abbildung 7.12 sind die Businesskomponenten „Kunde" und „Produkt" mit ihren Schnittstellen dargestellt.

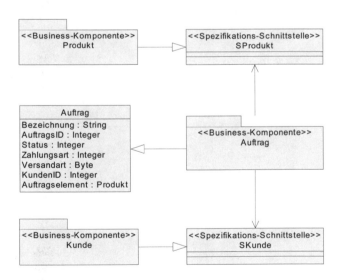

Abbildung 7.12: Schnittstellen der Businesskomponenten „Kunde" und „Produkt"

Aus der Abbildung wird deutlich, dass die Komponente „Auftrag" über Import-Schnittstellen zu den Komponenten „Produkt" und „Kunde" verfügt und eine Klasse „Auftrag" implementiert. Im Kontext der Betrachtung der Interaktion zwischen den Komponenten sind u.a. auch die Attribute und Operationen von Klassen unserer Komponenten zu verifizieren bzw. anzupassen oder zu erweitern, die wir im Kontext der Konzeptions-Sicht z.B.

mit Hilfe von CRC-Karten ausgearbeitet haben. Im Rahmen der Spezifikation vertraglicher Vereinbarungen werden diese Attribute und Operationen weiter konsolidiert (siehe Abschnitt 7.4). Wir werden im Kontext der Implementierung der Komponenten sehen, wie die Komponente „Auftrag" z.B. als EJB realisiert werden kann (siehe Abschnitt 8.3.3).

Referentielle Integrität

Ein weiterer Aspekt im Kontext der Zuordnung von Verantwortlichkeiten ist die Frage, welche Komponente Referenzen anderer Komponenten speichert. Es sollte nach Möglichkeit vermieden werden, Referenzen in beide Richtungen einer Schnittstelle zu halten. Als Design-Entscheidung ordnen wir daher dem Auftrag eine Referenz für den Kunden zu, da Auftrag einem Kunden zuzuordnen ist, der Kunde aber unabhängig vom Auftrag existiert. Damit haben wir einen gerichtete Assoziation von Auftrag zu Kunde. Ebenso muss der Auftrag wissen, welche Produkte ihm zugeordnet sind; ein Produkt existiert unabhängig vom Auftrag. Somit verwaltet der Auftrag Referenzen der Komponenten Kunde und Produkt (siehe Abbildung 7.12).

Abbildung 7.13 stellt die Schnittstellen der Business-Systeme über ihre System-Businesskomponenten dar.

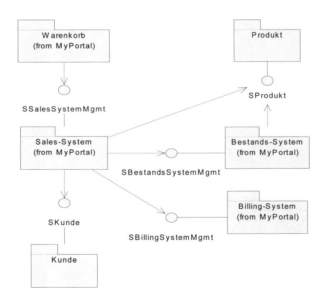

Abbildung 7.13: Portal „MyPortal" mit System-Schnittstellen

Die System-Businesskomponenten sind im Innern der Business-Systeme als Gateway-Komponenten konzipiert.

Regeln und Bedingungen

Wie können wir die Verantwortlichkeiten der Schnittstellen detaillieren? Ein weiterer Schritt in diese Richtung ist die Zuordnung von Regeln und Bedingungen.

Es lassen sich die folgenden Regeln bzw. Bedingungen zuordnen:

- Ein Auftrag sollte mindestens ein Produkt beinhalten.
- Einem Auftrag sollte ein eindeutiger Rechnungsempfänger zugeordnet werden.
- Der Versand von Ware findet nur bei ausreichender Bonität des Kunden statt.
- Eine Rechnung wird erst nach oder mit Versand der Ware zugestellt.
- Ein Auftrag wird erst nach Zahlungseingang geschlossen.

Wir formulieren diese Regeln und Bedingungen zunächst in Prosa und weisen sie den entsprechenden Beziehungen und Komponenten zu (siehe Abbildung 7.14). Da wir noch mitten in der „Findungsphase" sind, überlassen wir die genaue Ausformulierung der Regeln mit Mitteln der OCL der Spezifikations-Sicht. Diese Regeln und Bedingungen bilden jedoch die Grundlage für die Beschreibung vertraglicher Vereinbarungen zwischen den Komponenten.

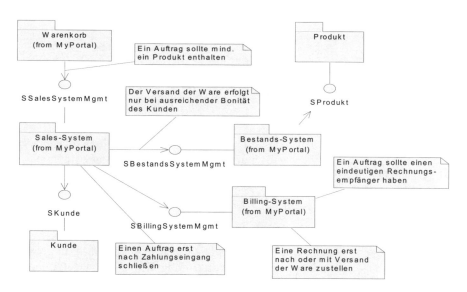

Abbildung 7.14: Regeln und Bedingungen für „MyPortal"

7.3.7 Interaktion der Komponenten von „MyPortal"

- Welche Komponente liefert welche Schnittstellen?
- Welche Komponente benötigt welche Schnittstellen?
- Wie sehen diese Schnittstellen aus?

Um die Verantwortlichkeiten von Schnittstellen bestimmen zu können, ist die Interaktion der Komponenten zu untersuchen. Wir wollen uns daher eine Übersicht über die Operationen der System-Schnittstellen verschaffen. Als Faustregel gilt, dass ein Use Case (siehe Abbildung 6.13) für eine System-Schnittstelle verantwortlich ist. Wir untersuchen die Interaktion der Komponenten und Systeme am Beispiel des Use Cases „Auftragsbearbeitung".

Wir versehen die Prozesskomponente „Auftragsbearbeitung" des Sales-Systems zunächst mit einer Schnittstelle „SAuftragBearbeiten". Auf der Basis des Aktivitätsdiagrammes zum Use Case „Auftragsbearbeitung" (siehe Abbildung 6.14) lassen sich der Schnittstelle „SAuftragBearbeiten" die in Abbildung 7.15 dargestellten Operationen zuordnen. Im Kontext der Ausführung der Operation „bearbeiteAuftrag()" werden von der Prozesskomponente „Auftragsbearbeitung" zur Abwicklung des Auftrages weitere Operationen in anderen Komponenten angestoßen. Wie sehen die Signaturen der Operationen aus?

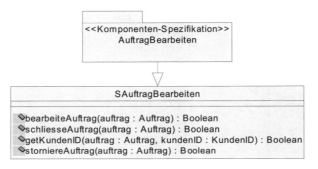

Abbildung 7.15: System-Schnittstelle SAuftragBearbeiten

Signaturen der Operationen

Eine der wesentlichen Aufgaben des Sales-Systems ist die Bearbeitung eingegangener Aufträge. Die Auftragsbearbeitung wird hier über eine Benachrichtigung durch einen Warenkorb angestoßen. Dabei empfängt die Schnittstelle der System-Businesskomponente „Sales-System-Manager" die Nachricht „bearbeiteAuftrag" und erhält eine Referenz auf ein Objekt „auftrag":

SSalesSystemMgmt::bearbeiteAuftrag(in auftrag:Auftrag)

Die System-Businesskomponente „Sales-System-Manager" dient dabei nur als Schnittstelle des Sales-Systems nach außen, die eigentliche Auftragsabwicklung erfolgt über die Komponente „Auftragsbearbeitung". Dies ist auch deshalb sinnvoll, weil in einem Sales-System weitere Prozesskomponenten[41] aktiv werden können, die nicht jede für sich eine Schnittstelle nach außen anbieten soll, sondern gebündelt über die Komponente „Sales-System-Manager". Die Nachricht wird daher als Botschaft an die Schnittstelle der Businesskomponente des Sales-Systems „SAuftragBearbeiten" unverändert weitergeleitet:

SAuftragBearbeiten::bearbeiteAuftrag(in auftrag:Auftrag)

---

[41] Wir betrachten hier exemplarisch nur eine Prozesskomponente genauer

Das Objekt „auftrag" enthält einen Bezug zum Kunden über eine KundenID. Diese KundenID wird anhand der Operation

  SKunde::getKundenID(in auftrag: Auftrag, out kundenID: KundenID)

ermittelt.

Mit der KundenID kann die Komponente „Auftragsbearbeitung" anhand der Kundenakte überprüfen, ob die Bonität des Kunden überhaupt schon untersucht wurde, ob sie gewährleistet ist oder ob der Kunde über keinerlei Bonität verfügt. Wir stellen in diesem Zusammenhang fest, dass der Komponenten-Kandidat „Bonitätsprüfung" nicht als eigenständige Komponente umgesetzt werden muss, sondern eine Operation „pruefeBonitaet" ausreicht.

  SKunde::pruefeBonitaet(in kundenID: KundenID, out bonitaet: Integer) : Boolean

Zur Ermittlung der Bonität des Kunden wird zunächst seine Kundenakte aufgerufen, um anhand dieser die Bonität des Kunden zu untersuchen.

  SKunde::getKundenakte(in kundenID: KundenID, out kundenakte: KundenAkte) : Boolean

Die Operation

  SKunde::getBonitaet(in kundenakte: KundenAkte, out bonitaet: Integer) : Boolean

liefert nun die Informationen zur Bonität des Kunden. Der Typ „Integer" ist dazu gedacht, sicherzustellen, dass der Aufruf sinnvolle Werte liefert. Dabei steht 0 für Bonität, 1 bedeutet, dass der Kunde keine Bonität besitzt und 2 bedeutet, dass zum Kunden keine Informationen über die Bonität abgelegt sind. Darüber wird der in der Abbildung 7.16 dargestellte Business-Datentyp zwischen den Komponenten ausgetauscht.

Abbildung 7.16: Business-Datentyp „KundenAkte"

Wozu wird der Business-Datentyp „KundenAkte" benötigt? Informationen zu einem Kunden werden in einer Kundenakte abgelegt. Zur Beurteilung der Bonität eines Kunden werden – gerade auch bei größeren Aufträgen – eine Vielzahl von Informationen benötigt. Daher bietet sich eine strukturierte Darstellung dieser Informationen in Gestalt eines Business-Datentyps an.

Wenn der Kunde über Bonität verfügt, wird durch die Komponente „AuftragBearbeiten" der Warenversand durch das Bestands-System angestoßen.

  SBestandsSystemMgmt::versendeWare(in auftrag: Auftrag)

Nach erfolgtem Warenversand wird nun dem Billing-System die Fakturierung übertragen. Das Billing-System wartet nach versandter Rechnung auf einen Zahlungseingang durch den Kunden. Sobald die Zahlung erfolgt ist, kann der Auftrag geschlossen werden.

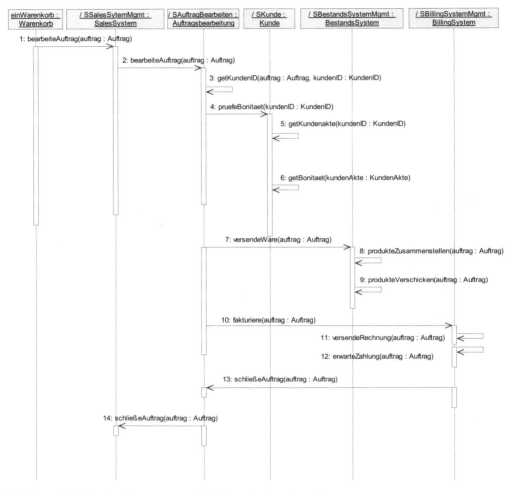

Abbildung 7.17: Sequenzdiagramm zum Use Case Auftragsbearbeitung

Abbildung 7.17 stellt die Interaktion der Komponenten über ihre Schnittstellen dar. Die UML-Bezeichnung ist Objektname/Rollenname : Komponente.[42] Da wir anonyme Objekte verwenden, sind Objektnamen nicht explizit aufgeführt.

> Nutzen Sie Interaktionsdiagramme zur Modellierung der Interaktion
> von Komponenten.

---

[42]   eigentlich klassifizierbares Element, aber wir haben es hier ja mit Komponenten zu tun.

Wie wir aus der Interaktion der Komponenten erkennen können, regelt das Sales-System die gesamte Abwicklung eines Auftrages. Dies entspricht den Darstellungen der Use Case- und Aktivitäts-Diagramme aus Abbildung 6.13 und Abbildung 6.14. Mit der Komponente „Auftragsbearbeitung" haben wir eine koordinierende Instanz für die Bearbeitung eines Auftrages. Es handelt sich hier um eine koordinierte Kommunikation der Komponenten: Die Prozess-Komponente „AuftragBearbeiten" stößt alle beteiligten Komponenten an. Diese Koordination kann durch geeignete Design-Patterns umgesetzt werden. Wir wollen hier jedoch nicht vorgreifen, denn wir sind ja gerade erst einmal dabei, im Kontext der Spezifikation der Komponenten die Signaturen der Operationen zu erfassen. Die Spezifikation und Umsetzung von Architekturmustern erfolgt im Kontext der Spezifikations-Sicht und den Sichten der Anwendungs-Architektur.

7.4 Spezifikations-Sicht

Kontext

Die Spezifikations-Sicht betrachtet Komponenten und Systeme aus statischer und dynamischer Sicht. Komponenten, ihre Schnittstellen und ihre Abhängigkeiten werden im Rahmen von Verträgen spezifiziert. Es wird der vertragliche Rahmen beschrieben, den Komponenten und Systeme untereinander eingehen, um miteinander zu kommunizieren. Die vertraglichen Vereinbarungen gelten dann für alle Implementierungen. Es werden Patterns bzw. Architekturmuster spezifiziert, die im Rahmen der Entwicklung der Software-Lösung u.a. im Kontext der Integration von Komponenten Verwendung finden sollen.

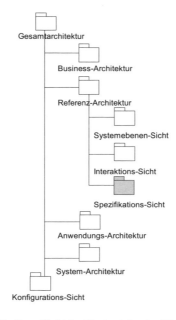

Abbildung 7.18: Die Spezifikations-Sicht im Kontext des Architektur-Frameworks

Abbildung 7.18 veranschaulicht die Spezifikations-Sicht im Kontext des Architektur-Frameworks.

Die Spezifikations-Sicht betrachtet Artefakte, die eine Verfeinerung und Detaillierung der Konzeptions- und Interaktions-Sicht darstellen. Diese Spezifikation ist jedoch noch unabhängig von konkreten Implementierungsdetails, z.B. in Gestalt von EJBs, COM+-, CCM- oder .NET-Komponenten.

Input-Artefakte

Konzeptions- und Interaktions-Sicht. Darüber hinaus Prozessbeschreibungen in Form von Use Cases und Aktivitätsdiagrammen.

Output-Artefakte

Dynamische und statische Komponentenmodelle, Nutzungs- und Realisierungsverträge, Patterns, Detailansichten von Komponenten und Systemen. Darstellung dynamischer Komponentenmodelle als UML-Kollaborationsdiagramme. Spezifizierung der Verträge der Komponenten und Systeme mittels OCL; Notation anhand von Anschlüssen (ports), Assembly-Konnektoren (assembly connector) und UML-Zustandsautomaten. Visualisierung von Patterns mittels UML-Klassendiagrammen und -Kollaborationen. Detailansichten von Business-Systemen und Businesskomponenten in Form von White-Box-Darstellungen mit Delegations-Konnektoren (delegation connector).

Projektbeteiligte

Komponenten-Entwickler, Komponenten-Designer, Software-Architekt, System-Architekt.

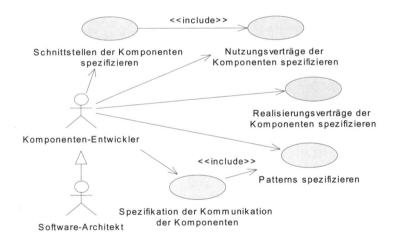

Abbildung 7.19: Aktoren und Use Cases der Spezifikations-Sicht

Aktivitäten

- Spezifikation von Nutzungs-Verträgen
- Spezifikation von Realisierungsverträgen
- Spezifikation der Kommunikationsarten

- Spezifikation von Patterns

Bevor wir näher auf die Aktivitäten der Spezifikations-Sicht eingehen, wollen wir uns anschauen, wie Verträge für Komponenten-Schnittstellen spezifiziert werden können.

7.4.1 Nutzungs- und Realisierungsverträge

Es werden zwei Arten von Verträgen zwischen Komponenten ausgehandelt:

- Nutzungsverträge
- Realisierungsverträge

Nutzungsvertrag

Ein Nutzungsvertrag wird als Schnittstellen-Spezifikation beschrieben. Eine Schnittstelle einer Komponente definiert einen Vertrag mit einem Client unter Nutzung eines Informationsmodells. Eine Schnittstelle stellt eine Beschreibung der Art und Weise der Nutzung des Informationsmodells dar, von ihr werden eine oder mehrere Operationen zur Verfügung gestellt. Diese Operationen repräsentieren Services bzw. Funktionen, die eine Komponente einem Client anbietet. Ein Nutzungsvertrag beschreibt eine Beziehung zwischen der Schnittstelle einer Komponente und dem Client dieser Schnittstelle. Der Client wird dabei nicht weiter spezifiziert, da vorab noch nicht bekannt ist, welche Clients diese Schnittstelle nutzen wollen.

Realisierungsvertrag

Ein Realisierungsvertrag wird als Vertrag zwischen einer Komponenten-Spezifikation und einer Komponenten-Implementierung beschrieben. Der Entwickler der Komponente muss bei der Realisierung dieser Komponente diesen Vertrag erfüllen.

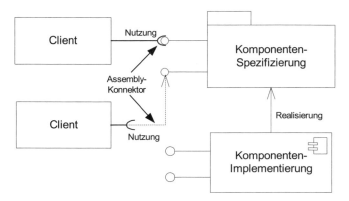

Abbildung 7.20: Verträge zwischen Komponenten

Abbildung 7.20 stellt die unterschiedlichen Verträge dar. Die Notation der Nutzungsverträge erfolgt mittels Assembly-Konnektoren (siehe Anhang 13.2). Der Unterschied zwischen Nutzungs- und Realisierungsvertrag liegt im unterschiedlichen Kontext:

- Ein Nutzungsvertrag ist ein Vertrag zwischen der Schnittstelle einer Komponente und einem Client; er sagt dem Client, was dieser von der Schnittstelle zu erwarten hat. Der

Nutzungsvertrag ist ein Laufzeitvertrag, und sein Kontext ist lokal, d.h. bezogen auf eine Schnittstelle.

- Ein Realisierungsvertrag ist ein Vertrag zwischen einer Komponenten-Spezifizierung und ihrer Implementierung. Der Realisierungsvertrag beinhaltet alle Schnittstellen der Komponente. Der Realisierungsvertrag ist ein Entwurfsvertrag und betrachtet die Komponente als Ganzes, sein Kontext ist global.

7.4.2 Spezifikation von Verträgen

Design by contract

Design by contract wurde von Bertrand Meyer [Mey 97] zur Regelung der Nutzung von Services im Sinne einer vertraglichen Vereinbarung zwischen Diensterbringer und Dienstnutzer formuliert. Design by contract ist ein Ansatz des Software Engineering, der mittlerweile eine sehr weite Verbreitung gefunden hat. Dieser Ansatz kann im Kontext jeder objektorientierten oder komponentenbasierten Entwicklungsmethodik genutzt werden.

Vertrag

Design by contract sieht eine vertragliche Vereinbarung zwischen Client (bzw. Nutzer) und Supplier (bzw. Bereitsteller) eines Services vor. Eine Komponente ist zur Ausführung eines Services bereit, wenn gewisse Bedingungen eingehalten werden. Werden die Bedingungen durch den Client erfüllt, führt der Supplier den Service aus und garantiert, dass dieser entsprechend den Spezifikationen durchgeführt wird.

Anfangs- und Endbedingungen

Für jede Operation einer Schnittstelle oder Komponente lassen sich Anfangs- und Endbedingung formulieren. Für jede Operation gelten die im Rahmen eines Vertrages festgehaltenen Anfangsbedingungen, die erfüllt sein müssen, damit diese Operation zur Ausführung gelangt. Ebenso gelten die Endbedingungen, die wahr sein müssen, nachdem die Ausführung der Operation beendet wurde.

Invarianten

Zusätzlich zu den Anfangs- und Endbedingungen hat Bertrand Meyer sog. Invarianten gefordert, die im Kontext einer Schnittstelle oder einer Komponente Verwendung finden. Eine Invariante ist eine Bedingung, die einen Zustand beschreibt, der immer gegeben (wahr) sein bzw. durch eine Schnittstelle oder eine Komponente erfüllt werden muss. Invarianten müssen immer wahr sein, Anfangs- und Endbedingungen jedoch nur zu bestimmten Zeiten, d.h. vor und nach Ausführung einer Methode.

Im Kontext der UML werden Invarianten als <<invariant>> Stereotypen dargestellt. Anfangs- und Endbedingungen werden als <<precondition>> bzw. <<postcondition>> Stereotypen dargestellt.

Elemente eines Vertrages

Für jeden durchzuführenden Service im Kontext eines Vertrages werden Anfangs- und Endbedingungen bzw. -Zustände als auch generelle Bedingungen formuliert:

- Die Anfangsbedingung, unter der ein Service bereitgestellt wird.
- Die Endbedingung, die beschreibt, in welchem Zustand sich das System nach der Ausführung des Services befindet, vorausgesetzt, das System hat die Anfangsbedingung erfüllt.
- Die Invariante, die für alle Instanzen einer Schnittstelle oder einer Komponente wahr sein muss.

Ein Beispiel eines solchen Vertrages wäre die folgende Aussage der Deutschen Post:

„Ein ausreichend frankierter Brief, der vor 18 Uhr einem mit rotem Punkt versehenen Briefkasten oder einem Postamt anvertraut wird, wird unter normalen Arbeitsbedingungen am nächsten Werktag innerhalb Deutschlands bei seinem Empfänger eintreffen.“

Die Anfangsbedingung ist in diesem Beispiel: „... vor 18 Uhr einem mit rotem Punkt versehenen Briefkasten oder einem Postamt anvertraut wird“. Die Endbedingung ist die Aussage, dass der Brief „am nächsten Werktag innerhalb Deutschlands bei seinem Empfänger eintreffen“ wird. Die Invariante ist hier formuliert in „unter normalen Arbeitsbedingungen“, was so viel heißen kann, dass z.B. kein Streik die Beförderung behindert.

Vorteile eines Vertrages

Die Vorteile einer solchen vertraglichen Regelung sind:

- Der Bereitsteller eines Services kennt die Bedingungen, unter denen sein Service in Anspruch genommen wird. Erfüllt ein Client diese Bedingungen nicht, ist der Bereitsteller des Services nicht verpflichtet, diesen auszuführen bzw. für daraus resultierende Konsequenzen gerade zu stehen.
- Der Client kennt die genauen Bedingungen, unter denen ein Service von ihm in Anspruch genommen werden kann. Daher kann er davon ausgehen, dass der Service gemäß den Spezifikationen ausgeführt wird, sofern er die Bedingungen erfüllt.

Wenn einer der beiden Vertragsbeteiligten die Bedingungen des Vertrages nicht erfüllt, ist der Vertrag nicht rechtsgültig, und es ist jederzeit einsehbar, wer den Vertrag nicht erfüllt hat: der Client, der die Anfangsbedingungen nicht erfüllt, oder der Bereitsteller des Services, der diesen nicht ordnungsgemäß ausführt.

7.4.3 Nutzungsvertrag für „MyPortal" mit OCL

Fragen, die im Kontext der Erarbeitung der Verträge gestellt werden müssen:

- Wie sind die Schnittstellen von Komponenten aufgebaut?
- Welche Eigenschaften weist eine Schnittstelle zwischen Komponenten auf?
- Welche Operation hat unter welchen Bedingungen Verantwortung wofür?

Wir wollen Nutzungs- und Realisierungs-Verträge anhand der Schnittstellen-Spezifikation für die Businesskomponente „Kunde" ausarbeiten. Die Schnittstelle wird anhand der Spezifikations-Schnittstelle „SKunde" beschrieben, die für ihre Operationen einen Business-Datentyp „KundenAkte" nutzt. Abbildung 7.21 veranschaulicht die Spezifikation der Schnittstelle SKunde.

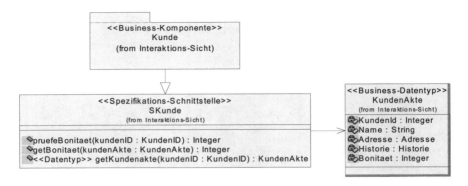

Abbildung 7.21: Schnittstellen-Spezifikation Kunde

Wie sehen nun die Vor- und Nachbedingungen (pre- und postconditions) der Operationen aus? Welche vertraglichen Vereinbarungen sind bei Ausführung der Operationen einzuhalten? Wir hatten schon im Kontext der Interaktions-Sicht erste Regeln und Bedingungen aufgestellt, die im Rahmen der Interaktion der Komponenten zu beachten sind. Diese nutzen wir nun als Ausgangspunkt zur weiteren Konkretisierung vertraglicher Vereinbarungen mittels der OCL.

Wir können der Operation getKundenakte() der Schnittstelle „SKunde" folgende Vor- und Nachbedingungen in OCL-Notation[43] zuordnen:

context:	SKunde::getKundenakte(in kundenID: KundenID) : Kundenakte
pre:	-- Zustand 1: Kunde ist ein registrierter Kunde
	kunde->exists(k | k.ID = ku)
post:	-- Zustand 2: Die Kundenakte, die zurückgeliefert wird, ent-
	-- spricht den Kundendaten mit der ID ‚ku'.

Let einKunde = kunde->select(k | k.ID = ku) in

result.Name	= einKunde.Name and
result.Adresse	= einKunde.Adresse and
result.Historie	= einKunde.Historie and
result.Bonitaet	= einKunde.Bonitaet

Was haben wir mit dieser Spezifikation der Vor- und Nachbedingungen gewonnen? Wir wollen sicherstellen, dass die Daten, die wir zu einer spezifischen Kunden-ID in Gestalt einer Kundenakte erhalten, auch genau dem Kunden mit dieser ID gehören. Die Vor- und Nachbedingung garantiert uns, dass bei Übergabe der ID eines registrierten Kunden die Daten zur Kundenakte auch dem Kunden dieser Kunden-Id entsprechen. Aber mehr wird auch nicht garantiert, d.h. diese vertragliche Vereinbarung, wie sie hier mit Mitteln der OCL spe-

---

[43]   Eine gute Übersicht zur OCL-Notation vermitteln [War 99].

zifiziert wurde, sagt nichts darüber aus, was passieren würde, wenn eine ID übergeben würde, die nicht einem registrierten Kunden gehört. Dazu müssten wir weitere Vor- und Nachbedingungen spezifizieren.

Wir haben somit einen Nutzungsvertrag für die Operation einer Schnittstelle formuliert. Der Nutzungsvertrag garantiert einem Client, dass bei Übergabe eines Parameters in Gestalt einer Kunden-ID eines registrierten Kunden das Resultat der Operation dieser ID zugeordnete Daten einer Kundenakte sind. Der Zustand einer Instanz der Businesskomponente „Kunde" kann nach Ausführung der Operation „getKundenakte()" beschrieben werden als eine Instanz, die Daten einer Kundenakte zu der entsprechenden Kunden-Id enthält.

Zusammenfassend können wir durch Spezifikation von Vor- und Nachbedingungen mit den Mitteln der OCL

- Parameter einer Operation,
- Resultate einer Operation und
- den Zustand einer Komponenten-Instanz

nach Ausführung einer Operation in Gestalt von Nutzungsverträgen beschreiben.

7.4.4   Realisierungsvertrag für „MyPortal" mit OCL

Realisierungsverträge können z.B. in Gestalt von Invarianten spezifiziert werden. Eine Invariante ist eine Regel bzw. Bedingung, die einer Schnittstelle oder einer Komponente zugeordnet werden kann und für alle Instanzen Gültigkeit besitzt. Beispiele solcher Invarianten sind die im Kontext der Interaktions-Sicht in Abschnitt 7.3 in Prosa formulierten Regeln und Bedingungen:

- Der Versand der Ware erfolgt nur bei ausreichender Bonität des Kunden.
- Eine Rechnung erst nach Versand der Ware zustellen.
- Einen Auftrag erst nach Zahlungseingang schließen.

Die erste Invariante, zum Warenversand mit Mitteln der OCL formuliert, sieht folgendermaßen aus:

> context: Auftragsbearbeitung::bearbeiteAuftrag(a: Auftrag)
>
> inv: -- Dem Kunden die Ware nur schicken, wenn er über
>
> -- Bonität verfügt, sonst den Auftrag stornieren

if (self.kunde.pruefeBonitaet(self.getKundenID(a)) = 0)

> then self.bestandssystem.versendeWare(a)
>
> else self.storniereAuftrag(a)

> endif

Wir haben damit einen Realisierungsvertrag für die Businesskomponente „Auftragsbearbeitung" formuliert, der für alle Instanzen der Komponente Gültigkeit besitzt. Auch die anderen Regeln und Bedingungen können wir mit Hilfe der OCL präzisieren. Wir erhalten so konkrete Realisierungsvorgaben, die uns bei der Umsetzung konkreter Komponenten im Kontext der Anwendungs-Architektur von Nutzen sind.

▶ Vorteile von OCL

Die Vorteile der Nutzung der OCL zur Beschreibung von Nutzungs- und Realisierungsverträgen sind:

- Formale Spezifikationen ermöglichen eine detaillierte Spezifikation und lassen weniger Unklarheiten zu.
- Ein Komponenten-Entwickler erhält detaillierte Vorgaben zur Umsetzung der Komponenten mittels spezifischer Komponenten-Modelle im Kontext der Anwendungs-Architektur. Er muss nicht ständig nachfragen bzw. sich beim Spezifizierer der Komponenten Rat holen.
- Verschiedene Komponenten und Systeme, die mittels der OCL effizient spezifiziert sind, werden einfach umsetzbar sein.

7.4.5 Vertragsspezifikation für „MyPortal" mit UML

Wir können die Nutzungsverträge der Komponenten unseres Portals „MyPortal" in UML 2.0-Notation visualisieren. Einer Komponente, einer Schnittstelle bzw. einem Anschluss (Port) können protokollbasierte Zustandsübergänge und protokollbasierte Zustandsautomaten zugeordnet werden. Spezifikationen auf Vertragsebene können so auch grafisch dargestellt werden.

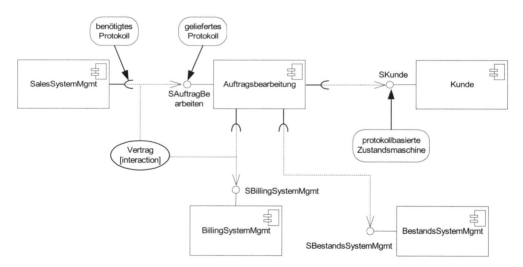

Abbildung 7.22: Spezifikation der Komponenten von „MyPortal" in UML 2.0-Notation

Abbildung 7.22 stellt Komponenten des Portals von „MyPortal" mit Hilfe der Ball-and-Socket-Notation der UML 2.0 dar. Den Assembly-Konnektoren der Komponenten „Sales-SystemMgmt", „Auftragsbearbeitung" und „BillingSystemMgmt" ist beispielhaft eine Vertragsbeziehung als Kollaboration zugeordnet. Wir wollen uns eine solche Vertragsbeziehung anhand eines Zustandsübergangs und eines protokollbasierten Zustandsautomaten für die Schnittstelle „SKunde" der Komponente „Kunde" genauer anschauen.

Zustandsübergang für „MyPortal"

Wir hatten die Schnittstelle „SKunde" anhand eines Nutzungs-Vertrages bzw. -Protokolls spezifiziert. Dazu hatten wir die OCL zur Beschreibung genutzt. Mit der UML 2.0 ist es möglich, einer Schnittstelle protokollbasierte Zustandsübergänge zuzuordnen. Wir können damit einen Nutzungs-Vertrag wie in Abbildung 7.23 als Zustandsübergang (protocol transition) darstellen. Die Bedingungen (B1 und B2) definieren den Zustand der Schnittstelle vor bzw. nach Ausführung der Operation „getKundenAkte()". B1 entspricht der Vorbedingung, B2 der Nachbedingung. Der Zustandsübergang sagt nun aus, dass wenn die Komponente „Kunde" sich im Zustand 1 unter der Bedingung B1 befindet und die Operation „getKundenAkte()" aktiviert wird, sich der Zustand 2 mit der Bedingung B2 einstellt. Damit haben wir eine übersichtliche grafische Darstellung von Nutzungsverträgen, die an Anschlüsse (ports) gekoppelt sind.

Abbildung 7.23: Zustandsübergang der Schnittstelle „SKunde"

Protokollbasierter Zustandsautomat für „MyPortal"

Darüber hinaus kann ein Schnittstellen-Protokoll in Gestalt eines protokollbasierten Zustandsautomaten definiert werden (siehe auch Anhang 13.2). Ein solcher protokollbasierter Zustandsautomat spezifiziert, welche Operationen der Komponenten unter welchen Bedingungen und in welchem Zustand aktiviert werden können. Es werden die Reihenfolgen der Operationen spezifiziert und die Zustände, in denen sich die Komponente jeweils befindet.

Abbildung 7.24 stellt einen solchen Zustandsautomaten für die Komponente „Kunde" der Schnittstelle „SKunde" dar. Das Schlüsselwort {protocol} kennzeichnet den Zustandsautomaten als protokollbasiert. Einzelne Zustandsübergänge müssen immer einem protokollbasierten Zustandsautomaten zugeordnet werden können. Ein protokollbasierter Zustandsautomat definiert die Nutzungsart der Operationen einer Komponenten-Schnittstelle, indem er

- Kontext (welche Bedingungen und Zustände),
- Reihenfolge und
- Ergebnis

spezifiziert.

Das Nutzungsprotokoll einer Schnittstelle muss der Spezifikation eines protokollbasierten Zustandsautomaten entsprechen. Wir haben damit einen Nutzungsvertrag für die Schnittstelle „SKunde" definiert.

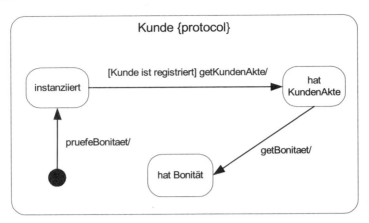

Abbildung 7.24: Protokollbasierte Zustandsautomat für Komponente „Kunde"

Wir sind somit in der Lage, die Interaktion von Komponenten auf Vertragsebene sowohl semantisch mit Mitteln der OCL als auch grafisch mit Mitteln der UML zu spezifizieren. Die OCL dient einer detaillierten Spezifikation vertraglicher Vereinbarungen in Gestalt von Vor- und Nachbedingungen eines Nutzungsvertrages, wogegen protokollbasierte Zustandsautomaten mit einzelnen Zustandsübergängen überwiegend dazu dienen, die Reihenfolge der Operationen und Zustände darzustellen.

> Nutzen Sie OCL zur semantischen Spezifizierung vertraglicher Vereinbarungen.
>
> Nutzen Sie protokollbasierte Zustandsautomaten zur Darstellung der Reihenfolge von Operationen und Zuständen.

7.4.6 White-Box-Sicht auf das Sales-System von „MyPortal"

Abbildung 7.25 stellt das Sales-System – als komplexe Komponente in UML 2.0-Notation – mit einigen seiner Komponenten in einer White-Box-Sicht dar. Es sind Anschlüsse (ports) „Auftragseingang", „Billing" und „Bestand" erkennbar, an die Schnittstellen des Sales-Systems andocken können, um mit Clients und weiteren Systemen zu interagieren. Delegations-Konnektoren verbinden die Ports mit den Schnittstellen der Komponenten (siehe auch Abschnitt 13.2).

Diese Art der Darstellung mit Ports und Konnektoren stellt die Interaktionsmechanismen eines Business-Systems mit Businesskomponenten im Innern eines Systems übersichtlich dar. Zusammen mit den vertraglichen Vereinbarungen zwischen Komponenten in Form von OCL-Statements und protokollbasierten Zustandsautomaten haben wir damit die Systeme und Komponenten aus statischer und dynamischer Sicht spezifiziert. Um jedoch die Kommunikationsarten zwischen Komponenten noch besser bzw. auch eleganter spezifizieren zu können, werden wir uns diese in Abschnitt 7.4.7 genauer anschauen.

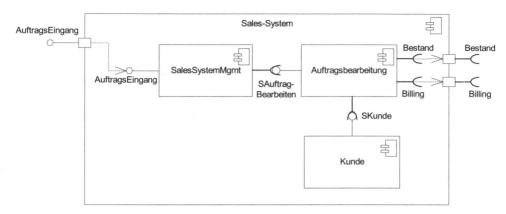

Abbildung 7.25: White-Box-Sicht auf das Sales-System in UML 2.0-Notation

7.4.7 Kommunikation von Komponenten

Ein nächster Schritt im Zusammenhang mit der Spezifikation der Komponenten ist, zu überlegen, welche Architekturmuster (Patterns) berücksichtigt werden können. Bevor wir aber festlegen, welche Patterns für unser Unternehmensportal sinnvoll sein können, wollen wir uns die verschiedenen Kommunikationsarten und Interaktionsmodi zwischen Komponenten anschauen.

Im Kontext der Kommunikation mehrerer Komponenten und Systeme miteinander können sowohl verschiedene Interaktionsmodi als auch verschiedene Arten der Kommunikation unterschieden werden.

- Unter Kommunikationsart wird die Art der Kommunikation mehrerer Komponenten bzw. Systeme untereinander verstanden.
- Ein Interaktionsmodus bezieht sich auf die bilaterale Interaktion zweier Komponenten bzw. Systeme.

In den folgenden Abschnitten gehen wir auf die Kommunikationsarten und Interaktionsmodi näher ein.

Kommunikationsarten

Die wichtigsten Arten der Kommunikation, die mit Hilfe entsprechender Architekturmuster bzw. Patterns realisiert werden, sind:

- Peer-to-Peer
- Master-Slave
- Koordinierte Kommunikation
- Point-to-Point
- Publish/Subscribe
- Push/Pull

Peer-to-Peer-Kommunikation

Die Peer-to-Peer-Kommunikation ist die technisch am einfachsten umzusetzende Art der Kommunikation. Jede Komponente bzw. jedes System kann mit jeder anderen Komponente bzw. jedem anderen System interagieren und Informationen austauschen (siehe Abbildung 7.26). Diese Art der Kommunikation birgt aufgrund der vielen Freiheitsgrade eine hohe technische Komplexität. Denn jede einzelne Kommunikationsrichtung muss entwickelt und natürlich auch entsprechend getestet, installiert und gewartet werden. Nicht zuletzt führt dies zu erhöhten Kosten durch erhöhte Realisierungs- und Anpassungsaufwände.

▸ Forwarder-Receiver-Pattern

Im Kontext der Peer-to-Peer-Kommunikation ist das Forwarder-Receiver-Pattern hilfreich, welches eine transparente Kommunikation verschiedener Systeme ermöglicht; siehe hierzu auch [Bus 98].

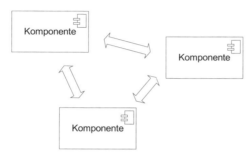

Abbildung 7.26: Peer-to-Peer-Kommunikation

Master-Slave-Kommunikation

Die Master-Slave-Kommunikation ist der Peer-to-Peer-Kommunikation in gewisser Hinsicht überlegen. In diesem Kommunikationsmodus ist der Master der allein agierende Part und der Slave der Bereitsteller seiner Dienste.

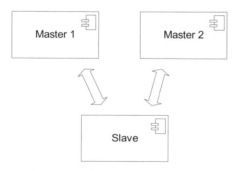

Abbildung 7.27: Master-Slave-Kommunikation

Die Master-Slave-Kommunikation – im Sinne einer One-to-many-Kommunikation umgesetzt – ist in Abbildung 7.27 dargestellt.

Bezogen auf unser Unternehmensportal wären die Kunden die Master dieses Systems, die von außen via Mobiltelefon oder via Web-Interface Aufträge tätigen oder Nachrichten schicken. Das Portal ist der Slave, der seine Dienste anbietet und so lange bereit steht, bis der Kunde die Kommunikation mit dem System beendet oder abbricht. Paradoxerweise sind bei diesem Beispiel die Master in der Überzahl und die Clients in der Unterzahl, da viele Master mit einem Client kommunizieren können.

▶ Master-Slave-Pattern

Es ist aber auch möglich, eine Master-Slave-Kommunikation im Sinne eines Masters zu realisieren, der an viele Clients Arbeit verteilt und die Ergebnisse der Clients entsprechend aufbereitet. Siehe hierzu auch das Master-Slave-Pattern in [Bus 98].

Koordinierte Kommunikation

Bei einer koordinierten Kommunikation wird die Kommunikation der Systeme untereinander mit Hilfe eines alle anderen Systeme koordinierenden Systems getätigt. D.h. eine separate Komponente oder ein separates System regelt den Informationstransfer zwischen diesen Komponenten bzw. Systemen. Diese koordinierende Größe kann ein Business-System, eine Businesskomponente oder beispielsweise eine verteilbare Komponente sein, die entsprechende Design Patterns umsetzend andere Systeme koordiniert.

▶ Facade-Pattern

Abbildung 7.28 veranschaulicht diese Kommunikationsart. Siehe hierzu zum Beispiel das Service Locator-Pattern oder das Session Facade-Pattern in [Alu 01].

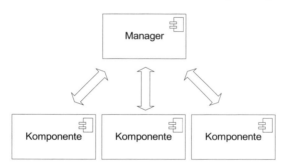

Abbildung 7.28: Koordinierte Kommunikation

Wir werden zeigen, wie die koordinierte Kommunikation im Kontext unseres Portals „MyPortal" anhand des Facade-Patterns umgesetzt werden kann.

Point-to-Point-Kommunikation

Bei einer Point-to-Point-Kommunikation wird eine Nachricht einer bestimmten Warteschlange zugeordnet. Aus dieser holen sich die Clients ihre Nachrichten ab. Nachrichten werden der Warteschlange (Queue) entnommen oder sie verfallen nach einem gewissen Zeitraum.

Eine Point-to-Point-Kommunikation weist die folgenden Charakteristika auf:

- Jede Nachricht hat nur einen Empfänger.
- Der Empfänger meldet den erfolgreichen Empfang einer Nachricht.
- Es gibt zwischen Sender und Empfänger keine zeitlichen Abhängigkeiten.

Abbildung 7.29 veranschaulicht die Point-to-Point-Kommunikation:

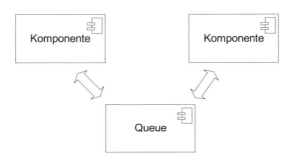

Abbildung 7.29: Point-to-Point-Kommunikation

Eine Point-to-Point-Kommunikation ist immer dann sinnvoll, wenn eine Nachricht immer genau von einem Empfänger erhalten werden soll.

Publish/Subscribe-Kommunikation

Der Publish/Subscribe-Mechanismus regelt eine auf Themengebiete ausgerichtete Kommunikation. Publish- und Subscribe-Komponenten können sich einer sog. Content-Hierarchie zuordnen. Diese Zuordnung erfolgt anonym. Der Publish/Subscribe-Mechanismus regelt den automatisierten Versand von Nachrichten an die für dieses Themengebiet registrierten Subscribe-Komponenten (siehe Abbildung 7.30).

Die Publish/Subscribe-Kommunikation weist die folgenden Charakteristika auf:

- Jede Nachricht hat mehrere Konsumenten (Subscribers).
- Es existiert eine Zeit-Abhängigkeit zwischen Publisher und Subscriber: Ein Subscriber kann Nachrichten erst erhalten, nachdem er sich für ein spezifisches Thema registriert hat; er muss zum Erhalt von Nachrichten aktiv bleiben.

▸ Java Message Service

Eine solche Publish/Subscribe-Kommunikation ist z.B. im Java Message Service von Sun Microsystems zur asynchronen Kommunikation von Komponenten umgesetzt worden (siehe Abschnitt 8.2.7).

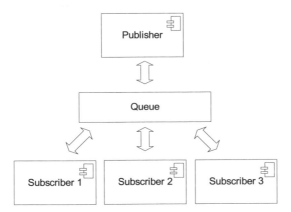

Abbildung 7.30: One-to-many-Kommunikation mittels Publish/Subscribe-Mechanismus

Push/Pull-Kommunikation

Push/Pull-Kommunikation wird im Kontext lose gekoppelter Komponenten verwendet, die z.B. auf der Basis des Publish/Subscribe-Mechanismus kommunizieren.

▸ Observer-Pattern

Bei Nutzung des Push-Modells sendet eine Komponente eine Reihe anderer Komponenten ereignisbasiert (Änderung eines Zustands) Informationen zu, egal ob die anderen Komponenten diese Informationen empfangen wollen oder nicht. Beim Pull-Modell werden hingegen Informationen explizit abgefragt. Eine ereignisbasierte Änderung eines Zustandes wird von einer Publisher-Komponente nur angekündigt, die Subscriber-Komponente holt sich (pull) die Detailinformationen. Siehe hierzu z.B. das Observer-Pattern in [Gam 95].

Kombination verschiedener Kommunikationsarten

Im Kontext eines Business-Domains ist auch eine Art der Kommunikation zwischen Business-Systemen denkbar, wo keine Bindung der Systeme an eine einzige Art der Kommunikation stattfindet, sondern wo stattdessen verschiedene Kommunikationsarten kombiniert werden. Z.B. könnte ein Administrator-System als Master-System einen Prozess anstoßen, der eine Anfrage an ein Billing-System als Slave-System tätigt („Nenne mir für Kundenstamm xy die Umsätze aller Konten der letzten 90 Tage"), wobei diese Anfrage dazu führt, dass verschiedene Systeme im Hintergrund im Sinne einer koordinierten Kommunikation Informationen austauschen; d.h. Informationen verschiedener Konten werden an einen Informations-Manager des Slave-Systems geliefert, um diese Informationen zurück an den Master zu liefern.

Synchrone und asynchrone Kommunikation

Komponenten können synchron und asynchron untereinander kommunizieren. Folgende Kommunikationsarten werden meist synchron genutzt:

- Peer-to-Peer
- Master-Slave
- Koordinierte Kommunikation

Die koordinierte Kommunikation wird uns als Facade-Pattern im Kontext unseres Portals „MyPortal" wiederbegegnen (siehe Abschnitt 7.4.8).

Folgende Kommunikationsarten werden asynchron genutzt:

- Push/Pull
- Publish/Subscribe
- Point-to-Point

Die Publish/Subscribe-Kommunikation ist ein Beispiel der Nutzung einer asychronen Kommunikation im Sinne einer Push/Pull-Kommunikation. Im Kontext der Integration von J2EE-konformer Systeme an unserem Portal „MyPortal" werden wir auf die Publish/ Subscribe- und die Point-to-Point-Kommunikation zurückkommen (siehe Abschnitt 8.2.7).

Entscheidend ist, je nach Art der Kommunikation geeignete Patterns zu nutzen. Patterns bilden komplexe Zusammenhänge auf einfache und elegante Art und Weise ab. Siehe hierzu die weiterführende Literatur in Abschnitt 7.5.

Nutzen Sie geeignete Patterns zur Kommunikation der Komponenten und Systeme.

Interaktionsmodi

Die verschiedenen Arten der Kommunikation von Komponenten und Systemen benutzen zum Informationstransfer verschiedene Interaktionsmodi. Unter Interaktionsmodus wird die Art und Weise des bidirektionalen Informationstransfers zwischen zwei Komponenten bzw. Systemen verstanden. Die fünf wichtigsten Interaktionsmodi sind:

- integrierte
- Brücken-basierte
- Bus-basierte
- Pipe and Filter
- Shared Repository

Integrierte Interaktion

Der integrierte Interaktionsmodus basiert auf einer oder mehreren Schnittstellen zwischen zwei verschiedenen Systemen, die in Gestalt sog. Adapter realisiert werden. Für Systeme, die ursprünglich nicht für ein Zusammenspiel konzipiert waren, können Adapter konstruiert werden, die eine für die spezifische Art des Informationstransfers ausgerichtete Interaktion ermöglichen. Ein Adapter ist ein außen auf ein System angebrachtes Stück Software, welches Interoperabilität zu einem anderen System herstellt. Ein Adapter betrachtet ein System oder eine Komponente aus Black-Box-Sicht und wird vom Hersteller der Komponente bzw. des Systems oder von Dritten – nach der Entwicklung des Systems bzw. der Komponente – entwickelt. Abbildung 7.31 veranschaulicht diesen Interaktionsmodus.

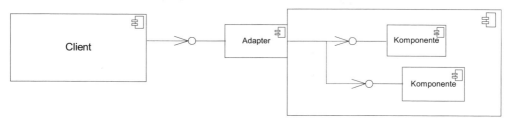

Abbildung 7.31: Integrierte Interaktion

Die Nutzung von Adapter-Komponenten dient u.a. auch der Anbindung existierender Legacy-Systeme oder bestehender Komponenten (siehe auch Abbildung 8.11).

▸ Adapter-Pattern

Das Adapter-Pattern, welches in [Gam 95] beschrieben ist, stellt eine denkbare Umsetzung der integrierten Interaktion dar. Es sollte dann genutzt werden, wenn Schnittstellen von Komponenten und Systemen nicht zueinander kompatibel sind.

Brücken-basierte Interaktion

Bei der Brücken-basierten Interaktion wird eine Brücke zum Informationsaustausch zwischen zwei Systemen genutzt. D.h., eine Brücke, die ein spezifisches Format nutzt, wird an die beiden Systeme angedockt. Die Verbindung zwischen Brücke und System erfolgt über Adapter. Die Brücke selbst besitzt keinerlei Verhalten, sie definiert nur die zulässigen Formate und Protokolle. Der Unterschied zum integrierten Interaktionsmodus ist, dass die Brücke die Formate und Protokolle vorschreibt, wogegen dies bei der integrierten Interaktion spezifisch gelöst werden muss. Sie kann daher auch als Standardisierungs-Mechanismus eingesetzt werden, der dazu beitragen kann, eine Flut an verschiedenen Adaptern auf gewisse Standards zuzuschneiden.

Abbildung 7.32 veranschaulicht die Brücken-basierte Kommunikation.

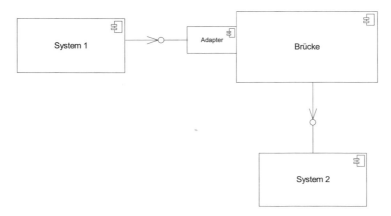

Abbildung 7.32: Brücken-basierte Interaktion

Kommunikation von CORBA- und EJB-Komponenten

Ein Beispiel einer Brücke ist in Abschnitt 10.3.5 im Kontext der Kommunikation von CORBA-Komponenten mit EJB-Komponenten dargestellt.

▸ Bridge-Pattern

Das Bridge-Pattern, welches in [Gam 95] beschrieben ist, stellt eine Umsetzung der Brücken-basierten Interaktion dar. Eine Brücke sollte man verwenden, wenn z.B. unterschiedliche Standards aufeinander abgebildet werden.

Bus-basierte Interaktion

Bei der Bus-basierten Interaktion wird der Informationsfluss über einen Bus gerichtet. Dieser Bus ist eine Infrastruktur, die beiden Systemen gemeinsam ist. D.h. die Adapter der beiden Systeme dienen dazu, ihre systemspezifischen Formate und Protokolle an die Formate und die Protokolle des Busses anzupassen. Abbildung 7.33 veranschaulicht eine busbasierte Interaktion zwischen Komponenten.

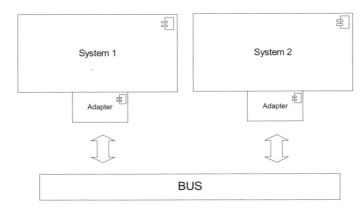

Abbildung 7.33: Bus-basierte Interaktion

Pipe and Filter

Bei einer Pipe-and-Filter-Interaktion wird der Input, der einer Komponente übertragen wird, verarbeitet und der Output einer anderen Komponente zur Weiterverarbeitung übermittelt. Abbildung 7.34 veranschaulicht den Pipe-and-Filter-Interaktionsmodus. Diese Art der Interaktion wird z.B. zwischen Komponenten eines Workflows genutzt, wo Input von einer Komponente verarbeitet wird und der von ihr erzeugte Output an eine nächstfolgende Komponente (je nach Workflow-Logik) weitergeleitet wird. Der steuernde Ablauf zwischen solchen Workflow-Komponenten wird jedoch mit Hilfe geeigneter Workflow-Engines bzw. Prozess-Komponenten geregelt.

Abbildung 7.34: Pipe-and-Filter-Interaktionsmodus

Shared Repository

Ein Repository dient den Komponenten als Datenspeicher. Auf diesen Datenspeicher kön-
nen die Komponenten zugreifen. Abbildung 7.35 veranschaulicht den Shared-Repository-
Interaktionsmodus. Eine erweiterte Variante dieses Interaktionsmodus ist die Point-to-
Point-Kommunikation und die Publish/Subscribe-Kommunikation zwischen Komponenten.

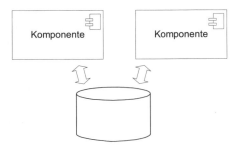

Abbildung 7.35: Shared Repository

Ein weiterer Interaktionsmodus zwischen zwei Komponenten ist eine koordinierte Interaktion, die mit der koordinierten Kommunikationsart mehrerer Komponenten übereinstimmt.
Die Kommunikationsarten und die Interaktionsmodi, wie sie oben beschrieben wurden,
sind teilweise orthogonal zueinander. So kann z.B. eine Master-Slave-Kommunikation sowohl als Brücken-basierte als auch als integrierte oder als koordinierte Interaktion realisiert
werden.

UML-Kollaboration

Die Kommunikationsarten und Interaktionsmodi lassen sich als UML-Kollaborationen visualisieren. Abbildung 7.36 veranschaulicht beteiligte Komponenten am Beispiel des Observer-Patterns. Der Name des Patterns ist in der gestrichelten Ellipse oberhalb einer gestrichelten Linie dargestellt. Die an der Kollaboration beteiligten Rollen sind mittels Konnektoren verbunden.

Eine Kollaboration dient der Darstellung beteiligter kooperierender Rollen einer oder mehrerer Teile (parts). Kollaborationen können mehrstufige Verschachtelungen aufweisen. So
kann z.B. das Observer-Pattern als Teil einer größeren Kollaboration fungieren. Die Interaktion beteiligter Komponenten kann aus dynamischer Sicht mittels UML-Sequenz- und
Kollaborationsdiagrammen veranschaulicht werden; siehe u.a. [UML 02], [Gam 95] und
[Bus 98].

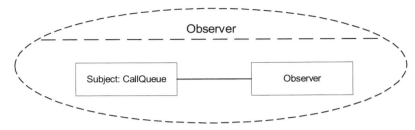

Abbildung 7.36: Observer-Pattern als UML-Kollaboration

7.4.8   Pattern für das Unternehmensportal „MyPortal"

Wir untersuchen die Nutzung eines Patterns zur Spezifikation einer generischen Schnittstelle zum Sales-System. Mit der Komponente „Sales-System-Manager" haben wir eine Komponente des Systems „Sales-Manager" konzipiert, die eine System-Schnittstelle „SSales-SystemMgmt" nach außen liefert (siehe auch Abbildung 7.17). Die Aufgabe der Komponente ist die Bündelung verschiedener Aufrufe von Clients. Verschiedene Prozesskomponenten – eine davon ist z.B. die Komponente „Auftragsbearbeitung" – können von der Komponente „Sales-System-Manager" aktiviert werden. Ein geeignetes Pattern zur Umsetzung dieser zentralen Bündelung ist „Facade" (siehe [Gam 95] und [Alu 01]).

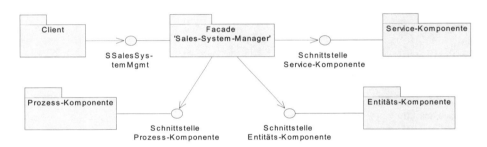

Abbildung 7.37: Facade Pattern

Abbildung 7.37 veranschaulicht das Facade-Pattern. Ein Client – z.B. ein Warenkorb – ruft die Komponente „Sales-System-Manager" auf, die ihrerseits verschiedene andere Prozess-bzw. Entity- oder auch Service-Komponenten aufruft. Die Facade-Komponente weiß, welche anderen Komponenten für einen Request aufzurufen sind und delegiert diesen Request an die entsprechenden Komponenten. Einem Client bleiben die aktivierten Komponenten jedoch verborgen, auch muss er sich nicht um die komplexen Interaktionen der Komponenten untereinander kümmern.

Vorteile der Nutzung des Facade-Patterns:

- Den Clients werden nur die wirklich benötigten Schnittstellen-Inhalte zur Verfügung gestellt, und somit die Abhängigkeiten zum Sales-System minimiert.
- Es ermöglicht eine schwache Kopplung zwischen dem Sales-Management-System und seinen Clients. Dadurch ist ein Austausch von Komponenten des Sales-Systems einfa-

cher möglich, und Client- und Sales-System können unabhängig voneinander entwickelt werden.

Das Facade-Pattern kann auf zweierlei Art genutzt werden:

* Als „Remote Facade" (siehe [FOW 03]), wobei die Facade als bloße Schnittstelle für eine Anzahl weiterer Objekte bzw. Komponenten dient und über keinerlei Businesslogik verfügt.
* Als „Session Facade" (siehe [Alu 01]), wobei die Facade als Session Bean über ihre Schnittstellenfunktionalität hinaus meist auch dazu dient, mehrere Entity Beans zu koordinieren und dabei über Business-Logik verfügt, z.B. über Workflow-Logik.

Streng genommen sollte man von einer „Facade" nur dann sprechen, wenn sie wie bei der „Remote Facade" über keinerlei Businesslogik verfügt, d.h. eine reine Fassade bzw. Schnittstelle zu einer Reihe von weiteren Objekten bzw. Komponenten darstellt. Entscheidend ist, dass dem Nutzer einer Facade verborgen bleibt, wie die Objekte bzw. Komponenten hinter der Facade zusammenarbeiten. Damit wird eine schwache Kopplung zwischen dem Nutzer der Facade und der hinter ihr verborgenen Objekte bzw. Komponenten gewährleistet.

Wir wollen das Facade-Pattern in unserem Unternehmensportal „MyPortal" im Sinne einer „Remote Facade" nutzen, denn wir verfügen u.a. über Prozess-Komponenten, wo wir benötigte Business-Logik wie bspw. Workflow-Logik entsprechend umsetzen können.

> **Setzen Sie Architekturmuster gezielt ein.**

Nutzen Sie existierende Architekturmuster und setzen Sie sie gezielt ein. Damit können Sie komplexe Zusammenhänge auf elegante und einfache Art und Weise lösen.

7.5 Weiterführende Literatur

[Alu 01]   Deepak Alur, John Crupi, Dan Malks: *Core J2EE Patterns*, Sun Microsystems Press 2001

[Bus 98]   Frank Buschmann, Regine Meunier, Hans Rohnert, Peter Sommerlad, Michael Stal: *Pattern-orientierte Software-Architektur*, Addison-Wesley 1998.

[Che 01]   John Cheesman, John Daniels: *UML Components*, Addison-Wesley 2001

[Des 99]   Desmond F. D'Souza, Alan C. Wills, *Objects, Components, and Frameworks with UML*, Addison-Wesley 1999

[Fay 98]   Mohamed Fayad, Douglas Schmidt, Ralph Johnson: *Building Application Frameworks*, Wiley 1998

[FaJ 99]   Mohamed Fayad, Ralph Johnson: *Domain-Specific Application Frameworks*, Wiley 1999

[Fay 99]   Mohamed Fayad, Douglas Schmidt, Ralph Johnson: *Implementing Application Frameworks*, Wiley 1999

[Fow 03]   Martin Fowler: *Patterns of Enterprise Application Architecture*, Addison Wesley 2003

[Gam 95]   Erich Gamma, Richard Helm, Ralph Johnson, John Vlissides, *Design Patterns*, Addison-Wesley 1995

[Her 00]   Peter Herzum, Oliver Sims: *Business Component Factory*, John Wiley & Sons 2000

[Mey 97]   Bertrand Meyer: *Object Oriented Software Construction*, Prentice Hall 1997

[War 99]   Jos Warmer, Anneke Kleppe: *The Object Constraint Language, Addison-Wesley* 1999

8 Komponenten der Anwendungs-Architektur

- Über welche Schichten sollte ein Komponenten-System verfügen?
- Wie sind die Schichten untereinander gekoppelt?
- Wie können Business-Systeme effizient integriert werden?
- Wie können Legacy-Systeme integriert werden?
- Wie führt man eine Integration auf der Basis von XML durch?
- Welche Komponenten sind dabei zu implementieren?
- Wie implementiert man Komponenten auf der Basis eines Komponenten-Modells?

Die Anwendungs-Architektur dient der Umsetzung der Komponenten-Spezifikationen der Referenz-Architektur in Gestalt von EJB-, COM+-, .NET- bzw. Corba-Komponenten oder auf der Basis anderer Komponenten-Standards. Die Referenz-Architektur wird erweitert um Darstellungen der Schichtenarchitekturen (N-Tier-Architekturen), Spezifikationen der zu integrierenden Systeme (z.B. Integrationen auf der Basis von XML), der Spezifikation der Art der Datenbankanbindung und der Besonderheiten eines Komponentenmodells. Dabei ist es möglich – jedoch in der Praxis weniger üblich –, Teile einer Spezifikation für eine Umsetzung mittels EJB-Komponenten und andere für eine Umsetzung als COM+-Komponenten zu nutzen.

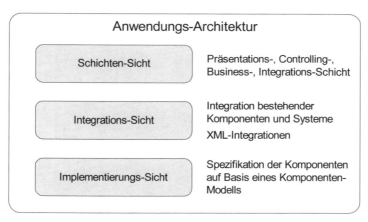

Abbildung 8.1: Anwendungs-Architektur

Die Anwendungs-Architektur setzt sich aus einer

- Schichten-Sicht,
- Integrations-Sicht und
- Implementierungs-Sicht

zusammen. Ihre gemeinsame Abstraktionsebene ist die Zuordnung zu einem oder mehreren spezifischen Komponenten-Modellen, aber die Unabhängigkeit von einem spezifischen System-Umfeld. Die Integration bestehender Systeme und die Anbindung an Datenbanken wird generisch spezifiziert, so dass z.B. konkrete Datenbanken oder spezifische Applikations-Server austauschbar sind. Abbildung 8.1 veranschaulicht die Sichten und Artefakte der Anwendungs-Architektur.

Die Artefakte der Anwendungs-Architektur werden anhand des Realisierungs-Workflows erarbeitet. Der Realisierungs-Workflow umfasst die Schichten-, Integrations- und Implementierungs-Sicht. Die Aktivitäten des Realisierungs-Workflows sind der Abbildung 8.2 zu entnehmen.

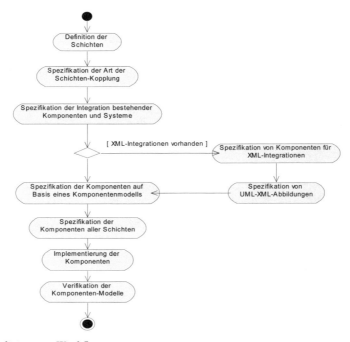

Abbildung 8.2: Realisierungs-Workflow

In den folgenden Abschnitten wollen wir auf die Sichten der Anwendungs-Architektur genauer eingehen.

8.1   Schichten-Sicht

Kontext

Eine Schichten-Architektur dient der Trennung von Zuständigkeiten und einer losen Kopplung der Komponenten. Sie unterteilt ein Software-System in mehrere horizontale Schichten, wobei das Abstraktionsniveau der einzelnen Schichten von unten nach oben zunimmt. Eine jede Schicht bietet der über ihr liegenden Schicht Schnittstellen an, über die diese auf sie zugreifen kann. Komponenten von Anwendungs-Systemen, die in Schichten unterteilt sind, können transparent auf Komponenten niedrigerer Schichten zugreifen. Abbildung 8.3 veranschaulicht die Schichten-Sicht im Kontext des Architektur-Frameworks.

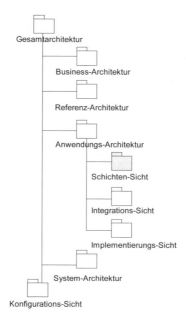

Abbildung 8.3: Schichten-Sicht im Kontext des Architektur-Frameworks

Input-Artefakte

Existierende Schichten-Architekturen, Komponenten-Modelle, Architekturspezifikationen spezifischer Komponenten-Standards (J2EE, CORBA, COM+, .NET), Anforderungen an die Architektur, Artefakte der Referenz-Architektur.

Output-Artefakte

Schichten-Architektur des Komponenten-Systems. Darstellung der Schichten als UML-Packages. Darstellung der Kopplung von Schichten mittels Architekturmuster in Form von UML-Kollaborationen und UML-Interaktions- und/oder Aktivitätsdiagrammen.

Projektbeteiligte

Software-Architekt, System-Architekt, Komponenten-Entwickler.

Aktivitäten

- Definition der Schichten
- Spezifikation der Art der Kopplung der Schichten
- Zuordnung der Komponenten zu den Schichten

Bevor wir näher auf die Aktivitäten zur Definition der Schichten eingehen, sollen die Vorteile einer solchen Schichten-Architektur nochmals herausgestellt werden.

Vorteile von Schichten-Architekturen

- Schichten-Architekturen gruppieren Komponenten ähnlicher Funktionalität und machen komplexe Systeme handhabbar.
- Entwickler können sich bei der Entwicklung ihrer Artefakte vollständig auf die ihrer Schicht zugeordnete Funktionalität konzentrieren.
- Eine Schichten-Architektur reduziert die Abhängigkeiten zwischen den einzelnen Software-Komponenten.
- Eine lose Kopplung der Schichten ermöglicht eine einfache Wartung, Weiterentwicklung und Wiederverwendung von Komponenten.
- Eine Gruppierung von Komponenten in verschiedene lose gekoppelte Schichten gewährleistet u.a. auch eine nachträgliche Integration weiterer Schichten: z.B. in Gestalt einer sicherheitsrelevanten Schicht, um Komponenten für Autorisierungs-Zwecke oder zur Verschlüsselung einzufügen.
- Schichten ermöglichen eine vereinfachte Erweiterbarkeit des Systems: Die Businesslogik und die technische Infrastruktur können voneinander abgekoppelt, angepasst oder erweitert werden.
- Die Ausfallsicherheit eines Systems, welches in mehreren Schichten angeordnet ist, wird verbessert, die Lastverteilung kann einfacher organisiert werden, und die Skalierbarkeit des Systems bleibt gewährleistet.

> Nutzen Sie lose gekoppelte Schichten für den Aufbau effizienter Komponenten-Architekturen.

Definition der Schichten des Portals „MyPortal"

Zur Realisierung der Komponenten unseres Portals soll uns gemäß der im Business Case formulierten Anforderungen (siehe Abschnitt 6.3) die J2EE-Spezifikation als Grundlage dienen.[44] In Anlehnung an die J2EE-Schichten-Architektur definieren wir für das Portal „MyPortal" die folgenden Schichten:

- Präsentations-Schicht
- Controlling-Schicht
- Business-Schicht
- Integrations-Schicht

Abbildung 8.4 stellt diese verschiedenen Schichten dar.

Präsentations-Schicht

Die Präsentations-Schicht stellt die Schnittstelle zum Nutzer dar, z.B. in Gestalt eines Web-Clients oder eines WAP-Clients in Gestalt eines Handy-Displays. Sie dient der Interaktion mit dem Nutzer, stellt dem Nutzer Informationen bereit, die ihm vom System zur Verfügung gestellt werden. Die Präsentations-Schicht kann u.a. durch WML-Seiten, HTML-Seiten, Java-Applets oder Java-Anwendungen realisiert werden. Sie verwaltet einfache Darstellungslogik, die für die Aufbereitung und die Darstellung von Informationen der Präsentations-Schicht benötigt wird.

---

[44] Eine Beschreibung der J2EE-Spezifikation ist in Kapitel 10 zu finden.

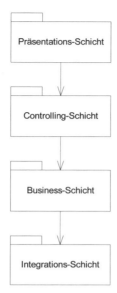

Abbildung 8.4: Schichten des Komponenten-Systems „MyPortal"

Controlling-Schicht

Die Controlling-Schicht verwaltet komplexe Ablauflogik, die für die Aufbereitung und die Darstellung von Informationen der Präsentations-Schicht benötigt wird. Die Controlling-Schicht entspricht dem Web Tier der J2EE-Architektur, aber die Bezeichnung beinhaltet nicht, dass sie nur Darstellungslogik bzw. Dialoglogik eines Web-Servers ausführen kann. Die Controlling-Schicht nimmt Informationen von Nutzern entgegen, die an diese von der Präsentations-Schicht übermittelt werden. Sie generiert Antworten auf die Nutzereingaben, z.B. durch Informationen die sie von der zugrunde liegenden Business-Schicht erhält. Die Controlling-Schicht kann z.B. in Gestalt von Servlets und JavaServer Pages oder EJB-Komponenten realisiert werden.

Ein weiterer Aufgabenbereich, der der Controlling-Schicht zufällt, ist die Verarbeitung komplexer, automatisierter Businessprozesse. Diese werden meist von Prozess-Komponenten wahrgenommen. So fällt z.B. ein Service-Brokering (welcher Service wird von welcher Komponente geliefert) in den Verantwortungsbereich der Controlling-Schicht.

Business-Schicht

Die Business-Schicht verwaltet die eigentliche Geschäftslogik des Systems. Komponenten, die z.B. in Gestalt von Enterprise JavaBeans (EJB) realisiert werden, nehmen Informationen der Controlling-Schicht entgegen, führen Aktivitäten zur Abwicklung eines Geschäftsprozesses aus oder aktivieren Komponenten der Integrations-Schicht. Die Komponenten der Business-Schicht können indirekt vom Nutzer über die Controlling-Schicht, von Komponenten der Integrations-Schicht oder aber von anderen Systemen aktiviert werden.

Die Business-Schicht wird noch in zwei Teilschichten differenziert: in unternehmensweit einsetzbare Businesskomponenten – die in der Regel als Prozess-Komponenten implementiert werden – und in systemspezifische Businesskomponenten, die einem spezifischen Business-System zugeordnet sind (siehe Abbildung 8.5). Die unternehmensweit einsetzbaren Businesskomponenten beinhalten Geschäftslogik, die systemübergreifend und ev. sogar unternehmensübergreifend nutzbar ist. So werden in der unternehmensweiten Business-Schicht z.B. auch beteiligte Business-Systeme aufgerufen. Die systemspezifischen Businesskomponenten agieren nur systemweit, d.h. im Kontext eines Business-Systems.

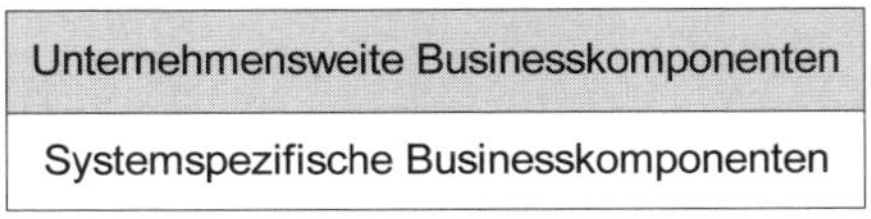

Unternehmensweite Businesskomponenten
Systemspezifische Businesskomponenten

Abbildung 8.5: Unterteilung der Business-Schicht

Integrations-Schicht

Die Integrations-Schicht ist für die Anbindung bestehender Systeme, Datenbanken und für die Nutzung spezifischer Middleware zuständig. Anzubindende Systeme sind z.B. Legacy-Systeme, CRM-Systeme (Customer Relationship Management), EIS-Systeme (Enterprise Information System) oder auch ERP-Systeme (Enterprise Resource Planning).

Kopplungen von Schichten-Architekturen

*   Wie können die Schichten gekoppelt werden?
*   Welche Abhängigkeiten sollen bzw. dürfen sie aufweisen?

Es gibt verschiedene Kopplungs-Varianten von Schichten-Architekturen:

1. In einer *reinen Schichten-Architektur* können einzelne Schichten nur auf die ihr jeweils untergeordnete Schicht zugreifen. Diese reine Schichten-Architektur führt zu den geringsten Abhängigkeiten zwischen den Schichten.

2. In einer *lockeren Schichten-Architektur* gibt es die Möglichkeit des transparenten Zugriffs einer Schicht auf alle ihr untergeordneten Schichten.

3. In einer *stärker gelockerten Schichten-Architektur* kann eine Schicht auch auf die ihr übergeordnete Schicht zugreifen.

4. In einer *vollständig gelockerten Schichten-Architektur* können alle Schichten bidirektional untereinander kommunizieren.

Diese Zunahme an Transparenz ist gekoppelt mit einer Zunahme der Abhängigkeiten, d.h. einer enger werdenden Kopplung. Eine vollständig gelockerte Schichten-Architektur lässt vermuten, dass diese Art der Aufteilung in Schichten entweder der Art der Applikation nicht gerecht wird oder aber dass eine unsaubere Art der Umsetzung vorliegt.

Abbildung 8.6 stellt unterschiedliche Arten der Kopplung von Schichten dar. Eine Top-Down-Transparenz impliziert einen unidirektionalen Zugriff mit loser Kopplung der Schichten, die einen Zugriff entweder nur auf die jeweils untergeordnete Schicht oder aber in einer lockereren Schichten-Architektur Zugriffe auf alle untergeordneten Schichten bedeuten. Dagegen implizieren bidirektionale Zugriffe eine enge Kopplung mit größerer Abhängigkeit der Schichten.

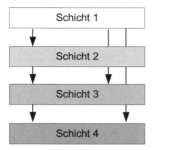
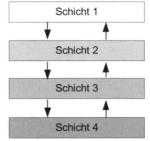

Top-down-Transparenz   Bidirektionale Transparenz

Abbildung 8.6: Kopplung von Schichten

Es ist je nach Applikation zu entscheiden, welche Art von Schichten mit welcher Art der Kopplung für die spezifische Applikation und das System-Umfeld am sinnvollsten ist. Anzustreben ist eine lose Kopplung mit möglichst wenig Abhängigkeiten, da dies die Wartbarkeit des Systems erleichtert. Wenn Änderungen oder Erweiterungen durchzuführen sind, können diese bei einer sauberen Schichten-Trennung in loser Kopplung lokal in den Komponenten einer Schicht getätigt werden. Andererseits können z.B. Performance-Aspekte oder die Integration bestehender Komponenten dazu beitragen, dass eine Lockerung der Schichten-Architektur und damit eine engere Kopplung notwendig wird. Dies mindert die Wartbarkeit, da Änderungen meist in mehreren Schichten durchzuführen sind. Hier sind für jedes Projekt die architektonischen Richtlinien mit den Anforderungen an das System und den Rahmenbedingungen abzustimmen.

> Spezifizieren Sie die Kopplung der Schichten nicht zu locker.

8.1.1 Kopplung der Schichten des Portals „MyPortal"

Wir entscheiden uns bei unserem Portal „MyPortal" für eine lose Kopplung der Schichten im Sinne einer unidirektionalen Transparenz (Variante 2). Damit ist gewährleistet, dass Abhängigkeiten zwischen den Schichten gering bleiben, aber auch ein direkter Zugriff einer höher angesiedelten Schicht auf beliebige untere Schichten aus Gründen der Performanz möglich ist.

- Was passiert, wenn ein Nutzer eine Anforderung über ein Frontend erstellt?
- Wie sind die Präsentations-, Controlling- und Business-Schichten gekoppelt?

Wir wollen die Kopplung der Komponenten unseres Portals an einer einfachen Kunden-Transaktion veranschaulichen:

1. Ein Auftrag wird durch Klick eines Kunden im Web-Frontend erteilt.
2. Ein Servlet verarbeitet die eingehende Anforderung und leitet diese an ein Worker-Bean weiter.
3. Ein Worker-Bean validiert die Syntax und leitet die Anforderung an ein sog. Business Delegate weiter. Das Worker-Bean weiß durch Aktivierung des Business-Delegate um den Nutzer-Workflow und um die Business-Services, die ihm zur Verfügung stehen.
4. Das Business Delegate weiß, welche Anforderung an welche Enterprise Bean zu routen ist.

5. Eine Enterprise Bean der unternehmensweiten Business-Schicht greift ihrerseits auf Services systemspezifischer Businesskomponenten zu.

6. Zur Synchronisierung von Daten der Entity-Beans werden Dienste des EJB-Containers und Datenbank-spezifische Zugriffsmethoden aktiviert.

Umgekehrt würde ein Worker-Bean eine spezifische Java ServerPage generieren, um den Nutzer mit aktualisierten Daten zu versorgen. *Abbildung 8.7* veranschaulicht die Kommunikation der Komponenten.

▸ Service-to-Worker-Pattern

Dabei wird für die Kopplung der Präsentations-, Controlling- und Business-Schicht das „Service-to-Worker"-Pattern genutzt (siehe u.a. [Alu 01]). Die Nutzung eines „Service-to-Worker"-Patterns gewährleistet eine lose Kopplung der Präsentations-, Controlling- und Business-Schicht. Die Rollen der Java ServerPages, Java Servlets und Enterprise Beans können klar voneinander unterschieden werden.

▸ MVC- und DV-Pattern

Im Kontext der Präsentations-, Controlling- und Business-Schicht könnten z.B. auch Standard-Patterns wie Model View Controller (MCV) oder Document View (DV) genutzt werden. Das MVC-Pattern z.B. entkoppelt die Darstellung (View bzw. Präsentationsschicht) von der Datenhaltung (Model bzw. Business-Schicht) und der Ablaufsteuerung (Controller), siehe auch Abschnitt 4.3.

> Verwenden Sie geeignete Patterns zur losen Kopplung Ihrer Schichten.

▸ Skalierbarkeit, Wartbarkeit
und Erweiterbarkeit

Wir hatten schon im Kontext der Spezifikation der Komponenten der Referenz- und der Anwendungs-Architektur gesehen, welche Patterns zur Realisierung lose gekoppelter Komponenten-Schichten genutzt werden können. Mittels einer losen Kopplung der Komponenten optimieren wir sowohl die Skalierbarkeit als auch die Wartbarkeit und Erweiterbarkeit unseres Komponenten-Systems. Komponenten und Systeme einzelner Schichten können einfach ersetzt und Funktionalität in Gestalt neuer Komponenten kann ohne Beeinträchtigung anderer Komponenten bzw. Schichten hinzugefügt werden.

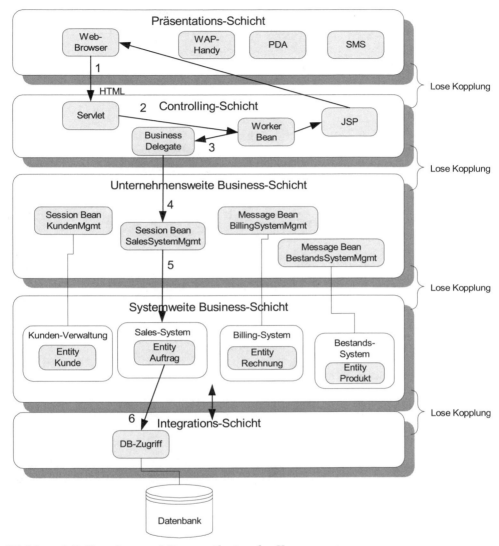

Abbildung 8.7: Kopplung und Kommunikation der Komponenten

8.2   Integrations-Sicht

Kontext

Die Integrations-Sicht spezifiziert anzubindende bzw. zu integrierende Komponenten und Systeme (Web Services, Legacy-Systeme, CRM-Systeme, Datenbanken etc.). Insbesondere werden Integrationen auf der Basis von XML spezifiziert. Abbildung 8.8 veranschaulicht die Integrations-Sicht im Kontext des Architektur-Frameworks.

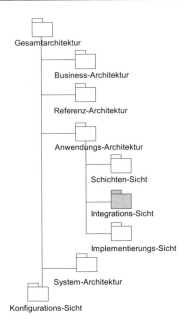

Abbildung 8.8: Integrations-Sicht im Kontext des Architektur-Frameworks

Input-Artefakte

Bestehende Systeme und Komponenten, Fremd-Systeme, Zulieferer, existierende Integrationslösungen, Artefakte der Referenz-Architektur und der Business-Architektur (Anforderungen, Prozesse, Workflows).

Output-Artefakte

Integrationslösungen für bestehende Komponenten und Systeme, Integrations-Lösungen auf der Basis von XML. Darstellung der Komponenten und Systeme als UML-Komponenten.

Projektbeteiligte

System-Architekt, Software-Architekt, Komponenten-Entwickler, System-Administrator.

Aktivitäten

- Assessment existierender Integrations-Lösungen (s. Ist-Analyse im Kontext der Business-Architektur)
- Spezifikation der Integration von Business-Systemen
- Spezifikation der Integration von Legacy-Systemen
- Spezifikation von XML-Integrationen
- Spezifikation von Integrationen mittels Web Services

Abbildung 8.9 veranschaulicht die Use Cases und Aktoren der Integrations-Sicht.

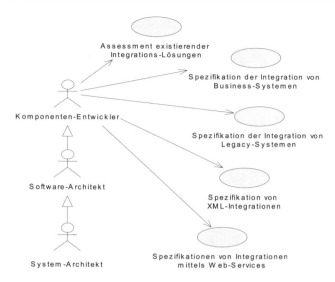

Abbildung 8.9: Use Cases und Aktoren der Integrationssicht

Bevor wir näher auf die Aktivitäten der Integration von Systemen eingehen, wollen wir uns die grundsätzlichen Arten der Integration von Business-Systemen veranschaulichen.

8.2.1 Integration von Business-Systemen

Betrachtet man zwei verschiedene Business-Systeme, die miteinander interagieren möchten, lassen sich verschiedene Arten der Integration ausmachen:

- Black-Box-Integration
- White-Box-Integration
- Glass-Box-Integration
- Extraktion gemeinsamer Komponenten
- Fusion zu einem System

Black-Box-Integration

Bei dieser Art der Integration sieht jedes Business-System jeweils nur eine Anzahl von Schnittstellen, die in Gestalt von Gateways bzw. Adaptern zur Verfügung gestellt werden. Ein Adapter ist eine von außen auf ein System aufgesetzte Schnittstelle. Ein Gateway wird im Innern eines System realisiert (siehe Abbildung 8.11). Wie die Systeme im Innern aufgebaut sind, spielt bei der Black-Box-Integration keine Rolle, solange sie den Schnittstellen-Spezifikationen genügen.

Die Black-Box-Integration zweier Systeme ist äußerst einfach zu realisieren, da lediglich den Schnittstellen-Spezifikationen zwischen den Systemen zu genügen ist. Diese Art der Integration ist die bevorzugte Art der Kommunikation zweier unterschiedlicher Business-Systeme, da Abhängigkeiten voneinander nur über die Schnittstellen-Spezifikationen zwischen den Systemen und nicht über Spezifikationen einzelner Komponenten im Innern der Systeme bestehen.

Abbildung 8.10 veranschaulicht eine solche Black-Box-Integration für eine Online-Konto-Verwaltung, die mit einer Kunden-Verwaltung kommuniziert.

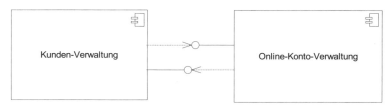

Abbildung 8.10: Black-Box-Integration

Abbildung 8.11 stellt die Umsetzung von Adapter- und Gateway-Komponenten im Kontext der Integration von Business-Systemen dar.

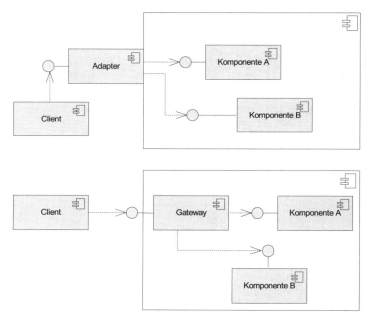

Abbildung 8.11: Adapter- und Gateway-Komponenten

White-Box-Integration

Bei dieser Art der Zusammenarbeit zweier Business-Systeme wird auf das Innenleben eines jeden Business-Systems Bezug genommen. D.h. einzelne Businesskomponenten der verschiedenen Business-Systeme interagieren direkt untereinander.

In Abbildung 8.12 ist eine solche direkte Integration von Komponenten zweier Business-Systeme dargestellt. Das Kunden-Verwaltungssystem greift dabei direkt auf die Businesskomponente „Konto" des Online-Konto-Verwaltungssystems zu.

Diese Art der direkten Integration impliziert, dass beispielsweise im Falle einer Änderung der Schnittstelle der Businesskomponente „Konto" diese Änderung auch in der Businesskomponente „Kunden-Manager" vollzogen werden müsste. Damit sind die beiden Systeme gemeinsam zu warten und zu replizieren. Eine solche Art des Zusammenwirkens zweier unterschiedlicher Systeme sollte aus diesen Gründen möglichst vermieden werden, insbesondere dann, wenn die Systeme von unterschiedlichen Herstellern entwickelt und gewartet werden.

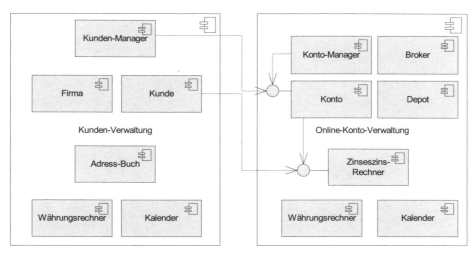

Abbildung 8.12: White-Box-Integration

Glass-Box-Integration

Die Glass-Box-Integration entspricht im Wesentlichen der White-Box-Integration, jedoch verfügen die beteiligten Systeme nur über einen begrenzten Einblick in das Innenleben des jeweils anderen Systems. Das Innenleben lässt sich nicht verändern, d.h. eine eventuell gewünschte Anpassung von Schnittstellen ist nicht – wie bei einer White-Box-Integration – möglich.

Extraktion gemeinsamer Komponenten

Bei der Extraktion gemeinsamer Komponenten werden Komponenten, die in verschiedenen Business-System vorkommen, extrahiert und gemeinsam genutzt. Im Beispiel unserer Kunden- und Online-Konto-Verwaltung wären dies die Komponenten „Kalender" und „Währungsrechner". Abbildung 8.13 veranschaulicht diesen Sachverhalt.

> Kapseln Sie Komponenten, die von mehreren Systemen genutzt werden können, in einem eigenen System.

Die Extraktion gemeinsamer Komponenten ist ein Beispiel für eine gelungene Wiederverwendung von Komponenten über mehrere Business-Systeme hinweg. Redundante, in verschiedenen Business-Systemen verwaltete Komponenten werden isoliert und in einem separaten Business-System untergebracht. Damit entsteht die Möglichkeit der Wiederverwendung der Funktionalität dieser Komponenten von weiteren Business-Systemen. Die gemeinsam genutzten Komponenten werden im Sinne eines funktionalen Busses genutzt.

Die Art des Zusammenwirkens mit Nutzung gemeinsamer Komponenten entspricht dem der White-Box-Interaktion. Es ist aber ebenso denkbar, die Funktionalität dieser Komponenten über Adapter weiteren Business-Systemen im Sinne einer Black-Box-Interoperabilität zur Verfügung zu stellen. Darüber hinaus ist es auch möglich, die gemeinsam genutzten Komponenten in nur einem System – im Sinne einer vollständigen Integration der Komponenten – zu verwalten.

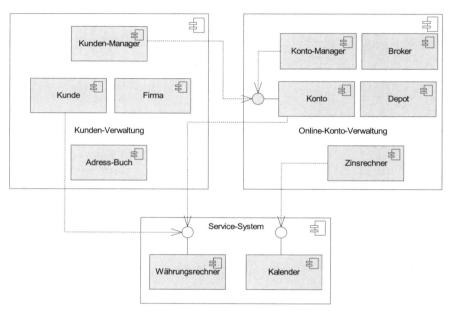

Abbildung 8.13: Extraktion gemeinsamer Komponenten

Fusion von Systemen

Eine Fusion verschiedener Systeme beinhaltet die Nutzung der Komponenten der Systeme in nur einem System. Dies setzt jedoch voraus, dass die beiden unterschiedlichen Business-Systeme ähnlich aufgebaut wurden, d.h. die Kommunikations-Ebenen der beiden Systeme müssen aufeinander abzubilden sein. So müssen Schnittstellen funktionaler Art und Schnittstellen auf Ebene der Entwicklung kompatibel sein, damit das integrierte System wartbar ist. Beispielsweise ist es wenig sinnvoll, EJB-Komponenten mit COM+-Komponenten in einem Business-System gemeinsam zu entwickeln, da diese jeweils sehr verschiedene Entwicklungs- und Laufzeit-Umgebungen benötigen. Siehe hierzu auch Abschnitt 9.2.2 zu unterschiedlichen Kommunikations-Ebenen von Komponenten.

Abbildung 8.14 stellt eine solche vollständige Fusion zweier Business-Systeme, die sich aus Businesskomponenten zusammensetzen, zu einem Business-System dar.

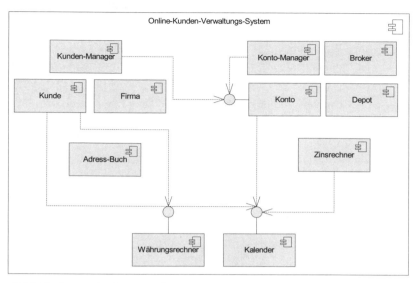

Abbildung 8.14: Fusion zweier Business-Systeme

Eine solche Fusion kann dazu führen, dass die Wiederverwendung von Komponenten des Systems erschwert wird, wenn z.B. durch zu viele Abhängigkeiten der Komponenten untereinander eine flexible Nutzung des Systems beeinträchtigt wird. Leicht wartbare Business-Systeme verfügen über fünf bis zehn Businesskomponenten; sie sollten in der Regel nicht mehr als fünfzehn Komponenten kapseln.

Bauen Sie Ihre Business-Systeme nicht zu groß.

Integrationsart der Systeme des Portals „MyPortal"

Für das Portal „MyPortal" entscheiden wir uns bei der Integration der Systeme Sales-, Billing-, Bestandssystem für eine Extraktion gemeinsamer Komponenten, da wir so die Service-Komponenten in einem gesonderten Service-System ausgliedern können und daher diese Komponenten für die Nutzung weiterer Business-Systeme zur Verfügung stehen. Siehe auch Abbildung 7.5. Darüber hinaus können wir die einzelnen Systeme separat weiterentwickeln und für mögliche andere Systeme nutzen. Ein weiterer Vorteil ist, dass wir die Systeme somit nicht zu groß bauen und diese leichter erweiterbar und besser wartbar sind.

8.2.2 Integration von Legacy-Systemen

Wie können wir Legacy-Systeme integrieren, die nicht der J2EE-Spezifikation entsprechen?

Unser Portal „MyPortal" verfügt über ein zu integrierendes CRM-System, welches nicht in Java entwickelt wurde. Wir können für dieses System verschiedene Arten der Integration nutzen:

- Wrapper-Komponenten
- J2EE-Connector-Technologie (JCA)

Wrapper-Komponenten können ein Legacy-System einhüllen (wrappen), so dass es von außen entsprechend den Möglichkeiten der J2EE-Technologie angesprochen werden kann.
JCA ermöglicht die Anbindung von Systemen an eine J2EE-Umgebung, die nicht mittels
Java bzw. auf der Grundlage der J2EE-Technologie entwickelt wurden. Wir wollen die Integration des CRM-Systems anhand der J2EE-Connector-Technologie (JCA) umsetzen.

In den nächsten Abschnitten werden diese unterschiedlichen Integrationsarten beschrieben.

Wrapper-Komponenten

Wrapper-Komponenten sind spezielle Gateway-Komponenten, die auf der spezifischen
Plattform des zu integrierenden Legacy-Systems entwickelt werden (siehe Abbildung 8.15).
Eine Wrapper-Komponente stellt – ähnlich wie eine Gateway-Komponente eines Business-
Systems – die Schnittstelle zum Legacy-System dar. Der Nutzer eines Legacy-Systems
greift direkt auf die Wrapper-Komponente zu, das Legacy-System stellt sich dem Client als
Black-Box dar.

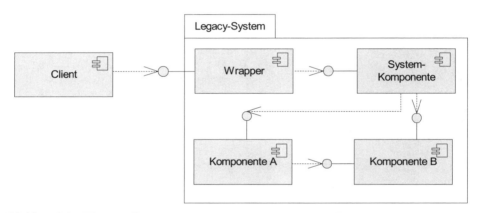

Abbildung 8.15: Wrapper-Komponente zur Integration eines Legacy-Systems

Solche Arten von Wrapper-Komponenten können u.a. auch dazu genutzt werden, um Legacy-Systeme mittels des Java Message Service zu integrieren. Wir können so ein Legacy-
System effizient asynchron integrieren.

> Integrieren Sie Fremd-Systeme mit minimalem Änderungsaufwand.

Eine wichtige Regel im Kontext der Umsetzung von Integrations-Lösungen ist, möglichst
geringe Änderungen an den zu integrierenden Systemen durchzuführen. Die Schnittstellen
sollten eine lose Kopplung der Systeme gewährleisten. Unterstützung bieten hier die Web
Services, die J2EE-Connector-Technologie und die auf ein bestehendes System aufgesetz-
ten Adapter.

J2EE Connector Architecture

Die J2EE Connector Architecture (JCA) ist eine Standard-Architektur von Sun Micro-systems zur Integration von Enterprise Information Systemen (EIS)[45] an eine J2EE-konforme Anwendung. Mit Hilfe dieser Connector-Architektur lassen sich klar definierte Schnittstellen zu Enterprise Information Systemen (EIS) herstellen.

Die Connector Architecture setzt sich aus zwei Komponenten zusammen. Zum einen aus einem Resource-Adapter, der vom Hersteller geliefert wird, und zum anderen aus dem Application Server, der es diesem Resource-Adapter ermöglicht, sich an ihn anzudocken.

Die J2EE Connector Architecture beschreibt:

- einen Satz von Vereinbarungen auf Systemebene zwischen EIS-System und Application Server;
- ein Common Client API[46] (CCI), die eine Client-API für die Interaktion mit verschiedenen EIS-Systemen beschreibt;
- ein Resource-Adapter-Protokoll für die Verteilung und Verpackung des Systems.

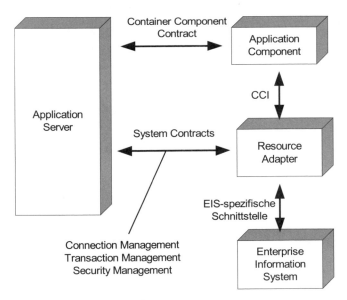

Abbildung 8.16: J2EE-Connector Architecture

Abbildung 8.16 stellt eine Connector Architecture zwischen Anwendungs-Komponente (Application Component) und Anwendungs-Server (Application Server) auf der einen Seite und dem Resource Adapter und dem EIS-System auf der anderen Seite dar.

---

[45]   Als EIS-Systeme können bspw. Datenbank-Systeme, Transaction Processing Systeme (TP), Enterprise Resource Planning Systeme (ERP), Customer Relationship Management Systeme (CRM) oder andere Host-Systeme dienen.

[46]   API = Application Programming Interface

Wie in Abbildung 8.16 dargestellt, besteht eine Connector-Architektur aus drei Schnittstellen:

- einer Schnittstelle zwischen dem EIS-Resource-Adapter und dem J2EE-Server, der auf den Adapter zugreift (system contracts);
- einer CCI-Schnittstelle zwischen Resource-Adaptor und Anwendungs-Komponente;
- einer Schnittstelle zwischen Resource-Adaptor und EIS-System.

Die Schnittstelle zwischen Resource-Adapter und Applikationsserver setzt sich aus einer Reihe sog. ‚System Contracts' zusammen. Diese System Contracts legen das Verhalten des Resource-Adapters in Bezug auf Transaktionen, Sicherheit, Connection Handling etc. fest.

Das Common Client Interface als Schnittstelle zwischen Anwendungs-Komponenten (z.B. einer EJB) und Resource-Adapter bietet aus Sicht des Entwicklers eine API, welche zum Zugriff auf das EIS-System genutzt werden kann. Dieses CCI stellt ein Schnittstellen-Pool dar, das von verschiedenen Anwendungs-Komponenten genutzt werden kann, um mit unterschiedlichen EIS-Systemen zu kommunizieren.

Eine EIS-Resource – in unserem Fall das CRM-System – legt fest, welche Funktionalität von einem Applikationsserver benötigt wird. Vom EIS-Hersteller wird ein Resource-Adapter bereitgestellt, der mit einem J2EE-konformen Application Server verbunden wird, um den Datenzugriff zu ermöglichen. Ein Applikationsserver kann Resource-Adapter unterschiedlicher Hersteller nutzen, und ein Adapter kann mit mehreren Applikationsservern kommunizieren.

> Nutzen Sie die Java Connector Technologie zur Integration nicht-J2EE-konformer Systeme.

Eine Anwendungs-Komponente (Application Component) wird in Gestalt eines Servlets, einer JSP oder einer EJB auf dem Anwendungs-Server (Application Server) ausgeführt und greift mittels des CCI auf einen Resource-Adapter eines Enterprise Information Systems zu. Der Entwickler einer Anwendungs-Komponente muss sich nicht um das Transaktionshandling, die Sicherheitsaspekte oder das Connection-Handling kümmern, da dieses zwischen Resource-Adapter und Application Server vertraglich geregelt wird. Er kann sich damit vollständig auf die Ausarbeitung von Business-Logik und Darstellungsschicht konzentrieren. Dies führt zu einem schnelleren Entwicklungszyklus für skalierbare, sichere und transaktionsbasierte Unternehmens-Anwendungen, die auf verschiedene EIS-Systeme zugreifen müssen. Es können mehrere Resource Adapter an einen Application Server angedockt werden, so dass ein Application Server die Anbindung verschiedener EIS-Systeme gewährleistet.

8.2.3 XML-Integration

Wie können wir die Import-Workflows unseres Portals geeignet umsetzen?

Unser Portal „MyPortal" weist einen Bereich auf, der eine Integration von Unternehmensdaten mittels XML erfordert: Um dem Kunden die aktuellsten Produktinhalte darstellen zu können, sind diese mittels eines geeigneten Workflows zu importieren. Das Bestandssystem benötigt einen Import-Workflow für Produktlisten, der periodisch zu aktivieren ist, um die jeweils neuesten Produkte darstellen zu können (siehe auch die Prozesse aus Betreiber-

Sicht in der Abbildung 6.15). Hier eignet sich XML als Integrationsmedium. Für eine nähere Beschreibung von XML sei auf den Anhang 13.3 verwiesen.

XML zur Integration von Unternehmensanwendungen

XML ist kein Bestandteil einer Komponente, XML ist nicht objektorientiert (verfügt z.B. über keine Vererbungsmechanismen)[47], und XML ist auch keine Modellierungssprache. Doch XML kann von Komponenten zum effizienten und einfachen Austausch von Informationen genutzt werden. XML wird zunehmend zur Integration von Unternehmensanwendungen, z.B. im B2B-Umfeld, genutzt. Diese besondere Bedeutung, die XML heute in vielen komponentenbasierten Systemen beim Austausch von Daten einnimmt (siehe u.a. die Beschreibung des .NET-Frameworks in Kapitel 10), erfordert eine Berücksichtigung dieser Spezifikation im Kontext komponentenbasierter Entwicklung.

Mit Hilfe von XML ist ein Mechanismus zum universellen Austausch von Daten geschaffen worden. XML eignet sich für die folgenden Bereiche:

- XML kann zur Beschreibung von Metainformationen von Dokumenten genutzt werden.
- XML kann zur Veröffentlichung und zum Austausch von Informationen aus Datenbanken genutzt werden.
- XML kann als Nachrichtenformat für die Kommunikation zwischen Applikationen bzw. Komponenten genutzt werden.

Komponentenbasierte Systeme können XML nutzen, um z.B. auf WebServices zuzugreifen bzw. auf Daten anderer Komponenten und Systeme. Portale ohne XML-basierten Datenaustausch sind heute kaum noch denkbar.

Nutzung von XML als Kommunikationsmechanismus

Für eine Kommunikation auf Basis von XML sind weder spezifische APIs noch Kommunikationsmodelle wie CORBA, RMI, DCOM oder Message Oriented Middleware (MOM) erforderlich. Kommunikation auf Basis von XML beinhaltet den Austausch von Text-Dokumenten zwischen beteiligten Komponenten und Systemen. Damit ist ein Austausch von Dokumenten unabhängig von der Plattform möglich.[48] XML kann dazu genutzt werden, verschiedenste Arten von Applikationen und Systemen (ERP-Systeme, CRM-Systeme, Content Syndication Systeme, Legacy Systeme etc.) miteinander oder z.B. mit einem Portal zu verbinden.

> ▸ XML für ein globales semantisches Netz
> nutzen

Tim Berners-Lee, einer der Väter des World Wide Web, hat den Begriff eines globalen semantischen Netzes aufgegriffen: „The Semantic Web approach develops languages for expressing information in a machine processable form. (….) The Semantic Web is a web of

---

[47]   Bisher noch nicht.

[48]   Es gibt jedoch mittlerweile viele B2B-Lösungen, die XML-Dokumente z.B. in einer Message-orientierten Middleware nutzen. XML wird u.a. im Umfeld von Enterprise Application Integration (EAI) erfolgreich genutzt.

data, in some ways like a global database" (siehe [Berner]). XML kann dazu beitragen, ein solches globales Netz aufzubauen.

XML als Nachrichtenformat zur Kommunikation zwischen Komponenten

Um XML effizient als Nachrichtenformat für die Kommunikation zwischen Komponenten und Systemem nutzen zu können, sind verschiedene Bereiche zu berücksichtigen:

1. Workflows

2. Beteiligte Komponenten und Systeme

3. XML-Geschäftsvokabular

Wir wollen uns daher die Aktivitäten in Bezug auf eine der XML-Integrationen für den Use Case „Produktlisten" importieren genauer anschauen (siehe Abbildung 8.17).

Workflow

Eine der ersten Aktivitäten im Kontext der XML-Integration der Produktlisten ist die Definition des Workflows zum periodischen Import der Produktdaten.

Ein Workflow spezifiziert die Art und Weise der Abfolge von Geschäftsprozessen anhand von Aktivitäten und Akteuren. Ein Workflow kann in Sub-Workflows, die Teile eines Geschäftsprozesses abbilden, zerlegt werden. Mit Hilfe eines Workflow-Schemas werden Bedingungen, Verzweigungen, Trigger und die zeitliche Abfolge für die verschiedenen Workflow-Instanzen definiert. Ein Business-Analytiker ordnet den jeweiligen Rollen eines Workflows spezifische Akteure zu und legt die Abfolge des Nachrichtenflusses in Workflows fest. Unter einem Aktor muss dabei nicht notwendig ein Mensch verstanden werden, ein Aktor kann auch aus einer Workflow-Komponente bestehen, die die spezifischen Aktivitäten automatisiert durchführt.

Ein Business-Analytiker spezifiziert den oder die Workflows. Sind diese relativ systemnah, ist es hilfreich, den System-Architekten einzubinden. Einzelne Workflows können z.B. mit Hilfe von UML-Aktivitätsdiagrammen dargestellt werden.

Nachrichten-Protokoll definieren

Darüber hinaus ist es Aufgabe eines System-Architekten, das Protokoll zum Datenaustausch festzulegen. Das Nachrichten-Protokoll ist das zum Austausch von XML-Dokumenten genutzte Protokoll. So könnte man z.B. zum Austausch der XML-Dokumente auf Middleware wie BEAs Tuxedo, IBMs MQSeries oder andere Middleware zurückgreifen. Einfacher ist es, wenn man als Protokoll ein reines XML-Nachrichtenformat nutzt. Ein solches reines XML-Nachrichten-Protokoll definiert die Struktur einer Nachricht, ihre Identität, die Routing-Informationen und die zu übertragenden Inhalte. Ein Beispiel für ein solches XML-Nachrichten-Protokoll ist das Simple Object Access Protocol (SOAP).[49]

---

[49] Siehe Kapitel 10.

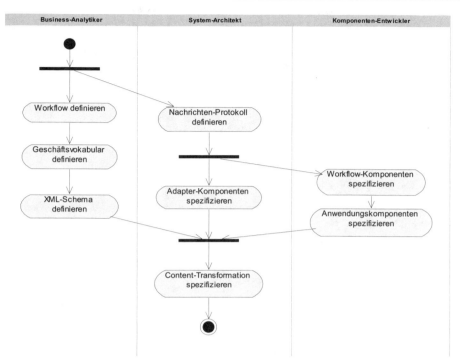

Abbildung 8.17: Aktivitäten zur XML-Integration[50]

Content-Transformation

Die Transformationen des Content in vertikale Standard-Geschäftsvokabulare betrifft die Abbildung und Transformation des verwendeten Geschäftsvokabulars auf eventuell genutzte Standard-Geschäftsvokabulare mittels der Extensible Stylesheet Language for Transformation (XLST)-Spezifikation.

Anwendungs- und Workflow-Komponenten

System-Architekt und Komponenten-Entwickler spezifizieren die erforderlichen Business-Komponenten für die Durchführung der Geschäftsprozesse: Anwendungs- und Workflow-Komponenten. Workflow-Komponenten können Workflow-Schemata bzw. -Modelle nutzen, die die Abfolge der Aktivitäten eines Workflows definieren. Workflow-Komponenten können von Workflow-Management-Systemen gesteuert werden.

Adapter-Komponenten

Der System-Architekt ist darüber hinaus für Spezifikation von Adapter-Komponenten zuständig. Adapter-Komponenten dienen der Anbindung bestehender Systeme und Komponenten. Meist werden im Kontext der XML-Integration im B2B-Umfeld asynchrone Pro-

---

[50] Die Rollen sind hier je nach Schwerpunkt der Aktivitäten zugeordnet; in der Praxis werden die Aktivitäten meist von mehreren Projektbeteiligten gemeinsam durchgeführt.

zesse zur Kommunikation genutzt. Solche Prozesse können mitunter minuten-, stunden-
oder auch tagelang dauern. Daher ist hier ein entsprechendes Transaktionshandling aufzusetzen, welches sicherstellt, dass die beteiligten Komponenten und Systeme ACID-
konforme Transaktionen durchführen können (siehe auch [Cou 01]).

ACID =

1. **A**tomicity: Eine Transaktion wird entweder ganz oder gar nicht durchgeführt.

2. **C**onsistency: Eine Transaktion führt ein System von einem konsistenten Zustand zum
   nächsten.

3. **I**solation: Die Transaktion läuft isoliert von äußeren Einflüssen ab.

4. **D**urability: Die Transaktion ist dauerhaft.

Nicht selten werden daher komplexe Enterprise-Application-Integration-Lösungen (EAI)
zur Anbindung existierender Systeme genutzt. Adapter-Komponenten können natürlich
auch dazu genutzt werden, um mittels XML auf Daten einer Datenbank zuzugreifen. So
kann man z.B. aus einem Browser heraus eine in XML formulierte Datenbankanfrage über
ein Servlet oder eine EJB-Komponente in eine JDBC-Anfrage transformieren und an eine
Datenbank weiterleiten.

Ein zentraler Aspekt im Kontext der XML-Integration ist die Spezifizierung des XML-
Geschäftsvokabulars, das wir deswegen eingehender beschreiben.

Spezifizierung des XML-Geschäftsvokabulars

Das XML-Geschäftsvokabular betrifft sowohl die XML-Dateien, die unter den Geschäfts-
partnern bzw. den Komponenten und Systemen ausgetauscht werden, als auch die ihnen
zugeordneten XML-Schemas und DTDs. Die Definition des Geschäftsvokabulars spezifiziert die Syntax und die Semantik der XML-Dokumente und -Schemas. Es existieren mittlerweile viele Standardisierungs-Spezifikationen für vertikale Geschäftsvokabulare, die von
Interessensgemeinschaften bzw. Unternehmensverbänden genutzt werden können (für eine
Übersicht siehe u.a. http://www.zapthink.com). Spezifisches Geschäftsvokabular ist auf
diese Standards abzubilden; dazu dient die Aktivität Content-Transformation spezifizieren.
Das XML-Geschäftsvokabular kann mit Mitteln der UML effizient modelliert werden.

UML-Modellierung von XML-Geschäftsvokabular

Ein XML-Dokument weist eine Menge Verschachtelungen und Abhängigkeiten zwischen
seinen Elementen auf. Es ist natürlich möglich, ein solches XML-Dokument und das dazu-
gehörige Schema in Prosa zu beschreiben. Doch würden hier viele Informationen über Abhängigkeiten und Strukturen in Textform beschrieben werden müssen und ein komplexes
XML-Dokument daher sehr unübersichtlich erscheinen lassen.

▸ XML-Dokumente mit UML modellieren

Ein anderer und übersichtlicherer Ansatz ist die Modellierung von XML-Dokumenten mit Hilfe der UML. UML-Komponenten- und Klassendiagramme beinhalten umfangreiche visuelle Möglichkeiten zur Strukturierung von Elementen. Die Modellierung von XML-Geschäftsvokabular beinhaltet sowohl eine Modellierung der XML-Elemente und -Attribute als auch der Strukturen von XML-Dokumenten.

Abbildung von UML-Elementen auf XML-Dokumente

Es lassen sich generell zwei unterschiedliche Abbildungsarten von UML-Elementen auf XML-Elemente differenzieren:

1. die Abbildung von Komponenten-Instanzen mitsamt aller Elemente auf XML-Dokument-Instanzen;
2. die Abbildung einer Komponenten-Spezifikation auf ein XML-Schema oder DTD.

▸ XML, XMI und MOF

Derartige Abbildungsvorschriften nehmen Bezug auf den XML Metadata Interchange (XMI). XMI spezifiziert genaue Abbildungsvorschriften, um ein XML DTD aus einer Definition eines Metamodells zu erzeugen und um XML-Dokumente anhand von Instanzen des Metamodells zu erzeugen. Die Abbildungsvorschriften der XMI-Spezifikation basieren ihrerseits auf der Meta Object Facility-Spezifikation (MOF). MOF ist die Grundlage der Spezifikation der UML. Es sprengt den Rahmen dieses Buches, hier genauer auf diese Spezifikationen einzugehen. Im Kontext der Abbildungen von UML-Elementen auf XML-Elemente und umgekehrt ist nur wichtig zu wissen, dass diese von standardisierten Abbildungsvorschriften durch höher anzusiedelnde Spezifikationen abgeleitet werden.

8.2.4 XML-Integration im Kontext von „MyPortal"

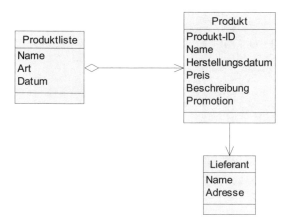

Abbildung 8.18: Detailansicht der Komponente „Produktliste"

Für die XML-Integration von Produktlisten ist die Komponente „Produktliste" maßgebend (siehe auch die Use Cases aus Betreibersicht in Abbildung 6.15). Abbildung 8.18 veranschaulicht die Komponente „Produktliste" in einer Detailansicht als UML-Klassendia-gramm.

Die Komponente „Produktliste" setzt sich aus einer Reihe von Klassen zusammen, die eng miteinander verdrahtet sind: Eine „Produktliste" setzt sich aus einer Anzahl von Produkten zusammen; ein oder mehrere Lieferanten können einem Produkt zugeordnet werden.

Abbildung von Komponenten-Instanzen auf XML-Dokument-Instanzen

Es lassen sich die folgenden Abbildungen von UML-Elementen auf XML-Elemente und -Attribute vornehmen:

- UML-Komponenten-Instanz auf ein spezifisches XML-Dokument (eine XML-Doku-ment-Instanz)
- UML-Objekt auf ein XML-Element
- UML-Attribut auf ein XML-Element
- UML-Attribut auf ein XML-Attribut
- UML-Assoziation auf ein Child-XML-Element
- UML-Vererbung mittels Kopien von vererbten Attributen

Das folgende XML-Dokument stellt die Abbildungen einer Komponenten-Instanz Produkt-liste mitsamt seinen Klassen, Attributen und Beziehungen auf unterschiedliche XML-Elemente dar.

XML-Dokument	UML-Element
<Produktliste>	-> Klasse
<Produktliste.Name>	-> Attribut
MyPortal-Produktliste	-> Wert
</Produktliste.Name>	
<Produktliste.Produkt>	-> Aggregation
<Produkt Produkt-ID='200970'>	-> Attribut
<Produkt.Name>	
Service-Abonnement	-> Wert
</Produkt.Name>	
<Produkt.Lieferant>	-> Assoziation
<Lieferant xmi.idref='L10'/>	
</Produkt.Lieferant>	
....	
</Produktliste>	

Wie man anhand dieses einfachen Beispiels erkennt, lassen sich verschiedene UML-Elemente und ihre Beziehungen relativ einfach auf XML-Elemente abbilden. Damit hat man mit der UML eine übersichtliche Möglichkeit zur Spezifikation des XML-Geschäftsvokabulars. Man kann also die gewohnte UML-Umgebung zur Spezifikation der Komponenten nutzen, um die Integration von Dokumenten mittels XML umzusetzen.

> Nutzen Sie UML-Komponenten und -Klassen zur Spezifikation
> von XML-Geschäftsvokabular.

Für die Erstellung von XML-Schemas bzw. DTDs gelten ähnliche Abbildungsvorschriften. Der Vollständigkeit halber ist in der Abbildung 8.19 auch eine DTD, wie sie anhand der Komponenten-Spezifikation der Produktliste gewonnen wurde, dargestellt.

```
<!ENTITY % produktliste "Lieferant
            , Produkt
            , Erstelldatum
            , ID
            , Produkt.Name
            , Preis
            , Beschreibung
            , Promotion
            , Produkt.Liste">

<!ELEMENT Lieferant (Erstelldatum )>
<!ATTLIST Lieferant  Name CDATA #IMPLIED >
<!ELEMENT Produkt  (ID , Produkt.Name , Preis , Beschreibung , Promotion )>

<!ELEMENT Erstelldatum (#PCDATA )>
<!ATTLIST Erstelldatum  e-dtype NMTOKEN  #FIXED 'date' >
<!ELEMENT ID  (#PCDATA )>

<!ELEMENT Produkt.Name  (#PCDATA )>

<!ELEMENT Preis  (#PCDATA )>
<!ATTLIST Preis  e-dtype NMTOKEN  #FIXED 'fixed.14.4' >
<!ELEMENT Beschreibung ANY>

<!ELEMENT Promotion  (Preis )>
<!ATTLIST Promotion  Beginn.Datum CDATA #IMPLIED
                     Ende.Datum   CDATA #IMPLIED >
<!ELEMENT Produkt.Liste (Lieferant , Produkt+ )>
```

Abbildung 8.19: DTD der Produktliste

Bei der Umsetzung der Abbildungen von UML-Modellen auf XML-Schemas, DTDs und XML-Dokumente, ist eine konsistente Anwendung der Abbildungsvorschriften essentiell, denn sonst besteht die Gefahr, hohe Wartungskosten zu generieren. Durch geeignete Tools, die solche Abbildungen automatisiert vornehmen und in der Lage sind, Syntax und Semantik zu prüfen, kann einem viel Arbeit erspart bleiben.

> Seien Sie konsistent in der Umsetzung Ihrer Abbildungsvorschriften
> von UML-Elementen auf XML-Elemente und -Attribute.

Serialisierung und Deserialisierung von Objekten

Die UML kann auch dazu genutzt werden, Klassen und Komponenten auszuarbeiten, die XML-Dokumente importieren, exportieren bzw. transformieren können. Die Transformation von Objekten, die in XML-Dokumenten abgebildet werden, nennt man Serialisierung;

der umgekehrte Vorgang, d.h. die Erzeugung von Objekten aus XML-Dokumenten, nennt man Deserialisierung.

> Verwenden Sie UML-Komponenten und Klassen zur Serialisierung und Deserialisierung von Anwendungskomponenten und -Klassen.

Komponenten einer XML-Integration

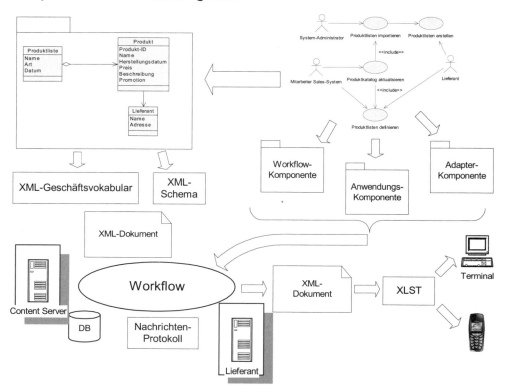

Abbildung 8.20: XML-Integration in einem B2B-Umfeld

Zusammenfassend sind die folgenden Komponenten im Kontext einer XML-Integration zu spezifizieren:

- Komponenten zur Spezifikation von XML-Dokumenten und -Schemas.
- Workflow-Komponenten: Businesskomponenten, die für die Abwicklung von Workflows zuständig sind. Für das Portal „MyPortal" dienen sie der Umsetzung des periodischen Import-Workflows.
- Anwendungs-Komponenten: Businesskomponenten, die XML-Dokumente lesen und schreiben können. Hier kann die UML zur Serialisierung und Deserialisierung genutzt werden.
- Komponenten zur Transformation von Content: Businesskomponenten, die spezifisches Geschäftsvokabular auf Standard-Geschäftsvokabulare abbilden.

- Adapter-Komponenten: für die Anpassung und Integration bestehender Systeme notwendig.
- Portlet-Komponenten: für die Art und Weise der Darstellung des Content (siehe UI-Sicht in Abschnitt 9.7.1) zuständig.

Abbildung 8.20 veranschaulicht die Aktivitäten und beteiligten Komponenten im Kontext einer XML-Integration für das Portal „MyPortal".

8.2.5 Integration mittels Web Services

Wir wollen im Rahmen der Integrationen auf der Basis von XML auch eine Integration von Web Services skizzieren. Unser Portal „MyPortal" möchte den Kunden periodisch aktualisierte Produkt-Informationen in Gestalt von Web Services zur Verfügung stellen.

- Was sind Web Services?
- Wie funktionieren Web Services?
- Wie lassen sich Web Services zur Integration von Systemen nutzen?

Web Services sind URL-adressierbare Software-Komponenten, deren öffentlich zugängliche Schnittstellen und Bindungen mittels XML definiert und beschrieben werden. Andere Komponenten und Systeme können mit einem Web Service über XML-basierte Kommunikationsmechanismen interagieren. Web Services ermöglichen eine Integration verschiedenster Web-Anwendungen. Sie bieten Funktionalität über Standard-Protokolle des Webs wie HTTP und SOAP und mittels XML an. Ein Web Service implementiert einen Teil eines Business-Prozesses, der von einer beliebigen Plattform aus aufgerufen werden kann. Vereinfacht ausgedrückt, sind Web Services URL-adressierbare Ressourcen, die von einem Client aktiviert werden können.

▸ Web Services ähneln Komponenten

Web Services ähneln den Komponenten in Hinsicht auf ihre Black-Box-Eigenschaft: Man kann einen Web Service nutzen, ohne etwas über seine Implementierung wissen zu müssen. Die öffentlich sichtbare Schnittstelle wird mittels einer Web Services Description Language (WSDL) spezifiziert. WSDL basiert auf XML und beschreibt Operationen und deren Input- und Output-Nachrichten Programmiersprachen-unabhängig. Web Services liefern einen Mechanismus zur Integration von Business-Funktionen, der unabhängig von einer spezifischen Programmiersprache, einer API oder einer Plattform ist.

Allerdings haben Web Services einige Sicherheitslücken, da die Protokolle, auf denen sie basieren (HTTP, SOAP), im Gegensatz zu CORBA, Remote Procedure Invocation (RMI) oder Remote Procedure Calls (RPC) unsicher sind. Daher sollte man derzeit nur solche Daten zur Integration auf der Basis von Web Services nutzen, die nicht geschäftskritisch sind.

Integration von Unternehmen mittels Web Services

Web Services können von verschiedenen Clients genutzt werden: einem Web-Browser, einem WAP-fähigen Handy, einem Palm oder auch von anderen Web Services. Web Services können Methoden aufrufen, die ein anderer Web Service zur Verfügung stellt. Mit Hilfe von Web Services lassen sich verschiedene Bereiche eines Unternehmens oder verschiedene Unternehmen miteinander integrieren.

8.2.6 Integration mittels Web Services bei „MyPortal"

Abbildung 8.21 veranschaulicht eine solche unternehmensübergreifende Integration anhand einer Firma, die auf Web Services des Unternehmensportals „MyPortal" zugreift. Die Web Service-Architektur verfügt über eine Registry, die von den Clients genutzt wird, um nach Services zu suchen. Die Registry enthält detaillierte Informationen über die Services und die Art und Weise, wie diese aktiviert werden können. Im Gegensatz zu Komponenten, die innerhalb eines Servers ablaufen, sind Web Services self-contained: Man sucht in einer Registry nach einem Service, ruft ihn auf, erhält eine Antwort, bezahlt dafür und beendet die Interaktion.

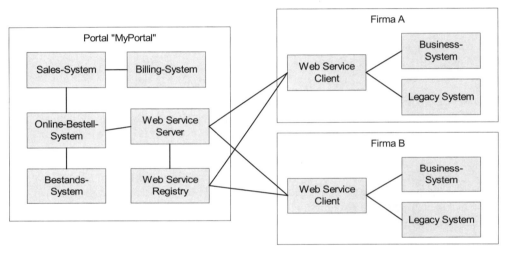

Abbildung 8.21: Unternehmensübergreifende Integration mittels Web Services

Im Rahmen der Spezifizierung der Integrations-Lösungen für unser Portal „MyPortal" sind daher die Web Services und deren Operationen mittels WSDL zu spezifizieren. Dazu sind sowohl die Art der Nachrichten als auch die Input- und Output-Nachrichten zu detaillieren.

> Nutzen Sie Web Services für eine Web-basierte Integration verschiedener Unternehmen oder Unternehmensbereiche.

Web Services können von jeder Anwendung zur Verfügung gestellt werden, die Standards wie XML zum Nachrichtentransfer, UDDI für die Registry und SOAP oder HTTP als Übertragungs-Protokoll unterstützt. Web Services können auch in Verbindung mit einer asynchronen Kommunikation auf der Basis eines Java Messaging Service (JMS) genutzt werden.

8.2.7 Integration auf der Basis von JMS bei „MyPortal"

Wie können wir J2EE-konforme Systeme unseres Portals integrieren, deren Aktivitäten asynchron aufeinander abzustimmen sind? Wir wollen die Nutzung einer asynchronen Kommunikation an einem einfachen Beispiel darstellen.

Asynchrone Kommunikation von Systemen des Portals „MyPortal"

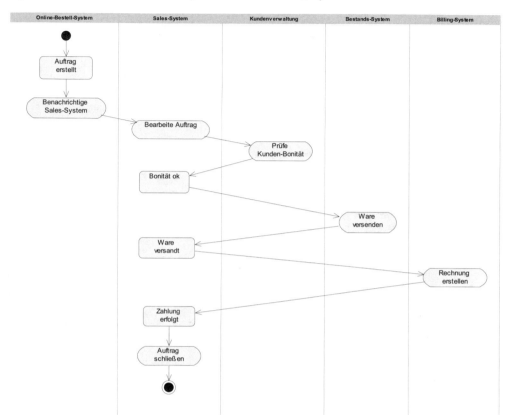

Abbildung 8.22: Nutzung asynchroner Kommunikation im Kontext des Portals

Bei einer Auftragsbearbeitung durch das Sales-System unseres Portals werden verschiedene Systeme aktiviert:

- Das Sales-System aktiviert die Kundenverwaltung zur Überprüfung der Bonität des Kunden. Die Kundenverwaltung meldet die Bonität zurück.
- Bei vorhandener Bonität eines Kunden wird das Bestandssystem aktiviert, die Ware zusammenzustellen und zu versenden. Das Sales-System erwartet die Bestätigung der Durchführung des Auftrages. Dies kann Stunden oder Tage in Anspruch nehmen.
- Nach Versand der Ware wird das Billing-System vom Sales-System angewiesen, eine Rechnung für den Auftrag zu erstellen.
- Das Billing-System erstellt die Rechnung und wartet auf den Zahlungseingang des Kunden. Der Eingang der Zahlung kann bis zu 30 Tagen und nun unter Umständen bis zu mehreren Monaten andauern.
- Nach erfolgtem Zahlungseingang des Kunden wird das Sales-System darüber benachrichtigt, so dass der Auftrag geschlossen werden kann.

Abbildung 8.22 veranschaulicht die Kommunikation der Systeme im Kontext der Auftrags-bearbeitung. Im Rahmen dieser Interaktion sind drei Systeme beteiligt (Sales-, Bestands- und Billing-System), bei denen sich eine asynchrone Kommunikation anbietet, da die Informationen über den Versand der Ware bzw. einen Zahlungseingang, mehrere Tage bzw. mehrere Wochen andauert.

Die Anbindung des Sales-Systems an das Bestands- und das Billing-System wollen wir anhand einer Message Oriented Middleware (MOM), dem Java Message Service (JMS), umsetzen. In den folgenden Abschnitten werden die Kommunikationsmechanismen des Java Message Service beschrieben.

Kommunikations-Mechanismen des Java Message Service

Das Java Message Service (JMS) von Sun Microsystems gewährleistet eine Kommunikation von lose gekoppelten Komponenten, die sowohl asynchron als auch zuverlässig ist.

- *Asynchrone Kommunikation:* Ein sog. JMS Provider verschickt Nachrichten an Clients, sobald diese aktiviert sind. Ein Client muss nicht nachfragen, um Nachrichten zu erhalten.
- *Zuverlässigkeit und Genauigkeit:* Das JMS API gewährleistet, dass eine Nachricht nur genau einmal verschickt wird. Es sind niedrigere Stufen der Zuverlässigkeit denkbar, beispielsweise dass eine Nachricht den Adressaten nicht notwendig immer erreicht oder dass eine Nachricht mehrfach verschickt werden kann.

Die Vorteile einer solchen losen Kopplung mittels MOM gegenüber einer engen Kopplung wie beim Remote Procedure Call (RPC) sind:

- Der Hersteller einer Komponente möchte nicht, dass eine Komponente von den Informationen der Schnittstellen anderer Komponenten abhängt, so dass Komponenten einfach ausgetauscht werden können.
- Der Hersteller möchte, dass eine Anwendung auch dann ausgeführt werden kann, wenn noch nicht alle Komponenten aktiviert wurden.
- Die Anwendungs-Architektur erlaubt den Versand von Nachrichten an andere Komponenten und Systeme, ohne dass eine sofortige Rückmeldung erfolgen müsste.

Die JMS-API unterstützt zwei verschiedene Kommunikationsmechanismen:

- Point-to-Point-Kommunikation
- Publish/Subscribe-Kommunikation

Point-to-Point-Kommunikation

Bei einer Point-to-Point-Kommunikation wird eine Nachricht einer bestimmten Queue (Warteschlange) zugeordnet. Aus dieser Queue holen sich die Clients ihre Nachrichten ab. Nachrichten werden der Queue entweder entnommen oder verfallen nach einem gewissen Zeitraum.

Eine Point-to-Point-Kommunikation weist die folgenden Charakteristika auf:

- Jede Nachricht hat nur einen Empfänger.
- Es gibt zwischen Sender und Empfänger keine zeitlichen Abhängigkeiten. Ein Empfänger einer Nachricht kann diese auch dann aus der Queue auslesen, wenn er während des Absendens noch nicht aktiviert war.

- Der Empfänger meldet den erfolgreichen Empfang einer Nachricht.

Die Abbildung 8.23 veranschaulicht diese Point-to-Point-Kommunikation:

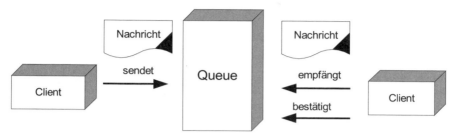

Abbildung 8.23: Point-to-Point Message Queue

Nutzen Sie die Point-to-Point-Kommunikation für eine bilaterale Kommunikation.

Eine Point-to-Point-Kommunikation ist immer dann sinnvoll, wenn eine Nachricht immer genau von einem Empfänger erhalten werden soll.

Publish/Subscribe-Mechanismus

Der Publish/Subscribe-Mechanismus regelt eine auf Themengebiete ausgerichtete Kommunikation. Sowohl die Publish- als auch die Subscribe-Komponenten können sich einer sog. Content-Hierarchie zuordnen. Diese Zuordnung erfolgt anonym. Das Publish/Subscribe-System steuert den automatisierten Versand von Nachrichten, die von mehreren Publish-Komponenten bereitgestellt werden können, an die für dieses Themengebiet registrierten Subscribe-Komponenten.

Der Publish/Subscribe-Mechanismus weist die folgenden Charakteristika auf:

- Jede Nachricht hat mehrere Konsumenten (Subscribers).
- Es existiert eine Zeit-Abhängigkeit zwischen Publisher und Subscriber: Ein Subscriber kann Nachrichten erst erhalten, nachdem er sich für ein spezifisches Thema registriert hat und muss zum Erhalt von Nachrichten aktiv bleiben.

Die JMS-API lockert diese Zeitabhängigkeit ein wenig auf: Sog. Durable Subscriptions ermöglichen es einem Client, Nachrichten auch zu erhalten, wenn er nicht aktiv ist.

Nutzen Sie den Publish/Subscribe-Mechanismus zur Anbindung mehrerer Systeme.

Abbildung 8.24 veranschaulicht den Publish/Subscribe-Mechanismus.

Die JMS-API liefert Schnittstellen für beide Arten der Kommunikation, d.h. für Point-to-Point-Kommunikation ebenso wie für den Publish/Subscribe-Mechanismus. JMS arbeitet nahtlos mit Enterprise JavaBeans zusammen, u.a. ist es für eine EJB möglich, zusätzlich zu JMS auch JDBC in einer Transaktion zu nutzen.

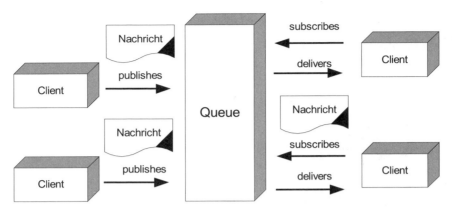

Abbildung 8.24: Publish-/Subscribe-Mechanismus

Es ist sinnvoll, JMS für Komponenten und Systeme zu nutzen, die zum einen lose gekoppelt sind und zum anderen keine zeitkritischen Abläufe benötigen. Im Kontext von Echtzeitsystemen ist zu prüfen, ob eine asynchrone Kommunikation die jeweiligen Anforderungen an das Laufzeitverhalten des Systems erfüllen kann.

> Nutzen Sie JMS für eine Integration von Komponenten und Systeme, die nicht zeitkritisch sind.

Point-to-Point-Kommunikation für Portal „MyPortal"

Für unser Portal wollen wir eine Point-to-Point-Kommunikation für die Kopplung des Billing- und Bestands-Systems an das Sales-System nutzen, da diese die verschiedenen Kommunikationspartner eindeutig aufeinander abbildet und der Erhalt der Nachrichten jeweils bestätigt wird.

8.2.8 Integration von Frameworks

Wir haben gesehen,

- welche Komponenten XML-basierter Lösungen für einen Import-Workflow spezifiziert werden;
- wie Adapter-Komponenten für die Integration eines CRM-Systems mittels einer J2EE-Connector-Technologie implementiert werden können;
- wie eine asynchrone Kommunikation für die Integration von Systemen rund um das Online-Bestell-System mit Hilfe von Message-Driven Beans realisiert werden kann
- und wie verschiedene Kunden-Unternehmen auf der Basis von Web Services integriert werden können (siehe Abschnitt 8.2).

Darüber hinaus sind möglicherweise – bei Nutzung von Frameworks z.B. – Komponenten zu spezifizieren, die eine nahtlose Integration eigener Komponenten ermöglichen.

▸ Hollywood-Prinzip

Komponenten zur Integration von Frameworks können mittels geeigneter Patterns bzw. Adapter-Komponenten, die an Hotspots der Frameworks andocken, implementiert werden (siehe Abschnitt 4.3). Frameworks sind jedoch meist so konzipiert, dass sie die Steuerung des Systems (Don't call us, we call you – Hollywood-Prinzip) übernehmen, daher bestimmt das Framework in der Regel auch die Art der Integration. Frameworks verfügen daher häufig über entsprechende Gateway-Komponenten, die für die Interaktion mit anderen Komponenten und Systemen vorgesehen sind (siehe Abbildung 8.11).

8.3 Implementierungs-Sicht

Kontext

Im Rahmen der Implementierungs-Sicht werden Komponenten auf der Basis eines oder mehrerer Komponenten-Modelle spezifiziert. Die Plattform-unabhängigen Modelle der Referenz-Architektur werden um Plattform-spezifische Aspekte erweitert. Die Komponenten werden für ihre spezifische Laufzeitumgebung in Gestalt von z.B. EJBs, COM+-, .NET- oder CORBA-Komponenten vorbereitet.

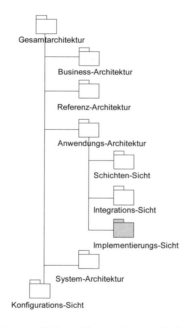

Abbildung 8.25: Implementierungs-Sicht im Kontext des Architektur-Frameworks

Besonderheiten der verschiedenen Komponenten-Arten sind zu beachten. U.a. werden auch Schnittstellen zu Datenbanken, Adapter zu Legacy-Systemen, Integrations-Lösungen auf der Basis von XML spezifiziert etc. Abbildung 8.25 veranschaulicht die Implementierungs-Sicht im Kontext des Architektur-Frameworks.

Input-Artefakte

Artefakte der Referenz-Architektur, Artefakte der Schichten- und Integrations-Sicht. Ein oder mehrere Komponenten-Modelle. Anforderungen an die Zielplattform.

Output-Artefakte

Plattform-spezifische Komponenten, deren Schnittstellen und Integrations-Lösungen in Gestalt von UML-Modellen. Es werden die folgenden Arten von Komponenten, Systemen, Services und Dateien erstellt:

- Business-Systeme: z.B. Sales-, Billing- und Bestands-System;
- Businesskomponenten: repräsentieren innerhalb eines Systems eine Entität, einen Prozess oder einen Service (z.B. Kunde, Sales-Manager, Workflow-Komponenten für den Im- und Export von Daten oder Währungsrechner);
- verteilbare Komponenten: nehmen in einer Businesskomponente spezifische Aufgaben innerhalb einer Schicht wahr. Komponenten der Präsentations-, Controlling-, Business- und Integrations-Schicht (z.B. Servlets, JavaBeans, Enterprise JavaBeans);
- das Innenleben verteilbarer Komponenten (z.B. Klassen und deren Beziehungen);
- Komponenten für Integrationslösungen;
- E-Businesskomponenten: werden als Integrations-Lösungen zwischen verschiedenen Unternehmen oder Bereichen (Business-Domains) eines Unternehmens spezifiziert. Ein Zusammenspiel dieser Art von Komponenten ist meist asynchron. E-Businesskomponenten sollten lose gekoppelt werden;
- Wrapper- und Adapter-Komponenten: integrieren innerhalb eines Unternehmens bestehende Business-Systeme. Z.B. können solche Komponenten zur Integration von Legacy-Systemen dienen;
- Connector-Komponenten: dienen der nahtlosen Integration von Fremdsystemen auf der Basis einer Connector-Architektur, z.B. im Sinne einer EAI (Enterprise Application Integration).
- XML-Dokumente, XML-Schemas, DTDs;
- Web Services.

Projektbeteiligte

Komponenten-Entwickler, Software-Architekt, System-Architekt, System-Analytiker, Methoden-Experte.

Aktivitäten

Die Aktivitäten der Implementierungs-Sicht dienen der Ausarbeitung von Komponenten spezifischer Komponenten-Modelle. Die folgenden Aktivitäten sind durchzuführen:

- Spezifikation der Komponenten gemäß Zielplattform
- Spezifikation spezifischer Integrations-Komponenten bzw. Schnittstellen
- Spezifikation der Persistenzdienste
- Spezifikation der System-Dienste
- Spezifikation der Kommunikation der Komponenten
- Verifikation der Modelle

Abbildung 8.26 stellt Use Cases und Aktoren der Implementierungs-Sicht dar.

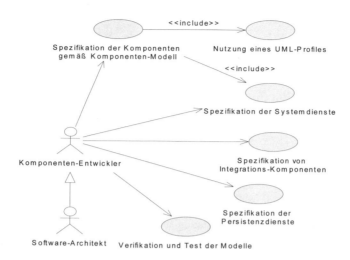

Abbildung 8.26: Use Cases der Implementierungs-Sicht

Bevor wir die zu erstellenden EJB-Komponenten für unser Portal „MyPortal" an einem Beispiel veranschaulichen, wollen wir uns zunächst den generellen Aufbau einer EJB anschauen.

8.3.1 Aufbau einer Enterprise JavaBean

Eine EJB-Komponente wird einem Container zugefügt, der die Laufzeitumgebung der Komponente darstellt. Ein solcher EJB-Container ist in einem EJB-Server ablauffähig. Im Kapitel 10 ist der Aufbau der EJB-Komponenten-Architektur beschrieben.

Implementierung einer EJB

Eine EJB-Komponente wird in Form einer Java-Klasse implementiert. Auf diese ist in einer verteilten Umgebung ein Zugriff z. B. via RMI (siehe Abschnitt 9.2.1) möglich. Darüber hinaus können lokale EJB-Komponenten mit ihr interagieren.

Home- und Remote-Schnittstelle

Eine Enterprise JavaBean verfügt über zwei Schnittstellen, über die ein Client auf sie zugreifen kann: eine sog. Home-Schnittstelle und eine Remote-Schnittstelle. Die Home-Schnittstelle dient dem Erzeugen, Auffinden und Löschen von EJB-Instanzen, und die Remote-Schnittstelle dient der Bereitstellung der Business-Logik der EJB. D.h. nach Erzeugung von EJB-Instanzen mittels der Home-Schnittstelle kann ein Client mit der EJB seine Kommunikation via Remote-Schnittstelle durchführen. Es ist daher die Remote-Schnittstelle, die uns im Rahmen der Implementierung von Businesskomponenten in erster Linie interessiert.

Abbildung 8.27 veranschaulicht diese Zusammenhänge.

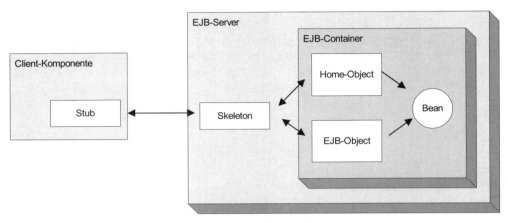

Abbildung 8.27: EJB mit Bean, Home- und Remote-Schnittstelle

Im Folgenden werden die Schnittstellen und Klassen, die vom Hersteller einer Enterprise Bean entwickelt werden, näher spezifiziert:

- Die Home-Schnittstelle wird vererbt von javax.ejb.EJBHome. Die Home-Schnittstelle wird als Factory-Pattern zur Erzeugung von Instanzen einer EJB genutzt. Darüber hinaus wird das Auffinden und Löschen von EJBs ermöglicht.

- Die Remote-Schnittstelle wird von javax.ejb.EJBObject vererbt. Die Remote-Schnittstelle fungiert als Proxy und enthält die Business-Methoden, die vom Client genutzt werden können.

- Die Bean-Klasse enthält die Implementierung der Methoden, die in der Remote-Schnittstelle definiert sind. Sie wird vererbt von javax.ejb.SessionBean oder javax.ejb.EntityBean oder javax.ejb.MessageBean.

> ▸ Enterprise Beans sind ortsunabhängig aufrufbar

Enterprise Beans können von Clients, die sich lokal auf demselben Rechner befinden, oder von entfernten Rechnern über das Netz aufgerufen werden. Die Art und Weise des Zugriffs erfolgt in der Regel über Remote Method Invocation (RMI) mit Hilfe sog. Stubs und Skeletons. Ein Stub ist ein netzwerkfähiges Objekt des Clients, welches auf Methodenaufrufe von Seiten einer Client-Komponente reagiert und diese über das Netz an ein Skeleton-Objekt schickt. Ein Skeleton ist ein serverseitiges Objekt, welches auf Requests vom Stub reagiert und diese an die serverseitige Komponente weiterleitet. RMI ist in Abschnitt 9.2.1 näher beschrieben.

Logischer Aufbau einer EJB

Enterprise Beans müssen die Spezifikations-, Implementierungs- und System-Workflows durchlaufen, um einsetzbar zu sein. Im Rahmen der Workflows werden verschiedene Bestandteile einer Enterprise Bean entwickelt. Bestandteile zur Verteilbarkeit und Netzwerkfähigkeit einer EJB werden vom EJB-Container und EJB-Server zur Verfügung gestellt, so dass diese nicht eigens entwickelt werden müssen. Die für einen Bean-Entwickler relevanten Bestandteile sind: EJBHome, EJBObject, Enterprise Bean-Klasse und Deployment

Descriptor; dies sind die aus Entwicklersicht logischen Bestandteile einer EJB (siehe Abbildung 8.28).

Abbildung 8.28: Logischer Aufbau einer Enterprise Bean

Session, Entity, Message-Driven Beans

Komponenten in verteilten Umgebungen erfordern flexible Komponenten. Die Komponenten müssen in der Lage sein, zustandslose Dienste anzubieten, einen Konversations-Status aufrecht zu erhalten (wie z.B. beim Warenkorb unseres Portals) und Zugriff auf Unternehmensdaten zu gewährleisten. Je nach Einsatzkontext sind daher verschiedene Enterprise Beans erforderlich. In den folgenden Abschnitten werden die unterschiedlichen Arten von Enterprise JavaBeans beschrieben.

Es gibt drei Arten von Enterprise Beans: Session Beans, Entity Beans und Message-Driven Beans.

- Eine *Session-Bean* dient der transienten Kommunikation mit einer Client-Komponente. Sobald die Client-Komponente die Kommunikation beendet, werden die Session-Bean mitsamt aller ihrer Daten vernichtet. Eine Session-Bean dient der Erhaltung eines Workflows und der Verarbeitung von Business-Logik.

- Eine *Entity-Bean* dient der Repräsentation persistenter Daten, die beispielsweise in Gestalt einer Zeile in einer Datenbanktabelle abgelegt sind. Wenn die Client-Komponente die Kommunikation beendet oder der Server runtergefahren wird, gewährleisten die spezifischen Services einer Entity-Bean die Sicherung der Unternehmensdaten.

- Eine *Message-Driven-Bean* kombiniert die Eigenschaften einer Session-Bean und des Java Message Service (JMS). Sie ermöglicht eine asynchrone Kommunikation mittels JMS-Botschaften durch Businesskomponenten. JMS unterstützt zwei verschiedene Arten der asynchronen Kommunikation: Point-to-Point-Kommunikation und den Publish-Subscribe-Mechanismus. Diese asynchronen Kommunikationsarten sind in Abschnitt 8.2.7 beschrieben.

Stateless und Stateful Session Beans

Es werden zwei unterschiedliche Arten von Session-Beans unterschieden: Stateless und Stateful Session Beans.

Stateless Session Beans

Stateless Session Beans erhalten keinerlei Informationen über den Konversations-Zustand mit einem Client aufrecht. Dies bedeutet jedoch nicht, dass sie selbst keine Informationen über einen Zustand halten können – der Zustand kann jedoch keinem spezifischen Client zugeordnet werden. Stateless Session Beans werden daher genutzt, um Dienste aufzurufen, wo die Zuordnung zu einem Aufrufer nicht relevant ist.

Stateful Session Beans

Stateful Session Beans sind in der Lage, einen Konversations-Zustand aufrecht zu erhalten. Ein Beispiel einer solchen Bean ist der Einkaufswagen einer Web-Anwendung, der jederzeit den Zustand des aufrufenden Client aufrecht erhalten muss.

Vergleich der unterschiedlichen Beans

Entity Beans dienen dem Zugriff und der Persistierung von Unternehmensdaten. Eine Entity Bean kann von vielen Nutzern simultan genutzt werden. Eine Stateful Session Bean wird dazu genutzt, den Zustand der Clients im Rahmen einer Session zu speichern, ein Beispiel ist der Warenkorb einer Web-Anwendung. Eine Stateless Session Bean kann dazu genutzt werden, die Businesslogik und den Workflow einer Anwendung zu steuern. Message-Driven Beans sind dazu geeignet, als asynchrone Message-Konsumenten zu fungieren. Eine Session-Bean kann beispielsweise einer Message-Driven Bean eine Botschaft schicken und mit der eigenen Arbeit fortfahren, während die Message-Driven Bean sich darum kümmert, die Botschaft, die sie empfangen hat, weiterzuverarbeiten.

8.3.2 Spezifikation der Komponenten gemäß Zielplattform

Die Abbildung der Artefakte der Referenz-Architektur auf Modell-spezifische Komponenten kann mittels geeigneter UML-Profile erfolgen. Ein solches UML-Profil für EJB auf der Basis der EDOC-Spezifikation (siehe Abschnitt 5.2.3) definiert die spezifischen Abbildungsvorschriften, die bei einer Generierung von UML-Komponenten-Spezifikationen auf Modell-spezifische UML-Komponenten zu befolgen sind. Wenn geeignete Tools zur Verfügung stehen, können diese UML-Modelle aus den Artefakten der Spezifikations-Sicht automatisch generiert werden. Die generierten Modell-Gerüste werden entsprechend verfeinert und erweitert, um als Vorlage zu einer Code-Generierung von Komponenten zu dienen.

Die Implementierungs-Sicht enthält noch keinen generierten oder programmierten Code. Die UML-Modelle werden jedoch so detailliert spezifiziert und auf ihre Konsistenz überprüft, dass diese mit geeigneten Tools zur automatischen Generierung des Codes dienen können. Die Spezifikation der Komponenten der Implementierungs-Sicht entsprechen den PSMs im Sinne der Model Driven Architecture.

Folgende Aspekte sollten im Rahmen der Implementierungs-Sicht betrachtet werden:

- White-Box-Sichten der Komponenten
- Lifecycle von Komponenten-Instanzen
- Verifikation von Komponenten-Verträgen
- Detaillierung der Schnittstellen-Spezifikationen
- Schnittstellen-Vererbungen
- Schnittstellen-Bezeichnungen[51]
- Reihenfolge der Methodenaufrufe
- Typen und Parameter der Operationen
- Ereignisbehandlung

---

[51] Sofern im Rahmen der Spezifikations-Sicht noch nicht ausreichend spezifiziert.

- Fehler- und Ausnahme-Behandlung
- Persistierung und Transaktionshandling
- Generierung der Implementierungsmodelle
- Verifikation der Implementierungsmodelle

Dabei stellen die Artefakte der Spezifikations-Sicht den Rahmen für die Implementierung dar, d.h. alle Bedingungen, die im Kontext der Spezifizierung formuliert wurden, sind bei einer Implementierung zu beachten. Im Kontext der Komponenten-Spezifizierung wurden die Abhängigkeiten zwischen Komponenten, Systemen und ihren Schnittstellen beschrieben, aber noch nicht, welche Instanz einer Komponente mit welcher anderen Instanz zusammenarbeitet; außerdem Abhängigkeiten zu Komponenten in Form von Schnittstellen, die noch nicht im Rahmen der Spezifikations-Sicht aufgeführt wurden.

8.3.3 Implementierung der Komponenten von „MyPortal"

White-Box-Sicht der Komponente Auftrag

Abbildung 8.29 stellt die EJB-Komponente „Auftrag" in einer White-Box-Sicht in UML-2.0-Notation dar. Es sind die Klassen im Innern der Komponente über Delegationskonnektoren ansprechbar. Von der Komponente „Warenkorb" können Auftragseingänge über die Export-Schnittstelle Zahlungseingang an die Komponente „Auftrag" delegiert werden. Die Klasse „AuftragEJB" als Kernklasse der Komponente „Auftrag" verfügt über eine Hilfsklasse „Auftragselement", die mittels eines Delegationskonnektors und der Import-Schnittstelle „Auftragselement" mit der Komponente „Produkt" verbunden ist; d.h. die Klasse „Auftragselement" ist von der Komponente „Produkt" abhängig, um den Auftragselementen spezifische Produkte zuordnen zu können.

In Abbildung 8.29 ist außerdem eine weitere Hilfsklasse „AuftragDAOOracle" dargestellt, die dafür zuständig ist, die Persistierung der Komponente „Auftrag" sicherzustellen. Wir werden uns jedoch später für eine andere Art der Persistierung entscheiden (siehe Abschnitt „Spezifikation der Persistenzdienste" weiter unten).

Lifecycle von Komponenten-Instanzen

Im Rahmen eines Komponenten-Lifecycles werden Komponenten erzeugt und aktiviert bzw. gelöscht und passiviert. Das EJB-Komponentenmodell nutzt ein Factory-Pattern zur Erzeugung von Komponenten-Instanzen: Ein Home-Objekt (in Abbildung 8.29 „Auftrag-Home") wird dazu genutzt, Instanzen anderer Komponenten zu erzeugen. Bei einer Abbildung der Modelle der Spezifikations-Sicht auf die Implementierungs-Sicht ist diese Besonderheit zu berücksichtigen. Jeder Komponenten-Standard nutzt andere Mechanismen zur Umsetzung des Komponenten-Lifecycles. Der Lifecycle von EJB-Komponenten ist detailliert z.B. in [Ahm 02] beschrieben.

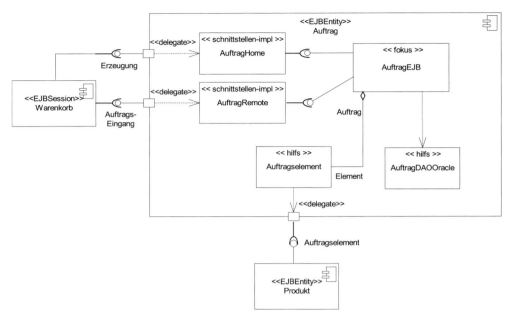

Abbildung 8.29: White-Box-Sicht der Komponente Auftrag

Das Innere einer Komponente lässt sich mit Hilfe der UML-2.0-Notation auch in einer verdichteten White-Box-Ansicht darstellen.

Abbildung 8.30: Verdichtete White-Box-Darstellung einer Komponente

Abbildung 8.30 stellt eine solche verdichtete Detailansicht der Komponente „Auftrag" dar. Die Elemente einer Komponente werden klassifiziert nach Schnittstellen, Teilen (parts) und nach Artefakten, aus denen sich die Komponente physisch zusammensetzt.

Schnittstellen der Komponenten

Um Komponenten-Spezifikationen für eine Implementierung vorzubereiten, sind die Komponenten und ihre Schnittstellen zu betrachten.

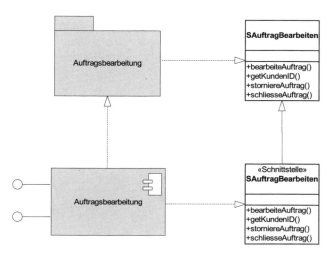

Abbildung 8.31: Implementierungen von Komponente und Schnittstelle

Abbildung 8.31 veranschaulicht die Zusammenhänge am Beispiel der Komponente „Auftragsbearbeitung", ihrer Schnittstelle „SAuftragBearbeiten" und ihrer entsprechenden Spezifikationen auf der Grundlage, auf der sie implementiert werden.

Verifikation von Komponenten-Verträgen

Die im Rahmen des Spezifikations-Workflows mittels der OCL spezifizierten Nutzungs- und Realisierungsverträge sind zu überprüfen:

- Führen die Vertrags-Spezifikationen eventuell zu zyklischen Abhängigkeiten?
- Sind die Verträge ausreichend detailliert spezifiziert worden?
- Gibt es Sonderfälle, die zu beachten sind?

Wir hatten im Kontext der Spezifikation der Komponenten die folgenden Regeln als Invarianten formuliert:

1. Der Versand der Ware erfolgt nur bei ausreichender Bonität des Kunden.

2. Eine Rechnung ist erst nach Versand der Ware zu stellen.

3. Ein Auftrag ist erst nach Zahlungseingang zu schließen.

Um sicherzustellen, dass keine zyklischen Abhängigkeiten oder anderweitige Inkonsistenzen entstehen, sollten Realisierungsverträge in Gestalt von Kollaborationsdiagrammen detailliert werden. Kollaborationsdiagramme können Abhängigkeiten von Komponenten, deren Schnittstellen und die Abfolge von Operationen übersichtlich darstellen. Abbildung 8.32 stellt ein Kollaborations-Diagramm für den Use Case „Auftragsbearbeitung" dar. Deutlich lässt sich die zentrale Rolle der Komponente „Auftragsbearbeitung" erkennen, und wir sehen auch, dass keine zyklischen Abhängigkeiten auszumachen sind. Es lassen sich zwei der oben genannten Realisierungsverträge der Komponente „Auftragsbearbeitung" zuordnen. Der dritte Realisierungsvertrag ist dem Billing-System zuzuordnen.

Was uns insbesondere interessiert, ist, was die Komponente „Auftragsbearbeitung" während der Erwartung des Zahlungseinganges macht. Um den Auftrag zu schließen, benötigt sie die Bestätigung des Zahlungseingangs durch das Billing-System. Es bietet sich daher zwischen dem Sales- und dem Billing-System eine Point-to-Point-Kommunikation mittels Message-Driven Beans auf der Basis des Java Messaging Service an. Damit haben wir einen weiteren Implementierungs-Aspekt bei der Erstellung der EJB-Komponenten zu berücksichtigen.

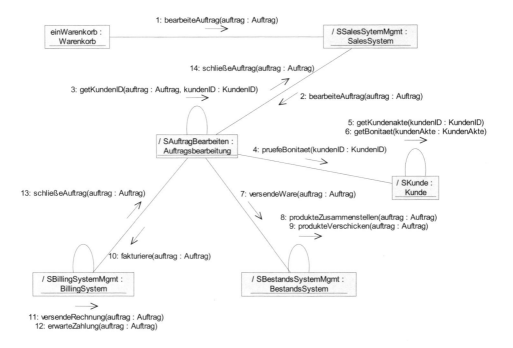

Abbildung 8.32: Kollaborations-Diagramm zum Use Case „Auftragsbearbeitung"

Detaillierung und Verifikation der Schnittstellen-Spezifikationen

Schnittstellen können in Hinsicht auf folgende Aspekte detailliert bzw. verifiziert werden:

- *Schnittstellen-Vererbungen:* Schnittstellen können ihre Eigenschaften an andere Schnittstellen vererben. Schnittstellen-Vererbungen wirken additiv: Es werden keine Operationen überschrieben, sondern Operationen erweitern den Vertrag, der durch Operationen der vererbten Schnittstelle spezifiziert wurde. So kann z.B. die Schnittstelle „SKunde" von einer Schnittstelle „SPerson" Operationen und Attribute erben (siehe Abbildung 8.33).

- *Schnittstellen-Bezeichnungen:* Es ist zu überprüfen, ob die Bezeichnungen der Schnittstellen und ihrer Operationen eindeutig sind und den Namenskonventionen entsprechen.

- *Reihenfolgen der Methodenaufrufe:* Mit Hilfe von Kollaborationsdiagrammen können Abfolgen von Operationen dargestellt werden. Anhand der Reihenfolge von Operationen lässt sich die Konsistenz und Vollständigkeit der zur Verfügung gestellten und der benötigten Schnittstellen überprüfen. Es sollte überprüft werden, ob Operationen redundant spezifiziert wurden.

- *Typen der Operationen:* Es ist zu prüfen, ob die Parameter in Gestalt von Daten, die „by value" übergeben werden, und Objekte, die „by reference" übergeben werden, vollständig und konsistent spezifiziert wurden. Eventuell lassen sich auch hier Redundanzen beseitigen.

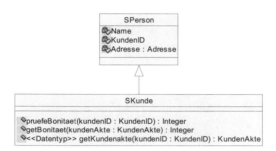

Abbildung 8.33: Schnittstellen-Vererbung

Ereignisbehandlung

Die · EJB-Spezifikation 2.1 verfügt über einen zeitgesteuerten Ereignis-Benachrichtigungsdienst, der es Entity-, Session- und Message-Driven Beans ermöglicht, Business-Prozesse auf der Basis von zeitgesteuerten Ereignissen zu spezifizieren. Diese Ereignisbehandlung in Form eines EJB Timer Service wird von einem EJB-Container implementiert. Sog. Timer Notifications können zu einer bestimmten Zeit, nach einer gewissen Dauer oder periodisch getriggert werden. Eine Enterprise Bean, die für einen Timer Service registriert werden soll, muss eine javax.ejb.TimedObject-Schnittstelle implementieren. Diese Schnittstelle verfügt über eine einzige Methode, ejb-Timeout:

public interface javax.ejb.TimedObject {

public void ejbTimeout(Timer timer);

}

Wenn der Timer abläuft, ruft der Container die ejbTimeout-Methode der Bean auf. Diese ejbTimeout-Methode enthält die Business-Logik, die der Bean Provider zur Verfügung stellt, um das Timeout-Ereignis zu verwalten.

Im Kontext unseres Portals „MyPortal" ist es sinnvoll, Message-Driven-Beans z.B. die Benachrichtigung eines Zahlungseinganges periodisch prüfen zu lassen. Diese EJBs müssen daher für den EJB Timer-Service registriert werden.

Fehler- und Ausnahmebehandlung

Das EJB-Komponentenmodell nutzt einen Exception-Handling-Mechnismus, der in die Progammiersprache Java eingebaut ist. Um diesen nutzen zu können, ist die Fehler- und Ausnahmebehandlung entsprechend zu spezifizieren. Es ist festzulegen, in welchen Fällen eine Ausnahmebehandlung ('Exception') erfolgen soll:

1. Sollen Exceptions nur ausgeworfen werden, wenn der Nutzungsvertrag, der für eine Operation spezifiziert wurde, nicht befolgt wird? Oder:

2. Stellen Exceptions ein Verhalten dar, welches definiert wurde?

Wir wollen anhand eines Beispiels eine klassifizierende Fehler- und Ausnahmebehandlung darstellen, welche verschiedene Ausnahmen für unterschiedliche Fehler spezifiziert.

Spezifikation der Fehler- und Ausnahme-Behandlung für „MyPortal"

Das folgende Beispiel veranschaulicht eine Ausnahmenbehandlung für die Operation get-Kundenakte(), die eine Fallunterscheidung je nach Art des Fehlers auf der Basis von Pre- und Post-Conditions ermöglicht:

context:	SKunde::getKundenakte(in kundenID: KundenID) : Kundenakte
	-- Fall 1: Normalfall
normal.pre:	-- Kundenakte ist vorhanden und wurde noch nicht geöffnet.
normal.post:	-- Die Kundenakte, die zurückgeliefert wird, entspricht
	-- den Kundendaten mit der KundenID.
	-- Fall 2: Nicht vorhanden (na = not available)
na.pre:	-- Eine Kundenakte zur KundenID existiert nicht.
na.post:	-- Es werden die KundenID und ein Flag „nicht vorhanden"
	-- zurückgeliefert.
	-- Fall 3: Geöffnet, konkurrierender Zugriff (cc = concurrent)
cc.pre:	-- Eine Kundenakte zur KundenID ist schon geöffnet
cc.post:	-- Es werden die KundenID und ein Flag „konkurrierender

-- Zugriff" zurückgeliefert.

Damit werden je nach Art des Fehlers entsprechende Exceptions zurückgeliefert, die anhand von Parametern (normal, na, cc) darstellen, um welche Art von Exception es sich handelt und welche Daten jeweils übergeben wurden. Viele UML-Modellierungstools ermöglichen eine multiple Zuordnung von Pre- und Postconditions zu Komponenten, so dass man diese Art der Fallunterscheidung im Sinne einer Fehler- und Ausnahmebehandlung im Tool vornehmen kann.

Spezifikation der Persistenzdienste

Wie wollen wir den Zugriff auf Datenbanken realisieren? Welche Mechanismen stehen uns im Kontext der Anbindung an Datenbanken zur Verfügung? Wie werden Transaktionen gehandhabt?

Im Kontext des EJB-Komponenten-Modells stehen uns zwei verschiedene Mechanismen zur Persistierung zur Verfügung:

- Container Managed Persistence (CMP): Der Container ist für die Synchronisierung der Daten mit der Datenbank zuständig. Dies hat den Vorteil, den Entwickler der Komponente vom Implementierungs- und Test-Aufwand des Persistierungs- und Transaktionshandlings zu befreien.
- Bean Managed Persistence (BMP): Entity Beans sind für die Aufrufe an die Datenbank zuständig. Der gesamte Code zur Synchronisierung der Daten mit dem Datenspeicher ist zu programmieren. Sollte man diese Option wählen, ist es ratsam, ein weiteres sog. Data Access Object (DAO) zu nutzen, welches die Datenzugriffs-Methoden implementiert. Dies hat den Vorteil, dass man zu einem späteren Zeitpunkt immer noch auf CMP umsteigen kann, ohne großen Migrationsaufwand zu betreiben: Man wirft das DAO einfach raus und lässt den Container den Datenzugriff bewerkstelligen.

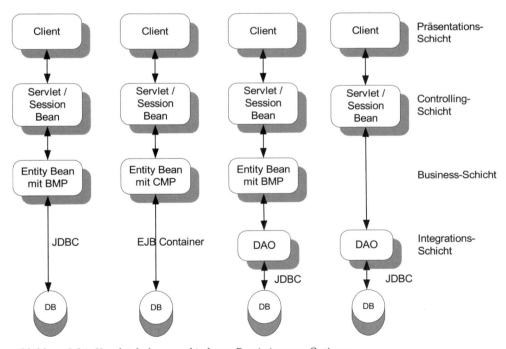

Abbildung 8.34: Vergleich der verschiedenen Persistierungs-Optionen

Abbildung 8.34 stellt die verschiedenen Varianten zur Persistierung im Kontext des EJB-Komponentenmodells dar. Die erste Variante nutzt Entity Beans mit BMP und direkter JDBC-Schnittstelle zur Datenbank, die zweite Variante nutzt eine Entity Bean mittels BMP, wobei der Container für den Zugriff auf die Datenbank und der Synchronisierung aller Daten zuständig ist. Die dritte Variante nutzt Entity Beans mit BMP und einem DAO, um die Datenzugriffsroutinen in diesem Objekt zu kapseln. Bei der vierten Variante greift eine Session-Bean direkt auf das Data Access Object zu und umgeht die Nutzung von Entity Beans; dies kann z.B. aus Gründen der Performance erforderlich sein.

Abstract Persistence Schema und Persistence Manager

Mit der J2EE-Spezifikation 1.3 wurden ein sog. Abstract Persistence Schema und ein Persistence Manager eingeführt. Diese Erweiterungen sind für uns sehr interessant, da sie es erlauben, die Details einer Datenbank-Anbindung erst zu einem sehr späten Zeitpunkt zu spezifizieren. CMP-Felder werden aus der EJB-Implementierung herausgenommen (abstrahiert) und in einem Abstract Persistence Schema benannt. Das Abstract Persistence Schema wird im Deployment Descriptor einer EJB verankert. Die Felder nutzt ein EJB-Container, um die Bean zu managen. Die Informationen werden an einen Persistence Manager weitergeleitet, der dafür zuständig ist, die Daten mit einer spezifischen Datenbank zu synchronisieren. Es sind abstrakte Get- und Set-Methoden, jedoch keine Attribut-Deklarationen in der EJB zu spezifizieren. Das folgende Beispiel stellt EJB-Methoden und CMP-Felder des Deployment-Deskriptors für die EJB-Komponente Auftrag dar.

Abstrakte Get- und Set-Methoden der EJB

Public abstract class AuftragEJB implements javax.ejb.EntityBean

{

:

public abstract String getAuftragsNummer();

public abstract void setAuftragsNummer(String neue Auftragsnummer);

public abstract String getAuftragsTyp();

public abstract void setAuftragsTyp(String neue Auftragsnummer);

:

}

Deployment-Deskriptor mit CMP-Feldern für die EJB

:

<cmp-field>

<field-name>AuftragsNummer</field-name>

</cmp-field>

<cmp-field>

<field-name>AuftragsTyp</field-name>

</cmp-field>

:

Transaktionshandling

Das EJB-Komponentenmodell ermöglicht Transaktionen über verschiedene Datenbanken und über mehrere EJB-Container und -Server hinweg. Der Komponenten-Entwickler kann entscheiden,

- ob er das Transaktionshandling in der Enterprise Bean spezifizieren will – Bean Managed Transaction Demarcation –
- oder ob er dies dem EJB-Container überlassen will – Container-Managed Transaction Demarcation.

Bei der Spezifikation des Transaktionsverhaltens in einer Enterprise Bean wird die javax.transaction.UserTransaction-Schnittstelle genutzt. Alle Aufrufe, die durch UserTransaction.begin und UserTransaction.commit markiert werden, sind Teil einer Transaktion.

Bei Übernahme der Verantwortung für das Transaktionshandling durch einen EJB-Container markiert der Container die Transaktionen anhand von Instruktionen, die er dem Deployment-Deskriptor entnimmt. Diese Instruktionen werden als Transaktions-Attribute spezifiziert und teilen dem Container mit, ob eine Methode einer Bean in der Transaktion eines Clients ablaufen, eine neue Transaktion gestartet werden soll oder keinerlei Transaktionshandling benötigt wird. Ein Komponenten-Entwickler wird davon befreit, das Transaktionsverhalten im Code zu verankern.

Transaktionshandling der Komponenten von „MyPortal"

Da wir für unser Portal „MyPortal" die Komponenten der Anwendungs-Architektur generisch spezifizieren wollen, so dass sie für beliebige Datenbanken und Server genutzt werden können, wählen wir eine Container-Managed Transaction Demarcation. Es ist somit im Kontext des System-Workflows im Deployment-Deskriptor festzulegen, wie das Transaktionsverhalten unserer Komponenten gestaltet wird.

> Spezifizieren Sie eine Datenbank-Anbindung möglichst generisch.

Persistierung der Komponenten von „MyPortal"

Für die Komponenten unseres Portals „MyPortal" entscheiden wir uns für eine Nutzung des Abstract Persistence Schema auf der Basis von CMP. Wie können uns daher darauf beschränken, ein Abstract Persistence Schema zu pflegen und zugeordnete EJB QL-Statements zu formulieren, die vom Persistence Manager und Verteilungs-Tools genutzt werden, um die Datenzugriffe zu tätigen. EJB QL ist eine abgespeckte SQL-Version und erlaubt es, die Datenzugriffe völlig unabhängig von der zugrunde liegenden Datenbank zu formulieren. Die Datenzugriffe können wir so generisch formulieren, dass wir erst zu einem späteren Zeitpunkt – im Rahmen des System-Workflows – spezifizieren müssen, welche Art von Datenbank wir nutzen wollen.

Spezifikation der Sicherheitsaspekte

Wir haben das Transaktionshandling in die Obhut des Containers und des Persistence Managers übergeben. Wie aber spezifizieren wir Sicherheitsaspekte der Beans?

Auch hier nimmt uns der EJB-Container, der die Implementierung der Sicherheits-Infrastruktur liefert, viel Arbeit ab. Im Rahmen des System-Workflows können vom Deployer einer Bean und vom System-Administrator die Richtlinien zur Sicherheit der Beans spezifiziert werden. Enterprise Beans sind von der EJB-Komponenten-Architektur so konzipiert worden, dass sie auf unterschiedlichen Servern, die jeweils andere Sicherheits-Mechanismen implementieren, einsetzbar sind; d.h., wir müssen an dieser Stelle nichts weiter tun, sondern können im Kontext des System-Workflows die Sicherheitsrichtlinien für unsere EJB-Komponenten endgültig festlegen.

Kommunikation der Komponenten von „MyPortal"

Die Kommunikation der EJB-Komponenten unseres Portals „MyPortal" im Kontext der Auftragsbearbeitung – zugeordnet zu den Schichten unserer Komponenten-Architektur – ist in Abbildung 8.35 dargestellt.

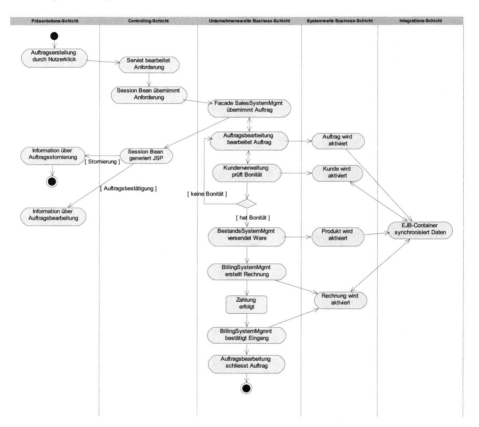

Abbildung 8.35: EJB-Komponenten und Schichten im Kontext der Auftragsbearbeitung

Ein Kunde erteilt auf Ebene der Präsentations-Schicht (per Web-, WAP-, PDA-Schnittstelle oder per SMS z.B.) einen Auftrag. Diese Anforderung wird von einem Servlet des Portals bearbeitet und einer Session-Bean übertragen. Die Session-Bean leitet den Auftrag an die Facade „SalesSystemMgmt" weiter. Die Auftragsbearbeitung erfolgt im Sales-System und durch Aufruf beteiligter Systeme anhand von Session-Beans und Message Driven Beans (unsere Prozess-Komponenten) der unternehmensweiten Business-Schicht. Verschiedene

Entity Beans der systemweiten Business-Schicht werden im Laufe der Bearbeitung aktiviert und aktualisiert. Die Synchronisation mit einer Datenbank realisiert ein EJB-Container. Der Kunde wird über die Stornierung eines Auftrages – bei nicht vorhandener Bonität – bzw. über den Bearbeitungszustand des Auftrages unterrichtet.

Generierung der Implementierungsmodelle

Auf der Basis der oben aufgeführten Implementierungs-Spezifikationen unserer Komponenten, lassen sich EJB-Komponentenmodelle mit geeigneten Tools generieren.[52]

Abbildung 8.36 stellt beispielhaft eine generierte Entity-Komponente „Auftrag" dar.

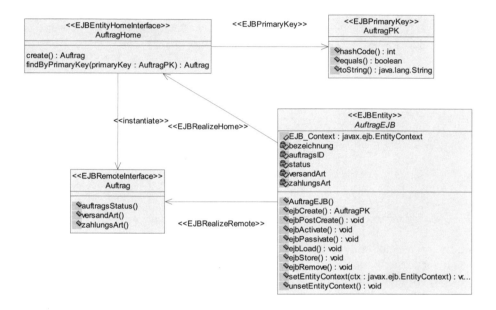

Abbildung 8.36: Generierte EJB-Entity-Komponente „Auftrag"

Es werden – auf der Basis unserer Implementierungs-Spezifikationen – sowohl die Home- und die Remote-Schnittstelle wie auch der Primary-Key – der einen eindeutigen Schlüssel der Entity-Komponente repräsentiert – generiert. Damit haben wir die Business-Schicht einer Businesskomponente erzeugt. Um eine vollständige Businesskomponente zu erstellen, sind auch die Komponenten der Präsentations-, Dialog- und Integrations-Schicht zu implementieren. Da wir uns für eine Nutzung der Container Managed Persistence (CMP) auf der Basis eines Abstract Persistence Schemas entschieden haben, reduziert sich die Implementierung der Integrations-Schicht auf die Ausformulierung von EJB QL-Statements und eine Spezifikation des Deployment-Deskriptors im Kontext des System-Workflows.

---

[52] In diesem Buch wird Rational Rose zur UML-Modellierung und Generierung der Modelle verwendet.

Verifikation der Implementierungsmodelle

Im Kontext der Spezifikation der Implementierung überprüften wir unsere Komponenten und deren Schnittstellen anhand von Kollaborationsdiagrammen. Insbesondere hatten wir die Typen und Parameter von Operationen und die Reihenfolge der Operationen verifiziert. Außerdem war zu erkennen, wie wir die Komponenten auf zyklische Abhängigkeiten und ihrer vertraglichen Vereinbarungen überprüften. Wir können darüber hinaus mit Hilfe von Zustandsdiagrammen den Lifecycle einzelner Businesskomponenten darstellen. Abbildung 8.37 stellt ein solches Zustandsdiagramm für die Komponente Auftrag dar.

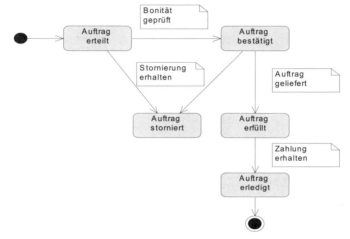

Abbildung 8.37: Auftragsbearbeitung anhand eines UML-Zustandsdiagramms

Anhand der Zustände, die eine Komponente im Laufe ihres Lifecycle einnehmen kann, lässt sich verifizieren, ob alle Attribute und Operationen spezifiziert wurden bzw. die vorhandenen Operationen alle Zustände einer Komponenten-Instanz abdecken können.

> Nutzen Sie Zustandsdiagramme zur Modellierung eines Lifecycle.

Zustandsdiagramme können verwendet werden, um das Verhalten einer Komponente zu beschreiben. Sie stellen alle denkbaren Zustände dar, die ein bestimmtes Komponenten-Objekt einnehmen kann. Ein Zustandsdiagramm eignet sich gut zur Darstellung des Verhaltens einer Komponente über mehrere Use Cases hinweg.

Toolunterstützung

Über diese Konsistenz- und Vollständigkeits-Checks hinaus lassen sich die Modelle mittels geeigneter Tools in Bezug auf ihre Richtigkeit überprüfen. Damit die Vorteile der UML 2.0 für die Erstellung Plattform-unabhängiger und Plattform-spezifischer Modelle im Sinne der MDA und des hier vorgestellten Vorgehensmodells ausgeschöpft werden können, sollten entsprechende Tools genutzt werden, die neben einer Unterstützung der Notation und Syntax auch die Abbildungsregeln und Mappings zwischen PIMs und PSMs automatisiert umsetzen[53]. Dabei werden Syntax, Semantik, Parameter der Operationen, Abhängigkeiten der Komponenten und ihrer Schnittstellen etc. im Rahmen von Simulationen vom Tool gecheckt.

Wir haben Komponenten und Artefakte der Anwendungs-Architektur erstellt, die spezifisch für ein Komponenten-Modell, aber noch unabhängig von einer konkreten System-Umgebung sind. Diese Plattform-spezifischen Modelle – im Sinne von PSMs gemäß MDA – können wir daher für unterschiedliche System-Landschaften nutzen. Die Umsetzung unserer EJB-Komponenten auf der Basis von Web- und Applikations-Servern, Datenbanken spezifischer Hersteller etc. – im Sinne von EDMs – kann nun mit Hilfe des System-Workflows erfolgen.

8.4 Weiterführende Literatur

[Ahm 02]   Khawar Zaman Ahmed, Cary E. Umrysh: *Developing Enterprise Java Applications with J2EE and UML*, Addison-Wesley 2002

[Alu 01]   Deepak Alur, John Crupi, Dan Malks: *Core J2EE Patterns*, Sun Microsystems Press 2001

[Car 01]   David Carlson: *Modeling XML Applications with UML*, Addison-Wesley 2001

[Dav 00]   Mark M. Davydov: *Corporate Portals and E-Business Integration*, McGraw-Hill 2000

[Des 99]   Desmond F. D'Souza, Alan C. Wills, *Objects, Components, and Frameworks with UML*, Addison-Wesley 1999

[Gru 00]   Volker Gruhn, Andreas Thiel: *Komponenten-Modelle*, Addison-Wesley 2000

[Hei 01]   George T. Heineman, William T. Councill: *Component-based Software Engineering*, Addison-Wesley 2001

[Her 00]   Peter Herzum, Oliver Sims: *Business Component Factory*, John Wiley & Sons 2000

[Jab 97]   Stefan Jablonski, Markus Böhm, Wolfgang Schulze: *Workflow-Management – Entwicklung von Anwendungen und Systemen*, dpunkt.verlag 1997

[Löw 01]   Juval Löwy: *COM and .NET Component Services*, O'Reilly 2001

[Mar 99]   Hiroshi Maruyama, Kent Tamura, Naohiko Uramoto: *XML and Java*, Addison-Wesley 1999

[Mic 99]   Thomas Michel: *XML kompakt*, Carl Hanser Verlag 1999

[Rom 99]   Ed Roman: *Mastering Enterprise JavaBeans*, John Wiley 1999

[Vas 01]   Vasters, Oellers, Javidi, Jung, Freiberger, DePetrillo: *.net*, Microsoft Press 2001

[Vog 99]   Andreas Vogel, Madhavan Rangarao: *Enterprise JavaBeans, JTS and OTS*, Wiley 1999

[Zim 00]   Jürgen Zimmermann, Gerd Beneken: *Verteilte Komponenten und Datenbankanbindung*, Addison-Wesley 2000

---

[53]   Erste Tools sind auf dem Markt, siehe z.B. „Tau Generation 2" der Firma Telelogic oder „ArcStyler" der Firma iO-Software (siehe www.ArcStyler.com).

9 Komponenten der System-Architektur

- Wie sieht die Infrastruktur für das zu erstellende System aus?
- Welche Adapter, Wrapper, Gateways werden genutzt?
- Welche Web- und Applikations-Server werden genutzt?
- Wie wird die Software auf verschiedene Rechner und Knoten verteilt?
- Welche Art von Software- und Hardware-Cluster werden benötigt?
- Welche Kommunikationsprotokolle werden verwendet?
- Wo wird welche Art von Firewall benötigt?
- Was ist während der Laufzeit des Systems zu beachten?
- Wie kann die Performance des Systems optimiert werden?
- Wie kann das System sinnvoll skaliert werden?

Die System-Architektur befasst sich zum einen mit der physischen Anbindung bestehender Systeme, wie z.B. mit der Anbindung an spezifische Datenbanken, der Nutzung spezifischer Middleware, der Realisierung von Adaptern zu Host-Systemen, und zum anderen mit der Verteilung der Komponenten auf verschiedene Rechner bzw. Knoten. Dabei werden Sicherheitsaspekte, Transaktionsverhalten, spezifische Kommunikationsprotokolle etc. betrachtet. Im Kontext der Systemarchitektur finden auch einige der nicht-funktionalen Anforderungen (Response-Verhalten, Performance-Aspekte, Skalierbarkeit etc.) ihre Berücksichtigung. Die Komponenten-Modelle der Anwendungs-Architektur – im Sinne von PSMs – werden auf eine spezifische Systemlandschaft – im Sinne von EDMs – abgebildet.

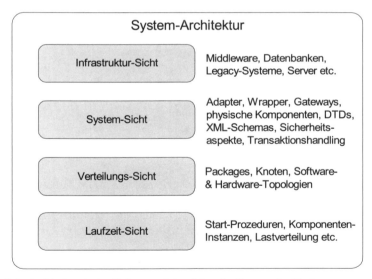

Abbildung 9.1: Architektonische Sichten und Artefakte der System-Architektur

Die im Kontext der System-Architektur betrachteten Sichten sind (siehe Abbildung 9.1):
- Infrastruktur-Sicht
- System-Sicht

- Verteilungs-Sicht
- Laufzeit-Sicht

Die Komponenten der System-Architektur werden mittels eines System-Workflows implementiert und anhand des Verteilungs-Workflows auf spezifische Rechner verteilt.

9.1   System-Workflow

Im Kontext des System-Workflows werden physische Komponenten programmiert – sofern erforderlich[54] –, getestet und verteilt. Der System-Workflow nimmt Bezug auf die Artefakte der Anwendungs-Architektur und realisiert diese auf der Basis der Infrastruktur- und System-Sicht.

Aktivitäten

Die Aktivitäten im Kontext des System-Workflows sind in Abbildung 9.2 dargestellt.

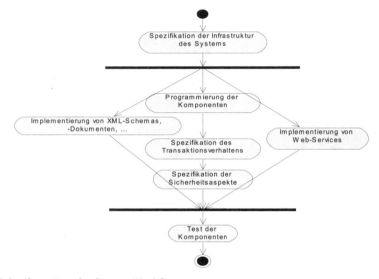

Abbildung 9.2: Aktivitäten des System-Workflows

Zunächst ist die Infrastruktur des Systems zu spezifizieren. Darauf aufbauend können die Komponenten abgestimmt auf die Systemlandschaft programmiert und Artefakte erstellt werden, die der Kommunikation mit anderen Systemen bzw. der Integration anderer Systeme dienen. Dabei werden das Transaktionsverhalten und die Sicherheitsaspekte spezifiziert.

---

[54]   Je nach Detailgenauigkeit im Kontext der Modellierung und Generierung der Artefakte der Implementierungs-Sicht sind einzelne Komponenten zu verfeinern und zu ergänzen. Spezielle APIs, Adapter-, Wrapper- und Gateway-Komponenten sowie XML-Schemas und -Dokumente sind in der Regel noch zu implementieren.

9.2   Infrastruktur-Sicht

Kontext

Im Kontext der Infrastruktur-Sicht wird die Systemlandschaft dargestellt, auf der die Komponenten der Anwendungs-Architektur zum Einsatz kommen. Es werden Datenbanken, Server, Legacy-Systeme, Kommunikations-Protokolle etc. definiert. Abbildung 9.3 veranschaulicht die Infrastruktur-Sicht im Kontext des Architektur-Frameworks.

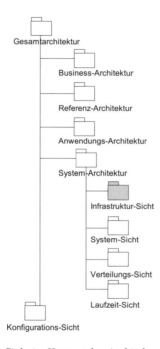

Abbildung 9.3: Infrastruktur-Sicht im Kontext des Architektur-Frameworks

Input-Artefakte

Anforderungen an die Systemlandschaft, bestehende Infrastrukturen, Artefakte der Anwendungs-Architektur.

Output-Artefakte

Die folgenden Artefakte sind u.a. zu spezifizieren:

*   Container, Servlet-Engines
*   Applikations-Server/Web-Server
*   Cluster
*   Kommunikationsprotokolle/Middleware
*   Netzprotokolle
*   Bandbreiten
*   Firewalls

- Gateways
- Verschlüsselungs-/Authentifizierungs-Server
- Datenbanken
- Legacy-Systeme
- Workflow-Engines
- Resource-Adapter von Herstellern etc.

Projektbeteiligte

System-Architekt, System-Administrator, Komponenten-Entwickler, Komponenten-Verteiler, Container- und Server-Provider, Software-Architekt.

Aktivitäten

Die Aktivitäten umfassen zum einen die Spezifikation der Output-Artefakte und zum anderen die Abbildung dieser Artefakte in einer Infrastruktur-Sicht.

Wir wollen auf die Kommunikationsprotokolle für Komponenten etwas genauer eingehen.

9.2.1 Kommunikations-Standards von Komponenten

- Welche Arten von Kommunikations-Standards gibt es für Komponenten?
- Wie kommunizieren Komponenten mittels RMI, CORBA, COM+, .NET?
- Welche Kommunikations-Ebenen gibt es für Komponenten ?

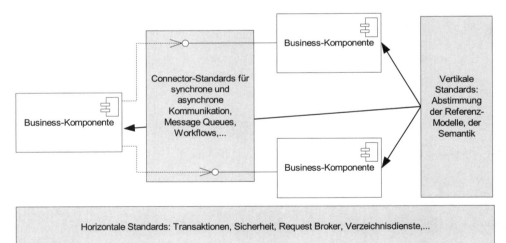

Abbildung 9.4: Kommunikations-Standards von Komponenten

Es lassen sich drei Bereiche differenzieren, die bei einer Kommunikation von Komponenten berücksichtigt werden müssen und in denen Standardisierungen im Sinne einer unternehmensweiten Nutzung von Komponenten sinnvoll und notwendig sind:

- Horizontale Standards
- Vertikale Standards
- Connector-Standards

Abbildung 9.4 stellt diese verschiedenen Standards im Kontext der Kommunikation von Komponenten und Systemen dar. In den folgenden Abschnitten werden die Charakteristika dieser Kommunikations-Standards und einige der auf dem Markt befindlichen Technologien zur Realisierung dieser Standards beschrieben.

Horizontale Standards

Die horizontalen Standards stellen – bildlich gesehen – die unterste Ebene der Kommunikation von Komponenten und Systemen dar. Horizontale Standards liefern die technische Infrastruktur, damit eine Kommunikation verschiedener Komponenten ermöglicht wird. Die folgenden Services sind im Kontext der sog. horizontalen Standards zu berücksichtigen:

- *Transaktionshandling:* Komponenten, die ihre Daten speichern wollen und mit anderen Komponenten zur Aufbereitung ihrer Daten kommunizieren, benötigen Mechanismen für ein verteiltes Transaktionshandling.
- *Request Broker:* Ein Request Broker verwaltet den Informationsfluss zwischen Komponenten, er verfügt über Informationen vom Ort der Komponenten und vermittelt standardisierte Anfragen (Request) und Antworten (Response).
- *Sicherheit:* Sicherheitsmechanismen beinhalten die Authentifizierung von Nutzern und Autorisierungen für Aktivitäten der Nutzer.
- *Verzeichnisdienste:* Komponenten benötigen Zugriff auf Verzeichnisdienste, beispielsweise um auf Ressourcen in einem Netzwerk oder aber auf andere Komponenten (mittels Referenzen) zugreifen zu können.
- *Zugriffsmechanismen:* In einem Multi-User-Betrieb müssen konkurrierende Zugriffe auf identische Komponenten und Datenbereiche geregelt werden.
- *Standardisierte Schnittstellen:* Schnittstellen von Komponenten und deren Spezifikationen sind so zu standardisieren, dass sie mit anderen Komponenten und Systemen nahtlos kommunizieren können.

Die Realisierung horizontaler Standards kann mittels unterschiedlicher Kommunikations-Standards erfolgen:

- Remote Method Invocation (RMI)
- Common Object Request Broker Architecture (CORBA)
- COM+ / DCOM
- .NET / SOAP
- Custom Sockets

Wir wollen auf RMI, CORBA und Custom Sockets etwas detaillierter eingehen. Die Kommunikation von COM+/DCOM und von .NET/SOAP wird in Kapitel 10 behandelt.

Remote Method Invocation

RMI ist einer der Eckpfeiler der J2EE-Spezifikation und wird in Verbindung mit Enterprise JavaBeans genutzt. Die Grundidee dieses Kommunikations-Standards ist einfach: Eine Komponente ruft die Methode einer anderen Komponente auf; die aufgerufene Methode wird jedoch nicht in derselben Java Virtual Machine ausgeführt, sondern in einer anderen. Diese andere JVM kann auf demselben Rechner oder auf einem beliebigen anderen Server angesiedelt sein. Dabei kann dieser andere Server physisch an einem beliebigen Ort positioniert sein – entscheidend ist, dass er eine Schnittstelle bereithält, die dem Methodenaufruf der aufrufenden Komponente entspricht.

Da die Interaktion mit einer Komponente, die mittels RMI aufgerufen wird, der Interaktion mit einer lokalen Komponente entspricht, kann eine solche RMI-Komponente die unterschiedlichsten Java-Objekte verarbeiten, ohne sie in einen seriellen Datenstrom umwandeln zu müssen. RMI bewerkstelligt dies automatisch anhand eines sog. Object Serialization-Mechanismus.

▸ Stubs und Skeletons

Die Realisierung dieser Remote Method Invocation erfolgt anhand von Stubs und Skeletons. Ein Stub implementiert die Schnittstelle, die anhand des Methodenaufrufs aktiviert werden soll, und ein Skeleton verarbeitet den Aufruf und aktiviert die entsprechende Methode in seiner Java Virtual Machine. Über eine RMI-Registry weiß der aufrufende Client, welcher Server eine aufgerufene Methode remote anbietet. Stubs und Skeletons müssen nicht gesondert programmiert werden, sie können nach Spezifizierung der Remote-Schnittstelle mittels eine RMI-Compilers automatisch generiert werden. Stubs und Skeletons kommunizieren meist über das Java Remote Method Protocol (JRMP) oder über das Internet Inter-ORB Protokoll (IIOP), welches im Kontext von CORBA-Architekturen genutzt werden kann.

▸ RMI ist das Java-Pendant zu CORBA

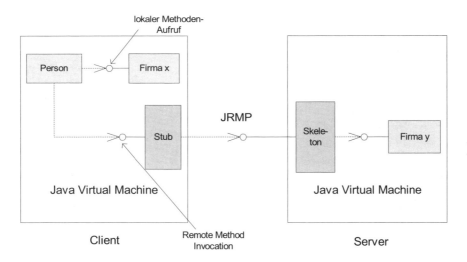

Abbildung 9.5: Lokaler Methodenaufruf und Remote Method Invocation

RMI ist ein Kommunikationsmittel, das gerade in Multi-Tier-Architekturen zur Integration verschiedener Java-Technologien (beispielsweise JDBC und JNI) eingesetzt werden kann. RMI-Komponenten, die beispielsweise als Wrapper zu Datenbank-Systemen oder anderen EIS-Systemen genutzt werden, sind darüber hinaus besonders einfach skalierbar. RMI kann als das Java-Pendant zu CORBA gesehen werden.

Abbildung 9.5 veranschaulicht diese Sachverhalte: Eine Schnittstelle der Komponente „Firma" kann entweder lokal in derselben Java Virtual Machine aufgerufen werden (lokaler

Methodenaufruf) oder mittels RMI via Stub und Skeleton in einer anderen Java Virtual Machine.

CORBA

Die Common Object Request Broker Architecture (CORBA) ist eine von der Object Management Group (OMG) standardisierte Middleware-Architektur, die für die herstellerneutrale Kommunikation von verteilten Objekten und Komponenten konzipiert wurde.

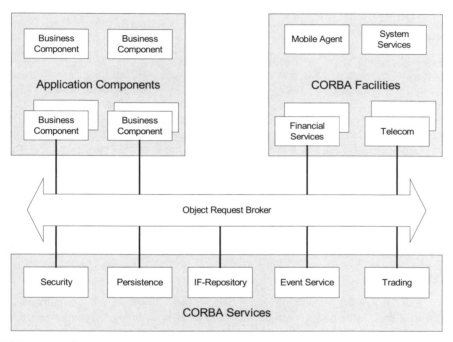

Abbildung 9.6: Object Management Architecture

CORBA-Komponenten lassen sich für die sprachunabhängige Integration von Applikationen nutzen. Die wesentlichen Merkmale der CORBA-Architektur sind:

- Sprachunabhängige Schnittstellendefinitionen: CORBA ermöglicht die Kommunikation von Komponenten, die in unterschiedlichen Programmiersprachen entwickelt wurden, über einen einheitlichen Kommunikationsmechanismus. Mit Hilfe einer Interface Definition Language (IDL) können Schnittstellen von Objekten und von Komponenten beschrieben werden. Generatoren übersetzen IDL-Spezifikationen in den Programmcode der entsprechenden Zielsprache. Sog. Object Request Broker (ORB) stellen die Verbindung eines Clients zur Server-Komponente her.
- Transparente Verteilung von Objekten: Objektreferenzen setzen keine Kenntnis des spezifischen Servers voraus, auf dem sich ein Objekt befindet. Ein Namensdienst des CORBA-Systems ermöglicht die Auflösung der Objektreferenz.
- Standardisierung unterschiedlicher Objektklassen: Die Object Management Architecture (OMA) unterscheidet drei Arten von Objekten: CORBA Services, CORBA Facilities und Application Objects. CORBA Services stellen grundlegende Dienste zur Ver-

fügung, wie beispielsweise die Persistierung von Komponenten. CORBA Facilities definieren sowohl Standards für horizontale Dienste (Anwendungsschnittstellen, Dienste zum Systemmanagement) als auch für vertikale Dienste (branchenspezifische Standards). Application Objects sind Objekte, die im Rahmen der Anwendungsentwicklung zu erstellen sind.

Abbildung 9.6 stellt die Object Management Architecture dar. Eine Darstellung der Eigenschaften von Komponenten, die auf Basis der CORBA-Architektur eingesetzt werden, findet sich in Abschnitt 10.3.

Custom Sockets

Custom Sockets sind eigenständig entwickelte Lösungen zur Kommunikation von Komponenten im Kontext einer Client-/Server-Architektur. Diese Art von Lösung bietet sich immer dann an, wenn beispielsweise der Einsatz einer CORBA-Architektur eine Art Overkill für das zu realisierende System darstellt, wie z.B. für kleine Anwendungssysteme. Ein Nachteil der custom sockets liegt jedoch in dem nicht zu unterschätzenden Aufwand für die Erstellung der spezifischen Kommunikations-Infrastruktur. Wenn diese an einen Kunden geliefert werden soll, ist darüber hinaus darauf zu achten, dass sie erweiterbar und skalierbar ist und auch ausreichend dokumentiert vorliegt.

An dieser Stelle sei darauf hingewiesen, dass sich RMI mittlerweile als der De-facto-Standard im Kontext der Kommunikation verteilter Systeme etabliert. RMI ist einfach zu nutzen und stellt auch die Grundlage für die Kommunikation von Enterprise JavaBeans dar. Es lassen sich inzwischen sogar RMI-Methoden aus CORBA-Komponenten aktivieren, so dass RMI-Komponenten mit bestehenden CORBA-Applikationen kommunizieren können.

Vertikale Standards

Vertikale Standards beziehen sich auf die fachliche bzw. funktionale Kommunikation von Komponenten und Systemen untereinander. Hier sind sowohl die Referenz-Modelle als auch die Semantik der beteiligten Systeme abzustimmen.

Z.B. muss in Bank-Anwendungen ein unternehmensweites Verständnis der Begriffe Kreditnehmer oder Girokonto vorliegen, damit alle beteiligten Komponenten und Systeme konsistent mit ihren Informationsmodellen arbeiten. Die Object Management Group (OMG) arbeitet derzeit an vertikalen Standards für verschiedene Bereiche der Industrie und der Dienstleistungen.

Business Object Component Architecture

Im Kontext der vertikalen Standards ist die Business Object Component Architecture (BO-CA) hervorzuheben. Die BOCA hat ihre Wurzeln in der Object Management Architecture von CORBA und ist ein Versuch, ständig sich ändernde und erneuernde Geschäftsprozesse in einer unternehmensübergreifenden Architektur festzuhalten, damit eine flexible Abbildung unternehmensübergreifender Geschäftsprozesse ermöglicht wird.

BOCA ist eine Spezialisierung von CORBA, d.h. die CORBA-Architektur wird um zusätzliche Funktionen zur Integation von Business Objects erweitert. Diese Business Objects werden unabhängig von einer Programmiersprache beschrieben. Die in der BOCA-Spezifikation definierten Business Objects sind CORBA-Objekte, die mittels eines ORB über das Netz ansprechbar sind. Ein Business Object besitzt eine eindeutige ID, mit der es einem bestimmten Ort zugeordnet werden kann, und ist somit nicht kopier-, sondern nur transferierbar. Die ID ermöglicht eine Persistierung der Business Objects in einer Datenbank.

Auch wenn die BOCA-Spezifikation bisher noch nicht den erhofften Anklang fand, so ist sie dennoch ein mächtiges Rahmenwerk für B2B-Integrationen. Mit Hilfe der Business Object Facility (BOF) wurde eine Plattform zur Modellierung von Business Objects geschaffen, die ein Rahmenwerk zur Beschreibung und Verwaltung von unternehmensweiten und unternehmensübergreifenden Business Objects liefert. Im Kontext der BOCA werden Enterprise Specific Business Objects, Specific Business Objects und Common Business Objects unterschieden.

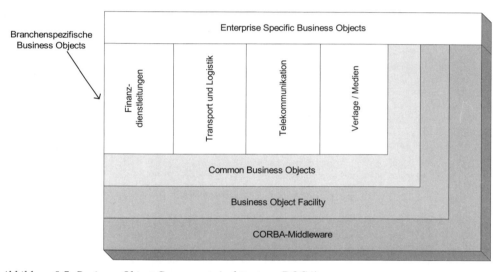

Abbildung 9.7: Business Object Component-Architecture (BOCA)

Die verschiedenen Bausteine der BOCA sind der Abbildung 9.7 zu entnehmen. Enterprise Specific Business Objects sind Business Objects, die als spezifisch für ein Unternehmen zu betrachten sind. Die Specific Business Objects werden als branchenspezifische Business Objects zur Verfügung gestellt, die ein Unternehmen im Rahmen eines Customizing an seine unternehmensspezifischen Anforderungen anpassen kann. Die Common Business Objects werden im Kontext eines Rahmenwerks von Software-Lieferanten wie beispielsweise IBM oder Oracle zur Verfügung gestellt. All diese unterschiedlichen Business Objects lassen sich auf dem Rahmenwerk der Business Object Facility und auf der Basis der CORBA-Middleware nutzen.

Connector-Standards

Konnektoren können für synchrone und asynchrone Kommunikation, Message Queues, Workflows etc. genutzt werden. Konnektoren regeln das Zusammenspiel von Schnittstellen von Komponenten und Systemen. Sie können als Interaktions- bzw. Kollaborations-

Rahmenwerke zwischen Komponenten verstanden werden. Verschiedene Kommunikations- und Interaktionsarten zwischen Komponenten sind in Abschnitt 7.4.7 beschrieben.

Für Konnektoren sind Standardisierungen notwendig, damit die verschiedenen Interaktionsmodi zwischen Komponenten und Systemen untereinander unternehmensweit und auch unternehmensübergreifend einheitlich und konsistent gestaltet werden können. Ein Connector-Standard, der von der Firma SUN entwickelt wurde ist die J2EE Connector Architecture, die in Abschnitt 8.2.2 beschrieben ist.

9.2.2   Kommunikations-Ebenen von Komponenten

Für eine effiziente und reibungslose Kommunikation der Komponenten sind – entsprechend der drei Kommunikations-Standards – ihre Schnittstellen auf verschiedenen Ebenen zu untersuchen. Die verschiedenen Ebenen der Kommunikation von Komponenten und Systemen stellt Abbildung 9.8 dar.

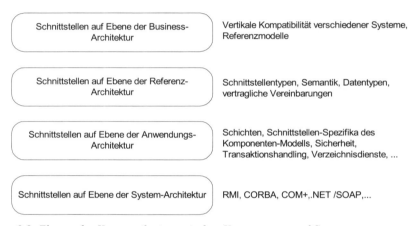

Abbildung 9.8: Ebenen der Kommunikation zwischen Komponenten und Systemen

Schnittstellen auf Ebene der Business-Architektur

Für eine effiziente Kommunikation ist die vertikale Kompatibilität, d.h. Kompatibilität der funktionalen Referenzmodelle erforderlich: So sind z.B. die Komponenten amerikanischer Finanzdienstleister in vielen Bereichen nicht kompatibel zu gleich oder ähnlich lautenden Komponenten europäischer Finanzdienstleister.

Schnittstellen auf Ebene der Referenz-Architektur

Im Zusammenhang mit einer funktionalen Betrachtung der Kommunikation sind die Typen der Schnittstellen, die Datentypen und die Semantik aufeinander abzubilden. Z.B. geht aus der Signatur einer Schnittstelle noch nicht notwendig hervor, was eine Aktivierung dieser Schnittstelle genau bewirkt bzw. in welchem Zustand sie eine Komponenten-Instanz lässt. Dazu sind auch die Bedingungen und vertraglichen Vereinbarungen zu untersuchen.

Schnittstellen auf Ebene der Anwendungs-Architektur

Es sind u.a. die Schnittstellen-Spezifika der Komponenten-Modelle und die Systemdienste der verschiedenen Komponenten und Systeme (Sicherheit, Transaktionshandling, Verzeichnisdienste) zu beachten. Diese Aspekte sind im Kontext der Spezifikation des bzw. der entsprechenden Komponenten-Modelle zu betrachten.

Schnittstellen auf Ebene der System-Architektur

Darüber hinaus sind die Schnittstellen auf Ebene der Systemlandschaft zu betrachten (RMI, CORBA, SOAP etc.). Hier gibt es unterschiedliche Mechanismen für eine systemübergreifende Kommunikation. Beispielsweise können CORBA-Komponenten mit EJB-Komponenten über spezielle Brücken kommunizieren (siehe Abschnitt 10.3).

9.2.3 Infrastruktur des Portals „MyPortal"

Abbildung 9.9 stellt Artefakte der Infrastruktur-Sicht für unser Portal „MyPortal" dar.

Es sind in Abbildung 9.9 die Artefakte der Infrastruktur beschrieben, die uns im Kontext eines Komponenten-Systems in erster Linie interessieren:

- Mittels diverser Clients wird über eine Firewall auf einen Web-Server zugegriffen. Informationen werden z.B. mittels HTML, WML und TXT ausgetauscht.
- Web-Server dienen u.a. der HTTP-Verarbeitung, der SSL-Verschlüsselung und der Authentifizierung. Sie nutzen Servlets für die Verarbeitung der eingehenden Requests bzw. erstellen Java ServerPages für ausgehende Informationen. Darüber hinaus werden XSLT-Transformationen für unterschiedliche Endgeräte vorgenommen.
- Application Server verfügen über Container für Entity-, Session- und Message-Beans. Diese managen die Geschäftslogik in Gestalt von unternehmensweiten und systemweiten Businesskomponenten. Application Server dienen u.a. der XML-Verarbeitung, der B2B-Kommunikation, dem Workflow-Management und dem Transaktions-Handling.
- Mittels der J2EE-konformer EJB-Container werden die Daten der Entity-Beans mit einer Oracle-Datenbank synchronisiert.

Es lassen sich weitere zu integrierende Systeme darstellen, die wir der Übersicht halber in Abbildung 9.9 nicht berücksichtigt haben (so z.B. Integrationen spezieller SAP- oder CRM-Systeme mittels spezifischer Konnektoren). Wir werden im Kontext der System-Sicht – im Rahmen der Abbildung spezifischer Komponenten der Anwendungs-Architektur auf die hier beschriebene Infrastruktur – einige dieser Konnektoren bzw. Adapter darstellen.

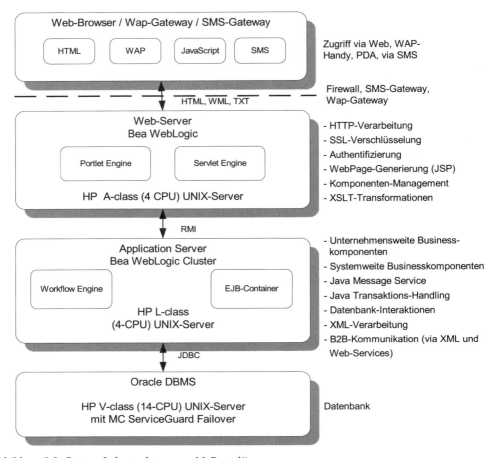

Abbildung 9.9: System-Infrastruktur von „MyPortal"

9.3   System-Sicht

Kontext

Die System-Sicht nimmt Bezug auf die Plattform-spezifischen Artefakte der Anwendungs-Architektur, um diese auf der Grundlage der Infrastruktur-Sicht zur Erstellung physischer Komponenten zu nutzen. Die System-Sicht betrachtet Artefakte, die anhand von Code-Generierung, durch manuelle Programmierung, durch Entwicklung und Anpassung des Systems und seiner Komponenten auf der Basis der Infrastruktur-Sicht – unter Berücksichtigung der Besonderheiten der Zielplattform – erstellt werden. Im Kontext der System-Sicht werden u.a. das Transaktions-Verhalten und die Sicherheitsaspekte anhand der Deployment-Deskriptoren von Komponenten definiert, die Persistierung der Komponenten mittels spezifischer Datenbanken (Oracle, Microsoft SQL-Server, Poet,...) spezifiziert und programmiert, spezifische Adapter zu Legacy-Systemen programmiert etc. Die System-Sicht stellt ein Extrakt der Konfigurations-Sicht dar (siehe Abschnitt 9.9).

Abbildung 9.10 veranschaulicht die System-Sicht im Kontext des Architektur-Frameworks.

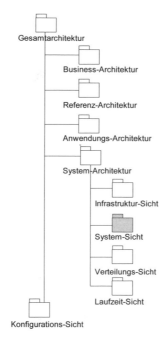

Abbildung 9.10: System-Sicht im Kontext des Architektur-Frameworks

Input-Artefakte

Anforderungen an die System-Architektur, Artefakte der Anwendungs-Architektur, Integrations-Sicht, Infrastruktur-Sicht.

Output-Artefakte

Physische Komponenten und deren Schnittstellen, Integrations-Lösungen zu anderen Komponenten und Systemen in Gestalt von Adapter-Komponenten, Konnektoren, Gateway- oder Wrapper-Komponenten. Außerdem DTDs, XML-Schemas, Deskriptoren, Web Services etc. Die Artefakte werden zu spezifischen Builds zusammengebaut.

Projektbeteiligte

Komponenten-Entwickler, Komponenten-Verteiler, Software-Architekt, System-Architekt, System-Administrator, Build-Manager, Konfigurations-Manager.

Aktivitäten

Programmierung von physischen Komponenten, Adaptern zu Legacy-Systemen, Integrationen auf der Basis von XML, Schnittstellen zu bestehenden Systemen und Komponenten, Hotspots zu Frameworks, Anbindungen zu Datenbanken etc. Automatisierte Erstellung von Code-Gerüsten, Dateien, Skripts, Deskriptoren etc. mit Hilfe von Tools soweit wie möglich anhand der Plattform-spezifischen UML-Modelle.[55] Die folgenden Aktivitäten werden u.a. durchgeführt:

Generierung[56] von:

- Source-Code-Gerüsten;
- Konfigurations-Dateien;
- DTDs, XML-Schemas, XML-Dokumenten.

Programmierung von:

- Komponenten gemäß Komponenten-Standard,
- Schnittstellen zu bestehenden Komponenten und Systemen,
- Adapter/Konnektoren zu Legacy-Systemen,
- XML-Integrations-Komponenten,
- Hotspots,
- Web Services etc.

Außerdem:

- Kompilierung;[57]
- Spezifikation von Deployment-Descriptoren;
- Definition des Transaktions-Verhaltens;
- Definition der Sicherheitsaspekte;
- Unit- und Integrationstests;
- Build-Management.

Im Kontext der System-Sicht werden Artefakte generiert, die im Kontext des Konfigurations-Managements versioniert, qualitätsgesichert, zertifiziert und konfiguriert werden. Daher dienen Artefakte der System-Sicht als Input für die Konfigurations-Sicht.

Wir wollen auf die Spezifikation der Deployment-Deskriptoren physischer Komponenten näher eingehen.

9.3.1 Physische Komponenten für „MyPortal"

Bevor wir die physischen Komponenten unseres Portals in Gestalt einer System-Sicht abbilden, soll dargestellt werden, aus welchen physischen Artefakten sich eine Enterprise Bean zusammensetzt.

Physischer Aufbau einer EJB

Physisch setzt sich eine Enterprise Bean aus einer Reihe von .class- und .xml-Dateien zusammen. Dies soll am Beispiel einer EJB für den Warenkorb des Portals „MyPortal" in Tabelle 9.1 veranschaulicht werden.

---

[55]   Sofern im Kontext der Anwendungs-Architektur noch nicht geschehen.

[56]   Sofern noch nicht geschehen.

[57]   z.B. IDL und CIDL-Dateien im Falle von CORBA-Komponenten

Tabelle 9.1: Bestandteile einer Enterprise Bean

Verantwortlich	EJB-Bestandteil	EJBWarenkorb
Bean-Entwickler	Home-Schnittstelle (EJBHome)	WarenkorbHome.class
	Remote-Schnittstelle (EJBObject)	Warenkorb.class
	Enterprise Bean Klasse	WarenkorbBean.class
	Primary Key Klasse	WarenkorbPK.class
	XML Deployment Descriptor	Warenkorb.xml
EJB-Container bzw. EJB-Server	Home-Schnittstellen-Implementierung (EJBHome)	WarenkorbHomeStub.class, WarenkorbHomeSkeleton.class
	Remote-Schnittstellen-Implementierung (EJBObject)	WarenkorbStub.class, Warenkorb-Skeleton.class

Für eine Enterprise Java Bean werden vom Entwickler bis zu fünf Dateien erstellt. Die Primary Key Klasse in Tabelle 9.1 wird jedoch nur für Entity Beans benötigt. Für die Nutzung einer Enterprise Java Bean sind vom EJB-Container und -Server jeweils Stub- und Skeleton-Dateien zur Verfügung zu stellen (siehe auch Abbildung 8.27).

Der XML-Deployment-Descriptor ist für das Laufzeitverhalten unserer EJBs entscheidend, zumal wir uns im Kontext der Implementierungs-Sicht dafür ausgesprochen hatten, unsere Komponenten so generisch zu spezifizieren, dass wir deren Transaktionsverhalten und die Sicherheitsaspekte erst mittels Deployment-Deskriptor festlegen.

Deployment-Descriptor

Der Deployment-Descriptor einer EJB besteht aus einer XML-Datei, die spezifische Konfigurations-Informationen für die Bean enthält. So werden

- Informationen über die Klassen der Komponente,
- Attribute zur Beschreibung des Transaktionsverhaltens,
- Attribute zum Verhalten der Komponente,
- Sicherheits-Aspekte der Komponente

im Deployment-Descriptor beschrieben. Durch den Deployment-Descriptor können zwei ansonsten identische EJBs (bzgl. HomeObject, EJBObject, Bean-Klasse) voneinander unterschieden werden. Mit Hilfe des Deployment Descriptors können Verhalten und Eigenschaften einer EJB grundlegend verändert werden. Erst mit der Spezifizierung des Deployment Descriptors wird eine EJB einzig (siehe auch Abschnitt 8.3.3).

Wir wollen die Transaktions-Attribute einer EJB genauer betrachten.

Transaktions-Attribute einer EJB

Durch Nutzung geeigneter Stereotype lässt sich das Transaktions-Verhalten von Container-managed-EJBs in Interaktionsdiagrammen darstellen. EJB-Transaktionen können – wie schon dargestellt – bean-managed oder container-managed spezifiziert werden.

Tabelle 9.2: Transaktions-Attribute einer EJB

TX-Attribut	Beschreibung
NotSupported	Beim Aufruf einer EJB in einem TX-Kontext wird die Transaktion suspendiert, bis die gerufene Methode ausgeführt worden ist.
Required	Eine EJB mit diesem Attribut wird in einem TX-Kontext immer ausgeführt. Wenn kein TX-Kontext geliefert wird, wird durch den EJB-Container ein neuer während des Methodenaufrufs erzeugt.
Supported	Die EJB kann wahlweise mit oder ohne Transaktion ausgeführt werden. Wird ein TX-Kontext mitgeliefert, so entspricht dies dem „Required"-Attribut. Wird kein TX-Kontext geliefert, entspricht dies dem Attribut „NotSupported".
RequiresNew	Es wird immer eine neue Transaktion durch den EJB-Container erzeugt. Sollte ein TX-Kontext mitgegeben worden sein, wird er suspendiert und nach Ausführung der Methode wiederhergestellt.
Mandatory	Eine EJB muss mit dem bestehenden TX-Kontext ausgeführt werden. Ohne Lieferung eines TX-Kontextes wird eine Exception ausgeworfen.
Never	Diese Methode wird ohne TX-Kontext ausgeführt. Sollte ein TX-Kontext mitgegeben worden sein, wird eine Exception ausgeworfen.

> Stellen Sie die Transaktionen Ihrer Komponenten in Sequenzdiagrammen dar.

Bei Bean-managed-Transaktionen können die Grenzen der Transaktion durch entsprechende Methodenaufrufe – begin(), commit(), rollback() – in Interaktionsdiagrammen veranschaulicht werden (siehe auch Abbildung 13.3). Bei Container-managed-Transaktionen können diese Methoden nicht dargestellt werden, da das Transaktionshandling im Deployment-Descriptor deklariert wird.

Spezifikation der Deployment-Deskriptoren von „MyPortal"

Wir hatten im Rahmen der Implementierungs-Sicht spezifiziert, dem EJB-Container die Synchronisierung – mit Nutzung der Container Managed Persistence und einem Abstract-Persistence-Schema – der Entity Beans mit der Datenbank zu überlassen. Dazu müssen wir nur das Transaktionsverhalten und die Datenzugriffe in den Deployment-Descriptoren der Beans definieren. Dieses Vorgehen bringt einen weiteren Vorteil mit sich, da das Abstract-Persistence-Schema in der Lage ist, Informationen über Beziehungen von Entity Beans untereinander zu verwalten. Assoziationen zwischen Entity Beans werden als Container-Managed-Relationship-Felder (CMR-Felder) spezifiziert. Diese verfügen – wie beim Abstract-Persistence-Schema – über abstrakte Get- und Set-Methoden, so dass der Persistence Manager die Erzeugung und Verwaltung des Codes übernimmt.

Wir können somit Beziehungen unserer Entity-Beans über CMR-Felder spezifizieren. Die Beziehungen können auch mit einer Richtung versehen sein, wie in Abbildung 9.11 dargestellt ist. Es sind uni- und bidirektionale Assoziationen spezifizierbar. Multiplizitäten werden als Collections von Komponenten-Instanzen realisiert.

Abbildung 9.11: Assoziationen zwischen Entity-Beans mittels CMR-Feldern

System-Sicht von „MyPortal"

An dieser Stelle wollen wir die physischen Komponenten des Portals „MyPortal" nicht ausprogrammieren. Stattdessen stellen wir sie beispielhaft – zugeordnet zu den Schichten der Anwendungs-Architektur – in der Abbildung 9.12 dar:

- Über verschiedene Endgeräte (Web-Browser, Handy, PDA) kann ein Kunde auf das Portal zugreifen.
- Die Controlling-Schicht dient der Verwaltung von Nutzer-Sessions und der Weiterleitung ihrer jeweiligen Anforderungen. Mit Hilfe spezifischer Servlets werden XSLT-Transformationen realisiert.
- Die Geschäftslogik ist in den Enterprise Beans der unternehmens- und systemweiten Business-Schichten angesiedelt. Dort finden auch viele der Architekturmuster ihre Umsetzung (z.B. das Facade-Pattern). U.a. ist die Umsetzung eines Import-Workflows für die Produktdaten von Lieferanten im Kontext der unternehmensweiten Business-Schicht angesiedelt. Exemplarisch sind einzelne Entity-Komponenten den Business-Systemen zugeordnet.
- In der Integrations-Schicht werden neben den Datenbankzugriffen über Oracle-spezifische JBO-Objekte diverse Integrationen von Fremd-Systemen mittels spezifischer Konnektoren,[58] Adapter oder Web Services realisiert.

Was nützt uns eine System-Sicht, wo wir doch schon aufgrund der Infrastruktur-Sicht wissen, welche Server und Container uns zur Verfügung stehen? Zum einen berücksichtigt die System-Sicht auch logische Schichten, so die Unterscheidung einer unternehmens- und systemweiten Business-Schicht; d.h., es können verschiedene logische Schichten einem Server zugeordnet werden. Zum anderen können wir nun unsere Komponenten mit ihren system-spezifischen Merkmalen ausstatten, d.h. wir können z.B. Deployment-Deskriptoren spezifizieren und die Besonderheiten eines jeden Containers bzw. Servers berücksichtigen. All das, was wir im Kontext der Anwendungs-Architektur noch generisch für verschiedene System-Infrastrukturen spezifiziert hatten, wird jetzt auf eine spezifische Infrastruktur ab-

---

[58] Die ihrerseits auf Funktionalität des Applikations-Servers angewiesen sind (siehe auch Abschnitt 8.2.2).

gebildet. Zusammen mit den Aspekten die bei einer Verteilung der Komponenten zu berücksichtigen sind, erstellen wir so system-spezifische EDMs.

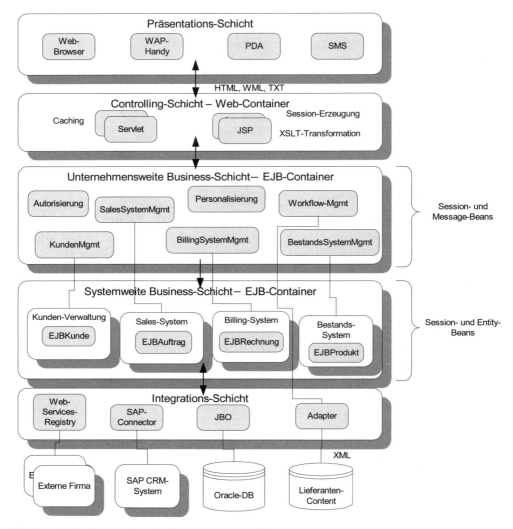

Abbildung 9.12: System-Sicht des Portals „MyPortal"

9.4   Verteilungs-Workflow

Im Zusammenhang mit der Verteilung der Komponenten des Systems auf verschiedene Knoten der Systemlandschaft wird das Laufzeitverhalten spezifiziert. Nach erfolgreich durchlaufenen Tests kann eine Migration auf das Produktionssystem vorgenommen werden. Der Verteilungs-Workflow nimmt Bezug auf die Verteilungs- und Laufzeit-Sichten.

Aktivitäten

Die Aktivitäten des Verteilungs-Workflows sind in Abbildung 9.13 dargestellt.

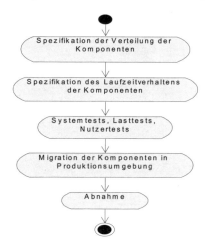

Abbildung 9.13: Aktivitäten des Verteilungs-Workflows

9.5   Verteilungs-Sicht

Kontext

Die Verteilungs-Sicht dient der Beschreibung der Verteilung der Komponenten und Systeme auf verschiedene Knoten. Fragen, die im Kontext der Verteilungs-Sicht beantwortet werden müssen:

- Wie erfolgt die Verteilung auf die verschiedenen Rechner-Knoten?
- Wie erfolgt die Migration von einer Test- und Entwicklungsumgebung zu einer Produktionsumgebung?
- Welche Migrationsszenarien gibt es für erweiterte, verbesserte Komponenten?
- Welche Skripts sind für die jeweiligen Migrationsszenarien zu erstellen?
- Welche Verteilungs-Deskriptoren sind wie zu konfigurieren?
- Welche Installations-Besonderheiten müssen berücksichtigt werden?
- Welche Datenkonvertierungen sind für verteilte Komponenten vorzunehmen?

Dazu werden die Komponenten und Systeme mit ihren Abhängigkeiten – verteilt auf verschiedene Rechner – abgebildet. Es werden die Software- und Hardware-Topologien des Systemumfeldes dargestellt. Abbildung 9.14 veranschaulicht die Verteilungs-Sicht im Kontext des Architektur-Frameworks.

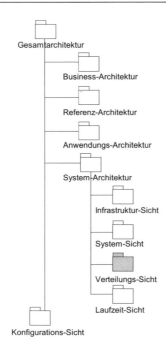

Abbildung 9.14: Verteilungs-Sicht im Kontext des Architektur-Frameworks

Input-Artefakte

Komponenten und Artefakte der System-Sicht und der Infrastruktur-Sicht. Anforderungen an die Verteilung der Komponenten. Bestehende Systemlandschaft. Spezifikationen der Hersteller (EJB-Container, EJB-Server etc.).

Output-Artefakte

- UML-Verteilungs-Spezifikationen
- UML-Verteilungs-Diagramme mit Knoten und Abhängigkeiten
- Hardware-Komponenten
- Rechner
- Prozessoren
- Software-Komponenten
- Verteilungs-Topologien

Projektbeteiligte

Komponenten-Verteiler, Komponenten-Entwickler, System-Architekt, Software-Architekt, System-Administrator.

Aktivitäten

Es werden u.a. die folgenden Aktivitäten im Kontext der Spezifikation der Verteilungs- und Laufzeit-Aspekte eines Komponenten-Systems durchgeführt:

- Spezifikation der Artefakte[59]
- Spezifikation der Knoten
- Spezifikation der Kommunikations-Standards[60]
- Installationsprozeduren
- Spezifikation von Deskriptoren[61]
- Spezifikation von Migrations-Szenarien
- Definition von Migrations-Skripten
- Spezifikation von Datenkonvertierungen
- Fehlerbehandlung über Systemgrenzen hinweg
- Verteilung der Software-Komponenten auf die Knoten
- System-, Last-, Nutzer-Tests

Spezifikation der Artefakte

Komponenten werden mittels spezifischer Artefakte implementiert. Abbildung 9.15 veranschaulicht diesen Zusammenhang zwischen einer Komponente „Auftrag" und einem Java-Artefakt „Auftrag.jar".

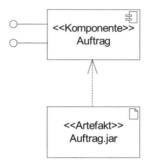

Abbildung 9.15: Implementierung einer Komponente durch ein spezifisches Artefakt

Verteilungs-Spezifikation

Eine Verteilungs-Spezifikation (deployment specification) spezifiziert eine Reihe von Eigenschaften, die die Ausführungsparameter einer Komponente betreffen, wenn diese auf einem Knoten installiert wird. In der Regel werden diese Parameter in einem Verteilungs-Deskriptor definiert (siehe Abschnitt 8.3.3). Darüber hinaus spezifiziert eine Verteilungs-Spezifikation den Verteilungsort (deployment location) und den Ausführungsort (execution location); diese werden als Strings hinterlegt.

Abbildung 9.16 veranschaulicht eine Verteilungs-Spezifikation für die Komponente „Auftrag" auf Spezifikations- und Instanziierungsebene.

---

[59] Sofern noch nicht im Kontext der System-Sicht erfolgt.

[60] Sofern im Kontext der Infrastuktur-Sicht noch nicht erfolgt.

[61] Sofern noch nicht im Kontext der System-Sicht erfolgt.

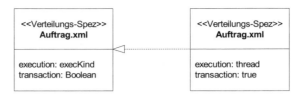

Abbildung 9.16: Verteilungs-Spezifikation für Komponente „Auftrag"

Datenkonvertierungen für verteilte Komponenten

Datenkonvertierungen für den Transport verteilter Komponenten erfolgt anhand von Marshaling und Demarshaling: Marshaling ist das Verpacken der Operationsparameter für den Transport über Prozessgrenzen hinweg. Demarshaling ist der Vorgang des Auspackens beim Empfänger. Damit werden Daten in ein Datenformat konvertiert, welches über ein Netzprotokoll verschickt werden kann. Für diese Konvertierungen können Stubs und Skeletons genutzt werden. RMI nimmt uns im Kontext der EJB-Komponenten die Arbeit ab, jedoch nur solange wir uns in einer reinen J2EE-Umgebung befinden (siehe auch Abschnitt 9.2.1).

Bei einer Verteilung sollte darauf geachtet werden, dass man möglichst wenige unterschiedliche Hersteller und Plattformen nutzt. Damit lässt sich die Anzahl möglicher Probleme einer Verteilung durch Reduktion der Komplexität herabsetzen.

> Nutzen Sie möglichst wenige unterschiedliche Plattformen und Hersteller.

Wir wollen uns die Verteilung eines Komponenten-Systems am Beispiel unseres Portals anschauen.

9.5.1   Verteilung der Komponenten des Portals „MyPortal"

Die EJB-Komponenten unseres Portals werden als EJB-JAR-Dateien verteilt. Eine JAR-Datei enthält die Bean-Klassen, ihre Home-Schnittstellen, ihre Remote-Schnittstellen und den XML-Deployment-Deskriptor. Ebenso wie die Komponenten der Business-Schicht ist auch die Verteilung der Komponenten der Präsentations- und Controlling-Schicht darzustellen (Portlets, Servlets etc.).

Abbildung 9.17 stellt eine Verteilung der Komponenten des Portals „MyPortal" auf verschiedene Server – die wir im Rahmen der Infrastruktur-Sicht spezifiziert hatten – in Gestalt eines UML-Verteilungsdiagramms dar.

In einem Verteilungs-Diagramm lassen sich den einzelnen Komponenten und Systemen spezifische Verteilungs-Spezifikationen zuordnen, so dass aus dem Diagramm ersichtlich wird, welche Deskriptoren die jeweiligen Verteilungsparameter spezifizieren. Beispielhaft haben wir dies für die Connector-Komponente „CRM-System" in Abbildung 9.17 getan.

Aus Abbildung 9.17 ist auch die Anzahl der Server zu entnehmen. Die Anzahl der Hardware- und Software-Server ist abhängig von den Anforderungen an das Laufzeitverhalten des Systems, d.h. der Anzahl paralleler Nutzer, der Performance-Aspekte etc.

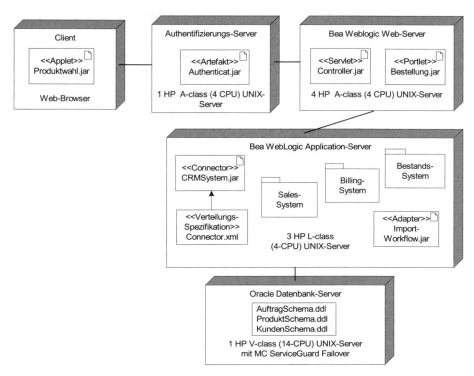

Abbildung 9.17: UML-Verteilungsdiagramm des Portals „MyPortal"

9.6   Laufzeit-Sicht

Kontext

Die Laufzeit-Sicht dient der Darstellung und Spezifikation des Systems zur Laufzeit. Fragen, die im Kontext der Laufzeit-Sicht beantwortet werden müssen:

*   Wie wirken die Komponenten zur Laufzeit zusammen?
*   Welche Instanzen von System-Komponenten gibt es zur Laufzeit?
*   Wie werden die Komponenten gestartet und beendet?
*   Wie werden die Komponenten überwacht?
*   Welche Dienste sind wie zu aktivieren?
*   Welche Mechanismen gibt es zur Aktivierung von Komponenten und Systemen?

Darüber hinaus werden Performance-Aspekte und Aspekte der Skalierbarkeit des Systems aus Software- und Hardware-Sicht untersucht. Abbildung 9.18 veranschaulicht die Laufzeit-Sicht im Kontext des Architektur-Frameworks.

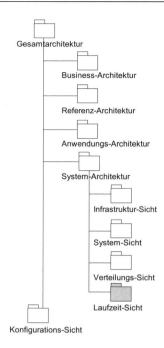

Abbildung 9.18: Laufzeit-Sicht im Kontext des Architektur-Frameworks

Input-Artefakte

Komponenten und Artefakte der System-Sicht, der Infrastruktur-Sicht und der Verteilungs-Sicht. Anforderungen an die Performance, das Laufzeitverhalten, die Skalierbarkeit des Systems. Bestehende Systemlandschaft.

Output-Artefakte

- Laufzeit-Diagramme (UML-Aktivitäts- und Interaktionsdiagramme)
- Netztopologien
- Netzkapazitäten
- Lastverteilungs-Diagramme
- Aktivierungsskripte etc.

Projektbeteiligte

System-Administrator, Komponenten-Verteiler, Komponenten-Entwickler, System-Architekt, Software-Architekt, Konfigurations-Manager.

Aktivitäten

Folgende Aktivitäten werden u.a. im Kontext der Spezifikation der Laufzeit-Aspekte eines Komponenten-Systems durchgeführt:

- Installationsprozeduren
- Aktivitäten zum Start der Systeme

- Aktivitäten bei Fehlverhalten der Systeme
- Abbildung auf Prozesse, Tasks und Threads
- Spezifikation der verwendeten Cluster
- Spezifikation von Speichergrößen
- Spezifikation von Kapazitäten
- Spezifikation der Ausfallsicherheit des Systems
- Spezifikation der Verfügbarkeit des Systems
- Spezifikation der Steuerbarkeit des Systems

Erzeugen Sie Komponenten erst dann, wenn diese auch benötigt werden. Halten Sie Komponenten nur so lange im Cache, solange diese verwendet werden. Damit lassen sich Ressourcen sparen und die Gesamtperformance des Systems verbessern.

Erzeugen Sie Komponenten zur Laufzeit nur nach Bedarf.

9.6.1 Laufzeitaspekte des Portals „MyPortal"

Basierend auf der Verteilung der Komponenten unseres Portals auf die verschiedenen Server, lässt sich das Laufzeitverhalten der Komponenten und Systeme mittels UML-Aktivitätsdiagrammen spezifizieren.

Abbildung 9.19 stellt beispielhaft den Start der Server und Systeme des Portals „MyPortal" dar:

- Die einzelnen Server werden hochgefahren.
- Dabei werden die verschiedenen Systeme überprüft.
- Im Falle eines Fehlers eines Systems wird eine Fehlerdatei erstellt und der Administrator benachrichtigt.
- Die Links der Server untereinander werden überprüft.
- Es werden Startskripte der einzelnen Server ausgeführt.
- Bei erfolgreichem Start aller Server ist das Portal laufbereit.

Im Kontext der Laufzeitsicht ist eine Abbildung der Komponenten-Instanzen auf Prozesse, Tasks und Threads in Gestalt von Interaktionsdiagrammen oder Aktivitätsdiagrammen hilfreich.

▸ Aktivitätsdiagramme mit UML 2.0

Abbildung 9.19 stellt ein Aktivitätsdiagramm dar, welches auf der Basis von UML 1.4 erstellt wurde. UML 2.0 verfügt jedoch über erweiterte Konzepte zur Modellierung von Aktivitäten: So ist u.a. die Modellierung mehrerer Anfangszustände mit parallelen Abläufen möglich, Aktivitätsmodelle können Aus- und Eingabeparameter erhalten und Aufteilungen von Aktivitäten müssen nicht wie bisher synchronisiert werden. Damit ist u.a. im Kontext der Beschreibung des Laufzeitverhaltens von Komponenten-Systemen eine verbesserte Modellierung gegeben.

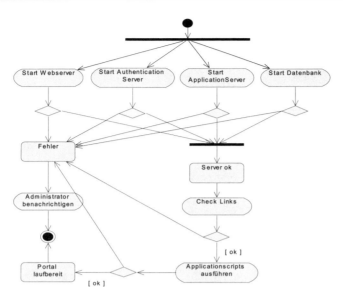

Abbildung 9.19: Aktivitäten zum Start des Portals

▸ Architektonische Sichten unseres
Komponenten-Systems

Bevor wir uns mit der Konfigurations-Sicht befassen (siehe Abschnitt 9.9), wollen wir gegen Ende unserer Roadmap nochmals einen Blick auf die architektonischen Sichten unseres Komponenten-Systems werfen. Abbildung 9.20 veranschaulicht die Business-, Referenz-, Anwendungs- und System-Architektur mit ihren architektonischen Sichten, die wir für die Konzeption, Spezifikation, Entwicklung und Verteilung der Komponenten unseres B2B-Unternehmensportals genutzt haben.

▸ UI-Sicht und Daten-Sicht

Es lassen sich zwei weitere architektonische Sichten konzipieren, die nicht stringent einer spezifischen Teilarchitektur einer Abstraktionsebene zugeordnet werden können: Dies sind zum einen eine UI-Sicht (UI für User Interface) und zum anderen eine Daten-Sicht (siehe Abbildung 9.20).

9.7   UI-Sicht

Die UI-Sicht betrachtet alle Artefakte, die im Kontext von User-Interfaces zu erarbeiten sind. Dies sind für unser Portal u.a. Storyboards, Portallayout, Portal User Interface, Portlets, Java ServerPages etc.

Wir haben in der Prozess-Sicht (siehe Abschnitt 6.5) im Kontext der Beschreibung der Nutzer-Prozesse deren Visualisierung in Gestalt von Storyboards bzw. UI-Prototypen hervorgehoben. Aber wir sind nicht explizit auf die Ausarbeitung von z.B. GUI-Komponenten, Portlets, Java ServerPages etc. eingegangen. Ein Grund dafür ist, dass wir im Rahmen unserer Roadmap den Schwerpunkt auf die Konzeption, Modellierung und Entwicklung der Geschäftslogik von Businesskomponenten und Business-Systemen gelegt haben und nicht auf

die Art und Weise einer grafischen Darstellung. Ein weiterer Grund ist, dass es keine spezifischen UML-Modelle für eine Beschreibung der Artefakte rund um Graphical User Interfaces gibt.

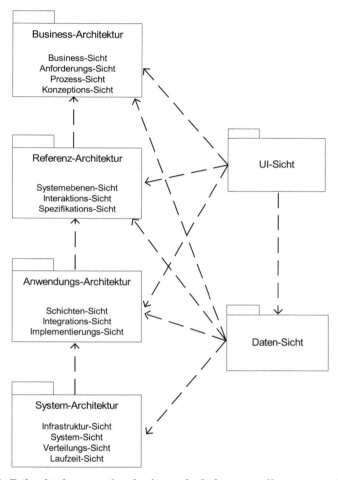

Abbildung 9.20: Teilarchitekturen und architektonische Sichten eines Komponenten-Systems

Ein User Interface sollte auf die Bedürfnisse der Zielgruppen abgestimmt sein. Ein User
Interface sollte

- performant sein;
- effizient funktionieren;
- größtenteils zustandsunabhängig arbeiten;
- über einen gewissen Grad an Monotonie verfügen und
- einen hohen Grad an Wiedererkennbarkeit aufweisen.

Die *Zustandsunabhängigkeit* zielt darauf ab, den Nutzer nicht ständig mit sich dynamisch
ändernden Benutzerschnittstellen zu konfrontieren. Entscheidend ist, dass er sich leicht orientieren und wiederfinden kann.

Die *Montonie* beinhaltet, dass ein bestimmtes Ergebnis nur auf ein und dieselbe Art erzielt werden sollte. Der Sprung von einer Seite zur nächsten sollte nur mit einer Methode möglich sein.

Die *Wiedererkennbarkeit* beinhaltet u.a. den Gesamtaufbau eines Portals. Verschiedene Bereiche sollten einen ähnlichen Aufbau aufweisen. Ein Nutzer, der sich in einem Bereich auskennt, sollte ohne Umlernen auch in anderen Bereichen zurechtkommen.

Der Vollständigkeit halber wollen wir eine der Komponenten-Arten im Kontext der UI-Sicht vorstellen, die Portlet-Komponenten.

9.7.1 Portlets

Ein Portlet ist eine verteilbare Web-Komponente, die von einem Portlet-Container verwaltet wird und dynamischen Content als Teil eines komplexeren User Interfaces liefert. Portlets können im Kontext eines Portals für die Darstellung des Contents von XML-Dokumenten auf verschiedenen Frontends genutzt werden.

Dabei werden die folgenden Aspekte behandelt:

- Herkunft der Daten (URL, Dateiname, Datenbank,...);
- Format der Daten (XML, HTML,...);
- Bereich zur Darstellung der Daten;
- Aktualisierungs-Frequenz;
- Personalisierungsfilter;
- Geschäftsvokabular, das genutzt werden soll;
- Darstellung der Daten (Struktur, Stil);
- Navigation und Interaktionen aus Nutzersicht.

Ein Portlet agiert als eine eigenständige Mini-Applikation, die der Kontrolle eines Portlet-Servers unterliegt. Portlets können z.B. als HTML-, JSP-, RSS[62]-, Velocity-, Web-Page, XSL- und Datenbank-Browser-Portlets umgesetzt werden.[63] Zur Darstellung ihrer Informationen können sie auf Businesskomponenten (z.B. EJBs) zugreifen. Portlets stellen Komponenten der Präsentations- bzw. Controlling-Schicht dar, die unabhängig von Businesskomponenten, Adapter-Komponenten und Business-Systemen spezifiziert und entwickelt werden können.

Portlets sind mittlerweile in der Lage, untereinander Informationen mit Hilfe einer Inter-Portlet-Kommunikation auszutauschen. Portlets können u.a. auf Remote-Portlet-Web Services zugreifen, die in einem UDDI[64]-Verzeichnis veröffentlicht sind. In den Abschnitten 8.2.5 und 10.5.3 wird näher auf Web Services eingegangen.

---

[62] Rich Site Summary

[63] Siehe hierzu z.B. http://jakarta.apache.org/.

[64] Universal Description, Discovery and Integration

> ▸ GUI-Komponenten sind häufig
> Teil einer Businesskomponente

Auch wenn die Artefakte eines Graphical User Interface eigenständig modelliert und entwickelt werden können, sind diese häufig Teil einer Businesskomponente (siehe Abschnitt 5.2.6). Produktorientierung und Wiederverwendung von Businesskomponenten impliziert eine ganzheitliche Betrachtung (siehe Kapitel 11). Artefakte der UI-Sicht sollten daher im Verbund mit Artefakten anderer architektonischen Sichten konzipiert werden.

Aus der Abbildung 9.20 lässt sich entnehmen, dass die Artefakte der UI-Sicht von Artefakten der Business-, Referenz-, Anwendungs-Architektur und der Daten-Sicht abhängig sind. Dies spiegelt die zunehmende Konkretisierung der User Interfaces über Storyboards, UI-Prototypen bis hin zur Umsetzung dieser mit Hilfe spezifischer Entwicklungs- und Laufzeitumgebungen wider. Eine ausführliche Darstellung der Erarbeitung der Artefakte der UI-Sicht eines Unternehmensportals findet sich in [Bau 01]. Eine Darstellung der Einbindung von J2EE-konformen Artefakten wie JavaServer Pages und Servlets ist z.B. in [Ahm02] beschrieben.

9.8 Daten-Sicht

Die Daten-Sicht betrachtet alle Artefakte rund um die Datenhaltung: Logische und physische Datenmodelle, Entity-Relationship-Modelle, Views, Relationen, Kollektionen, Datentypen, die Abbildung von Objektstrukturen auf Relationen, relationale, objektorientierte oder objektrelationale Datenbank-Managementsysteme etc. Die Daten-Sicht ist losgelöst von architektonischen Sichten des Architektur-Frameworks, da sie zum einen Artefakte verschiedener Abstraktionsebenen betrachtet und zum anderen, weil sich eine Konzeption, Modellierung und Entwicklung von Komponenten an den Eigenschaften von Komponenten, ihrem Wissen, nicht aber ihren Daten orientieren sollte.

Meist existieren zu Beginn eines Projektes schon verschiedene Datenbanken mit diversen Datenbankmodellen. Diese gilt es dann bei der Persistierung von Entity-Komponenten zu berücksichtigen. Dazu sind bei Nutzung relationaler Datenbanken z.B. objektrelationale Mappings von Komponenten auf Entitäten vorzunehmen. Hier gibt es verschiedene Abbildungsvarianten, die die Basiskonstrukte objektorientierter Sprachen (Vererbung, Assoziationen, Aggregationen, komplexe Typen) berücksichtigen. Datenbankabfragen können u.a. mittels der Structured Query Language (SQL), der Object Query Language (OQL) oder z.B. EJB QL – die als Anfragesprache für Deployment-Descriptoren von EJBs genutzt wird – durchgeführt werden.

Eine Daten-Sicht kann daher für alle Datenbank-relevanten Artefakte genutzt werden, die über eine Spezifizierung der Datenbankzugriffs-Schnittstelle aus Sicht der Komponenten hinausgehen. Wie man der Abbildung 9.20 entnehmen kann, nimmt eine solche Daten-Sicht Bezug auf Artefakte der Business-, Referenz-, Anwendungs- und System-Architektur. D.h. Datenbankmodelle, Datenbankzugriffsobjekte bzw. -Komponenten und Datenbank-Schnittstellen (JDBC oder ODBC z.B.) orientieren sich an Funktionen und Prozessen, an Entity-Komponenten, den Eigenschaften der Komponenten spezifischer Komponentenmodelle und auch den Eigenschaften der Datenbanken bestimmter Hersteller. Eine Darstellung der Anbindung von Komponenten an Datenbanken vermittelt z.B. [Zim 00].

Im Rahmen der „Spezifikation der Persistenzdienste" der Implementierungs-Sicht haben wir verschiedene Varianten zur Anbindung von Datenbanken an unsere Komponenten beschrieben. Für unser Portal „MyPortal" haben wir die Anbindung an Datenbanken auf der Basis des EJB-Komponenten-Modells mittels Container Managed Persistence (CMP) unter Nutzung eines Abstract-Persistence-Schema generisch konzipiert. Damit haben wir aus Sicht unserer Komponenten eine Datenbankzugriffs-Schnittstelle geschaffen, die für beliebige Datenbanken genutzt werden kann. Was jedoch nicht Gegenstand unserer Betrachtungen war, ist die Berücksichtigung bestehender bzw. auszuarbeitender Datenmodelle und die Anbindung spezifischer Datenbanken. Zum einen lag unser Schwerpunkt auf der Modellierung einer Datenbankanbindung aus Sicht von Komponenten und zum anderen gibt es auch hier keine geeigneten UML-Modelle zur Datenmodellierung. Es lassen sich jedoch mit Hilfe von UML-Klassendiagrammen und der Verwendung eines Daten-Lexikons Datenmodelle beschreiben: Daten-Container können in UML-Diagrammen mit dem Stereotyp <<data>> klassifiziert werden und mit Hilfe eines Datenlexikons kann Text zur Beschreibung von Daten mit charakterisierenden Symbolen assoziiert werden (siehe z.B. [You 89]). Allerdings gibt es hierfür keine geeignete Toolunterstützung. Ein weiterer, vielversprechender Ansatz ist ein einheitlicher Zugriff auf verschiedene Datenquellen auf der Basis des Common Warehouse Metamodel der OMG.

9.8.1 Common Warehouse Metamodel

Im Zusammenhang mit der Anbindung verschiedener Datenquellen eines Unternehmens ist in Betracht zu ziehen, ob ein einheitlicher Zugriff auf verschiedene Datenquellen im Sinne eines Data Warehouse sinnvoll bzw. erforderlich ist. Leider ist es nicht einfach, alle verschiedenen Datenquellen und Bereiche zur Analyse und Nutzung von Daten eines Unternehmens mittels eines einheitlichen Metadata-Standards zusammenzuführen. Daher hat die OMG mit einer Spezifikation eines Common Warehouse Metamodel (CWM) ein Framework zum Austausch sog. Metadaten geschaffen, das u.a. gestattet, verschiedene Datenquellen eines Unternehmens effizient aufeinander abzubilden.

Die Anbindung und Nutzung einheitlicher Metadaten eines Data Warehouse betrifft u.a. die folgenden Aspekte:

- Einheitlicher Zugriff auf unterschiedliche Datenbanken (objektorientierte, objektrelationale, multidimensionale, XML-basierte, relationale etc.)
- OLAP (On-line Analytical Processing)
- Data mining
- Informations-Visualisierung

Die durch CWM abgedeckten Bereiche umfassen:

- Datenquellen,
- Datenziele,
- Transformation von Daten,
- Analyse von Daten,
- Prozesse und Operationen im Kontext eines Data Warehousings.

CWM nutzt UML, XMI und MOF zur Spezifizierung der Kommunikation unterschiedlicher Metadaten. Mit Hilfe eines CWM Metamodels können verschiedene Unternehmensbereiche auf einheitliche Metadaten zugreifen. Daten werden mit Hilfe von UML-Notationstechniken anhand eines Object Models beschrieben. Attribute von Klassen können mit spezifischen Stereotypen klassifiziert werden. XMI dient zum Austausch der Daten mittels eines einheitlichen Standards.

Wir können somit unsere UML-Implementierungsmodelle und unsere XML-Schemas bzw. DTDs nutzen, um diese im Sinne eines CWM zu spezifizieren. Insbesondere kann ein Common Warehouse Metamodel dazu genutzt werden, z.B. ein relationales Datenmodell zu erstellen, welches dann zur Persistierung der Entity-Komponenten Plattform-spezifischer Modelle genutzt werden kann. Oder aber XMI kann dazu verwendet werden, UML-Modelle verschiedener Tools bzw. Datenbanken zu portieren, zu migrieren oder zu synchronisieren.

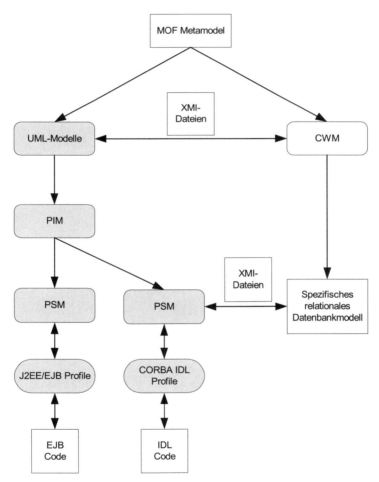

Abbildung 9.21: MOF, CWM und UML und abgeleitete Modelle im Kontext der MDA

Dies soll hier nicht unsere Aufgabe sein, da für unser Portal eine Anbindung auf der Basis der EJB-Persistierungsdienste ausreichen soll. Wir wollen jedoch an dieser Stelle auf die Bedeutung von CWM im Kontext einer unternehmensweiten bzw. sogar unternehmens-

übergreifenden Nutzung von Daten hinweisen. Abbildung 9.21 veranschaulicht die Zusammenhänge zwischen MOF, CWM, UML und den auf deren Basis abgeleiteten Modellen.

Wir haben Artefakte aller architektonischen Sichten für unser Komponenten-System erarbeitet und ein B2B-Unternehmensportal in einer ersten Iteration zum Leben erweckt. Wir
sind in der Lage, Software-Komponenten zu konzipieren, zu spezifizieren, zu implementieren, zu verteilen, ihre Laufzeitaspekte zu spezifizieren und zu testen. Wie können wir unsere Komponenten klassifizieren, versionieren und zertifizieren?

Zum Ende dieser Roadmap für Komponenten-Systeme wollen wir einige Anmerkungen zur
Konfiguration unseres Komponenten-Systems machen.

9.9   Konfigurations-Sicht

Kontext

Die Konfigurations-Sicht betrifft das Konfigurations-Management der Komponenten und
Systeme. Artefakte des Komponenten-Systems sind zu klassifizieren, zu zertifizieren und
zu versionieren. Veränderte und neue Komponenten sind in Hinsicht auf die schon ausgearbeiteten Artefakte zu berücksichtigen.

Die Konfigurations-Sicht ist eine architektonische Sicht, die sich auf alle Artefakte und
Abstraktionsebenen eines Komponenten-Systems bezieht. Daher ist sie direkt der Gesamtarchitektur des Komponenten-Systems zugeordnet, siehe auch Abbildung 5.6.

Abbildung 9.22: Artefakte der Konfigurations-Sicht

Input-Artefakte

Alle klassifizierbaren Artefakte, die bei der Entwicklung eines Komponenten-Systems genutzt werden. Artefakte aller architektonischen Sichten. Anforderungen an das Konfigurations-Management. Existierendes Konfigurations-Management.

Output-Artefakte

- Software-Produktions-Infrastruktur (Methoden und Tools)
- Bezeichnungen der Artefakte
- Klassifizierte Artefakte
- Zertifizierte Artefakte
- Versionierte Artefakte
- Konfigurations-Management

* Repository für alle Artefakte

Projektbeteiligte

Alle am Projekt beteiligten Mitarbeiter; schwerpunktmäßig sind dies: Konfigurations- und Change-Manager, Komponenten-Verteiler, Reuse-Manager, Komponenten-Entwickler, Software-Architekt, Projektleiter, Business-Analytiker, System-Analytiker, Methoden-Experte.

Abbildung 9.23 veranschaulicht die Konfigurations-Sicht im Kontext des Architektur-Frameworks.

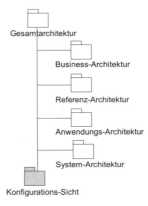

Abbildung 9.23: Konfigurations-Sicht im Kontext des Architektur-Frameworks

Aktivitäten

* Spezifikation der Rollen und Verantwortlichkeiten
* Spezifikation der genutzten Methoden und Tools
* Klassifizierung aller Artefakte (Modelle, Komponenten, Dokumente, Patterns etc.)
* Versions-Handling
* Reviews von Produkt-Konfigurationen
* Zertifizierung der Artefakte
* Abstimmung von Milestones für spezifische Versionen bzw. Zwischenstände

Das Konfigurations-Management behandelt das Management und Controlling von Artefakten rund um die Komponenten und deren Änderungen. Es umfasst die folgenden Bereiche:

* Publizierung von Artefakten: Komponenten, Spezifikationen, Dokumente etc. werden Projektbeteiligten zur Verfügung gestellt.
* Management von Artefakten: Komponenten, Spezifikationen, Dokumente etc. werden qualitätsgesichert, zertifiziert und versioniert und konfiguriert.
* Build-Management von Artefakten: Komponenten, Systeme, Skripts etc. werden im Rahmen der technichen Systemintegration zu Deployment Units und lauffähigen Systemen zusammengestellt.

Aufgabe des Konfigurations-Managers ist es, Reviews spezifischer Produktstände zu ermöglichen und die für die Software-Produktion benötigte Infrastruktur und Entwicklungsumgebung zur Verfügung zu stellen. Der Konfigurations-Manager arbeitet eng mit dem Anforderungs- und Change-Manager zusammen. Es ist möglich, dass der Konfigurations-Manager als Komponenten-Manager auch den Bereich des Anforderungs- und Change-Managements übernimmt (siehe auch Abschnitt 12.1.1). Der Konfigurations-Manager berichtet an die Projektleitung.

9.10 Weiterführende Literatur

[Ahm 02]   Khawar Zaman Ahmed, Cary E. Umrysh: *Developing Enterprise Java Applications with J2EE and UML*, Addison-Wesley 2002

[Bie 01]   Adam Bien: *Enterprise Java Frameworks*, Addison-Wesley 2001

[Bau 01]   Herbert Bauer: *Unternehmensportale*, Galileo Press 2001

[Cat 01]   *Rick Catell, Jim Inscore:* J2EE Technology in Practice, *Addison-Wesley 2001*

[Cou 01]   George Coulouris, Jean Dollimore, Tim Kindberg, *Distributed Systems,* Addison-Wesley 2001

[Evr 01]   Evren Eren, Kai-Oliver Detken: *Mobiles Internet*, Addison-Wesley 2001

[Rom 99]   Ed Roman: *Mastering Enterprise JavaBeans*, John Wiley 1999

[You 89]   Edward Yourdon: *Modern Structured Analysis*, Prentice Hall 1989

[Vog 99]   Andreas Vogel, Madhavan Rangarao: *Enterprise JavaBeans, JTS and OTS*, Wiley 1999

[Zim 00]   Jürgen Zimmermann, Gerd Beneken: *Verteilte Komponenten und Datenbankanbindung*, Addison-Wesley 2000

10 Heutige Komponenten-Standards

- Was kennzeichnet einen Komponenten-Standard?
- Welche Infrastruktur nutzen Komponenten-Standards?
- Welche Art Middleware gibt es für die Kommunikation der Komponenten?
- Welche Charakteristika weisen die heutigen Komponenten-Standards auf?
- Was unterscheidet EJB-, CORBA-, COM+-, .NET-Komponenten voneinander?

10.1 Was ist ein Komponenten-Standard?

Komponenten-Standards sind Standards in Bezug auf die Darstellung, die Bezeichnung, das Verhalten, die Implementierung, die Interoperabilität, das Customizing, die Komposition und die Verteilung von Komponenten. Sie definieren anhand einer Spezifikation, welche Anforderungen Komponenten aus syntaktischer und semantischer Sicht erfüllen müssen. Komponenten-Standards liefern eine Infrastruktur, die es ermöglicht, Komponenten flexibel auf verschiedenen Standorten auszuführen.

Spezifikation

Ein Komponenten-Standard spezifiziert

1. Syntax und Semantik der Komponenten,[65]
2. eine Laufzeitumgebung,
3. spezifische Basis-Dienste (Erzeugung, Aktivierung, Deaktivierung von Komponenten),
4. horizontale Dienste, die verschiedenen Bereichen zur Verfügung stehen (Persistenzmanagement, Transaktionsverhalten, Sicherheit, Verzeichnisdienste etc.), und
5. vertikale Dienste, die einem spezifischen Bereich zur Verfügung stehen (Business-Prozesse, -Entitäten, -Services etc.).

Ein Komponenten-Standard nutzt sowohl spezifische Applikations-Server und -Container als auch spezifische Middleware.

Applikations-Server und -Container

Ein Applikations-Server stellt die Laufzeitumgebung von serverseitigen Komponenten dar. Er empfängt Nachrichten von Clients und ruft entsprechende Methoden serverseitiger Komponenten auf. Benötigte Komponenten-Instanzen werden in Applikations-Containern innerhalb eines Applikations-Servers aktiviert bzw. mit entsprechenden Daten aus einem Persistenzspeicher erzeugt. Komponenten-Instanzen werden während ihres Lifecycles in einem Cache gehalten, um einen performanten Zugriff auf die Instanzen zu gewährleisten. Die Synchronisierung geänderter Daten der Komponenten-Instanzen mit der Datenbank wird vom Applikations-Server bzw. -Container übernommen. Applikations-Server und

---

[65] im Sinne der oben genannten Aspekte

-Container kontrollieren den Zugriff auf Komponenten-Instanzen, verwalten den Namensdienst zur Identifikation von Instanzen und sind für das Transaktionsmanagement zuständig.

Middleware

Middleware gewährleistet die reibungslose Kommunikation der Komponenten. Die Middleware baut Kommunikationskanäle auf und beendet diese, sie regelt den Datentransfer, die Nachrichtenübermittlung (synchrone, asynchrone Aufrufe) und den Empfang von Nachrichten etc. Die Middleware weiß nichts vom Anwendungskontext der Komponenten, sie ist anwendungsneutral. Middleware wird unterschieden in:

- *Transaction Oriented Middleware (TOM)* gewährleistet Sicherheit und Konsistenz komplexer Transaktionen in verteilten Systemen. Diese Art von Middleware wird dazu genutzt, eine synchrone Kommunikation zwischen der Business-Schicht und der Integrations-Schicht aufrecht zu erhalten.
- *Object Oriented Middleware (OOM)* dient der Kommunikation zwischen Komponenten-Instanzen objektorientiert aufgebauter Systeme. Diese Art Middleware dient der Kommunikation komponentenbasierter Systeme untereinander oder mit darin gekapselten Anbindungen von Legacy-Systemen. Einfache Transaktionen können mit dieser Art von Middleware realisiert werden.
- *Message Oriented Middleware (MOM)* ermöglicht eine Kommunikation lose gekoppelter Komponenten und Systeme. Message Oriented Middleware dient der asynchronen Kommunikation von Komponenten und Systemen anhand von Botschaften (Messages). Eine solche Message Oriented Middleware ist im Java Message Service (JMS) von Sun Microsystems beschrieben.

Anforderungen an Komponenten-Standards

Die heutigen Komponenten-Standards (EJB, COM+, CCM, .NET) sind aus einer Vielzahl von Anforderungen an Software-Komponenten hervorgegangen. Diese sind u.a. zurückzuführen auf Anforderungen an flexible, erweiterbare, verteilbare, skalierbare und performante Software-Systeme (siehe auch Abschnitt 1.1).

Durch Nutzung einheitlich entwickelter Komponentenstandards und Wiederverwendung der so entwickelten Komponenten lassen sich Entwicklungskosten und Entwicklungszeiten für Software erheblich reduzieren. Dies ist besonders im Kontext einer zunehmenden Globalisierung und einer wachsenden Verzahnung der unterschiedlichsten Unternehmensbereiche von zunehmender Bedeutung.

Implementierungen von komponentenbasierten Systemen basieren auf solchen Komponenten-Standards. Die Komponenten-Standards

- J2EE / EJB,
- CCM,
- COM+ und
- .NET

werden in den folgenden Abschnitten dargestellt.

10.2 J2EE-Spezifikation

J2EE steht für die Java 2 Plattform, Enterprise Edition. J2EE ist ein von Sun Microsystems entwickeltes Rahmenwerk für Design, Entwicklung, Zusammenbau und Verteilung von Unternehmens-Anwendungen auf Basis von Komponenten. J2EE wurde Ende 1999 offiziell veröffentlicht. Die hier beschriebenen Inhalte nehmen Bezug auf die Enterprise Java-Beans Specification Version 2.0.

Es soll an dieser Stelle zunächst die Schichten-Architektur der J2EE-Spezifikation wiedergegeben werden, die für Entwicklungen auf Basis von Java und Java-Komponenten gemäß dieser Spezifikation maßgeblich ist.

10.2.1 J2EE-Schichten-Architektur

Im Kontext einer J2EE-Architektur werden vier Schichten (engl. Tier) unterschieden, siehe *Abbildung 10.1*. Wir werden in diesem Abschnitt im Kontext der Beschreibung der J2EE-Spezifikation aus Gründen der Authentizität den Begriff Tier verwenden.

Abbildung 10.1: J2EE-Schichten-Architektur

Client Tier

Der Client-Tier dient der Interaktion mit dem Nutzer, er stellt dem Nutzer Informationen bereit, die ihm vom System zur Verfügung gestellt werden. Im Kontext der J2EE-Architektur werden verschiedene Clients unterschieden:

- HTML Clients
- Java Applets
- Java Applications

Web Tier

Der Web Tier verwaltet Darstellungslogik, die für die Aufbereitung und die Darstellung von Informationen im Client Tier benötigt wird. Darüber hinaus nimmt dieser Tier die Informationen von Nutzern entgegen, die dieser dem Client Tier übermittelt. Der Web Tier generiert Antworten auf die Nutzereingaben und übermittelt diese an den zugrunde liegenden Business-Tier oder von diesem zurück an den Client Tier. Im Kontext der J2EE-Architektur wird die Darstellungslogik in Gestalt von Servlets und von JavaServer Pages in Web-Containern realisiert.

Business Tier

Der Business Tier verwaltet die eigentliche Geschäftslogik des Systems. Komponenten des Business Tier, die in der Regel in Gestalt von Enterprise JavaBeans (EJB) realisiert werden, führen Geschäfts-Aktivitäten aus oder aktivieren andere Komponenten des EIS Tiers. EJBs dienen der Durchführung der vom Nutzer oder vom System angestoßenen Aktivitäten zur Verfolgung eines Geschäftszieles. EJBs regeln dabei auch implizit ihren Lifecycle, indem sie auf ein Transaktionshandling, die Mechanismen zur Persistierung und auf sichere Zugriffsmechanismen zurückgreifen können; dabei werden EJBs in einem sog. EJB-Container abgelegt, der diese Dienste für die EJB-Komponente bereithält.

EIS-Tier

Dieser Tier ist, wie der Name beinhaltet, für die Anbindung von EIS-Systemen (Enterprise Information Systemen) zuständig. Diese Systeme sind u.a. Datenbank-Systeme, Systeme zum Transaktionshandling, Host-Anwendungen oder aber auch ERP-Systeme. Der EIS-Tier dient u.a. der Anbindung von Systemen, die nicht konform zur J2EE-Architektur konzipiert worden sind, aber mit J2EE-kompatiblen Komponenten und Systemen zusammenarbeiten bzw. auf Informationen und Funktionalitäten dieser Systeme angewiesen sind.

10.2.2 J2EE-Komponenten

J2EE basiert auf einem Komponenten-Container-Modell. Vier Kern-Container liefern mit Hilfe ihrer jeweiligen APIs die spezifischen Laufzeitumgebungen, die für die verschiedenen Komponenten erforderlich sind:

*   Java Applications sind eigenständige Programme, die innerhalb eines Application Client Containers ablaufen.
*   Applets sind Java Applets, die innerhalb eines Applet-Containers ablaufen.
*   Servlets und JavaServer Pages laufen innerhalb eines Web-Containers eines Web-Servers.
*   Enterprise JavaBeans laufen innerhalb eines EJB-Containers. Die EJB-Komponenten sind die Kern-Komponenten der J2EE-Spezifikation.

Verteilung der J2EE-Komponenten auf Tiers

Im Kontext einer Multi-Tier-Architektur lassen sich die verschiedenen Komponenten den folgenden Tiers zuordnen.

*   Applets und Java Application Clients als Client-Komponenten.
*   Java Servlets und Java Server Pages als Web-Komponenten.
*   Enterprise JavaBeans als Businesskomponenten.

Die Client-Komponenten werden auf einem Client-Rechner ausgeführt, und die Web-Komponenten und die Businesskomponenten laufen auf einem J2EE-Server. Auf EIS-Systeme kann über eine Connector Architecture (siehe Abschnitt 8.2.2) zugegriffen werden.

Abbildung 10.2 veranschaulicht die Verteilung von Komponenten auf die unterschiedlichen J2EE-Tiers und deren denkbare physische Zuordnung auf verschiedene Rechner für zwei unterschiedliche J2EE-Applikationen. Die einzelnen Tiers können, müssen jedoch nicht physisch getrennt werden. Um die Ausfallsicherheit zu erhöhen oder die Performance zu verbessern, können auch mehrere parallele Tiers definiert werden.

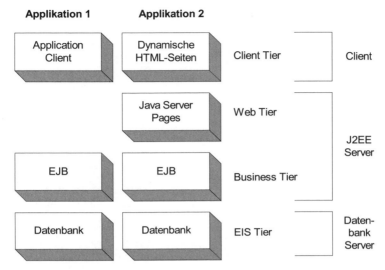

Abbildung 10.2: J2EE-Tiers für verschiedene Applikationen

Client-Komponenten

Eine J2EE-konforme Applikation kann entweder Web-basierend oder nicht-Web-basierend aufgebaut sein. Bei einer nicht-Web-basierenden Anwendung wird ein Application Client auf einem Client-Rechner ausgeführt. Eine Web-basierende Anwendung lädt Applets und HTML-Seiten auf einen Client herunter.

Im Folgenden werden die verschiedenen Arten von Client-Komponenten dargestellt:

*   *Application Clients* werden auf einem Client-Rechner ausgeführt und normalerweise für Anwendungs- oder Systemdienste ausgearbeitet. In der Regel verfügen sie über eine Benutzungsschnittstelle, die sich aus Swing- oder AWT (Abstract Window Toolkit)-Klassen zusammensetzen. Application Clients greifen direkt auf Enterprise Beans des Business-Tiers zu. Es ist jedoch auch denkbar, aus einem Application Client heraus eine HTTP-Verbindung mit einem Servlet des Web-Tiers herzustellen.

*   *Applets* sind kleine, in Java geschriebene Client-Anwendungen, die in der Java Virtual Machine eines Web Browsers ausgeführt werden. Eine von einem Browser heruntergeladene Web-Seite des Web-Tiers kann ein solches Applet enthalten.

*   *JavaBean-Komponenten* können ebenso im Client-Tier ausgeführt werden, um beispielsweise den Datenfluss zwischen einem Application Client oder einem Applet und Komponenten eines J2EE-Servers sicherzustellen. Allerdings gehören JavaBeans nicht der J2EE-Spezifikation an.

Die folgende Grafik veranschaulicht die Kommunikation der verschiedenen Tiers einer J2EE-konformen Architektur: Der Client-Tier kommuniziert entweder mit dem Business-

Tier des J2EE-Servers direkt oder aber über JavaServer Pages oder Servlets, die innerhalb eines Web-Tiers liegen.

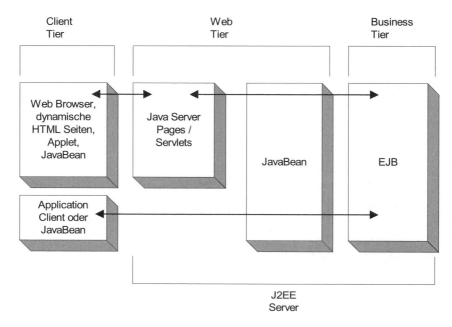

Abbildung 10.3: Client-, Web- und Business-Tier einer J2EE-Architektur

Web-Komponenten

J2EE-konforme Web-Komponenten sind JavaServer Pages oder Servlets.

• Servlets sind Java-Klassen, die eine Anfrage (einen sog. Request) dynamisch verarbeiten und eine Antwort erzeugen können.

• JavaServer Pages sind textbasierte Dokumente, die als Servlets ausgeführt werden.

JavaServer Pages und Servlets werden als Web-Komponenten für die Generierung dynamischer Web-Seiten genutzt. Diese Web-Seiten werden als HTML- (Hypertext Markup Language), WML- (Wireless Markup Language) oder als XML (Extensible Markup Language) -Seiten auf den Browser des Nutzers vom Web-Tier heruntergeladen. JavaServer Pages ermöglichen eine saubere Trennung von Anwendungs-Programmierung und Web-Design. Für das Web-Design sind keine Java-Kenntnisse erforderlich.

Ebenso wie für den Client Tier ist es denkbar, JavaBeans optional im Web Tier anzusiedeln, um z.B. den Input des Nutzers aus dem Client Tier an den Business Tier zur Weiterverarbeitung zu übermitteln (siehe auch Abbildung 10.3).

Businesskomponenten

Die sog. Businesskomponenten dienen dazu, Geschäftslogik eines spezifischen Geschäftsbereiches (Finanzdienstleistung, Logistik, Transport, Handel etc.) umzusetzen. Die Businesskomponenten gemäß der J2EE-Spezifikation sind die Enterprise JavaBeans (EJB), auch

Enterprise Beans genannt. Eine EJB erhält Daten von einem Client, verarbeitet diese gemäß eigener Geschäftslogik (sofern erforderlich) und versendet die Daten an den EIS Tier zur Weiterverarbeitung oder zum Speichern. Umgekehrt kann eine EJB Daten des EIS-Tiers abrufen, diese bei Bedarf verarbeiten und sie zurück an einen Client schicken. Abbildung 10.4 veranschaulicht diese Sachverhalte.

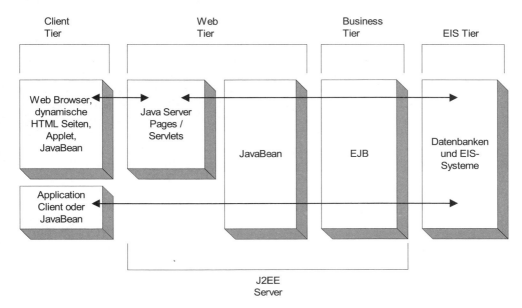

Abbildung 10.4: J2EE-Architektur mit allen Komponenten und Tiers

Enterprise Information System (EIS)

Die Anbindung von Enterprise Resource Planning-Systemen (ERP), d.h. beispielsweise von Prozessen, die auf Großrechnern ausgeführt werden, von Datenbank-Systemen und anderen Legacy-Systemen erfolgt anhand des EIS-Tiers. Dieser ermöglicht die Kommunikation von Businesskomponenten oder anderen J2EE-Komponenten mit Enterprise Information Systemen.

10.2.3 Enterprise JavaBeans

Die Enterprise JavaBeans-Architektur ist eine von Sun Microsystems ausgearbeitete Standard-Architektur zur Entwicklung verteilter komponentenbasierter Unternehmens-Anwendungen auf Basis der Programmiersprache Java. Anwendungen, die auf Grundlage dieser Architektur entwickelt werden, sind skalierbar, transaktionsbasiert und gewährleisten einen sicheren Multi-User-Betrieb. Enterprise JavaBeans lässt eine Verwandtschaft zu JavaBeans vermuten, die es jedoch nicht gibt: Enterprise JavaBeans ist ein Komponenten-Modell für die Entwicklung und Verteilung von serverseitigen Java-Komponenten. EJB-Komponenten sind unsichtbar, sie verfügen über keinerlei GUI-Funktionalität.

▶ Offene Spezifikation

Das EJB-Komponentenmodell ist eine offene Spezifikation, die es Herstellern und Nutzern von Software-Komponenten ermöglicht, ihre eigenen Software-Produkte zu entwickeln. Unter Verwendung von EJB-Servern, -Containern und -Komponenten können Applikationen erzeugt werden, die auf einem beliebigen EJB-konformen System zum Einsatz kommen können.

▶ Komplexitätsreduktion

Das EJB-Komponentenmodell ermöglicht eine Komplexitätsreduktion: Die Verwaltung und Handhabung von Mechanismen wie Verteilung, Transaktionsverwaltung, Sicherheit etc. müssen nicht mehr vom Entwickler explizit programmiert werden. Die Komplexität dieser Aspekte wird in die EJB-Container und EJB-Server verlagert. Enterprise Beans werden innerhalb eines EJB-Containers ausgeführt, einer Laufzeitumgebung eines EJB-Servers. Damit wird der Entwickler auf einem Gebiet entlastet, welches fehlerträchtig und aufwändig umzusetzen ist. Der Entwickler kann sich so vornehmlich auf die Umsetzung seiner fachlichen Anforderungen, auf die Geschäftslogik der Enterprise Beans konzentrieren.

Charakteristika von Enterprise Beans

▶ Enterprise Beans kapseln Business-Logik

Die wesentlichen Charakteristika einer Enterprise Bean gemäß der EJB-2.0-Architektur sind:

- Eine Enterprise Bean wird überwiegend dazu genutzt, um die spezifische Business-Logik eines Unternehmens zu kapseln.
- Transaktionsverhalten und Sicherheitsmechanismen lassen sich als Services separat von einer Enterprise Bean verwalten, so dass diese Services während des Zusammenbauens und der Verteilung einer Applikation von entsprechenden Tools wahrgenommen werden können.
- Instanzen einer Enterprise Bean werden zur Laufzeit in einem Container verwaltet.
- Der Zugriff von Clients auf eine Enterprise Bean wird über einen Container gehandhabt.
- Durch Nutzung der einer Enterprise Bean gemäß der EJB-Spezifikation zur Verfügung stehenden Services kann eine Enterprise Bean jedem dieser Spezifikation entsprechenden Enterprise Bean-Container hinzugefügt werden. Die Enterprise Bean kann außerdem über diesen Container auf Services zugreifen, die durch diesen bereit gestellt werden.
- Eine Enterprise Bean kann einer bestehenden Anwendung hinzugefügt werden, ohne den Source-Code zu ändern oder die Enterprise Bean erneut zu kompilieren.

Laufzeitumgebung einer EJB-Komponente

Eine Enterprise JavaBean kann erst zusammen mit einer Laufzeitumgebung genutzt werden. Die Laufzeitumgebung wird im Rahmen eines Applikations- bzw. EJB-Servers zur Verfügung gestellt. Ein solcher EJB-Server kann ein oder mehrere EJB-Container enthalten, die ihrerseits je eine EJB-Komponente mitsamt aller ihrer Instanzen verwalten.

EJB-Container

Ein EJB-Container für eine EJB-Komponente kann als sog. Mini-Server verstanden werden, der einer Enterprise JavaBean all die Funktionalität bzw. Infrastruktur bietet, die es der Komponente ermöglicht, sich auf seine Kernkompetenz zu konzentrieren, die Businesslogik. Der Container kann den Komponenten sowohl das Transaktionshandling, Sicherheitsdienste und konkurrierenden Zugriff, Konstruktions- und Destruktionsmechanismen als auch Persistenzdienste abnehmen. Die Zugriffe auf eine EJB-Komponente erfolgen nicht direkt, sondern über den EJB-Container, in den sie eingebettet ist. Mittels eines Component Contract wird das Zusammenspiel zwischen Container und EJB-Komponente geregelt. Zugriffe auf die Komponenten-Instanzen einer EJB werden vom Container abgefangen. Allerdings bleibt diese Interzeption des Containers für den Client einer EJB unsichtbar.

EJB-Server

Der EJB-Server dient als Laufzeitumgebung für die EJB-Container und schirmt diese von den Besonderheiten des jeweiligen Betriebssystems ab. Ein EJB-Server kümmert sich beispielsweise um das Prozess- und Threadmanagement und das Pooling gemeinsam genutzter Ressourcen. D.h. Netzwerk- und Datenbankverbindungen, die Zuordnung von Threads und Hauptspeicherressourcen werden vom EJB-Server verwaltet.

EJB-Connector

Zur Anbindung von EIS-Systemen werden sog. EJB-Connectoren genutzt. Ein solcher Connector wird ebenfalls innerhalb eines EJB-Containers ausgeführt. Der Aufbau eines J2EE-Connector ist in Abbildung 8.16 dargestellt.

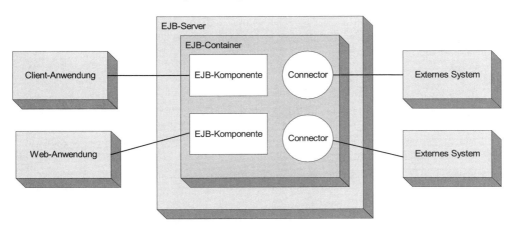

Abbildung 10.5: EJB-Server mit EJB-Container, EJB-Komponente und Connector

Abbildung 10.5 stellt einen EJB-Server mit EJB-Container, EJB-Komponente und EJB-Connector dar.

▸   Write Once Run Anywhere

Die Steuerung und die Konfiguration von Enterprise Beans wird durch deklarative Anweisungen ermöglicht, so dass kein Eingriff in die Komponenten selbst erforderlich ist. Gemäß dem Slogan von Sun Microsystems >>Write Once Run Anywhere<< soll Portabilität von EJB-Komponenten zwischen EJB-Applikationen unterschiedlicher Hersteller gewährleistet werden. In Abschnitt 8.3.1 wird näher auf den Aufbau einer Enterprise JavaBean und auf die verschiedenen Arten von EJBs eingegangen.

10.3 CORBA Component Model (CCM)

Das CORBA Component Model (CCM) basiert auf der Common Object Request Broker Architecture (CORBA) der Object Management Group (OMG).[66] Ein Hauptbestandteil des CCM ist ein Komponenten-Modell, welches Komponenten-Verträge, Komponenten-Lifecycle-Definitionen, Zustands-Management und eine umfangreiche Schnittstellen-Spezifikation von Komponenten beinhaltet.

Das CCM spezifiziert Merkmale und Dienste, die es Anwendungsentwicklern komponentenbasierter Systeme ermöglichen, Komponenten zu entwickeln, zu implementieren, zu konfigurieren und zu verteilen, die CORBA-Dienste (siehe auch Abschnitt 9.2.1) wie Transaktionshandling, Sicherheits-, Persistierungs-, Ereignis-Benachrichtigungs-Dienste in einem CORBA-Umfeld nutzen. Das CORBA Component Model verfügt über Automatismen zur Verpackung und Verteilung von Komponenten und sieht eine Integration mit Enterprise JavaBeans vor.

Damit stellt das CCM eine Erweiterung von CORBA für die komponentenbasierte Entwicklung dar. CCM ist Teil der CORBA 3.0 Plattform und standardisiert den Entwicklungszyklus für Komponenten, die CORBA-Middleware als Infrastruktur nutzen.

> ▶ CORBA-Komponenten nutzen CORBA-Dienste und können mit EJBs interagieren

In den folgenden Abschnitten wird zunächst der Aufbau der CORBA-Komponenten als Kernbausteine des CCM dargestellt und im Anschluss eine Übersicht über das CORBA Component Model wiedergegeben.

10.3.1 Aufbau von CORBA-Komponenten

Die CORBA-Komponenten sind die Hauptbausteine des CORBA Component Model. Ein Komponenten-Entwickler eines auf CCM basierenden Systems definiert IDL-Schnittstellen[67] der zu implementierenden Komponenten. Eine CORBA-Komponente kann über verschiedene Schnittstellen verfügen, die unterschiedliche Bereiche der Interaktion mit Clients abdecken.

Ports von CORBA-Komponenten

CORBA-Komponenten verfügen über vier Ports, um mit anderen Komponenten bzw. Clients zu kommunizieren. Diese Ports stellen verschiedene Sichten und notwendige

---

[66] Das hier skizzierte CCM nimmt Bezug auf die Spezifikation CORBA Components von Juni 2002, Version 3.0 von der OMG und der Open Group (siehe www.omg.org und www.opengroup.org).

[67] IDL = Interface Definition Language

Schnittstellen einer Komponente dar, wie sie für einen Client zur Interaktion mit der Komponente erforderlich sind:

1. *Facets* sind Schnittstellen, die eine Komponente einem Client zur Verfügung stellt. Facets ermöglichen es einer Komponente, einem Client verschiedene Sichten anzubieten, je nachdem, ob der Client synchron oder asynchron – via CORBAs asynchronem method invocation (AMI) – mit der Komponente kommunizieren möchte. Facets wenden das Extension Interface Pattern an (siehe auch [Sch 00]) und ähneln in ihrem Aufbau den Schnittstellen von Microsofts COM-Komponenten. Abbildung 10.6 stellt eine CORBA-Komponente mit Facets dar.

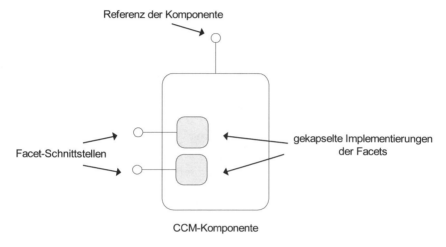

Abbildung 10.6: CORBA-Komponente mit Facet-Schnittstellen

2. *Receptables* sind Schnittstellen, die eine Komponente benötigt, um ihre spezifischen Aufgaben zu erfüllen bzw. um Aufgaben an andere Komponenten delegieren zu können. Receptables sind bezeichnete Verbindungspunkte (Named Connection Points), die eine Referenz auf eine externe Komponente bzw. auf ein externes System beinhalten. Mit Hilfe von Receptables können Komponenten Verbindungen zu anderen Komponenten aufbauen und deren Methoden synchron oder asynchron aufrufen.

3. *Event Sources* sind bezeichnete Verbindungspunkte, die Ereignisse eines spezifizierten Typs emittieren, d.h. anderen interessierten Clients zur Verfügung stellen. Diese lose Kopplung zwischen Komponenten wird mit Hilfe des Observer-Patterns [Gam 95] bewerkstelligt: Eine Komponente kann mittels dieser Ereignisquellen Ereignisse publizieren (publish) bzw. emittieren.

4. *Event Sinks* sind bezeichnete Verbindungspunkte, die Ereignisse eines spezifizierten Typs erhalten. Eine Komponente, die sich als Interessent von Ereignissen eingetragen hat (subscribe), bekommt diese Ereignisse von einer Ereignisquelle mitgeteilt. Event Sinks sind Auffangbehälter für Ereignisse, die es einer Komponente ermöglichen, bei Eintritt eines spezifischen Ereignisses entsprechende Aktionen durchzuführen.

In Abbildung 10.7 ist ein Beispiel einer CORBA-Komponente für einen Warenbestand dargestellt, die über Facet, Receptable, Event-Source und Event-Sink verfügt.

Attribute

Darüber hinaus verfügt eine CORBA-Komponente über Attribute, die in erster Linie dazu gedacht sind, die Konfiguration der Komponente zu vereinfachen. Mit entsprechenden Konfigurations-Tools kann auf diese Komponenten-Attribute zugegriffen werden. Bei Veränderung von Attributwerten nach erfolgter Konfiguration kann beispielsweise eine Ausnahmebehandlung (exception handling) getriggert werden.

Referenz auf eine Komponente

Eine CORBA-Komponente verfügt über eine sog. CORBA Objekt-Referenz, die eine Referenz auf eine Instanz eines CORBA-Objektes darstellt. Eine Objekt-Referenz lässt den tatsächlichen Ort des Objektes transparent und verfügt einerseits über Protokoll-Informationen, die in der CORBA-Spezifikation festgelegt sind, und andererseits über einen herstellerspezifischen Objekt-Schlüssel, der dazu genutzt wird, den Dienstleistungserbringer des Objektes zu identifizieren. Den Nutzern einer CORBA-Komponente ist es einerlei, ob sie eine Referenz auf eine Schnittstelle einer Komponente oder auf die Komponente selbst erhalten, da das Format in beiden Fällen identisch ist. Das vereinfacht die Handhabung bzw. die Adressierung von Komponenten.

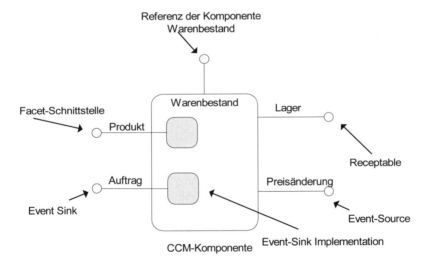

Abbildung 10.7: CORBA-Komponente mit Event Sink, Source, Facet und Receptable

Navigation und Kopplung von CORBA-Komponenten

Das CCM-Modell mit seinen vier verschiedenen Ports von Komponenten stellt gegenüber dem CORBA Object Model eine wesentliche Verbesserung der Schnittstellen-Spezifikation dar. So kann eine Komponente z.B. durch eine andere ersetzt werden, die bei Beibehaltung alter Schnittstellen für bestehende Clients neue Schnittstellen hinzufügt. Clients von Komponenten können prüfen, ob eine Komponente über gewisse Schnittstellen verfügt, indem sie die CCM-Navigations-Schnittstelle nutzen, die alle Facets einer Komponente durchnummeriert. Mit Hilfe von Event Sinks und Event Sources lassen sich lose Kopplungen von

Komponenten spezifizieren, so dass Komponenten bei Eintritt gewisser Ereignisse (event) aktiv werden können.

Basis-Komponenten und erweiterte Komponenten

Das CCM unterscheidet zwischen Basis-Komponenten, die nur über Attribute, jedoch über keinerlei Ports verfügen, und erweiterte Komponenten, die zusätzlich zu den Attributen über beliebige Ports verfügen können. Es sind die erweiterten Komponenten, die im Rahmen des CCM-Modells vornehmlich spezifiziert werden.

Lifecycle-Management via Home-Interface

Um das Lifecycle-Management von CORBA-Komponenten zu standardisieren, ordnet CCM einer Komponente per IDL eine sog. Home-Schnittstelle zu. Jede Home-Schnittstelle ist für eine bestimmte Komponente spezifisch. Ein Client kann auf diese Home-Schnittstelle zugreifen, um so auf den Lifecycle von Komponenten-Instanzen einzuwirken. So dient die Home-Schnittstelle u.a. dem Erzeugen und dem Löschen von Komponenten-Instanzen.

Eine zentralisierte Datenbank dient dazu, um zunächst Zugriff auf eine Home-Schnittstelle einer Komponente zu erhalten. Diese Datenbank speichert Referenzen verfügbarer Home-Schnittstellen von Komponenten, auf welche ein Client mit Hilfe einer sog. HomeFinder-Schnittstelle zugreifen kann. Nach Erhalt der Referenz auf die Home-Schnittstelle der gewünschten Komponente kann ein Client anhand eines Factory-Patterns [Gam 95] eine Referenz auf die Ziel-Komponente finden bzw. erzeugen.

10.3.2 Hauptbestandteile des CORBA Component Model

Das CORBA Component Model setzt sich aus den folgenden Hauptbestandteilen zusammen:

- einem Component Model
- einer Component Implementation Definition Language (CIDL)
- einem Component Implementation Framework (CIF)
- einem Container Programming Model

Component Model

Das Component Model definiert den grundsätzlichen Aufbau von CORBA-Komponenten, ihre Eigenschaften, ihre Schnittstellen und deren Definition, ihre Identität bzw. Referenzierung ebenso wie ihre Deklaration. Darüber hinaus wird die Konfiguration von CORBA-Komponenten spezifiziert, um Komponenten auf einfache Art und Weise zusammenbauen (assembly) und verteilen (deployment) zu können.

CIDL

Die CORBA Component Implementation Language dient der Beschreibung der Struktur und des Zustandes von Komponenten-Implementierungen. Auf der Basis von CIDL-Definitionen können CORBA-Komponenten-Gerüste automatisiert erstellt werden. Diese Komponenten-Gerüste können von Entwicklern genutzt werden, um daraus vollständige Implementierungen von Komponenten zu erzeugen.

CIF

Das CCM verfügt über ein CORBA Implementation Framework (CIF), welches ein Rahmenwerk für die Programmierung von Komponenten darstellt. Implementierungen von Komponenten und ihrer Schnittstellen werden per CIDL beschrieben, und das CIF nutzt diese Beschreibungen, um Programm-Skelette zu generieren, die das grundlegende Verhalten von Komponenten in Bezug auf ihre Navigation, ihre Identität, ihre Aktivierung, ihr Zustands-Management, ihr Lifecycle-Management etc. automatisiert. Damit stellt das CIF zusammen mit einem Komponenten-Server die für die Komponenten notwendige Infrastruktur für die Laufzeit zur Verfügung.

▶ CIF generiert die Basis-Infrastruktur
für CORBA-Komponenten

Container Programming Model

Ein Container ist die Laufzeitumgebung einer CORBA-Komponente. Diese Laufzeitumgebung wird von einer Deployment-Plattform wie z.B. einem Application Server implementiert. Das Container Programming Model umfasst folgende Bestandteile:

- externe API-Typen, die einem Client zur Verfügung gestellte Schnittstellen definieren. Die externen API-Typen definiert man mit Hilfe der Komponenten-IDL. Sie werden als Schnittstellen und echte CORBA-Objekte in einem Schnittstellen-Repository gespeichert und so den Clients zur Verfügung gestellt.
- ein Container API-Typ, dies ist ein vom Entwickler zu nutzendes API-Framework, das sich aus internen Schnittstellen und Callback-Schnittstellen zusammensetzt, die vom Entwickler spezifiziert werden können.
- ein CORBA Nutzungs-Modell, welches die Interaktionen zwischen dem Container und dem restlichen CORBA-Umfeld (ORB, CORBA Services, POA) definiert. Die Interaktion wird in Gestalt von Interaktions-Patterns – ihrerseits mit Hilfe von CIDL und XML spezifiziert – definiert.
- eine Komponenten-Kategorie, welche eine Kombination der Server-Sicht und der Client-Sicht auf die APIs darstellt. Externe API-Typen werden mit dem Container API-Typ in Gestalt einer Komponenten-Kategorie kombiniert, um eine Applikation auf Basis der CORBA Komponenten-Technologie zu implementieren.

▶ Ein Container verwaltet den Lifecycle der
CORBA-Komponenten

Ein Container aktiviert oder deaktiviert Komponenten-Instanzen, je nach Ressourcen-Bedarf bzw. Auslastung. Anfragen von Clients werden via Container und Object Request Broker (ORB) an CORBA-Dienste wie Transaktionshandling, Sicherheit, Persistierung und Benachrichtigung weitergeleitet. Mittels Callback-Schnittstellen kann eine Komponente über Ereignisse z.B. von Transaktionsdiensten oder Persistierungsdiensten benachrichtigt werden. Komponenten-Instanzen können mittels Portable Object Adapter (POA) referenziert werden. POA wird dazu benötigt, Anfragen von Clients an entsprechende Server-Komponenten weiterzuleiten. Dabei muss jedoch nicht wie bei früheren CORBA-Versionen eine POA-Hierarchie manuell eingestellt werden; diese wird vielmehr anhand der Komponenten-Beschreibungen automatisiert erstellt.

Abbildung 10.8 veranschaulicht das Container Programming Model und den grundsätzlichen Aufbau von CORBA-Komponenten in einem CORBA-Umfeld.

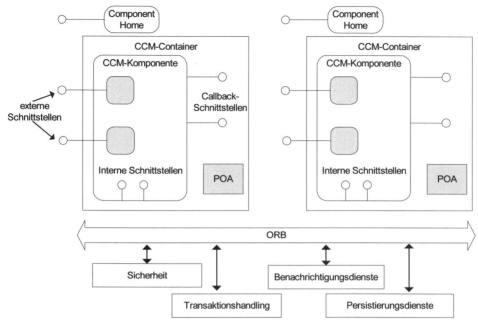

Abbildung 10.8: CCM Container Programming Model

10.3.3 Verpackung und Verteilung

Das Component Implementation Framework nutzt CIDL-Beschreibungen, um grundlegen-
des Verhalten der Komponenten in Bezug auf ihr Zustandsmanagement, ihre Aktivierung,
ihre Identifizierung etc. in Gestalt von Komponenten-Gerüsten zu generieren. Ein Komponenten-Entwickler eines auf CCM basierenden Systems kann darüber hinaus mittels CIDL
Komponenten-Beschreibungen für ihre Schnittstellen, ihr Transaktionshandling, ihr Threa-
ding etc. generieren.

Diese Komponenten-Beschreibungen – zusammen mit den Komponenten-Gerüsten, den
IDL-Beschreibungen der Komponenten und dem implementierten Source-Code – können
mit entsprechenden Tools verpackt und verteilt werden. CORBA-Komponenten können
z.B. zu Java Archiv-Dateien (JAR) oder zu dynamischen Laufzeitbibliotheken (DLL) verpackt werden. Darüber hinaus lassen sich diese Komponenten unter Nutzung eines Kompo-
nenten-Servers bereitstellen und verteilen. Der Komponenten-Server dient als Host der
Komponenten, der die verpackten Dateien mittels eines Containers lädt.

Pakete

Eine oder mehrere Implementierungen einer CORBA-Komponente können zu Paketen (package) verpackt werden. Ein solches Paket kann auf einem Rechner installiert oder mit weiteren Komponenten zu einer Konstruktion (engl. ‚assembly') zusammengebaut werden. Ei-

ne solche Komponenten-Konstruktion ist eine Sammlung miteinander verbundener Komponenten, die ein Konstruktions-Paket darstellt.

▷ XML dient als Beschreibungssprache der
Deskriptoren von CORBA-Komponenten

Verteilungs-Deskriptor

Ein Paket setzt sich aus ein oder mehreren Deskriptoren (descriptor) und mehreren Dateien zusammen. Der Deskriptor beschreibt die Merkmale des Pakets und verweist auf die einzelnen Dateien. Ein solches Paket kann als Archiv-Datei gespeichert werden. Es ist auch möglich, den Deskriptor getrennt von den Dateien zu speichern, sofern er Pointer auf die jeweiligen Orte der Dateien enthält. Ein CORBA-Software-Deskriptor (CSD) benutzt XML-Syntax und hat als Dateiendung „csd".

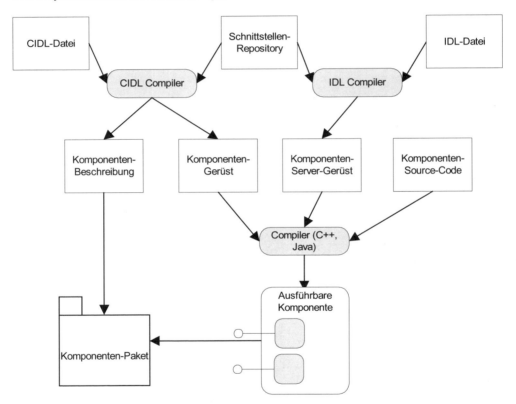

Abbildung 10.9: Implementierung von CORBA-Komponenten mittels IDL und CIDL

CORBA-Komponenten-Pakete und Konstruktions-Pakete sind Input für Verteilungs-Tools. Ein Verteilungs-Tool kann diese Pakete auf verschiedenen Knoten eines Netzwerkes verteilen und installieren. Komponten eines Konstruktions-Paketes können auf einem oder auf mehrere Rechnern verteilt werden. Anhand des Konstruktions-Deskriptors kann ein Verteilungs-Tool die Komponenten-Homes und Instanzen der Komponenten installieren und aktivieren. Des Weiteren können die Verbindungen der CORBA-Komponenten gemäß ihrer im Deskriptor beschriebenen Ports untereinander verbunden werden. Abbildung 10.9 veranschaulicht die Implementierung von CORBA-Komponenten mittels der IDL und CIDL.

10.3.4 CORBA-Komponenten aus Entwicklersicht

Ein Entwickler einer CORBA-Komponente

1. spezifiziert die Home- und Business-Schnittstellen;

2. implementiert diese Home- und Business-Schnittstellen;

3. implementiert die Geschäftslogik;

4. implementiert die Schnittstellen des Komponenten-Vertrages mit seinem Container;

5. verpackt die Komponenten-Implementierung zu einem Paket oder ordnet sie einem vorhandenen Paket zu;

6. definiert mittels eines Verteilungs-Deskriptors sowohl die Ressourcen-Anforderungen für die Komponente als auch deren Beziehungen zu anderen Komponenten bzw. Clients.

Zur Unterstützung dieser Aktivitäten kann der Entwickler auf Tools zurückgreifen, die ihm zum einen die notwendige Infrastruktur in Gestalt von Komponenten-Gerüsten generieren, und zum anderen seine Komponenten bequem auf CORBA-Dienste zugreifen lassen.

10.3.5 Integration mit Enterprise JavaBeans

Sowohl verteilte Anwendungen auf Basis von CORBA-Komponenten, die von CORBA Komponenten-Servern als auch solche von EJB-Komponenten, die von entsprechenden EJB-Servern gehostet werden, sind realisierbar. Dies erfordert die Nutzung von Brücken und sog. Mappings, um zwischen CORBA-Komponenten und EJB-Komponenten zu vermitteln. Vereinfacht ausgedrückt: Ein EJB-Client wie z.B. eine EJB-Komponente, die auf eine CORBA-Komponente zugreifen möchte, bedarf einer Brücke, um auf diese zuzugreifen. Die Brücke erzeugt eine Sicht auf die technologiefremde Komponente, so als wäre sie technologiekonform. Umgekehrt: Wenn ein CCM-Client wie eine CORBA-Komponente auf eine EJB-Komponente zugreifen möchte, verhält es sich ebenso. Abbildung 10.10 veranschaulicht diese Zusammenhänge.

10.3.6 Ausblick CCM

Das CORBA Component Model liegt zur Zeit als schriftliche Spezifikation vor. Erste Hersteller sind dabei, diese Spezifikation in entsprechenden Tools zur Unterstützung der Entwicklung und Verteilung von Komponenten umzusetzen. Sie können dabei auf ihre Erfahrungswerte mit dem CORBA Object Model Bezug nehmen, da viel Funktionalität wie z.B. CORBA Services, ORB und POA übernommen bzw. genutzt werden kann. Das CORBA Komponenten Modell ist geeignet, komplexe Komponenten in heterogenen Umgebungen zu spezifizieren. Ein weiterer Schwerpunkt des CCM ist die Interaktion mit Enterprise JavaBeans. Gerade diese Merkmale lassen vermuten, dass das CCM eine gewinnbringende Erweiterung im Kontext der Komponenten-Modelle für auf CORBA basierende Umgebungen sein wird.

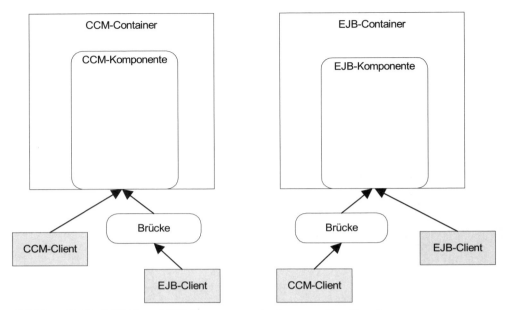

Abbildung 10.10: CORBA- und EJB-Komponenten in einer verteilten Umgebung

10.4 COM+-Komponenten-Modell

COM+ ist Microsofts Komponenten-Modell (Component Object Model). COM+-Komponenten können in Visual Basic 6 oder 7, in C++ oder in C# implementiert werden. COM+ 1.0 ist integraler Bestandteil von Windows 2000 und benötigt keine separate Installation. Einige Features sind jedoch nur verfügbar, wenn sowohl Client als auch Server laufen, doch können COM+-Clients auf Windows 9.x- und Windows NT-Rechnern laufen. COM+ baut auf COM auf.

10.4.1 COM / DCOM

COM spezifiziert Regeln für die Erstellung von dynamisch austauschbaren Komponenten, die interoperabel sind. Es wurde von Microsoft ins Leben gerufen, um typensichere Komponenten auf der Basis einer dynamischen Laufzeitbibliothek (DLL) zu erstellen. Diese können von mehreren Applikationen genutzt werden. COM-DLLs exportieren eine oder mehrere Klassen, die ihrerseits jeweils eine oder mehrere abstrakte Schnittstellen implementieren. Ein Client kommuniziert über diese abstrakten Schnittstellen mit einer COM-Komponente. COM-Klassen und -Schnittstellen repräsentieren ein Typensystem, das unabhängig von der Sprache und vom Compiler ist. Die exportierbaren Typen werden in Binärform als Typen-Bibliothek, die in eine DLL eingebettet ist, dokumentiert. Die Typen-Bibliothek kann zur Laufzeit befragt werden, so dass Clients in der Lage sind, Typen dynamisch zu ermitteln. Eine COM-Komponenten-DLL wird zur Laufzeit von einem Service Control Manager (SCM) nach Anforderung durch einen Client geladen. Das SCM greift dabei auf die Windows Registry zu, wo COM-DLLs in einer Klassen-Registrierungs-Datenbank beschrieben sind. Wenn Clients Komponenten eines anderen Prozesses aufrufen, wird eine Referenz auf ein Proxy-Objekt generiert, welches mit einem realen Objekt über Distributed COM (DCOM) kommuniziert.

10.4.2 COM+-Architektur

Die COM+-Architektur basiert auf der Windows Distributed interNetwork Applications Architecture (DNA), deren Design-Richtlinien auf die Spezifikation skalierbarer, verteilter Systeme ausgerichtet sind:

- System-Logik sollte auf Servern, nicht auf Clients liegen. Server können gemeinsam Ressourcen nutzen (Datenbank-Verbindungen).
- Effizientes Transaktions-Management soll für eine sichere Abwicklung von Transaktionen verteilter Komponenten sorgen.
- Komponenten eines verteilten Systems kommunizieren auf der Basis einer Reihe von Protokollen: HyperText Transfer Protocol (HTTP), Simple Object Access Protocol (SOAP), DCOM oder Microsoft Message Queue (MSMQ).

10.4.3 COM+-Komponenten

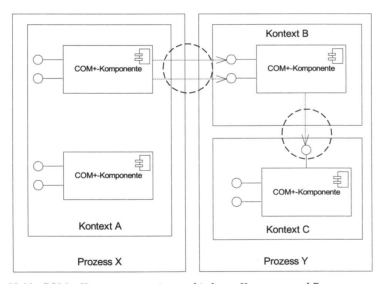

Abbildung 10.11: COM+-Komponenten mit verschiedenen Kontexten und Prozessen

COM+-Komponenten nutzen zwei grundlegende Konzepte: Kontext und Kausalität.

- Der Kontext wird durch ein Objekt eines Betriebssystem-Prozesses dargestellt, das einer Komponente eine spezifische Anzahl von Laufzeit-Services zur Verfügung stellt. Jede Instanz, die in einem COM+-Prozess erzeugt wird, gehört zu genau einem Kontext. Der Kontext ist auf die Bedürfnisse der Instanz abgestimmt. Die COM+-Komponenten-Modell-Implementierung hat bei Aufruf einer COM+-Methode die Gelegenheit, einen Service zu aktivieren, bevor der Methodenaufruf an das Zielobjekt weitergeleitet wird. Damit wird z.B. ein effizientes Transaktions-Management gewährleistet.

- Einige COM+-Services benötigen Informationen darüber, ob Methoden, die über Kontext-Grenzen hinausreichen, ursächlich miteinander verbunden sind. Methoden-Aufrufe können über verschiedene Threads verschiedener Prozesse abgesetzt werden. Verbindungen zwischen Methoden-Aufrufen werden anhand eines dynamischen, zeitlichen Konstrukts, der Kausalität, festgehalten.

Abbildung 10.11 veranschaulicht diese Zusammenhänge. Die gestrichelten Kreise symbolisieren die Interzeption des COM+-Komponenten-Modells, um spezifische COM+-Services zu aktivieren.

10.4.4 Komponenten, Applikationen und DLLs

Konfigurierte Komponenten können Applikationen zugeordnet werden. Eine Applikations-ID einer COM+-Komponente definiert, zu welcher Applikation sie gehört. COM+-Applikationen bilden logische Pakete, DLLs sind physische Pakete. Die Bedingung, die eine COM+-Komponente erfüllen muss, ist, dass eine konfigurierte Komponente genau einer COM+-Applikation angehört; sie kann nicht zwei verschiedenen Applikationen angehören. Eine COM+-Applikation kann Komponenten einer oder mehrerer DLLs hosten. Es müssen nicht alle Komponenten einer DLL in einer Applikation gehostet werden.

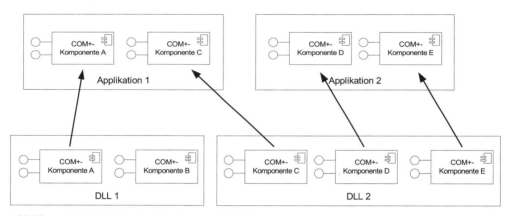

Abbildung 10.12: COM+-Applikationen und DLLs

Abbildung 10.12 veranschaulicht die Abbildung von Komponenten, die in DLLs abgelegt sind, auf COM+-Applikationen.

10.4.5 Services und Tools der COM+-Architektur

COM+ spezifiziert Services und Tools, die es erlauben, verteilbare Komponenten gemäß der oben genannten Design-Richtlinien zu nutzen und zu konfigurieren.

Administration

Tools und Services, die es Entwicklern und Administratoren erlauben, Komponenten und komponentenbasierte Applikationen zu konfigurieren und zu managen. Das wichtigste Tool in diesem Kontext ist der Microsoft Management Console Component Services Explorer.

Just-in-Time-Activation (JITA)

Services, die dazu dienen, Komponenten zu instanziieren, wenn sie benötigt werden, und sie zu entfernen, wenn sie ihre Arbeit erledigt haben.

Object Pooling

Services, die es ermöglichen, dass Komponenten, die häufig benötigt werden, aber Ressourcen-intensiv sind – wie beispielsweise Datenbank-Verbindungen –, in einem Pool verwaltet werden. Verschiedene Clients können auf diesen Pool zugreifen.

Transaktionen

Services, die dazu dienen, dass von verteilten Komponenten durchgeführte Operationen als ACID-Transaktionen gehandhabt werden können.

Synchronisierung

Services, die dazu dienen, konkurrierenden Zugriff auf Instanzen zu managen.

Sicherheit

Services, die die Authentizität von Clients überprüfen und den Zugriff auf eine Applikation kontrollieren.

Queued Components

Services, die es Komponenten ermöglichen, asynchron zu kommunizieren. Diese dienen der losen Kopplung von Komponenten.

Events

Services, die dazu dienen, Komponenten voneinander über den Eintritt spezifischer Ereignisse zu benachrichtigen.

10.5   .NET-Komponenten

.NET ist Microsofts neuester Komponenten-Standard, der dazu dient, komponentenbasierte Applikationen zu entwickeln. Er kann zur Entwicklung von Stand-alone-Lösungen ebenso wie für Web-basierte Applikationen genutzt werden. .NET basiert auf der Common Language Runtime (CLR), einer Laufzeit-Umgebung, die alle Laufzeit-Aspekte der Komponenten verwaltet. Alle .NET-Komponenten – unabhängig von der Sprache, in der sie entwickelt wurden – werden in derselben Laufzeitumgebung ausgeführt. Daher stammt der Name.

10.5.1   Bestandteile von .NET

.NET ist als Baukasten für weborientierte Unternehmenslösungen konzipiert worden. .NET ist eine Kombination von:

- .NET-Framework
- Web Services und deren Bausteine
- .NET Enterprise Servers

- Services (COM+ und .NET)

Das .NET-Framework setzt sich seinerseits aus folgenden Elementen zusammen:

- Laufzeitsystem
- Klassenbibliotheken, die in Namensräume aufgeteilt werden
- Komplette Subsysteme zur Entwicklung von Lösungen wie z.B. ASP.NET

Abbildung 10.13 stellt die Bestandteile von .NET logisch dar.

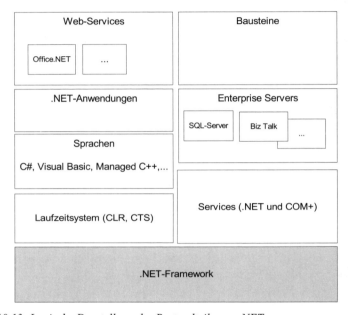

Abbildung 10.13: Logische Darstellung der Bestandteile von .NET

In den folgenden Abschnitten wollen wir genauer auf den BizTalk-Server und die Web Services der .NET-Plattform eingehen.

10.5.2 BizTalk Server

Der BizTalk Server dient als Integrations-Server der .NET Plattform. Er vereint unterschiedliche Standards für den Informationsaustausch und ermöglicht die Einbindung von Prozessressourcen in abgestimmte Arbeitsflüsse. Dazu dienen BizTalk-Orchestration, Messaging und verschiedene Protokolle.

- *Orchestration* dient der Verbindung verschiedener Anwendungen, Datenströme, Datenformate und Services zu einem informationsgesteuerten Workflow.
- *Messaging*: Die BizTalk-Messaging-Engine basiert auf XML und gewährleistet den unternehmensweiten bzw. unternehmensübergreifenden Austausch von XML-Dokumenten zwischen Anwendungen und Diensten. BizTalk unterstützt die Standards ANSI X12 und UN/EDIFACT für einen elektronischen Datenaustausch.
- *Übertragungs-Protokolle*: BizTalk unterstützt u.a. HTTP, HTTPS, Simple Mail Transfer Protocol (SMTP) und SOAP.

10.5.3 Web Services

Ein wichtiges Framework der .NET-Plattform sind Web Services. Web Services sind Softwarelösungen, die mittels Internet-Technologie ein beliebiges Gerät ansprechen können. Derzeit werden Web Services jedoch überwiegend für Web-Browser genutzt. Ziel der Nutzung von Web Services ist es, diese von jedem Gerät aus verwenden zu können: PC-Browser, Palm, Pocket PC, Organizer, Handy etc.

Wie funktionieren Web Services?

Ein Web Service[68] implementiert einen Teil eines Business-Prozesses, der von einer beliebigen Plattform aus aufgerufen werden kann. Vereinfacht ausgedrückt, sind Web Services URL-adressierbare Ressourcen, die von einem Client aktiviert werden können. Durch Nutzung standardisierter Übertragungsprotokolle sind Web Services lose gekoppelt. Web Services ermöglichen das programmierbare Web.

Standards

Web Services bieten ihre Dienste über Web-Standards an:
* Simple Object Access Protocol (SOAP)
* Universal Description, Discovery and Integration (UDDI)
* XML
* HTTP
* Web Services Description Language (WDSL)

SOAP und UDDI

SOAP dient als Übertragungsformat für die Kommunikation der Objekte. SOAP nutzt XML zur Beschreibung des Inhalts. Dabei wird UDDI[69] genutzt, um verfügbare Web Services zu erfassen.

WSDL

WSDL dient dazu, Web Services zu beschreiben. WSDL basiert auf XML und beschreibt Operationen und deren Input- und Output-Nachrichten sprachenunabhängig. Sie dient zur Erstellung bzw. Generierung einer .sdl-Datei. Diese Datei kann von anderen Services genutzt werden, um herauszufinden, welche Services der Web Service anbietet und wie diese genutzt werden können.

WSDL-Vertrag

Ein WSDL-Dokument, das einen Web Service samt seinem Inhalt beschreibt, wird auch als WSDL-Vertrag bezeichnet. Die Kernelemente eines WSDL-Vertrages sind:
* Service, Port, Port-Typ
* Vorgang und Nachricht

---

[68] Siehe auch http://www.w3org./2002/ws.
[69] Siehe auch http://uddi.microsoft.com.

Ein Service ist eine Gruppe von zusammengehörenden Kommunikations-Endpunkten. Ein solcher Endpunkt wird „Port" genannt. Jeder Port verfügt über eine Adresse und über eine Bindung. Die Bindung dient zur Deklaration eines bestimmten Datenformats und zur Spezifikation der Protokolldetails.

Typen von Operationen

Die zwischen den Ports übermittelten Informationen werden als ‚Nachrichten' bezeichnet. Der Typ der Ports definiert eine abstrakte Menge von Operationen, die auf die Nachrichten angewandt werden können. Es werden vier Operationstypen unterschieden:

- Einweg (one-way): Empfang einer Nachricht.
- Anfrage-Antwort (request-response): Empfang einer Nachricht und Versand einer Antwort-Nachricht.
- Angebot-Antwort (solicit-response): Versand einer Nachricht und Empfang einer Antwort-Nachricht.
- Benachrichtigung (notification): Versand einer Nachricht.

Der Port-Typ liefert die Schnittstellen-Deklaration eines Service und der Port bezeichnet den Ort, an dem der Service zu finden ist. Abbildung 10.14 veranschaulicht die Zusammenhänge.

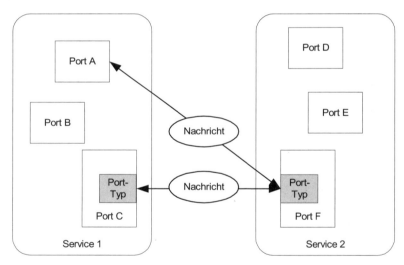

Abbildung 10.14: Ports, Port-Typen und Nachrichten von Web Services

▶ Black-Box

Web Services werden wie Komponenten als Black-Box eingesetzt. Man kann sie benutzen, ohne etwas über ihre Implementierung zu wissen. Die öffentlich sichtbare Schnittstelle wird mittels WSDL spezifiziert. Web Services liefern einen Mechanismus zur Integration von Business-Funktionen, der unabhängig von einer spezifischen Programmiersprache, einer API oder einer Plattform ist.

▶ Beliebige Verteilung der Anwendungslogik

Ein wesentlicher Vorteil besteht darin, dass ein Entwickler die Services eines Web Service in seine eigenen Webanwendungen importieren kann. Damit kann die Logik einer Anwendung beliebig verteilt werden. Man kann Funktionalität eines Web Service integrieren, die an einem anderen Ort implementiert ist.

▶ ASP.NET

In der Regel werden Web Services mit der ASP.NET-Web Services-Plattform entwickelt. Dies ist nicht zwingend, aber empfehlenswert. ASP.NET definiert eine Webanwendung als eine Summe aller Dateien, Funktionen, Module und dem ausführbaren Code. Mittels eines virtuellen Verzeichnisses kann der Code von einem Applikations-Server aufgerufen bzw. genutzt werden.

▶ Schichten-Architektur

Verteilte Anwendungen können erstellt werden, indem man Web-Forms für die Präsentations-Schicht, Internet und Web Services für die Controlling- bzw. Business-Schicht nutzt und beispielsweise einen Microsoft SQL-Server im Kontext der Integrations-Schicht für die Persistierung verwendet.

Nutzung von Web Services

Ein Web Service-Entwickler erstellt einen Web Service und veröffentlicht ihn als Bestandteil einer Anwendung. Diese Anwendung liegt auf einem Web-Server. Methoden, die dieser Web Service anbietet, lassen sich aufrufen, indem man entsprechende HTTP-Requests an den URL absetzt. Dabei können die folgenden Protokolle genutzt werden:

*   HTTP-GET: Der Methodenname und die Argumente sind Bestandteil der URL.
*   HTTP-POST: Der Methodenname ist Teil der URL, die Argumente Teil einer POST-Nachricht.
*   HTTP-SOAP: SOAP definiert eine XML-Grammatik zur Angabe des Methodennamens, zur Verpackung der Argumente und zur Lieferung der Ergebnisse.

Mit SOAP lassen sich Klassen, Strukturen und Datengruppen (Datasets) als Argumente übertragen. SOAP wird als Standard-Protokoll verwendet.

10.5.4 .NET als Komponenten-Standard

.NET ist zur Vereinfachung komponentenbasierter Entwicklung und Verteilung konzipiert worden und soll langfristig Microsofts COM-Standard ablösen, da dieser in einigen Bereichen Unzulänglichkeiten aufweist. .NET liefert

*   Binär-Kompatibilität zwischen Client und Komponente,
*   Separation der Schnittstelle von ihrer Implementierung,
*   Schutz vor konkurrierendem Zugriff,
*   Programmiersprachen-Unabhängigkeit,
*   vereinfachtes Lifecycle-Management von Komponenten,
*   vereinfachte Verteilung von Komponenten etc.

Komponente

Ein Web Service ist eine Service-Beschreibung einer Schnittstelle durch WSDL, der eigentliche Service ist die Implementierung. Ein Service ist ein Software-Modul, welches von einem Service-Provider im Netz zur Verfügung gestellt wird. Die Service-Beschreibung enthält die Details der Schnittstelle und ihrer Implementierung (Datentypen, Operationen, Ort, Bindung).

.NET und COM

Auch wenn .NET langfristig den COM-Standard ablösen soll, können beide voll zusammenmenarbeiten. Jeder COM-Client kann eine .NET-Instanz aufrufen, und ein COM-Objekt ist von einer .NET-Instanz aufrufbar.

.NET und COM+-Services

.NET arbeitet eng mit COM+ zusammen, da es von den Services abhängt, die COM+ für Instanzen-Management, Transaktionshandling, Sicherheit, Komponenten-Queues etc. nutzt. Die .NET-Plattform wird mit verschiedenen Frameworks ausgeliefert, die auf die Entwicklung verteilter Systeme ausgerichtet sind. Diese Frameworks betreffen Frontend-Entwicklung (Windows Forms), Datenbank-Anbindungen (ADO.NET), dynamische Web-Applikationen (ASP.NET) und Web Services.

10.6 Vergleich von EJB, COM+, CCM und .NET

- Was unterscheidet die Komponenten-Modelle voneinander?
- Wann sollte man welches Komponenten-Modell nutzen?

Wir wollen zunächst die Kriterien betrachten, aufgrund derer wir die Komponenten-Standards vergleichen.

Kriterien zum Vergleich der Komponenten-Modelle

1. *Art des Standards:* Ist der Komponenten-Standard offen oder proprietär?

2. *Plattform-Unabhängigkeit:* Sind die Komponenten auf verschiedenen Betriebssystem-Plattformen einsetzbar?

3. *Programmiersprache:* Ist der Komponenten-Standard sprachenunabhängig? Wird ein Binärstandard genutzt?

4. *Skalierbarkeit:* Kann das System leicht skaliert werden, oder sind inhärente Begrenzungen vorhanden? Kann das System in einem Intranet-/Internet-/Extranet-Umfeld genutzt werden? Wie verhalten sich die Komponenten-Standards bei steigender Anzahl von Komponenten, Komponenten-Instanzen und Server?

5. *Sicherheit:* Welche Sicherheitsmaßnahmen werden unterstützt? Wie werden Zugriffsrechte verwaltet?

6. *Entwicklung:* Wie einfach gestaltet sich die Nutzung des Komponenten-Modells? Kann man vorhandene Frameworks bzw. Bibliotheken nutzen? Werden vertikale Dienste angeboten? Welche horizontalen Dienste lassen sich nutzen?

7. *Verteilung:* Können Komponenten einfach verteilt werden? Lassen sich Komponenten in eine Anwendung integrieren, die erst zur Laufzeit bekannt geworden ist?

8. *Transaktionen:* Ist ein Transaktions-Management vorhanden? Wie werden Transaktionen gesteuert?

In den folgenden Abschnitten werden die vier Komponenten-Modelle in Bezug auf diese Kriterien angewendet. Die Betrachtung erfolgt betont neutral, ohne eine Wertung vornehmen zu wollen, und ist auf einige wesentliche Aspekte begrenzt.[70]

Art des Standards

EJB

Ursprünglich von Sun Microsystems ins Leben gerufen, haben sich mittlerweile viele Firmen an der Standardisierung beteiligt (IBM, Oracle, Netscape, BEA Systems etc.). Das EJB-Komponentenmodell ist daher ein offener Standard.

CCM

Das CORBA Component Model wurde von der OMG – die über zahlreiche Mitglieder aus Unternehmen der IT-Industrie verfügt – entwickelt. CCM basiert auf einem offenen Standardisierungprozess, der mittels Spezifikationen durch alle Mitglieder der OMG vorgenommen wird.

COM+

COM+ ist ein proprietärer Standard aus dem Hause Microsoft.

.NET

.NET ist Microsofts Nachfolger von COM+ und baut auf ihm auf. .NET nutzt spezifische Microsoft-Server und -Services und ist proprietär. Die im Kontext von .NET genutzten Web Services werden jedoch von einer Vielzahl von Unternehmen der IT-Industrie genutzt (siehe auch http://www.w3org./2002/ws).

An dieser Stelle soll hervorgehoben werden, dass ein proprietärer Standard zwar formal und theoretisch Nachteile und Einschränkungen aufweist – technisch suboptimal ist –, aber meist viel schneller umgesetzt wird als ein offener, formal und theoretisch ausgefeilter Standard. Meist stehen offene Standards erst sehr spät zur Verfügung und werden daher von gewachsenen, proprietären Standards verdrängt.

Plattform-Unabhängigkeit

EJB

Da das EJB-Komponentenmodell auf der Programmiersprache Java[71] fußt, sind EJBs Plattform-unabhängig.

---

[70] Für eine detaillierte Erörterung der untersuchten Aspekte sei auf die Literaturhinweise am Ende des Kapitels verwiesen.

CCM

Eines der wesentlichen Merkmale des CORBA Komponenten-Modells ist ihre Plattformun-
abhängigkeit.

COM+

COM+-Komponenten sind nur auf spezifischen Microsoft-Plattformen nutzbar. COM+ ist
Bestandteil von Windows 2000. COM+-Clients können auf Windows 9.x und Windows
NT-Rechnern laufen. Durch Portierungen des DCOM-Protokolls auf andere Betriebssyste-
me (Digital UNIX, Mac OS, Open VMS, HP/UX, Solaris) ist es möglich, COM-Komponenten in heterogenen Systemlandschaften zu nutzen.

.NET

Web Services sind auf verschiedenen Plattformen und von unterschiedlichen Frameworks
nutzbar. .NET basiert auf spezifischen Microsoft-Plattformen (BizTalk-Server, SQL-Server
etc.) und Microsoft-Services (COM+).

Programmiersprache

EJB

Java-Programme werden in einen portablen Byte-Code übersetzt. Damit handelt es sich bei
EJBs um einen Binärstandard. Über das Java Native Interface (JNI) kann der Code anderer
Programme (z.B. C, C++) integriert werden.

CCM

CORBA-Komponenten benötigen kein spezifisches Binärformat. CORBA-Komponenten
können mittels unterschiedlicher Programmiersprachen entwickelt werden (C, C++, Small-
talk, Java, COBOL etc.).

COM+

COM+-Komponenten sind programmiersprachenunabhängig. COM+-Komponenten definieren einen Binärstandard. COM+-Komponenten können in Visual Basic 6 oder 7, in C++
oder in C# implementiert werden.

.NET

.NET ist programmiersprachenunabhängig. Eine effiziente Entwicklung von .NET-Kompo-
nenten ist mit C#, Managed C++ und VisualBasic.NET möglich.

Skalierbarkeit

EJB

EJB-Komponenten-Systeme sind hochgradig skalierbar. EJB-Server liefern Pooling-
Mechanismen für Datenbank-Verbindungen und für EJB-Instanzen. Das Datenbank-Con-

---

[71] die Plattform-unabhängig ist

nection-Pooling des JDCB 2.0-Standards ist schwerpunktmäßig auf Skalierbarkeit ausgerichtet. Mittels Caching-Mechanismen von EJB-Instanzen, insbesondere von Entity-Beans, lassen sich Systeme einfach skalieren.

CCM

CCM verfügt über fünf verschiedene Arten von Containern, die für State-Management, Identität der Komponenten etc. zuständig sind. Durch Nutzung adäquater Container kann die Art der Skalierung des Komponenten-Systems entsprechend gezielt spezifiziert werden.

COM+

COM+ nutzt Just-In-Time (JIT)-Instanziierung und As-Soon-As-Possible (ASAP)-Zerstörung von Komponenten-Instanzen. Durch Pooling-Mechanismen für Datenbank-Verbindungen z.B. lässt sich das System einfach skalieren. Ein Pooling von Komponenten-Instanzen impliziert das Laden umfangreicher nicht-transaktionsrelevanter Daten.

.NET

ASP.NET verfügt über eine Statusverwaltung und ADO.NET über eine Ressourcen-Verwaltung. Statusinformationen können im Speicher gehalten und über Webfarms verteilt werden. ADO.NET kann Datenbankverbindungen so verwalten, dass diese für einen hohen Durchsatz optimiert sind. Datenbankressourcen werden automatisch freigegeben, wenn diese nicht mehr benötigt werden. Die Skalierbarkeit orientiert sich darüber hinaus an den Konfigurationen der genutzten Back-End-Server (SQL-Server, BizTalk Server etc.). Durch Nutzung von Web Services rückt der Aspekt der Skalierbarkeit auch in das Internet (Bandbreiten).

Sicherheit

EJB

Das EJB-Komponentenmodell nutzt die Sicherheits-Services der zugrunde liegenden J2EE-Plattform. Diese nutzt ihrerseits Sicherheitsmechanismen des zugrunde liegenden Betriebssystems. EJB-Sicherheit ist rollenbasiert. Einer Rolle kann Zugriff auf eine oder mehrere Methoden einer EJB-Komponente gewährleistet werden. EJB-Sicherheit wird damit auf Methodenebene spezifiziert, da jede EJB nur über eine Business-Schnittstelle (remote interface) verfügt.

CCM

CORBA-Komponenten nutzen ein ähnliches Sicherheitskonzept wie EJB-Komponenten. Über deklarative Attribute kann rollenbasiert Zugriff spezifiziert werden.

COM+

COM+ ist auf der Sicherheits-Infrastruktur von Windows 2000 aufgebaut. Diese nutzt mehrere Authentisierungs-Ebenen (siehe auch .NET).

.NET

Die .NET-Plattform verwendet Authentifizierung, Autorisierung und Personifizierung als Sicherheits-Infrastruktur.

- *Authentifizierung:* IIS[72]-Authentifzierung und integrierte Authentisierungsmechanismen (Passwort, Cookie), die durch ASP.NET geliefert werden.
- *Autorisierung:* Nach Bestätigung einer Client-Anfrage bestimmt das System mittels Autorisierung (Datei- bzw. URL-Autorisierung), ob es dem Client mit dieser Identität erlaubt ist, Zugriff auf die angeforderte Ressource zu nehmen.
- *Personifizierung:* Durch Personifizierung können ASP.NET-Anwendungen die Identität eines Clients annehmen und damit an Stelle des Clients auftreten.

Entwicklung

EJB

Bei der Entwicklung der EJBs kann sich der Komponenten-Entwickler voll und ganz auf seine Business-Logik konzentrieren. Je nach Art der Bean (Session, Entity, Message Bean) gestaltet sich der Konfigurationsaufwand mittels deklarativer Attribute mehr oder weniger umfangreich. So sind z.B. für die Spezifikation des Transaktionsverhaltens von Entity Beans mehr Handgriffe notwendig als zur Spezifikation einer stateless Session Bean, die keine persistenten Daten managed. Dennoch kann der meiste Code von entsprechenden Tools generiert werden. Horizontale Dienste und Dienste zum Life-Cycle-Management der Komponenten werden zur Verfügung gestellt.

CCM

Der Aufwand zur Entwicklung einer CORBA-Komponente gestaltet sich ähnlich wie bei der Entwicklung einer EJB. Der Entwickler einer CORBA-Komponente kann sich größtenteils auf die Business-Logik konzentrieren. Entsprechende Tools können Code-Gerüste generieren, auf denen der Entwickler aufsetzen kann.

COM+

Die Entwicklung von COM+-Komponenten gestaltet sich einfach. Der Entwickler kann sich auf die Business-Logik der Komponenten konzentrieren. Mittels deklarativer Attribute ist eine Konfiguration der Komponenten möglich. Existierende COM-Komponenten können als COM+-Komponenten konfiguriert werden, ohne diese einer erneuten Programmierung zu unterziehen.

.NET

Durch Nutzung der .NET-Frameworks und -Services, Trennung von Layout und Code, Nutzung von DataSets als Transportcontainer etc. ist eine schnelle und einfache Entwicklung möglich.

---

[72]   IIS = Internet Information Server

Verteilung

EJB

Um eine EJB zu verteilen, ist eine EJB-JAR-Datei zu generieren, welche die Bean, ihre Hilfsklassen, weitere Ressourcen und einen Deployment-Deskriptor enthält. Wenn diese EJB-JAR-Datei in eine spezifische EJB-Komponenten-Modell-Implementierung verteilt wird, lassen sich mittels geeigneter Tools entsprechende Container-Klassen für einen spezifischen EJB-Server erzeugen. Nach Verteilung einer EJB können ihre deklarativen Attribute spezifiziert bzw. geändert werden.

Da es Hersteller von EJB-Komponenten-Modell-Implementierungen gibt, die jeweils unterschiedliche Implementierungs-Schwerpunkte abdecken, lässt sich die Verteilung der EJBs einerseits auf die jeweils spezifischen Bedürfnisse des Verteilers abstimmen, andererseits wird damit aber die Portabilität der EJB-Komponenten eingeschränkt. Mittels RMI/IIOP[73]-Protokoll ist jedoch eine Kommunikation von Komponenten (ab EJB-Version 2.0), die Container unterschiedlicher Hersteller nutzen, möglich.

CCM

Die Verteilung von CORBA-Komponenten gestaltet sich ähnlich wie bei einer EJB-Komponente. Der Deployment-Deskriptor einer CORBA-Komponente verfügt über umfangreiche Konfigurations-Möglichkeiten der Komponenten und der Beziehungen zwischen Komponenten.

COM+

COM+-Komponenten sehen aus Sicht eines Clients ähnlich wie normale COM-Komponenten aus. Daher können COM+-Komponenten von jeder COM-fähigen Plattform genutzt werden (Windows 98, NT, 2000). Ein COM+-Server benötigt jedoch Windows 2000. Die Verteilung erfolgt mittels eines Windows Installer Packages. Während der Installation können die deklarativen Attribute der Komponenten spezifiziert bzw. geändert werden.

.NET

ASP.NET definiert eine Web-Anwendung als Summe aller Dateien, Module, Funktionen und des ausführbaren Codes, der im Kontext eines virtuellen Verzeichnisses auf einem Application Server genutzt werden kann. Eine Verteilung beinhaltet z.B. die Verteilung von Web-Forms der Präsentations-Schicht, Internet und Web Services für die Controlling- bzw. Business-Schicht und Datenbanktabellen eines SQL-Servers. Web Services werden in Form einer Datei mit der Namensendung .asmx verteilt. Die Datei wird in einem virtuellen Pfad einer ASP.NET-Anwendung gespeichert.

---

[73] Internet Inter-ORP Protocol

Transaktionen

EJB

Das Transaktionsverhalten von EJBs kann mittels BMP explizit programmiert bzw. mittels CMP anhand von deklarativen Attributen im Deployment-Deskriptor spezifiziert werden. Bei CMP nimmt der Container dem Entwickler das gesamte Transaktionshandling einer EJB ab. Mit Hilfe des Persistence Managers (der ab der EJB-Version 2.0 zur Verfügung steht), können auch komplexe Abbildungen von Beans auf mehrere Tabellen bzw. Joins einfach umgesetzt werden.

CCM

CORBA kann flache und verschachtelte Transaktionen anhand des „Object Transaction Service" umsetzen. Dieser arbeitet eng mit dem „Concurrency Service" zusammen. Zustände von COBRA-Komponenten können mittels fünf unterschiedlicher Container abgestimmt auf die jeweiligen Erfordernisse spezifiziert werden.

COM+

Anhand von Datenbank- und Ressourcen-Locks wird ein sicheres Transaktionsverhalten gewährleistet. Daten einer Transaktion werden so lange gelockt, bis diese beendet wird. Erst dann kann – im Rahmen einer anderen Transaktion – wieder auf diese Daten zugegriffen werden. Transaktionale COM+-Komponenten sind zustandslos und nutzen einen JIT/ASAP-Lifecycle. Damit wird gewährleistet, dass Locks auf Daten die Skalierbarkeit des Systems nicht allzu stark beeinträchtigen.

.NET

Web-Forms von ASP.NET und Web Services können im Kontext von COM+-Transaktionen ablaufen. In .NET werden Transaktionseinstellungen durch ein Klassenattribut festgelegt. Für jede Methode eines Web Services muss angegeben werden, ob sie in einer Transaktion laufen soll. Wenn eine Web-Methode eines Web Services im Kontext einer COM+-Transaktion abläuft, kann dieser Web Service z.B. auf Ressourcen eines SQL-Servers oder eines Message Queuing-Servers zugreifen. Dabei wird sichergestellt, dass die Transaktion atomar, konsistent, isoliert und dauerhaft ist, d.h. ACID-Anforderungen erfüllt.

10.7 Weiterführende Literatur

[Corba]   Object Management Group: *CORBA Components*, June 2002 – Version 3.0,
            www.omg.org

[Gru 00]   Volker Gruhn, Andreas Thiel: *Komponenten-Modelle*, Addison-Wesley 2000

[Löw 01]   Juval Löwy: *COM and .NET Component Services*, O'Reilly 2001

[Rom 99]   Ed Roman: *Mastering Enterprise JavaBeans*, John Wiley 1999

[Ses 00]   Roger Sessions: *COM+ and the Battle for the Middle Tier*, Wiley 2000

[Vas 01]   Vasters, Oellers, Javidi, Jung, Freiberger, DePetrillo: *.net*, Microsoft Press 2001

[Vog 99]   Andreas Vogel, Madhavan Rangarao: *Enterprise JavaBeans, JTS and OTS*, Wiley
            1999

11 Wiederverwendung und Qualitätssicherung

- Welche Vorteile erlangt man durch Wiederverwendung?
- Was kann wiederverwendet werden?
- Welchen Rahmen benötigt Wiederverwendung?
- Welche Prozesse sind für eine effiziente Wiederverwendung zu beachten?
- Wie testet man Komponenten?
- Welche Tests sind wann durchzuführen?
- Wie sichert man die Qualität von Komponenten?
- Wie lassen sich Komponenten als Produkte entwickeln?

11.1 Vorteile der Wiederverwendung

Mit einem konsequent betriebenen Reuse-Prozess können in den folgenden Bereichen Optimierungen erreicht werden:

- Beschleunigung des Time-to-Market
- Reduzierung der Fehlerquote
- Reduzierung der Wartungskosten
- Reduzierung der Gesamt-Software-Entwicklungskosten (Total Cost of Ownership)

Wiederverwendung (Reuse) sollte sich nicht auf eine Wiederverwendung einzelner Komponenten beschränken, sondern betrifft alle Artefakte komponentenbasierter Entwicklung. Nicht nur die entwickelten Komponenten, sondern auch Architekturen, architektonische Sichten, Workflows, Richtlinien, Dokumente, Integrations-Lösungen, Patterns, best practices etc. sollten wiederverwendet werden können. Je mehr Artefakte im Rahmen eines Entwicklungsprozesses wiederverwendet werden können, desto schneller, effizienter und erfolgreicher arbeitet ein Unternehmen. Und desto besser kann es auf veränderte Marktsituationen reagieren.

Durch eine ganzheitliche Sicht auf das zu entwickelnde System, mittels Produktorientierung, durch Befolgung eines TQM-Ansatzes (siehe Abschnitt 11.8.2), lassen sich die Qualität der Software-Produkte optimieren und Wartungs- und Entwicklungskosten erheblich reduzieren.

11.2 Wiederverwendung benötigt einen Rahmen

Wiederverwendung benötigt einen geeigneten Rahmen und darauf abgestimmte Unternehmensprozesse. Es sind Richtlinien zu entwickeln und zu beachten, die eine effiziente Wiederverwendung ermöglichen.

> Nutzen Sie einen geeigneten Rahmen für die wiederzuverwendenden Artefakte.

Das in Kapitel 5 beschriebene Architektur-Framework liefert einen geeigneten Rahmen für die Wiederverwendung von Artefakten rund um die Entwicklung von Komponenten. Abbildung 11.1 veranschaulicht das Architektur-Framework.

> ▸ Repository wiederverwendbarer Artefakte

Damit Artefakte einfach wiederverwendet werden können, sind sie diversen architektonischen Sichten zuzuordnen. Durch Nutzung des Architektur-Frameworks werden Artefakte dort abgelegt, wo sie aufgrund ihres Kontextes und ihrer Abstraktionsebene am geeignetsten anzusiedeln sind. Das Framework liefert damit einen Rahmen für ein Repository wiederverwendbarer Artefakte.

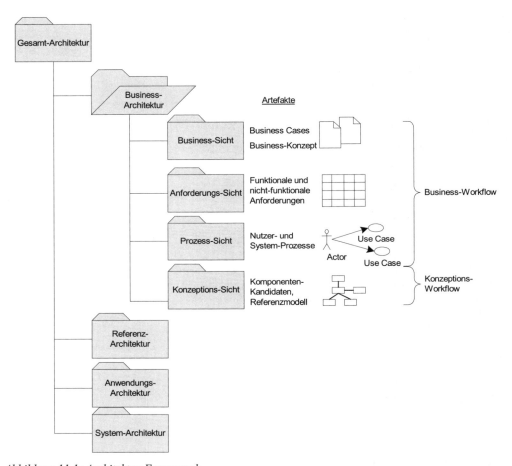

Abbildung 11.1: Architektur-Framework

Die Wiederverwendung auf Ebene der Business- und der Referenz-Architektur ist besonders ergiebig, weil diese Artefakte für unterschiedliche Komponenten-Standards und Systemumgebungen genutzt werden können.

Wiederverwendung auf Ebene der Anwendungs-Architektur ist insbesondere dann sinnvoll, wenn Komponenten-Systeme auf der Basis derselben Komponenten-Standards genutzt werden. Natürlich lassen sich auch mit Hilfe von Reverse Engineering-Methoden Komponenten spezifischer Komponenten-Standards in Komponenten-Modelle auf Ebene der Referenz-Architektur rücktransferieren und so für andere Komponenten-Standards nutzen.

Artefakte der System-Architektur wiederzuverwenden, ist überall da gewinnbringend, wo bestehende Systemlandschaften auch für neue Komponenten und Systeme genutzt werden sollen.

11.3 Wiederverwendung erfordert Abstimmung

Um Wiederverwendung nicht nur im Kleinen zu betreiben – beispielsweise im Sinne einer Wiederverwendung gerade vorliegender Komponenten –, ist eine Abstimmung auf die Unternehmensprozesse notwendig.

Im Folgenden wird zunächst auf das organisatorische Umfeld eingegangen, die einem effektiven Reuse unterliegen sollten. Im Anschluss werden einzelne zentrale Aspekte im Kontext eines Reuse skizziert.

Alle am Entwicklungsprozess einer Software-Komponente beteiligten Mitarbeiter müssen ein gemeinsames Verständnis des Wiederverwendungs-Prozesses erlangen, um wiederverwendbare Komponenten (nicht nur Software-Komponenten) produzieren, identifizieren und nutzen zu können.

> Erarbeiten Sie ein gemeinsames Verständnis aller Beteiligten für einen Wiederverwendungs-Prozess.

> ▸ Klassifizieren, verpacken und versionieren

Um Artefakte wiederverwenden zu können, müssen diese im Kontext einer Gesamtarchitektur als solche gekennzeichnet werden können. Die Artefakte (Konzeptions-Ergebnisse, Komponenten-Spezifikationen, Software-Code in Gestalt von Software-Komponenten, Referenz-, Anwendungs- und System-Architekturen, Schnittstellen, Testverfahren, Dokumente, Tools, Richtlinien etc.) gilt es entsprechend zu klassifizieren, zu verpacken und zu versionieren. Hier ist das Konfigurations-Management einzubinden bzw. zu beauftragen.

> Passen Sie organisatorische Strukturen an.

Potenzielle Nutzer dieser Artefakte müssen den so erzeugten Produkten vertrauen, d.h. die Produkte müssen Qualitätssicherungs-Maßnahmen durchlaufen haben. Die organisatorischen Strukturen und der zugrunde liegende Reuse-Prozess müssen derart gestaltet sein, dass wiederverwendbare Artefakte identifizierbar und ihre Funktionalität, ihr Nutzen und ihr Einsatz-Kontext erkennbar sind.

Wiederverwendungs-Prozesse

Ein systematischer Einsatz von Wiederverwendung beinhaltet vier miteinander verzahnte Prozesse: Produkt-Management, Produktentwicklung, Wiederverwendung und Konfigurations-Management. Diese Prozesse werden von einem sie begleitenden Management-Prozess initiiert, koordiniert, gefördert und geplant. Abbildung 11.2 veranschaulicht diese Prozesse.

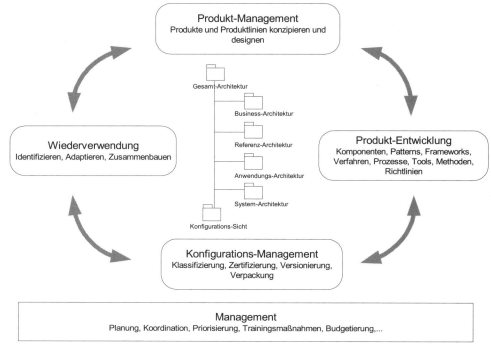

Abbildung 11.2: Systematischer Einsatz von Wiederverwendung

Die einzelnen Prozesse im Umfeld der Wiederverwendung werden iterativ und inkrementell durchlaufen. Dabei sind auch bidirektionale Arbeitsabläufe zwischen den einzelnen Prozessen möglich, die einer Verfeinerung der zu erarbeitenden Artefakte dienen.

Sichern Sie sich die Unterstützung des Managements zu.

An dieser Stelle sei explizit auf die Notwendigkeit der Unterstützung durch das Management hingewiesen, da Wiederverwendung nicht isoliert funktioniert. Erst durch eine systematische und kontinuierliche Wiederverwendung erarbeiteter Artefakte wird die Wiederverwendung im Unternehmen zum Leben erweckt und für das Unternehmen wirksam.

Wiederverwendung systematisch und inkrementell anwenden

Wiederverwendungs-Prozesse sollten zunächst im Rahmen eines kleinen Projektes eingeführt werden. Der aus einem solchen Projekt resultierende Nutzen kann ein Unternehmen inkrementell durchdringen. Dabei nimmt der Grad der Wiederverwendung – d.h. die Zahl und die Qualität der genutzten Artefakte – mit der Zeit zu.

Führen Sie Wiederverwendung Schritt für Schritt ein.

So würden beispielsweise im Rahmen der Software-Entwicklung anfänglich nur physische Komponenten als sog. Black Boxes wiederverwendet werden und mit zunehmender Zeit auch Konzeptions-Ergebnisse, White Boxes, logische Komponenten-Spezifikationen, Patterns, Verfahren, Architekturen etc. Die dabei wiederzuverwendenden Artefakte sollten einander aufbauenden Projektphasen bzw. Projekten zugeordnet werden. Dieses Vorgehen sichert die Handhabbarkeit des gesamten Wiederverwendungs-Prozesses und gewährleistet einen langfristigen Nutzen der erarbeiteten Artefakte im Unternehmen.

Je größer der Umfang der Wiederverwendung, je transparenter und je einfacher Artefakte im Entwicklungsprozess wiederverwendbar sind, desto schneller und effektiver kann das Unternehmen auf veränderte Wettbewerbssituationen reagieren.

11.4 Wiederverwendung von Komponenten

11.4.1 Black Box Reuse

Beim Black Box Reuse ist nur das Äußere der Komponente zu sehen, d.h. man sieht nur deren Schnittstelle. Black Boxes können mit anderen Black Boxes kombiniert werden, indem man sie mit Hilfe ihrer sichtbaren Schnittstellen zusammensteckt (z.B. mittels Ports und Connectors, siehe auch Abschnitt 13.2).

▸   Referenz oder Replikation

Black Boxes können auf verschiedene Art wiederverwendet werden: per Referenz oder per Replikation. Bei der Referenzierung einer Black Box wird mittels einer eindeutigen Identifikation auf die Services der Box zugegriffen, bei einer Replizierung wird die Black Box als Ganzes kopiert.

Der grundlegende Gedanke bei Nutzung einer Black Box ist, einen Zugriff auf Services der Komponente bzw. des Systems zu haben, ohne diese modifizieren zu können. Bei der Wiederverwendung wird nur die Schnittstelle der Black Box untersucht, nicht aber ihr Innenleben. Wenn eine Black Box durch den Hersteller oder Entwickler modifiziert wird, garantiert ein Zugriff per Referenz, dass die Änderungen sofort wirksam werden. Bei einem Zugriff durch Replikation können Änderungen erst wirksam werden, wenn die Komponente neu kopiert wird.

11.4.2 Glass Box Reuse

Bei einem Glass Box Reuse kann man sowohl das Innenleben als auch die äußere Schnittstelle der Komponente betrachten. Allerdings lässt sich das Innenleben nicht verändern. Der Vorteil einer Glass Box gegenüber einer Black Box ist die Möglichkeit, anhand des Einblicks in das innere Wirken der Komponente ein Verständnis der Zusammenhänge und des Aufbaus zu erlangen und so von diesen Erkenntnissen bei der eigenen Entwicklung zu profitieren.

Man sollte dennoch die Nutzung einer Glass Box nicht vom Innenleben abhängig machen, da dieses vom Hersteller jederzeit geändert werden kann, was zu entsprechenden Problemen führen würde.

11.4.3 White Box Reuse

Eine White Box erlaubt die Modifikation sowohl des Innen- als auch des Außenlebens einer Komponente. Eine White-Box-Komponente kann jederzeit auch als Black Box oder als Glass Box genutzt werden, doch sind auch verschiedene andere Formen des Reuse denkbar: So kann eine White Box ihre innere Struktur mit einer anderen Box z.B. mittels Delegation erweitern, so dass eine neue Box entsteht. Dabei kann die White-Box-Komponente unverändert genutzt oder entsprechend angepasst werden.

11.5 Berücksichtigung grundlegender Richtlinien

Die folgenden Richtlinien sollten bei einer konsequenten Einführung eines Wiederverwendungs-Prozesses berücksichtigt werden:

1. Start mit einem kleinen Projekt und Skalierung mittels darauf aufbauender Projekte.

2. Aufbau organisatorischer Strukturen für eine effiziente Wiederverwendung zur Unterstützung der ihr zugrunde liegenden Prozesse: Produkt-Management, Produkt-Entwicklung, Konfiguration-Management und Reuse-Management.

3. Das Management sollte den Wiederverwendungs-Prozess vorantreiben und explizit Ressourcen für ihn bereitstellen.

4. Iterative Anpassung des Entwicklungs-Prozesses und des organisatorischen Umfeldes (Produkt-, Konfigurations-, Reuse-Management), um den Wiederverwendungs-Prozess inkrementell einzuführen.

5. Ständige Optimierung der Infrastruktur, der Skills und der Prozesse.

6. Measurement des Wiederverwendungs-Fortschrittes anhand der wiederverwendeten Artefakte.

11.6 Nutzung ökonomischer Richtlinien

Um Wiederverwendung im Unternehmen zu fördern, ist die Nutzung von Richtlinien hilfreich. Aus den Erfahrungen früherer Projekte könnten beispielsweise die folgenden groben Richtlinien genutzt werden:

- Eine Komponente muss etwa drei bis fünf mal wiederverwendet werden, um eine Amortisierung ihrer Herstellungskosten und ihrer Wartungskosten sicherzustellen.
- Die Kosten für die Herstellung einer neuen Komponente betragen ungefähr das Vierfache der Kosten der Wiederverwendung einer vorhandenen Komponente.

Es sind in der Regel mehrere Produktzyklen nötig, damit sich Wiederverwendung als deutliche Kostenersparnis im Unternehmen niederschlägt. Ursprüngliche Investitionen in einen Wiederverwendungs-Prozess können – in der Regel – erst nach zwei bis drei Produktzyklen wieder von ihm eingefahren werden.

Return on Investment

Beim Aufsetzen eines Wiederverwendungs-Prozesses lässt sich zu Beginn nur schwer sagen, wie groß der Return on Investment (ROI) sein wird. Der ROI hängt zum einen von der konsequenten Nutzung der wiederverwendbaren Artefakte ab und zum anderen von den Prozessen, die diese Wiederverwendung erst ermöglichen. Die folgende einfache Formel gibt eine Messgröße für einen Return on Investment:

Return on Investment = Geschätzte Kosten ohne Wiederverwendung – Kosten mit Wiederverwendung

Es sind mehrere Produktzyklen mit wiederverwendeten Artefakten notwendig, um diese Rechnung aufstellen zu können.

11.7 Test von Komponenten

*   Wie können wir unsere Komponenten testen?
*   Welche Tests sind durchzuführen?
*   Welche Aktivitäten sind während der Test-Workflows durchzuführen?

Tests werden parallel zu Konzeption, Spezifikation, Implementierung und Verteilung der Komponenten und Systeme durchgeführt (siehe auch Abbildung 5.10). Die Modelle werden im Kontext der Business-, Referenz-, Anwendungs- und System-Architektur im Rahmen von Simulationen verifiziert, validiert und getestet. Ein Test der Komponenten und Systeme umfasst sowohl einzelne Komponenten als auch ihr Zusammenspiel und die Integration weiterer Komponenten und Systeme.

In Bezug auf Komponenten und Systeme lassen sich die folgenden Tests differenzieren:

1. Unit-Tests auf Ebene einzelner Komponenten, die von den Komponenten-Entwicklern durchgeführt werden.
2. Integrations-Tests, die das Zusammenspiel der Komponenten testen. Dabei werden
    - Usability-Tests (Test der Nutzbarkeit),
    - Funktionstests (Test der Methoden) und
    - Szenario-Tests (Test von Business-Szenarien) durchgeführt.
3. System-Tests, die das System als Ganzes in seiner Laufzeitumgebung testen. Folgende Tests werden dabei durchgeführt:
    - Nutzer-Tests, um verschiedene Arten von Nutzern unterschiedliche Szenarien testen zu lassen;
    - Worst-Case-Tests, z.B. Ausfall einer Komponente, eines Systems, eines Servers etc.;
    - Last-Tests, um das System und seine Performance unter Lastverhalten zu testen.

In den folgenden Abschnitten gehen wir auf die Inhalte der verschiedenen Tests und der mit ihnen verbundenen Aktivitäten ein.

▸ Unit-Tests

Unit-Tests sind kleine Tests, bei denen einzelne Methoden einer Komponente getestet werden. Solche Tests führt man parallel zur Entwicklung einer Komponente durch. Regressions (Bugs), die im Rahmen der Entwicklung auftauchen, können auf diese Weise frühzeitig aufgespürt werden.

▸ Usability-Tests

Im Kontext der Usability-Tests testet man u.a. die Verlinkung, das Design und die Akzeptanz aus Sicht der Nutzer. Dazu sollten nach Möglichkeit die Endbenutzer des zu entwickelnden Systems einbezogen werden.

▸ Funktions- und Szenario-Tests

Funktions- und Szenario-Tests führt man auf der Basis von Business-Szenarien durch. Diese Szenarien werden in Gestalt von Test Cases mittels unterschiedlicher Anfangsbedingungen im Rahmen sog. Test-Suites variiert.

> Verwenden Sie Szenarien der Nutzer- und Betreiberprozesse zum Test
> Ihrer Komponenten und Systeme.

▸ **Last- und Nutzer-Tests**

Im Kontext der Last- und Nutzertests sollten Testszenarien durchlaufen werden, die die Systeme und Komponenten unter verschiedenen Bedingungen testen. Dazu sollten die Nutzer- und die Betreiber-Prozesse der Business-Architektur herangezogen werden. Diese können auf verschiedene Test Cases mit unterschiedlichen Input-Parametern und variablen Rahmenbedingungen abgebildet werden. Mit Hilfe geeigneter Tools lassen sich sog. Soap-Operas spezifizieren, die eine Art Drehbuch für Test Cases unterschiedlicher Nutzer darstellen. Test-Tools ermöglichen die Durchführung automatisierter Testabläufe.

> Führen Sie Nutzer- und Lasttests unter verschiedenen Rahmenbedingungen durch.

▸ **Worst-Case-Tests**

Es sollten immer auch Worst-Case-Tests durchgeführt werden, da eines von Murphy's Gesetzen besagt, dass meist eintritt, was auch eintreten kann. D.h. testen Sie den Ausfall einer Komponente, eines Systems, eines Servers etc. explizit.

> Führen Sie immer auch Worst-Case-Tests für ihre Komponenten und Systeme
> durch.

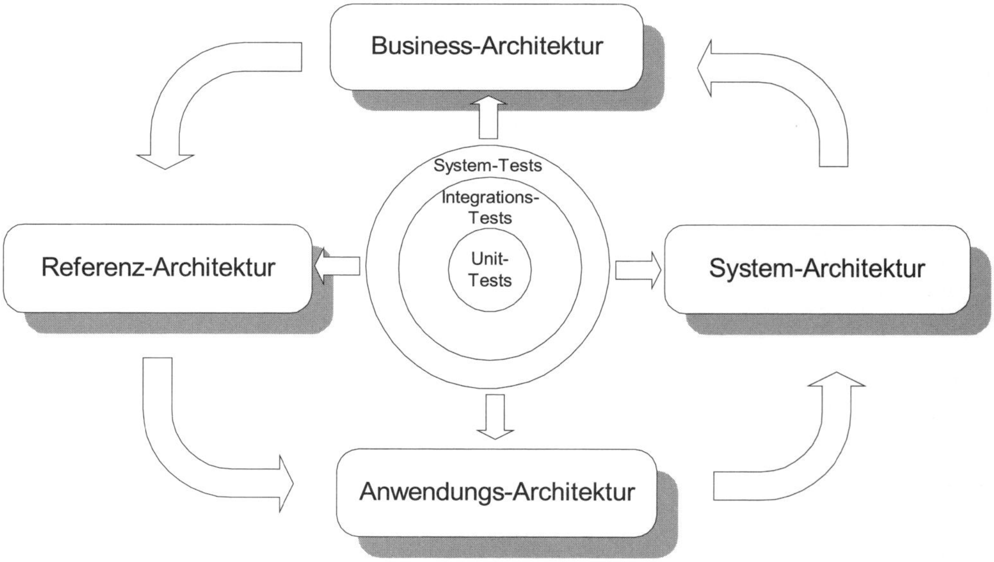

Abbildung 11.3: Unit-, Integrations- und System-Tests

Abbildung 11.3 veranschaulicht Unit-, Integrations- und System-Tests im Kontext des Architektur-Frameworks. Testergebnisse, die Modifikationen von Artefakten des Komponenten-Systems beinhalten, führen in der Regel auch zu einer Anpassung von Modellen entsprechender Teilarchitekturen.

▸ Qualität der Komponenten

Um die Qualität der zu testenden Komponenten zu optimieren, sollten folgende Aspekte beachtet werden:

- Es sollten Verweise der Anforderungen und Prozesse auf die zu testenden Komponenten vorliegen (siehe auch Abschnitt 6.4). Wenn Anforderungen oder Prozesse modifiziert werden, sollten die Abbildungen auf die Komponenten aktualisiert werden. Ebenso sollten bei Änderungen von Komponenten der Referenz-, Anwendungs- oder System-Architektur die jeweiligen Anforderungen und Prozesse der Business-Architektur aktualisiert werden.

- Verweise zwischen Test Cases und Komponenten sollten aktualisiert werden. Wenn Code geändert wird, sind die Test Cases entsprechend anzupassen. Bei Entwicklung neuer Komponenten sind der Test Suite neue Test Cases hinzuzufügen.

- Verweise zwischen den Test Cases und den Anforderungen und Prozessen sollten „up to date" sein. Ändern sich Anforderungen bzw. Prozesse, so lässt sich mittels der Abbildung auf Test Cases leicht nachvollziehen, welche Test Cases modifiziert und/oder erneut durchlaufen werden müssen.

> Aktualisieren Sie Abbildungen der Anforderungen und Prozesse auf Test Cases und Komponenten und umgekehrt.

Darüber hinaus ist es hilfreich, die entwickelten Komponenten und Systeme auf die Geschäfts-Prozesse in Gestalt einer Abdeckungs-Matrix abzubilden, um so eine vollständige Abdeckung aller von den Komponenten zur Verfügung gestellten Services untersuchen zu können.

> Überprüfen Sie die Abdeckung aller von den Komponenten angebotenen Services in Gestalt einer Abdeckungs-Matrix.

Ein Test-Manager, der für die Durchführung und Koordination der Tests zuständig ist, stellt das Test-Team zusammen und achtet darauf, dass frühzeitig mit der Durchführung entsprechender Tests begonnen wird bzw. dass die Tests parallel zur Entwicklung aufgesetzt werden, um nicht später mit unliebsamen Überraschungen konfrontiert zu werden.

11.8 Qualitätssicherung von Komponenten

Ein Projekt lässt sich effizient managen, wenn man über geeignete Mittel verfügt, um objektive und quantitative Informationen zu erhalten und diese miteinander zu vergleichen. Darüber hinaus ist entscheidend, dass im Sinne eines Total Quality Management (TQM) die Entwicklung von Komponenten als Produktentwicklung konzipiert wird.

11.8.1 Measurement von Komponenten

Measurement betrifft die Messbarkeit erzielter Ergebnisse. Auf der Basis von Metriken können Übersichten und Vergleiche erstellt werden. Measurements von Komponenten können dazu beitragen, Aufwandsschätzungen realistisch durchzuführen, Kosten zu reduzieren, das Projekt- und Risiko-Management zu vereinfachen.

Zunächst sollten die Begriffe Measurement und Metrik definiert werden:

Definition: *Measurement* ist die quantitative Zählung observierbarer Daten, so z.B. die Anzahl Methoden einer Schnittstelle, die Anzahl der Objekte einer Komponente oder die Anzahl von Fehlern eine Komponente.

Definition: Eine *Metrik* dient dazu, Ergebnisse verschiedener Measurements zu kombinieren bzw. zu vergleichen, so z.B. die Zeit zur Entwicklung einer komponentenbasierten Lösung im Vergleich zur Entwicklung einer prozedural entwickelten Lösung.

Was kann gemessen werden?

Um Komponenten effizient messen zu können, sollten diese zunächst in verschiedene Kategorien unterteilt werden:

1. Neu erstellte Komponenten

2. Veränderte Komponenten

3. Wiederverwendete Komponenten

4. Gekaufte Komponenten

Eine solche Unterteilung vereinfacht die Ausarbeitung von aussagekräftigen Metriken und stellt sicher, dass Vergleiche auf der Basis vergleichbarer Daten erstellt werden.

> Klassifizieren Sie Ihre Komponenten.

Bezogen auf diese Kategorien, können z.B. folgende Aspekte quantitativ untersucht werden:

- Anzahl Zeilen Source-Code je Komponente,
- Aufwand zur Erstellung einer Komponente (in Stunden),
- Anzahl der Change Requests je Komponente,
- Anzahl der Fehler je Komponente,
- Anzahl der Aufrufe einer Komponente je Zeiteinheit (zur Laufzeit),
- Antwortzeit je Methode,
- Zeitplan je Komponente (im bzw. außer Plan),
- Kosten je Komponente.

Basierend auf solchen Erhebungen können Metriken erstellt und Aussagen über die

- Qualität der Komponenten,
- die Produktivität des Teams,
- die Produkt-Stabilität,
- die Performance der Komponenten oder
- die Effizienz der Wiederverwendung

gemacht werden. So ist eine Darstellung der Anzahl an Fehlern je Komponente ein reziprokes Maß für die Qualität der Komponente. Eine Darstellung der Change Requests je Komponente kann Aufschluss geben über noch anliegende Aufwände. Abbildung 11.4 stellt die Anzahl der Change Requests je Komponente beispielhaft dar.

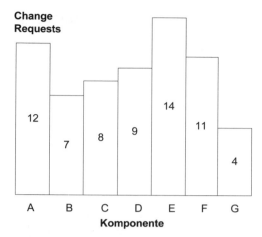

Abbildung 11.4: Anzahl der Change Requests je Komponente

Diese Metrik kann mit der Anzahl der umgesetzten Change Requests je Komponente verglichen werden (siehe Abbildung 11.5). Man erhält so auf übersichtliche Art und Weise einen Überblick über den Projektfortschritt in Bezug auf die umgesetzten und noch umzusetzenden Change Requests.

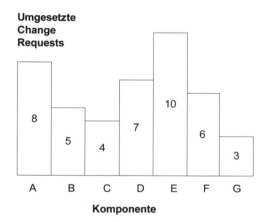

Abbildung 11.5: Anzahl der umgesetzten Change Requests je Komponente

Um quantitativ wertvolle Vergleiche auf der Basis von Measurements ausarbeiten zu können, ist es wichtig, Erhebungen frühzeitig und iterativ durchzuführen. Nur so können aussagekräftige Metriken (Vergleiche verschiedener Measurements) erstellt werden. So. sollte der Aufwand zur Erstellung von Komponenten z.B. schon während erster Iterationen erfasst werden.

Führen Sie Erhebungen frühzeitig und iterativ durch.

11.8.2 Komponentenentwicklung als Produktentwicklung

Wozu erstellen wir Komponenten? Wir bieten unseren Kunden Services und Leistungen an, die sie in Form von Software-Produkten nutzen können. So wollen wir Kunden bzw. Nutzern von Komponenten einen Vorteil verschaffen: z.B. gewisse Services eines Portals anbieten, automatisierte Abläufe generieren, Informationen zur Verfügung stellen, ihre Aufträge entgegennehmen etc.

Die Nutzung eines Software-Produktes führt häufig dazu, dass neue bzw. geänderte Funktionalität gewünscht wird. Kunden ändern ihre Wünsche, ihre Verhaltensarten, ihr Geschäftsgebaren. Darüber hinaus ändern sich technische Standards, Hardware, Produkte von Drittanbietern etc. Dies alles führt zu veränderten Anforderungen für veränderte oder neue Software-Produkte.

Software sollte ähnlich wie im Handel als Produkt aufgefasst werden. Neue Software wird entwickelt, weil hinter der Software neue bzw. veränderte Anforderungen stehen. Es ist daher ein Produkt-Lifecycle aufzusetzen, der Anforderungen von Kunden produktspezifisch abbilden kann.

> Konzipieren Sie Komponenten-Systeme als Produkte.

Software-Produkte unterscheiden sich voneinander durch Branchen, Einsatzkontext, Zielgruppen, Technik, Art der Umsetzung etc. Wenn es nicht nur darum geht, ein bestehendes Software-Produkt zu entwickeln, sondern eine Reihe verschiedener Produkte für unterschiedliche Zielgruppen und Anforderungen, erscheint es sinnvoll, neben den Produkten auch Produktlinien einzuführen. Produktlinien spezifizieren die Art von Produkten, die ihnen zugeordnet werden können. Sie spezifizieren die Zielgruppen, die Kundenbedürfnisse etc. Produktlinien sind abgestimmt auf Anforderungen spezifischer Kundengruppen.

> Konzipieren Sie Produktlinien für die Entwicklung mehrerer Software-Produkte.

Ordnet man Software-Produkte spezifischen Produktlinien zu, so bewirkt die Einführung einer neuen oder die Änderung einer bestehenden Produktlinie auch die Änderung der zugeordneten Software-Produkte.

> Setzen Sie einen Produkt-Lifecycle auf.

Abbildung 11.6 stellt den Lifecycle im Zusammenhang mit Produktlinien und Produkten dar.[74]

Durch Nutzung eines Produktes durch die Kunden bzw. durch eine veränderte Marktsituation werden veränderte bzw. neue Anforderungen formuliert, die ihrerseits die Anforderungen an Produktlinien beeinflussen. Anforderungen werden in der Business-Architektur spezifischer Produktlinien in Gestalt neuer oder veränderter Prozesse und Komponenten-Kandidaten umgesetzt, die zusammen die Grundlage für die Ausarbeitung einer Produktlinien-Referenzarchitektur bilden. Diese Produktlinien-Referenzarchitektur dient dazu,

---

[74] Dieser Produkt-Lifecycle gilt natürlich auch, wenn einzelne Produkte und keine Produktlinien entwickelt werden. In Abbildung 11.6 wären die Begriffe Produkt-Linie dann durch Produkt zu ersetzen.

Komponenten auszuarbeiten, die einem Komponenten-Pool wiederverwendbarer Bausteine zugeordnet werden. Darüber hinaus kann die Referenzarchitektur zur Erstellung produktlinienspezifischer Anwendungs- und System-Architekturen genutzt werden. So ist es denkbar, eine Referenzarchitektur für die Umsetzung unterschiedlicher Komponenten-Standards zu verwenden (EJB, CCM, COM+, .NET).

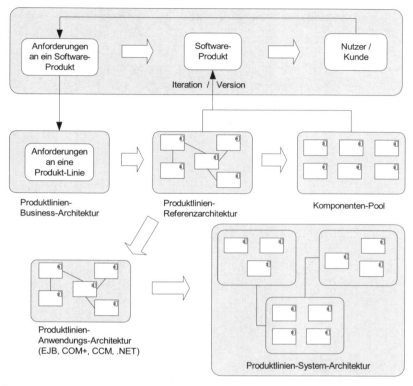

Abbildung 11.6: Lifecycle mit Produkt-Linie und Produkten komponentenbasierter Software

Neue bzw. veränderte Anforderungen werden je Iteration bzw. je Produktversion formuliert. Es wird damit ein Produkt-Lifecycle generiert, der z.B. die Bereiche Produkt-Management, Marketing, Customer Care, Konzeption und Entwicklung dynamisch miteinander verbindet. Dazu sollte sichergestellt werden, dass Produkt-Manager diesen Lifecycle aufrecht erhalten und das Management die effiziente Kommunikation der beteiligten Bereiche ermöglicht.

Ernennen Sie Produkt-Manager für Software-Produkte und Software-Produktlinien.

Durch Zuordnung von Komponenten zu Software-Produkten und Produktlinien wird das Qualitätsbewusstsein der Projektbeteiligten gefördert. Software wird nicht losgelöst im stillen Kämmerlein oder gar im Elfenbeinturm entwickelt, sondern ist eingebettet in einen Produkt-Lifecycle, der im Sinne eines Total Quality Management viele Bereiche eines Unternehmens umfasst.

11.9 Weiterführende Literatur

[Bos 00]   Jan Bosch: *Design and Use of Software Architectures*, Addison-Wesley 2000

[Hei 01]   George T. Heineman, William T. Councill: *Component-based Software Engineering,* Addison-Wesley 2001

[Jac 97]   Ivar Jacobsen, Martin Griss, Patrik Jonsson : *Software Reuse*, Addison-Wesley Longman 1997

12 Rollen, Skills und Projektorganisation

- Welche Rollen gibt es im Umfeld komponentenbasierter Entwicklung?
- Über welche Skills müssen die Projektbeteiligten verfügen?
- Wie sollte im Team kommuniziert werden?
- Wie setzt man ein effizientes Anforderungs- und Change-Management auf?
- Wie können Risiken berücksichtigt werden?
- Was ist bei der Projektplanung zu berücksichtigen?
- Wie sieht ein effizientes Projekt-Controlling aus?

In diesem Kapitel wollen wir Rollen und Skills im Umfeld der komponentenbasierten Entwicklung betrachten. Es soll eine Projektorganisation skizziert werden, die für eine Entwicklung komponentenbasierter Systeme optimal ist. Dazu werden Anforderungs-, Change- und Risiko-Management und ein effizientes Projekt-Controlling betrachtet.

12.1 Projektteam

Projekte unterscheiden sich voneinander durch ihre Inhalte, Ziele und Rahmenbedingungen. Jedes Unternehmen verfügt über Mitarbeiter mit spezifischen Skills und über eine eigene Unternehmenskultur. Es sind für jedes Projekt – unter den spezifischen Bedingungen – genau jene Rollen zu spezifizieren, die auf die Projektinhalte, auf die zu bewältigenden Aufgaben und auf die Ziele abgestimmt sind. Daher werden hier nur typische Rollen im Kontext komponentenbasierter Entwicklung dargestellt, wie sie sich z.B. für die Entwicklung eines B2B-Unternehmensportals (siehe Kapitel 6 bis 10) als sinnvoll erweisen.

12.1.1 Rollen und Skills

Abbildung 12.1 stellt typische Aktoren im Kontext der komponentenbasierten Entwicklung dar. Die Aktoren sind hierarchisch angeordnet, sie erben Wissen um Inhalte und Art der Nutzung spezifischer Artefakte. Es sind Rollen, die im Kontext der Konzeption, Modellierung, Entwicklung und Verteilung von Komponenten relevant sind. Die Rollen sind als Muster zu verstehen, die für jedes Projekt anders gewichtet und besetzt werden. Es ist möglich und in der Praxis in kleineren Projekten üblich, mehrere Rollen mehrfach zu besetzen, um z.B. Projekte mit drei bis sechs Mitarbeitern durchzuführen.

Drei Zweige lassen sich unterscheiden:

- *Konzeption, Methoden, Architektur:* Auf der linken Seite in Abbildung 12.1 der Zweig der Fachbereichs- und Konzeptions-Mitarbeiter, der Methoden-Experten und Architekten. Sie sind für eine effiziente Konzeption, Modellierung und Architektur zuständig. Hier könnte man z.B. noch einen Framework-Architekten bzw. Komponentenmodell-Experten hinzufügen.
- *Management und Administration:* Auf der rechten Seite in Abbildung 12.1 befindet sich der Zweig der Manager, angefangen vom Projektleiter bis zum Administrator. Sie sind für Aufbau und Erhalt einer effizienten Projekt-, Entwicklungs- und Produktions-Infrastruktur zuständig.

- *Umsetzer:* Der mittlere Strang der Abbildung 12.1 stellt – salopp formuliert – die „Umsetzer" dar. Ohne sie wäre eine komponentenbasierte Entwicklung nicht durchzuführen. Ihre Ergebnisse stellen nachher das komponentenbasierte System dar. Allerdings sind sie nicht ohne eine klare Konzeption (Mitarbeiter des Fachbereiches und der Konzeption), adäquate Modellierung (Methoden-Experte), eine effiziente Architektur (Software- und System-Architekt) und Infrastruktur (Projektleiter, Anforderungs-, Change-, Konfigurations-, Reuse-Manager und Administrator) zu bewerkstelligen.

Alle Projektbeteiligten müssen in einen kontinuierlichen, transparenten Kommunikationsprozess eingebunden werden (siehe auch Abschnitt 12.1.2).

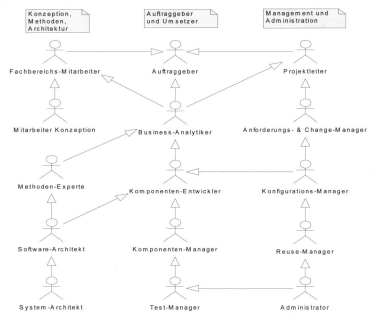

Abbildung 12.1: Aktoren im Kontext komponentenbasierter Entwicklung

Abhängig von Projektgröße und -inhalten können weitere Rollen erforderlich sein. Es sind in Abbildung 12.1 z.B. keine Mitarbeiter des Marketings explizit angeführt, die der Rolle eines Fachbereich-Mitarbeiters ähneln. Ebenso sind keine Mitarbeiter der Bereiche Layout und GUI-Design abgebildet, die in etwa der Rolle des Mitarbeiters aus dem Bereich Konzeption entsprechen. Auch sind keine Tester dargestellt. Idealerweise rekrutieren sich diese u.a. aus dem Bereich der Endanwender; dies können z.B. Mitarbeiter des Fachbereiches sein. Weitere Experten können benötigt werden, z.B. mit Kenntnissen in spezifischen Datenbank-Produkten, in der Nutzung der Produkte von Drittanbietern (Content-Management-Systeme, CRM-Systeme) oder der Einbindung von Legacy-Systemen. Darüber hinaus können – je nach Unternehmens- und Projektgröße – der Einsatz weiterer Projektleiter erforderlich sein (z.B. Projektleiter des Fachbereiches).

Doch genauso ist denkbar, dass bei kleineren Projekten, sich die Anzahl der Mitarbeiter auf den Bereich der Umsetzer reduziert, die die Rollen der linken und rechten Seite implizit übernehmen. Oder dass eine projektspezifische Auswahl der dargestellten Aktoren getroffen wird. Wir wollen auf einige der in Abbildung 12.1 dargestellten Aktoren genauer eingehen.

Projektleiter

Der Projektleiter koordiniert den gesamten Entwicklungsprozess. Er ist dafür zuständig, die Rollen der Projektbeteiligten mit dem Management abzustimmen und zu besetzen, den Projektplan auszuarbeiten, Aufwandsschätzungen durchzuführen, ein effizientes Risiko-Management, ein abgestimmtes Anforderungs- und Change-Management aufzusetzen etc. Ihm obliegt es, dafür zu sorgen, dass die Motivation des Teams aufrecht erhalten bleibt, Zeitpläne eingehalten werden und die Gesamtlösung entsprechend der Anforderungen des Auftraggebers entwickelt wird. Dazu benötigt er eine klare Vorstellung des zu entwickelnden Systems. Er sollte über grundlegende Kenntnisse der durchzuführenden Aktivitäten und deren Abfolgen verfügen. Seine Aufgabe ist es u.a., Konflikte zu managen und für einen effizienten und kontinuierlichen Kommunikationsprozess im Team zu sorgen (siehe auch Abschnitt 12.1.2). Der Projektleiter berichtet periodisch und ereignisbasiert an das Management bzw. einen Lenkungsausschuss.

Business-Analytiker

Aufgabe des Business-Analytikers ist es, im Rahmen des Business-Workflows die Artefakte der Business-, Anforderungs- und Prozess-Sicht zu erarbeiten. Der Business-Analytiker ist Experte in Bezug auf die Beschreibung der Business-Konzepte, der Business Cases, der funktionalen und nicht-funktionalen Anforderungen, der Prozesse bzw. Workflows. Der Business-Analytiker ist mit der Aufnahme von Anforderungen, Durchführung von Interviews, Moderationstechniken, der Spezifizierung von Use Cases und Szenarien, Varianten der Prozess-Modellierung etc. vertraut.

Methoden-Experte

Er ist Experte auf dem Gebiet der Modellierung der Artefakte rund um die Komponenten. Der Methoden-Experte beherrscht die gängigen Standards zur Modellierung (UML, OCL, XML etc.) und adäquate Vorgehensmodelle. Er dient als Coach bzw. arbeitet als Tutor im Bereich der Komponenten-Modellierung. Er ist maßgeblich an der Art und Weise der Durchführung der Business-, Konzeptions-, Spezifikations- und Realisierungs-Workflows beteiligt. Idealerweise kennt er sich mit den Besonderheiten des jeweiligen Komponenten-Standards aus.

Software-Architekt

Die Aufgabe des Software-Architekten ist es, die Komponenten und Systeme optimal aufeinander abzustimmen. Dazu entwirft er Architekturen (Schichten-Architekturen, System-Ebenen), spezifiziert die Art der Kopplung der Schichten, spezifiziert die Art der Integration von Fremd-Systemen (Legacy-Systeme z.B.), definiert die Art und Weise der Datenbankanbindung, spezifiziert das Transaktionshandling, die Fehlerbehandlung etc. Der Software-Architekt dimensioniert Komponenten und Systeme so, dass diese wiederverwendbar genutzt werden können. Er weiß, welche Artefakte für welche architektonische Sicht zu erarbeiten sind und erstellt Vorgaben, Richtlinien und Beispiele, die den Projektbeteiligten als

Vorlage dienen. Der Software-Architekt arbeitet eng mit dem System-Architekten zusammen.

System-Architekt

Der System-Architekt kennt die jeweiligen Software- und Hardware-Topologien, die Besonderheiten des Systemumfeldes, spezifische Datenbanken, Legacy-Systeme etc. Er wird insbesondere im Kontext des Realisierungs- und System-Workflows als System-Integrator gefordert. Der System-Architekt ist Experte auf dem Gebiet der Middleware (TOM, OOM und MOM). Er ist u.a. dann gefragt, wenn eine bereichs- oder unternehmensübergreifende Kommunikation der Komponenten und Systeme spezifiziert und umgesetzt werden soll, arbeitet mit dem System-Administrator zusammen und wird häufig vom Software-Architekten und vom Komponenten-Verteiler konsultiert.

Komponenten-Entwickler

Der Komponenten-Entwickler ist der zentrale Umsetzer des Komponenten-Systems. Er nutzt Anforderungen und Prozesse, um seine Komponenten zu konzipieren, zu spezifizieren und zu entwickeln. Dabei durchläuft er die Konzeptions-, Spezifikations- und Realisierungs-Workflows. Teilweise ist er auch im Kontext des System-Workflows tätig (z.B. für Besonderheiten einer Datenbankanbindung, oder Anbindungen von Legacy-Systemen). Er kennt sich mit der Modellierung von Komponenten und mit den Besonderheiten des jeweiligen Komponenten-Modells aus. Darüber hinaus ist er Experte auf dem Gebiet der komponentenbasierten Programmierung und beherrscht eine oder mehrere Programmiersprachen (Java, C++, C#,...).

Komponenten-Manager

Aufgabe des Komponenten-Managers ist die Zusammenführung und Verwaltung aller Artefakte rund um die Komponenten zur Erstellung lauffähiger Systeme. Er kann mehrere Rollen übernehmen:

- Build-Manager bzw. Konfigurations-Manager
- Reuse-Manager
- Komponenten-Verteiler

Build-Manager bzw. Konfigurations-Manager

Dazu trägt er die Ergebnisse der Komponenten-Entwickler im Rahmen eines Build-Workflows periodisch zusammen und erstellt spezifische Versionen des zu erstellenden Komponenten-Systems (siehe auch Abschnitt 9.9). Er arbeitet mit den einzelnen Komponenten-Entwicklern zusammen und unterweist diese in die entsprechenden Qualitätssicherungsmaßnahmen. In der Regel ist der Build- und Konfigurations-Manager ein und dieselbe Person.

Reuse-Manager

Ein weiterer Bereich, der in die Zuständigkeit eines Komponenten-Managers fallen kann, ist die Koordination der Wiederverwendung erarbeiteter Artefakte. Wiederverwendung von Komponenten betrifft die Artefakte der Business-, Referenz-, Anwendungs- und System-Architektur. Ein Reuse-Manager ist dafür zuständig, Artefakte je nach Abstraktionsebene so zu klassifzieren, zu dokumentieren und zu verpacken, dass diese von Dritten effizient wiederverwendet werden können (siehe auch Kapitel 11).

Komponenten-Verteiler

Aufgabe eines Komponenten-Verteilers ist es, die Komponenten der Entwicklungs-Landschaft auf die spezifische Produktionslandschaft zu verteilen. Er erstellt Migrations-Szenarien und -Skripts und spezifiziert das Laufzeitverhalten der Komponenten. Dazu muss er die Besonderheiten der System-Landschaft kennen. Er arbeitet eng mit dem System-Architekten zusammen bzw. ist als solcher möglicherweise auch für die Verteilung der Komponenten zuständig.

Es ist denkbar, dass der Komponenten-Manager in kleineren Projekten auch den Bereich des Anforderungs- und Change-Managements übernimmt.

Test-Manager

Der Test-Manager ist für die Durchführung und Koordination unterschiedlicher Tests rund um die Komponenten verantwortlich (siehe auch Abschnitt 11.7):

- Unit-Tests
- Integrations-Tests
- System-Tests

Der Test-Manager arbeitet eng mit dem Komponenten-Manager zusammen, da er auf dessen Artefakte angewiesen ist. Aufgabe des Test-Managers ist es u.a., das Test-Team zusammenzustellen und sicherzustellen, dass frühzeitig mit der Durchführung entsprechender Tests begonnen wird, bzw. dass die Tests parallel zur Entwicklung aufgesetzt werden, um nicht später unliebsame Überraschungen zu erleben. Der Test-Manager nutzt geeignete Tools und Test-Suites, die das Testen der Komponenten und Systeme vereinfachen bzw. teilweise automatisieren.

Auf weitere Rollen waren wir im Kontext der Roadmap zum Komponenten-System (Kapitel 6 bis 7) eingegangen bzw. werden in Abschnitt 12.2 (Anforderungs- & Change-Manager) darauf eingehen.

Wie können die Projektbeteiligten effizient zusammenarbeiten? Was sollte bei einer Kommunikation im Team beachtet werden? Wir wollen in Abschnitt 12.1.2 auf verschiedene Aspekte der Kommunikation im Team eingehen.

12.1.2 Kommunikation im Team

Jedes Unternehmen entwickelt eine eigene Unternehmenskultur, jedes Projekt benötigt andere Projektbeteiligte und erfordert andere bzw. neue Kommunikationswege. Wir wollen einige allgemeine best practices betrachten, die sich im Zusammenhang mit der Kommunikation im Team als projektfördernd herauskristallisiert haben.

Best practices

Isoliertes Wissen nützt keinem etwas, erst durch den Austausch mit anderen gewinnt ihr Wissen bzw. das Wissen anderer an Wert. Bei der Kommunikation unter Projektbeteiligten verhält es sich wie bei Komponenten: Eine Komponente kann ihr Wissen erst dann sinnvoll einbringen, wenn sie andere anspricht oder von anderen angesprochen wird.

Kommunizieren Sie aktiv, tauschen Sie Ihr Wissen mit anderen aus.

Achten Sie bei der Durchführung Ihrer Aktivitäten darauf, keine „Strebermentalität" an den Tag zu legen, d.h. schotten Sie sich nicht ab, lassen Sie andere Ihre Ergebnisse betrachten. Sie erhalten zusätzliches Feedback und Ihre Ergebnisse gewinnen an Substanz.

Schotten Sie sich nicht ab, seien Sie offen für andere.

Wenn Sie Aufgaben übernehmen oder einen Auftrag erhalten, stellen Sie sicher, dass die Eckdaten klar kommuniziert werden, dass ein gemeinsames Verständnis des Auftragsinhalts vorliegt. Es verhält sich bei einer Kommunikation unter Menschen ähnlich wie bei Komponenten: Die Schnittstellen müssen klar spezifiziert sein, die vertraglichen Vereinbarungen müssen eindeutig vorliegen, damit auch wirklich die Ergebnisse erzielt werden, welche dem Projektziel entsprechen. Fordern Sie klare Stellungnahmen ein, wenn der Auftrag, den Sie erhalten, nicht verständlich formuliert wurde.

Stellen Sie sicher, dass ein gemeinsames Verständnis des Auftragsinhalts vorliegt.

Denken Sie vernetzt. Je nach Kontext, je nach Rolle, die Sie übernehmen, haben Ihre Aktivitäten und Ergebnisse Auswirkungen auf die Arbeit anderer. Auch hier ist eine Analogie zu Komponenten sinnvoll. Abhängigkeiten zu anderen Komponenten und Systemen sind darzustellen, und es ist zu spezifizieren, welche Schnittstellen eine Komponente zur Verfügung stellt. Machen Sie sich klar, wer von Ihren Aktivitäten abhängt, und stellen Sie klar heraus, was Sie leisten werden.

Denken Sie vernetzt, und stellen Sie heraus, was Sie in welchem Kontext leisten.

Haben Sie Mut! Respektieren Sie Ihren eigenen Verstand! Wenn Ihnen etwas unklar vorkommt, stellen Sie Fragen, kommunizieren Sie mit Ihren Kollegen darüber. Es kann gut sein, dass auch Ihre Kollegen diesen Aspekt noch nicht berücksichtigt haben.

Haben Sie Mut, respektieren Sie Ihren Verstand.

Nehmen Sie sich Zeit, Ihren Kollegen zuzuhören. Hören Sie ihnen aktiv zu, stellen Sie Fragen, wenn Sie etwas nicht verstanden haben. Lassen Sie sie ausreden, wenn sie etwas ausführen. Nur so ist gewährleistet, dass Sie vollständig verstehen, was Ihr Gegenüber Ihnen zu sagen hat.

Nehmen Sie sich Zeit.

Wenn Sie die Ausführungen eines Kollegen belächeln, bedenken Sie zunächst, ob Sie vielleicht Wesentliches in seinen Aussagen noch nicht verstanden haben oder den Gesprächskontext eventuell verzerrt wahrnehmen.

Holen Sie sich Feedback, ergreifen Sie die Initiative.

Wenn Sie Aufgaben erledigt haben, holen Sie sich Feedback, stimmen Sie Ihre Ergebnisse mit Ihren Kollegen ab. Lassen Sie Ihre Ergebnisse von anderen qualitätssichern. Nutzen Sie den Input Ihrer Kollegen. Dies sollte nicht im großen Kreis geschehen, sondern in kleinen Gruppen von zwei bis drei Mitarbeitern.

12.2 Anforderungs- und Change-Management

12.2.1 Anforderungen

Anforderungen an ein Software-System werden im Laufe eines Projektes kontinuierlich verändert. Ein Produkt wächst iterativ und inkrementell heran. Mit jeder neuen Iteration sind veränderte Anforderungen zu berücksichtigen. Um diese Veränderungen aufgreifen und in den Entwicklungsprozess integrieren zu können, wird ein adäquates Change-Request-Handling benötigt.

> Setzen Sie ein effizientes Anforderungs- und Change-Management auf.

12.2.2 Change-Management

Change-Management betrifft nicht nur die sich verändernden Anforderungen an das Software-System. Die Art und Weise, wie ein Team zusammenarbeitet, welche Aktivitäten in welcher Reihenfolge durchgeführt werden, wer mit welchen Skills daran beteiligt ist, welche Software für welche Artefakte genutzt wird, unterliegt ebensolchen Veränderungen. Change-Management betrifft alle Projektbeteiligten und verschiedenste Aspekte und Artefakte der Software-Entwicklung. Change-Management ist ein lebendiger Prozess, der auf die Erfordernisse des Projektes abzustimmen ist. Ein effizientes Change-Management aufzusetzen, ist in der Regel die Aufgabe des Projektleiters.

> Setzen Sie ein adäquates Change-Management für alle Aspekte und Artefakte der Software-Entwicklung auf.

12.2.3 Change-Request-Handling

Wir wollen hier auf die Behandlung sich verändernder Anforderungen an ein komponentenbasiertes Software-System genauer eingehen. Aktivitäten im Kontext des Change-Request-Handlings sind in einem Aktivitätsdiagramm der Abbildung 12.2 dargestellt. Das Diagramm stellt einen grundsätzlichen Ablauf der Aktivitäten und Rollen im Kontext eines Change-Managements dar.

Abhängig von den beteiligten Bereichen bzw. Unternehmen, der Unternehmenskultur und der vorhandenen Infrastruktur können weitere Abstimmungs-Aktivitäten notwendig sein.

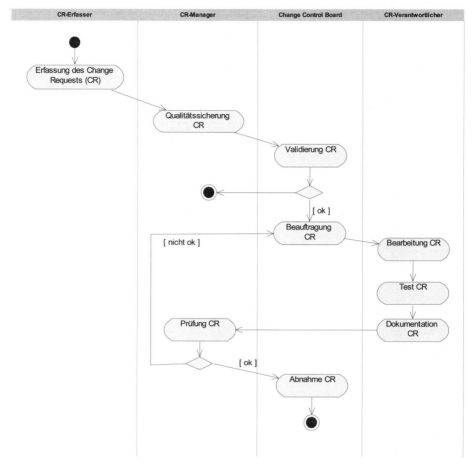

Abbildung 12.2: Aktivitäten im Kontext eines Change-Managements

> Passen Sie das Change Request Management den beteiligten Bereichen,
> der Unternehmenskultur und der vorhandenen Infrastruktur an.

Veränderte Anforderungen führen in einem Projekt häufig zu Konflikten. Sei es, dass die
Zeit zu kurz bemessen wurde, das Budget nicht ausreicht oder die Mitarbeiter zur Umsetzung veränderter Anforderungen nicht zur Verfügung stehen. Wir wollen auf einige Aspekte des Change-Request-Managements eingehen, die es ermöglichen, auf veränderte Anforderungen frühzeitig und adäquat zu reagieren.

> Spezifizieren Sie den Umgang mit Change Requests sehr frühzeitig.

Dazu ist ein Change-Request-Prozess aufzusetzen, der alle Projektbeteiligte in die Lage
versetzt, Anforderungs-Änderungen bzw. neue Anforderungen transparent zu verfolgen.

> Spezifizieren Sie einen Change-Request-Prozess für das Projekt.

Change Requests sollten mit Prioritäten versehen und von den Auftraggebern explizit beauftragt werden können.

> Ordnen Sie Change Requests Prioritäten zu.

Ernennen Sie einen Change-Request-Manager und Mitglieder eines Change Control Boards. Dem sich periodisch zusammensetzenden Change Control Board sollten Entscheider, Auftraggeber und Projektverantwortliche angehören. Der Status von Change Requests sollte für alle Projektbeteiligten einsehbar sein (z.B. über ein Web-Frontend).

> Etablieren Sie ein Change Control Board.

Nutzen Sie ein geeignetes Tool zur transparenten Darstellung und Verfolgung der Change Requests. Die Abläufe, vorhandene Abhängigkeiten, der Status, die Bearbeiter etc. sollten transparent darstellbar sein. Modellieren Sie den Change-Request-Prozess so, dass Nutzer unterschiedlicher technischer Skills und Bereiche sich daran beteiligen können. Stimmen Sie den Prozess mit den Projektbeteiligten ab.

> Stimmen Sie den Change-Request-Prozess mit allen Beteiligten ab.

Stimmen Sie das Change-Request-Handling insbesondere mit dem Konfigurations-Manager ab. Stellen Sie sicher, dass Anforderungen des Konfigurations-Managers (Bezeichnungen, Versionen, Klassifizierungen etc.) beachtet werden. Definieren Sie entsprechend den Prioritäten die Verweilzeiten der Change Requests bei den diversen Verantwortlichen.

> Managen Sie Change-Requests zügig.

Stellen Sie sicher, dass Change-Requests nachvollziehbar und transparent auf die zu entwickelnden Komponenten abgebildet werden. Ordnen Sie den Change-Requests einer Komponente einen eindeutigen Verantwortlichen zu.

12.3 Projektorganisation

12.3.1 Projektziel

Ein Projektziel kann nur erreicht werden, wenn es allen Beteiligten bekannt ist. Hinter diesem trivial anmutenden Satz steckt viel Aussagekraft. Ein Projektziel, welches von einem oder mehreren Auftraggebern formuliert wurde, durchläuft bis zu seiner Realisierung verschiedene Projektphasen. In jeder dieser Projektphasen sind verschiedene Schwerpunkte zu bearbeiten. Jeder Projektbeteiligte sieht Projektaufgaben – die sich aus der Definition des Projektzieles ergeben – aus seiner eigenen Perspektive. Projektziele verändern sich während der Projektlaufzeit, Anforderungen werden neu oder verändert formuliert. Es ist daher keinesfalls trivial, ein zu verfolgendes Projektziel in allen Projektphasen so in die einzelnen Projektaktivitäten aufzuteilen, dass diese eindeutig und nachvollziehbar auf das zu erreichende Ziel bzw. das zu entwickelnde Produkt abzubilden sind.

Das erfolgreiche Erreichen eines Projektzieles hängt u.a. ab

- von einem eindeutig definierten Projekt,

- von den am Projekt beteiligten Personen,
- von dem gewählten Vorgehensmodell und
- von einer klaren Vorstellung vom zu entwickelnden Produkt.

Ein Projekt definiert den Übergang von einem gegenwärtigen zu einem gewünschten Zustand. Der Zustand eines Projektes wird bewertet anhand der Produkte, des Vorgehensmodells und der beteiligten Personen. Dabei liefert das in diesem Buch beschriebene Architektur-Framework einen übersichtlichen Rahmen für die Darstellung von Soll-/Ist-Zuständen auszuarbeitender Artefakte. Unterschiedliche Artefakte können spezifischen Abstraktionsebenen zugeordnet werden. Vergleiche können auf der Ebene stattfinden, die für die Beteiligten am besten geeignet sind.

Damit ein Projekt – ausgehend von einer transparenten Zustandsbeschreibung – erfolgreich durchgeführt werden kann, sind gewisse kritische Erfolgsfaktoren zu beachten. Diese Erfolgsfaktoren sind von Unternehmen zu Unternehmen und von Projekt zu Projekt anders zu formulieren bzw. anders zu gewichten. Ich will hier einige Erfolgsfaktoren aufführen, die sich in vielen Projekten als erfolgsversprechend herauskristallisiert haben.

12.3.2 Kritische Erfolgsfaktoren

Ziele und Anforderungen

Nur wenn die Projektziele klar und eindeutig dargestellt werden können, ausreichend mit den Auftraggebern abgestimmt sind und von allen Projektbeteiligten verstanden werden, kann die Arbeit effizient in die richtige Richtung geleitet werden.

> Erarbeiten Sie klare Ziele und klare Anforderungen.

Effiziente Kommunikation

Eine effiziente Kommunikation der Projektbeteiligten ist eine notwendige Voraussetzung für einen Projekterfolg. Informationsverluste, die aufgrund unzureichender Kommunikation entstehen, sind schädlich für ein Projekt. Reibungsverluste, die aufgrund ‚politischer' Querelen den Informationsfluss behindern, führen zu Motivationsverlust, Mehraufwand und Zeitverzögerung. In Abschnitt 12.1.2 sind einige Faktoren aufgeführt, die bei einer Kommunikation im Team berücksichtigt werden sollten.

> Sorgen Sie für eine kontinuierliche, effiziente Kommunikation.

Transparenz in Bezug auf den Projektfortschritt

Es ist entscheidend, dass alle Projektbeteiligten die benötigten Projekt-Informationen – abgestimmt auf ihre Rollen – transparent einsehen können. Auch sollten die Projektbeteiligten zu jeder Zeit über den aktuellen Stand des Projektes informiert sein. Es sollte z.B. ein Repository mit wichtigen Projekteckdaten angelegt werden, dem alle Projektbeteiligten den aktuellen Status verschiedener Projektinhalte entnehmen können.

> Sorgen Sie für Transparenz der Informationen und Artefakte.

Ausreichende Ausbildung der Projektbeteiligten

Die Projektbeteiligten sollten über die erforderlichen Skills verfügen, die ihre Rollen ihnen abverlangen. Es sind rechtzeitig geeignete Ausbildungsmaßnahmen zu treffen, um das Projekt-bedingte Niveau zu erhalten und ohne Verzögerungen die jeweiligen Aktivitäten durchführen zu können.

> Stellen Sie geeignete Ausbildungsmaßnahmen für die Projektbeteiligten sicher.

Autonomes, selbstständiges Arbeiten

Stellen Sie sicher, dass alle Projektbeteiligten selbstständig arbeiten können und nicht in Leerschleifen auf Ergebnisse anderer warten oder redundant Ergebnisse erarbeiten, die in der einen oder anderen Form schon existieren. Schaffen Sie dazu ein Umfeld, welches den Projektbeteiligten Eigenverantwortung gewährt. Stellen Sie sicher, dass Ergebnisse in Gestalt von Kunden-Lieferanten-Beziehungen abgestimmt werden.

> Stimmen Sie Ergebnisse mittels Kunden-Lieferanten-Beziehungen ab.

Effizientes Risiko-Management

Um Projekte erfolgreich durchführen zu können, müssen potenzielle und vorhandene Risiken möglichst frühzeitig erkannt werden. Grundsätzlich lassen sich drei verschiedene Arten der Risikobehandlung differenzieren:

- *Risiko-Übernahme*: Dabei ist zu untersuchen, wie man mit den bestehenden Risiken leben kann bzw. welche Maßnahmen getroffen werden können, die entsprechenden Risiken zu minimieren.
- *Risiko-Vermeidung*: Das Projekt wird so abgeschirmt und organisiert, dass es von Risiken unbeeinflusst bleibt.
- *Risiko-Delegation*: Die entstandenen Risiken werden an einen Dritten delegiert. Dies kann ein Provider, ein Hersteller, ein anderer Unternehmensbereich oder auch der Kunde sein.

In der Praxis treten in der Regel im Laufe eines Projektes – je nach Risiko – alle drei Arten der Risikobehandlung auf. Um Risiken entsprechend untersuchen zu können, ist es sinnvoll, die Risiken zu klassifizieren und die Wahrscheinlichkeit ihres Eintretens zu bewerten. Dazu sollte eine Risikomatrix angelegt werden, die mit Hilfe von Ampeln anschaulich signalisiert, welche Risiken im grünen, im gelben oder schon im roten Bereich liegen. Das Risiko-Management ist Aufgabe des Projektleiters und stellt ein effizientes Instrument dar, dem Management bzw. Lenkungsausschuss periodisch und ereignisbasiert über den Stand des Projektes Auskunft zu geben.

> Klassifizieren Sie Risiken und stellen Sie eine transparente Risikomatrix auf.

Qualitäts-Management

Qualitäts-Management betrifft alle Aktivitäten und Prozesse, die zur effizienten, qualitätsorientierten Entwicklung von Komponenten beitragen. Dies beinhaltet u.a.:

- Anforderungs- und Change-Management
- Konfigurations-Management

- Produkt-Management
- Risiko-Management
- Reuse-Management
- Test-Management
- Measurement

Ein effizientes Qualitätsmanagement sollte parallel zum gesamten Software-Produkt-Lifecycle betrieben werden, um alle Artefakte jederzeit qualitätsgesichert erarbeiten zu können.

Setzen Sie ein kontinuierliches Qualitäts-Management auf.

Stellen Sie sicher, dass die qualitätssichernden Maßnahmen beachtet werden. Meist führen Missachtungen später zu Mehraufwand, die den Aufwand zum Durchlaufen der spezifischen qualitätssichernden Maßnahmen meist übersteigen. Ernennen Sie – je nach Projekt- und Unternehmensgröße – einen Qualitäts-Manager.

Reviews

Nutzen Sie ereignisbasierte Reviews. Führen Sie diese z.B. bei Erreichen spezifischer Milestones durch. Lassen Sie erzielte Ergebnisse übersichtlich darstellen. Stellen Sie dabei Pros und Cons heraus. Nutzen Sie Metriken zur Veranschaulichung von Soll-/Ist-Zuständen. Diskutieren Sie, was besser gemacht werden kann.

Führen Sie ereignisbasierte Reviews durch.

Frühzeitige Integration

Integrieren Sie Fremd-Systeme frühzeitig. Warten Sie nicht mehrere Iterationen ab, sondern versuchen Sie die Schnittstellen zu Systemen von Drittanbietern bzw. zu Legacy-Systemen sehr frühzeitig anzugehen. Damit bleiben Sie vor bösen Überraschungen am Ende des Projektes verschont, wenn das Budget fast aufgebraucht ist und die Ressourcen nicht mehr ausreichend zur Verfügung stehen.

Integrieren Sie Fremd-Systeme frühzeitig.

Ergebnisorientiertes Arbeiten

Setzen Sie Aktivitäten ergebnisorientiert auf. Stimmen Sie die Ergebnistypen mit den Projektbeteiligten ab. So werden Abstimmungen der Ergebnisse erleichtert, Milestones sind schneller zu erreichen und Erwartungshaltungen können leichter erfüllt werden.

Sorgen Sie für eine Abstimmung eindeutiger Ergebnistypen.

Projektspezifische Aktivitäten

Stimmen Sie die durchzuführenden Workflows und Aktivitäten für jede Projekt-Iteration auf die Projektinhalte und das Projektziel ab. Aktivitäten sollten eindeutig auf die zu erarbeitenden Artefakte abgebildet werden. Beginnen Sie mit den architektonischen Sichten, mit denen – auf der Basis vorliegender Artefakte – ein effizientes Vorankommen gewährleistet ist.

> Stimmen Sie Aktivitäten und Workflows für jede Iteration auf Projektinhalte und Projektziele ab.

Best practices

Es sollten best practices als wiederverwendbare Muster zusammengetragen und unternehmensweit genutzt werden. Legen Sie ein für alle Projektbeteiligten einsehbares Repository mit den je nach Kontext am besten geeigneten Maßnahmen, Architekturmuster, Kommunikations-Lösungen, Aktivitäten, Workflows etc. an, um diese auch in zukünftigen Iterationen und Projekten jederzeit abrufbar nutzen zu können (siehe Kapitel 11).

> Legen Sie ein Repository wiederverwendbarer best practices an.

Vorgehensmodell und Methodik

Ein entscheidender und wichtiger Erfolgsfaktor im Rahmen der Entwicklung von Software ist die Anwendung eines konsistenten methodischen Vorgehens und die Nutzung eines Vorgehensmodells, welches eine Traceability aller zu erarbeitenden Artefakte ermöglicht. Ein Vorgehensmodell muss auf die spezifischen Erfordernisse eines Projektes abgestimmt werden. Es sollte agil und heuristisch einsetzbar sein und best practices unternehmens- und projektspezifisch berücksichtigen.

> Nutzen Sie ein konsistentes methodisches Vorgehen unter Anwendung eines durchgängigen Vorgehensmodells.

Lieber Leser, hier schließt sich der Kreis. Es würde mich freuen, wenn das in diesem Buch beschriebene Vorgehensmodell dazu beiträgt, Ihre Projekte erfolgreich zu bewältigen.

12.4 Weiterführende Literatur

[Boe 04]   Barry Boehm, Richard Turner: *Balancing Agility and Discipline*, Addison-Wesley 2004

[Kel 01]   Hedwig Kellner: *Die Kunst, IT-Projekte zum Erfolg zu führen*, 2. Auflage, Carl Hanser Verlag 2001

[Lit 95]   Hans-D. Litke: *Projektmanagement, Methoden, Techniken, Verhaltensweisen*, Carl Hanser Verlag 1995

[Loc 97]   Dennis Lock: *Projektmanagement*, Ueberreuter 1997

[Mai 90]   Hans-Heinz Maier: *Software-Projekte erfolgreich managen*, WRS Verlag 1990

[Sch 96]   Heinz Schelle: *Projekte zum Erfolg führen*, Beck-Wirtschaftsberater 1996

[Ver 00]   Gerhard Versteegen: *Projektmanagement mit dem Rational Unified Process*, Springer Verlag 2000

13 Anhang

13.1 UML

In diesem Abschnitt soll beschrieben werden, was man zur effizienten Modellierung von Komponenten benötigt. Es wird dargestellt,

- wie die UML entstanden ist,
- was die UML ist und
- welche Diagramme die UML nutzt.

13.1.1 Ein kurzer historischer Abriss der UML

Die UML entstand als Nachfolger einer Reihe von Modellierungsmethoden aus den 80er und frühen 90er Jahren. Sie vereinheitlicht Methoden von Booch (OOD), Rumbaugh (OMT) und Jacobsen (OOSE) und ist umfassender als diese.

Anfang der 90er Jahre entstanden viele konkurrierende Methoden zum Thema objektorientierte Analyse und Design. Shlaer und Mellor, Coad und Yourdon, Wirfs-Brock, Jim Odell, Booch, Rumbaugh und Jacobsen als ihre bekanntesten Vertreter hatten jeweils eigene Methodenbücher auf den Markt gebracht und ihre Vorstellungen in ihrer OO-Gemeinde erfolgreich einbringen können. Zum Teil ähnelten sich ihre Methoden, wiesen aber dennoch viele Unterschiede auf. Der Ruf nach Vereinheitlichung wurde lauter.

Im Jahre 1994 wechselte Jim Rumbaugh von General Electric zur Firma Rational Software, die von Grady Booch gegründet worden war. Rumbaugh und Booch proklamierten provokant auf der OOPSLA 1994, der Methodenkrieg sei vorbei, sie hätten gewonnen. Das Produkt ihrer Zusammenarbeit war die Version 0.8 der Unified Method, die sie auf der OOPSLA 1995 vorstellten. Gleichzeitig wurde bekannt gegeben, dass Ivar Jacobsen das Unified-Team bereichern würde. Diese Drei – seither bekannt als „die drei Amigos" – arbeiteten weiter an der Integration ihrer Ansätze in die Unified Method Language, die im Januar der OMG mit der Version 1.0 als Vorschlag für einen Methodenstandard eingereicht wurde. Dieser Vorschlag wurde von der OMG als Methodenstandard angenommen, und die UML steht heute in der Version 1.x mit einer breiten Unterstützung durch viele namhafte Firmen zur Verfügung. Die UML, auf die hier Bezug genommen wird, ist die Version 1.4, die im Mai 2001 offiziell veröffentlicht wurde.

13.1.2 Diagramme der UML

Es wird zunächst Bezug genommen auf die UML in der Version 1.4, die zum Zeitpunkt der Drucklegung des Buches die offiziell gültige Version ist (siehe auch www.uml-forum.com). Notationstechniken der UML 2.0 – mit Bezug auf Komponenten – sind in Abschnitt 13.2 beschrieben.

In manchen Bereichen genügen die derzeitigen Notations-Techniken der UML nicht, um Komponenten – u.a. im Kontext der Beschreibung von Bedingungen zur Interaktion und Kommunikation – zu beschreiben. Dort wird zur Detaillierung und Verfeinerung die Object Constraint Language (OCL) eingesetzt. Die OCL kann problemlos zur Erweiterung der Notationstechniken der UML genutzt werden, dazu wurde sie von der OMG konzipiert. Stellen, an denen die OCL zum Einsatz kommt, werden als solche kenntlich gemacht.

Im Folgenden werden die Diagramme der UML 1.4 kurz skizziert, da wir im Kontext der Modellierung von Komponenten immer wieder auf diese Bezug nehmen. Für eine ausführliche Darstellung und Diskussion der UML-Diagramme wird verwiesen auf das Standardwerk [Boo 99]. Die UML 1.4 verfügt über neun verschiedene Diagramme.

Use Case und Use-Case-Diagramm

Ein Use Case (Anwendungsfall) beschreibt eine Interaktion zwischen einem Benutzer (Aktor) und einem System, in der Regel ein Software-System. Ein Use Case beschreibt in Textform einen funktionalen Ablauf von Arbeitsschritten. Ein Use-Case-Diagramm ist eine grafische Darstellung der Beziehungen zwischen Aktoren und Use Cases und zwischen verschiedenen Use Cases. In einem Use-Case-Diagramm können Assoziationen mit den Stereotypen <<include>> und <<extend>> charakterisiert werden. Eine <<include>>-Beziehung kann man sich im Sinne eines Funktionsaufrufes vorstellen: Teile eines Use Cases, die mehrere andere Use Cases nutzen können, werden in einem separaten Use Case erfasst. Die <<extend>>-Beziehung stellt eine Spezialisierung eines allgemeineren Use Cases dar. In Abbildung 13.1 ist eine <<include>>-Beziehung für einen Use Case „Kundenidentifizierung" dargestellt, der in vielerlei Kontexten genutzt werden kann.

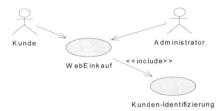

Abbildung 13.1: Use Case Diagramm

Use Cases sollten leicht verständliche Dokumente sein, die in der Sprache des Nutzers gehalten sind. Ein Use Case entspricht einer Teilmenge der funktionalen und extrafunktionalen Anforderungen an ein System. Use Cases und Use-Case-Diagramme sind häufig die ersten aus Anforderungen gewonnenen Artefakte im Kontext der Modellierung eines Systems.

Formulieren Sie Use Cases in der Sprache des Nutzers.

Use Cases bilden die Schablonen für sog. Szenarien. Ein Szenario ist eine Instanz eines Use Cases mit spezifischen Anfangsbedingungen und einem definierten Ergebnis. Szenarien werden im Kontext der Entwicklung von Komponenten dazu genutzt, spezifische Abläufe durchspielen zu können und diese auf Objekte und Komponenten abbilden zu können. Szenarien können für Interaktionsdiagramme genutzt werden.

Klassen- und Objektdiagramm

Ein Klassendiagramm beschreibt die Typen von Objekten bzw. Klassen eines Systems und stellt die verschiedenen Arten von statischen Beziehungen zwischen ihnen dar. Es gibt zwei grundsätzliche Arten von statischen Beziehungen:

- Assoziationen (ein Kunde kann eine Anzahl von Konten haben)
- Generalisierungen (ein Kunde als eine Art von Person)

Klassendiagramme stellen des Weiteren sowohl die Attribute und Methoden einer Klasse als auch die Bedingungen der Verbindung ihrer Objekte dar. Objektdiagramme stellen die Beziehungen zwischen Objekten – als Instanzen, die zur Laufzeit aus Klassen erzeugt wurden – dar.

Ein Klassen- bzw. Objektdiagramm kann auf dreierlei Art betrachtet und verwendet werden:

- *Konzeptionell:* Mit Hilfe einer konzeptionellen Sichtweise werden die grundsätzlichen Strukturen und Beziehungen zwischen den Elementen skizziert.
- *Spezifizierend:* Die spezifizierende Sichtweise stellt die Schnittstellen in den Vordergrund, d.h. es werden Typen betrachtet, keine Implementierungen. Ein Typ repräsentiert eine Schnittstelle, die viele Implementierungen haben kann.
- *Implementierend:* Es werden die Implementierungen betrachtet.

> Klassen- und Objektdiagramme zur Konzeption, Spezifikation und Implementierung nutzen.

Diese verschiedenen Sichtweisen gelten ebenso für die Modellierung von Komponenten.

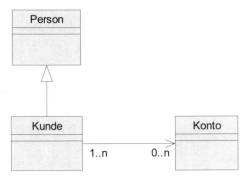

Abbildung 13.2: Klassendiagramm

Klassendiagramme können sowohl zur Modellierung der statischen Beziehungen einer White-Box-Sicht einer Komponente verwendet werden als auch zur Modellierung von Komponenten-Kandidaten.

> Nutzen Sie Klassendiagramme zur Modellierung der White-Box-Sicht einer Komponente.

Interaktionsdiagramme

Sequenzdiagramm

Interaktionsdiagramme beschreiben, welche dynamischen Beziehungen zwischen Gruppen von Objekten bzw. Komponenten bestehen. Es werden die beteiligten Objekte bzw. Komponenten und die Botschaften, die sie miteinander austauschen dargestellt. Der Ablauf eines Szenarios kann in Gestalt eines solchen Interaktionsdiagramms dargestellt werden. Nachrichten werden als Pfeile zwischen Objekten dargestellt.

> Nutzen Sie Sequenzdiagramme zur Darstellung der Interaktion von Komponenten.

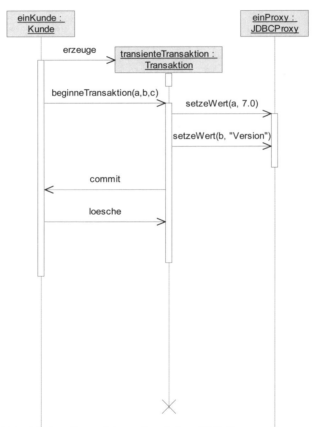

Abbildung 13.3: Beispiel einer Transaktion anhand eines UML-Sequenzdiagramms

Ein Sequenzdiagramm ist ein Interaktionsdiagramm, das den zeitlichen Ablauf in den Vordergrund stellt. Grafisch wird ein Sequenzdiagramm entlang einer x-Achse und einer y-Achse dargestellt. Entlang der x-Achse werden die verschiedenen Objekte bzw. Komponenten dargestellt, und die y-Achse gibt den zeitlichen Ablauf von oben nach unten gesehen wieder. Die vertikale Linie entlang der y-Achse wird auch Lebenslinie genannt, da sie die Lebensdauer einer Instanz darstellt.

Sequenzdiagramme haben sich in der Praxis als sehr hilfreich erwiesen und wurden im Rahmen vieler Entwicklungsprojekte zum Standard. Sequenzdiagramme sollten auf Szenarien abgebildet werden, die als Instanzen von Use Cases spezifische Geschäftsabläufe darstellen.

Abbildung 13.3 veranschaulicht ein solches Sequenzdiagramm. Ein Kunde erzeugt ein transientes Transaktionsobjekt und übergibt gewisse Werte zur Speicherung. Das Transaktionsobjekt übernimmt diese und liefert die Informationen an ein JDBCProxy-Objekt weiter. Nach erfolgreicher Speicherung der Werte durch das JDBCProxy-Objekt sendet das Transaktionsobjekt eine Commit-Nachricht an den aufrufenden Kunden und kann gelöscht werden.

Kollaborationsdiagramm

Ein Kollaborationsdiagramm dient, ähnlich wie ein Sequenzdiagramm, zur Beschreibung der Zusammenarbeit (Kollaboration) von Objekten und Komponenten. Pfeile zeigen die Nachrichten der Objekte bzw. Komponenten an. Die Reihenfolge der Nachrichten wird durch Nummerierung dargestellt.

Nutzen Sie Kollaborationsdiagramme zur Darstellung komplexer Interaktionen.

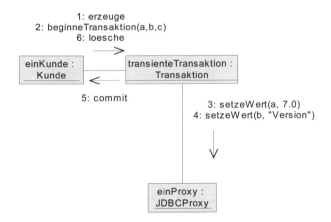

Abbildung 13.4: UML-Kollaborationsdiagramm

Kollaborationsdiagramme dienen zur Darstellung der Organisation von Objekten und Komponenten. Ein Kollaborationsdiagramm ist dazu geeignet, die statischen Beziehungen zwischen kommunizierenden Komponenten übersichtlich darzustellen. Kollaborationsdiagramme können zur Darstellung komplexerer Interaktionen wie z.B. ,Multithreading' oder für einen Nachrichtenaustausch genutzt werden, der an Bedingungen gebunden ist.

Abbildung 13.4 veranschaulicht ein solches Kollaborationsdiagramm für dieselben Objekte und Nachrichten, die im Sequenzdiagramm in Abbildung 13.3 dargestellt wurden. Tools zur Darstellung von Sequenzdiagrammen ermöglichen die automatische Generierung eines Kollaborationsdiagramms anhand des Sequenzdiagramms, da es auf denselben Objekten bzw. Komponenten beruht (und umgekehrt).

Weitere Diagramme zur Modellierung der Dynamik

Zustandsdiagramm

Zustandsdiagramme werden verwendet, um das Verhalten eines Systems (z.B. eines Objektes oder einer Komponente) zu beschreiben. Sie stellen alle denkbaren Zustände dar, die ein bestimmtes Objekt annehmen kann. Ein Zustandsdiagramm einer Komponente kann dazu dienen, ihren Lifecycle zu beschreiben. Des Weiteren eignet sich ein Zustandsdiagramm gut zur Darstellung des Verhaltens einer Komponente über mehrere Use Cases hinweg.

> Nutzen Sie Zustandsdiagramme zur Modellierung eines Lifecycle.

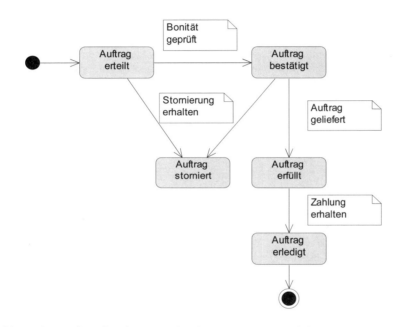

Abbildung 13.5: Auftragsbearbeitung anhand eines UML-Zustandsdiagramms

Aktivitätsdiagramm

Ein Aktivitätsdiagramm vereinigt Ideen verschiedener Techniken: die Ereignisdiagramme von Jim Odell (event diagrams), die zustandsbasierte Modellierungstechnik SDL sowie die Petri-Netze. Ein Aktivitätsdiagramm modelliert den Arbeitsfluss von Aktivität zu Aktivität; dabei können auch parallel auszuführende Aktivitäten dargestellt werden. Ein Aktivitätsdiagramm setzt sich zusammen aus:

- Aktivitäten und Zuständen
- Übergängen (transition)
- Objekten bzw. Komponenten
- Verzweigungen (bei Entscheidungen)
- Gabelungen und Zusammenführungen
- Verantwortlichkeitsgrenzen (swimlane)

- Verzweigungen ermöglichen die Modellierung konditionaler Abläufe. Horizontale Synchronisationsbalken ermöglichen eine Gabelung und Zusammenführung von Informationsflüssen. Anhand von vertikalen Verantwortlichkeitsgrenzen lassen sich Aktivitäten z.B. spezifischen Bereichen bzw. Entitäten (Klassen oder Komponenten) eines Unternehmens zuordnen. Abbildung 13.6 stellt ein Aktivitätsdiagramm dar, welches eine Auftragsbearbeitung nach Auftragserteilung durch einen Kunden abbildet.

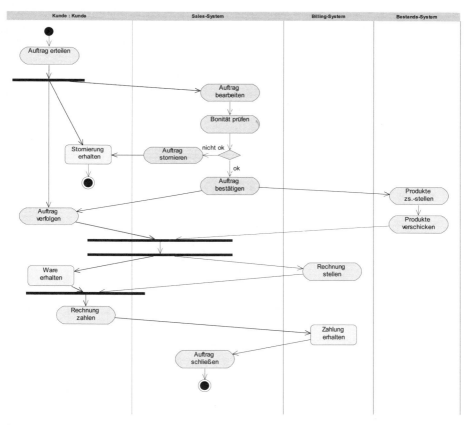

Abbildung 13.6: UML-Aktivitätsdiagramm

Nutzen Sie Aktivitätsdiagramme zur Modellierung paralleler Abläufe.

Diagramm zur Strukturierung von Elementen

Paketdiagramm

Pakete (package) dienen dazu, Elemente zu Gruppen zusammenzufügen. Ein Paket wird grafisch als Rechteck mit einem Reiter dargestellt. Pakete können Klassen, Schnittstellen, Komponenten, Use Cases, andere Diagramme etc. enthalten. Die zu einem Paket verbundenen Elemente weisen Abhängigkeiten untereinander auf. Eine Abhängigkeit besteht zwischen zwei Elementen, wenn Änderungen an der Definition eines Elements Änderungen an der Definition eines anderen Elements bedingen. Pakete können andere Pakete enthalten und Vererbungsbeziehungen zwischen Paketen aufweisen.

Nutzen Sie Paketdiagramme zur Strukturierung komplexer und großer Projekte.

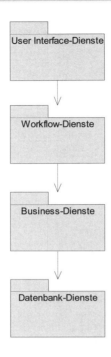

Abbildung 13.7: Beispiel eines UML-Paketdiagrammes

Die UML hat fünf Standard-Stereotypen zur Klassifizierung von Paketen definiert:

- <<Facade>>: spezifiziert ein Paket, das eine Sicht auf ein anderes Paket liefert;
- <<Framework>>: spezifiziert ein Paket, das überwiegend aus Patterns besteht;
- <<Stub>>: spezifiziert ein Paket, das als Proxy für ein anderes Paket dient;
- <<Subsystem>>: spezifiziert ein Paket, das als eine unabhängige Komponente eines Systems modelliert werden kann (siehe Abschnitt 3.3);
- <<System>>: Spezifiziert ein Paket, das das gesamte zu modellierende System darstellt.

Paketdiagramme sind ein sehr hilfreiches Mittel zur Strukturierung großer Projekte. Abbildung 13.7 veranschaulicht ein solches Paketdiagramm, welches seine Elemente entsprechend einer Schichten-Architektur strukturiert. Die Abhängigkeiten zwischen den Paketen stellen Import-Beziehungen dar, die es z.B. den User Interface Services gestatten, auf Elemente der Business Services zuzugreifen.

Diagramme zur Implementierung

Verteilungsdiagramm

Ein Verteilungsdiagramm (deployment diagram) stellt die realen Beziehungen zwischen Soft- und Hardware-Komponenten in einem ausgelieferten System dar. Mit Hilfe eines Verteilungsdiagramms lassen sich die Platzierung und die Migration von Komponenten in einem verteilten System aufzeigen.

Nutzen Sie Verteilungsdiagramme zur Verteilung von Komponenten auf Knoten.

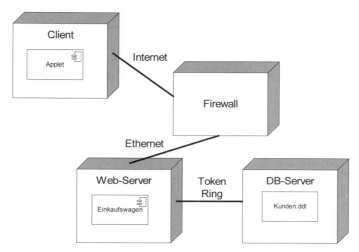

Abbildung 13.8: UML-Verteilungsdiagramm

Komponenten können auf Knoten verteilt und dort ausgeführt werden. Knoten werden unterschieden in Geräte (device), die über keinerlei Rechnerintelligenz verfügen, und in Prozessoren (processor). Knoten, denen Komponenten zugeordnet sind, werden auch als Verteilungseinheit bezeichnet. Knoten können Verbindungen aufweisen, welche die Art der physischen Verbindung beschreiben (z.B. Ethernet, RS-232 etc.). Abbildung 13.8 veranschaulicht ein solches UML-Verteilungsdiagramm.

Komponenten-Diagramm

Komponenten-Diagramme dienen dazu, Abhängigkeiten zwischen physischen Komponenten aufzuzeigen. Dabei werden auch die Artefakte, aus denen sich die Komponenten zusammensetzen (z.B. Klassen), und die Artefakte, die sie implementieren (z.B. Quellcode-Dateien, Binärdateien, ausführbare Dateien etc.), dargestellt. Abbildung 3.9 veranschaulicht ein solches Komponenten-Diagramm anhand verschiedener Enterprise JavaBeans, die in einer Web-Shop-Anwendung zusammenarbeiten. Im Abschnitt 3.3 wird die Notation und Modellierung von Komponenten mit der UML ausführlich behandelt.

13.2   Komponenten mit UML 2.0

An dieser Stelle soll die Modellierung und Notation von Komponenten gemäß der UML 2.0 aus folgenden Gründen skizziert werden: Die UML 2.0

- verfügt über einen – im Gegensatz zur UML 1.4 – erweiterten Komponentenbegriff;
- verfügt über ein effizientes Konzept zur Modellierung und Notation der Interaktion von Komponenten;
- unterscheidet verschiedene Arten von Komponenten;
- baut auf den Konzepten der UML 1.4 auf.

Darüber hinaus ermöglicht die UML 2.0 ausführbare Modelle (executable UML), verfügt über eine bessere Unterstützung der Echtzeitmodellierung und einen vereinfachten Modellaustausch mittels XMI. Die in der UML 2.0 dargestellten Konzepte sind nicht alle neu, in der einen oder anderen Form sind derartige Konzepte in der Fachliteratur schon zu finden (siehe u.a. [Des 99], [Hei 01], [Her 00]). Die UML hat sich jedoch mittlerweile zu einem universellen Modellierungs-Standard entwickelt, so dass zu erwarten ist, dass Komponenten sehr bald diesem neuen Standard konform modelliert werden. Außerdem stellen die Konzepte der UML 2.0 sinnvolle Erweiterungen und Verfeinerungen von Konzepten der UML 1.4 dar.

In den folgenden Abschnitten werden wir die Notationen und Diagramme von UML 2.0 betrachten, die uns im Kontext der Modellierung von Komponenten in erster Linie interessieren.

13.2.1   Definition einer Komponente nach UML 2.0

Die Definition einer Komponente im Sinne des UML 2.0-Standards ist wie folgt:

> „Eine Komponente stellt eine modulare, verteilbare und ersetzbare Einheit eines Systems dar, welche ihren Inhalt kapselt und eine oder mehrere Schnittstellen nach außen zur Verfügung stellt.“

Eine Komponente kann als Typ innerhalb eines Systems verstanden werden, das sich aus einfacheren Teilen zusammensetzt (Sub-Komponenten oder Klassen) und ihrer Umgebung einen Satz von definierten Services zur Verfügung stellt. Eine Komponente bietet die über ihre Schnittstellen definierten Services an, die von Elementen zur Verfügung gestellt oder benötigt werden, die im Innern der Komponente gekapselt sind. Der Begriff einer Komponente kann für Modellierung, Entwicklung und Verteilung genutzt werden.

13.2.2   Notation einer Komponente

Eine Komponente wird gemäß UML-2.0-Standard als Rechteck dargestellt, welches optional zur Veranschaulichung noch ein Komponenten-Symbol als Icon in der oberen rechten Ecke enthalten kann. Das Stereotyp <<Komponente>> klassifiziert eine Komponente als solche.

Export- und Import-Schnittstellen werden wie in Abschnitt 3.4 beschrieben dargestellt, d. h. in der verdichteten Darstellung werden die Export-Schnittstellen, die eine Komponente zur

Verfügung stellt, in sog. Lollipop-Notation abgebildet. Import-Schnittstellen, d.h. die von einer Komponente benötigten Schnittstellen, werden als gestrichelte Pfeile dargestellt.

In der ausführlichen Darstellung wird eine Schnittstelle mit dem Stereotyp <<Schnittstelle>> gemäß UML-Extension dargestellt. Abbildung 13.9 veranschaulicht diese Schnittstellen-Notation.

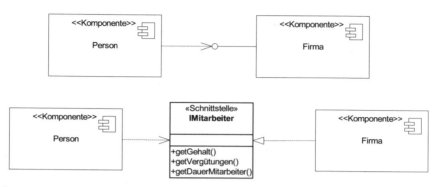

Abbildung 13.9: Import- und Export-Schnittstellen von Komponenten

Die hier dargestellte Notation von Schnittstellen ist eine verdichtete Darstellung, die nicht in allen Bereichen zur qualifizierten Beschreibung von Schnittstellen ausreicht. Hierzu bedarf es der Nutzung weiterer Beschreibungsmerkmale in Gestalt von Ports und Konnektoren.

13.2.3 Beschreibungsmerkmale von Komponenten

Komponenten können genutzt und wiederverwendet werden, indem man sie über Konnektoren (connector) verbindet. Konnektoren sind an Schnittstellen von Komponenten gebunden, entweder als benötigte oder als zur Verfügung gestellte Schnittstellen. Die Konnektoren zwischen Schnittstellen werden über Ports verbunden. Das Verhalten von Ports kann mittels Zustandsautomaten beschrieben werden.

In den folgenden Abschnitten werden Konnektoren, Ports und Zustandsautomaten als Beschreibungsmerkmale von Komponenten gemäß dem UML-Standard erläutert.

Ports einer Komponente

Eine Komponente hat aus einer Black-Box-Perspektive gesehen öffentlich sichtbare Eigenschaften, die in Gestalt von Ports zur Verfügung gestellt werden. Ein Port ist eine Schnittstelle, die mit Namen versehen ist und der Umgebung entweder zur Verfügung gestellt oder von ihr benötigt wird. D.h. eine Komponente kann optional dieselbe Schnittstelle mit verschiedenen Port-Namen versehen. Eine Schnittstelle definiert die Liste an Operationen und Ereignissen, die von der Komponente zur Verfügung gestellt oder von ihr benötigt werden.

- Ein *Port* (Anschluss) spezifiziert einen Interaktions-Punkt zwischen einem klassifizierbaren Element (classifier) – z.B. einer Komponente – und seiner Umgebung oder zwischen dem Verhalten eines klassifizierbaren Elements und seinen inneren Teilen. Ein Port ist eine Schnittstelle, die mit einem Namen versehen ist. Ports sind Punkte von klassifizierbaren Elementen, die über Konnektoren verbunden werden. Wenn zwei Ports miteinander verbunden werden, muss die zur Verfügung gestellte Schnittstelle vom selben Typ oder Sub-Typ, bzw. Signatur-kompatibel sein.

Die Attribute eines Ports sind:

- *IsRequired : Boolean*. Wenn *true*, stellt dieser Port einen Interaktionspunkt für ausgehende Anforderungen (requests) dar und repräsentiert Anforderungen des klassifizierbaren Elements – hier der Komponente – an seine Umgebung. Solch ein Port wird als benötigter Port bzw. als Import-Port (required port) bezeichnet. Wenn *false*, stellt er einen Interaktionspunkt für eingehende bzw. bidirektionale Anforderungen dar und repräsentiert Anforderungen der Umgebung an das klassifizierbare Element. Solch ein Port wird als gelieferter Port bzw. als Export-Port (provided port) bezeichnet.

- *IsWhole: Boolean*. Wenn *true,* ist dies ein Port, der an das Verhalten (behavior) des klassifizierbaren Elements – hier der Komponente – gebunden ist, d.h. er ist ein sog. Verhaltens-Port (behavior port). Jeder Aufruf eines Verhaltensmerkmals an einem solchen Verhaltens-Port wird von einer Instanz der Komponente direkt bearbeitet und nicht von Instanzen enthaltener Teile der Komponente. Die Default-Einstellung ist *false*.

Konnektoren

Konnektoren (connector) verbinden Komponenten oder Teile (parts) innerhalb einer Komponente. Ein Konnektor wird als gerichtete Verbindung dargestellt, optional können Multiplizitäten an den Enden des Konnektors angegeben werden. Konnektoren werden über Ports miteinander verbunden.

Eine Komponente kann mit zweierlei Konnektoren dargestellt werden: Delegations-Konnektoren und Assembly-Konnektoren:

- Eine Komponente stellt im Sinne einer White-Box-Ansicht private Eigenschaften zur Verfügung, die öffentlich nicht zugänglich sind. Die Abbildung von externer Sicht auf interne Sicht wird mittels sog. *Delegations-Konnektoren* realisiert. Diese Delegations-Konnektoren verbinden die externen Ports der Komponente mit deren internen Teilen (z.B. weiteren Komponenten oder Klassen) oder sie verbinden zwei Ports untereinander.

- Ein *Assembly-Konnektor* ist ein Konnektor, der zwei Komponenten miteinander verbindet, wobei die eine Komponente Services anbietet, die die andere benötigt. Die Services werden als Schnittstellen dargestellt und als Ports modelliert, die entweder zur Verfügung gestellt oder benötigt werden.

Ein Delegations-Konnektor kann nur zwischen zur Verfügung gestellten Ports oder zwischen benötigten Ports dargestellt werden. Ein Assembly-Konnektor kann nur zwischen einem zur Verfügung gestellten Port (Export-Port) und einem benötigten Port (Import-Port) dargestellt werden.

Notation von Ports und Konnektoren

Abbildung 13.10 veranschaulicht die Notation von Ports und Konnektoren gemäß des UML-2.0-Standards in einem sog. internen Struktur-Diagramm. Ein Port wird als quadratisches Symbol dargestellt. Der Name des Ports wird neben das quadratische Symbol geschrieben. Wenn das Quadrat das klassifizierende Element überlappt (siehe Klasse „Motor"), ist der Port öffentlich. Wird das Quadrat innerhalb des klassifizierenden Elementes dargestellt, ist es privat und kann nicht von außen gesehen werden. Im Beispiel ist zu erkennen, dass die Schnittstelle Antriebsstrang der Klasse „Motor" auf eine weitere Schnittstelle angewiesen ist (Import-Schnittstelle), in diesem Fall auf die Schnittstelle „Antrieb".

Ein Konnektor wird als Relation dargestellt und entsprechend bezeichnet, im Beispiel als „Achse" bzw. als „Schaft". Ein Konnektor muss nicht notwendig angebunden an einen Port dargestellt werden (siehe Komponente „Auto").

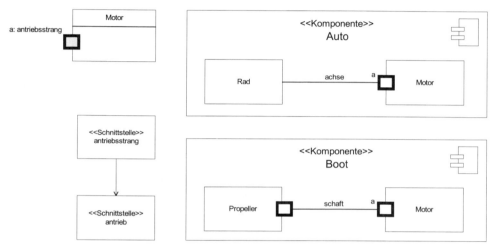

Abbildung 13.10: Teile, Port und Konnektor in einem Struktur-Diagramm

Verhalten einer Komponente

Eine Komponente als solche besitzt kein eigenes Verhalten. D.h. das Verhalten einer Komponente wird über seine Schnittstellen zur Verfügung gestellt und mittels des in der Komponente gekapselten Inhalts, d.h. seiner dort enthaltenen Teile (parts), umgesetzt.

Teile einer Komponente

Eine Komponente setzt sich aus seinen Teilen (parts) zusammen. Diese Teile können beispielsweise Klassen, Schnittstellen oder weitere klassifizierbare Elemente sein. Die Teile einer Komponente sind öffentlich nicht sichtbar; sie können ihrerseits über Ports verfügen, die über Konnektoren miteinander verbunden werden. Abbildung 13.10 veranschaulicht die Zusammenhänge zwischen Port, Konnektor, Schnittstelle und Teile einer Komponente aus einer White-Box-Perspektive.

Notation von Assembly-Konnektoren

Abbildung 13.11 veranschaulicht Assembly-Konnektoren in Ball-and-Socket-Notation bzw. alternativ mit einem zusätzlichen gestrichelten Assoziationspfeil.

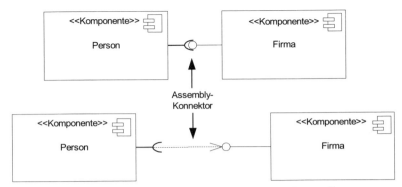

Abbildung 13.11: Assembly-Konnektoren für Import- und Export-Schnittstellen

Notation von Delegations-Konnektoren

Abbildung 13.12 veranschaulicht Delegations-Konnektoren zur Verbindung von Ports und Teilen einer komplexen Komponente bzw. eines Business-Systems aus White-Box-Sicht.

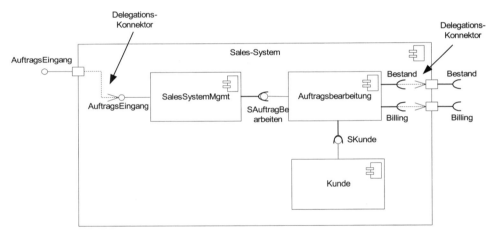

Abbildung 13.12: White-Box-Sicht mit Delegations-Konnektoren

Um das Verhalten und die Dynamik von Schnittstellen zwischen Komponenten beschreiben zu können, sind weitere Beschreibungsmerkmale in Gestalt von Zuständen und Zustandsautomaten hilfreich.

Zustände

Zustände können zur Spezifizierung des Verhaltens verschiedener zu modellierender Elemente genutzt werden. Sie dienen der Modellierung des Verhaltens individueller Entitäten, z.B. von Komponenten-Instanzen, oder der Beschreibung ihrer Interaktion (z.B. Kollaboration) mit anderen Entitäten.

•   Ein *Zustand* stellt eine Situation eines Elementes dar, die durch eine Invariante gekennzeichnet ist. Diese Invariante kann sich in Gestalt einer statischen Situation manifestieren, wo beispielsweise ein Objekt auf das Eintreten eines externen Ereignisses wartet. Ein Zustand kann aber auch eine dynamische Situation kennzeichnen, beispielsweise dass ein Element zu Beginn einer Aktivität einen bestimmten Zustand einnimmt und diesen Zustand verlässt, sobald die Aktivität beendet ist.

Ein Zustand kann während der Ausführung des Systems aktiv oder inaktiv sein. Ein Zustand wird aktiv, wenn er durch einen Übergang (transition) aktiv wird. Ein Zustand wird inaktiv, wenn er durch einen erneuten Übergang verlassen wird. Ein Zustand kann also durch einen Übergang eingenommen und verlassen werden.

Notation von Zuständen

Zustände stellt man mit Hilfe von Zustandssymbolen in Gestalt von abgerundeten Rechtecken dar. Im oberen Teil des abgerundeten Rechtecks kann dem Zustand ein Name zuordnet, im unteren Teil des abgerundeten Rechtecks können Übergänge beschrieben werden. Einen solchen Übergang beschreibt man durch eine Aktion; die Art der Aktion kennzeichnet ein Ereignis-Präfix, das der Aktion vorangestellt wird. Beispiele solcher Ereignis-Label sind „entry", „exit", „do", „include".

Entry: beschreibt eine Aktion, die bei Einnahme eines Zustandes ausgeführt wird.

Exit: beschreibt eine Aktion, die beim Verlassen eines Zustandes ausgeführt wird.

Do: beschreibt eine Aktion, die während der Dauer des Zustandes durchgeführt wird oder bis die Aktion, die diesen Zustand charakterisiert, beendet ist.

Include: beschreibt eine aufzurufende Submaschine.

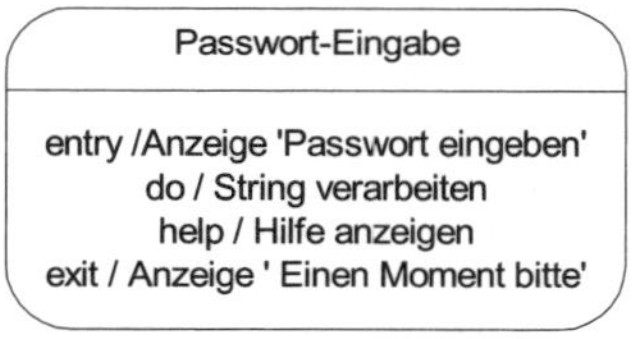

Abbildung 13.13: Zustand für eine Passwort-Eingabe in UML-Notation

Es sind beliebige andere Ereignis-Präfixe möglich, solange diese nur innere Übergänge und keine Exit- oder Wiedereintritts-Übergänge beschreiben. Abbildung 13.13 stellt einen solchen Zustand für eine Passwort-Eingabe dar. Als Beispiel für einen inneren Zustandsübergang ist die Aktion help dargestellt, welche die Anzeige einer Hilfe veranlasst, aber den Gesamtzustand nicht verändert.

Zustandsautomaten

Zustandsautomaten können zur Spezifizierung des Verhaltens verschiedener zu modellierender Elemente genutzt werden. Zustandsautomaten dienen der Modellierung des Verhaltens individueller Entitäten, z.B. von Komponenten-Instanzen, oder der Beschreibung ihrer Interaktion (z.B. Kollaboration) mit anderen Entitäten.

Zustandsautomaten können entweder zur Beschreibung des Verhaltens oder des Nutzungs-Protokolls eines Teiles eines Systems dienen. Diese unterschiedlichen Zustandsautomaten werden als „Verhaltens-Zustandsautomat" (behavioral state machine) oder Zustandsautomat bzw. als „Protokollbasierter Zustandsautomat" (protocol state machine) bezeichnet.

- Eine *Verhaltens-Zustandsautomat* bzw. Zustandsautomat dient der Spezifizierung des Verhaltens der dynamischen Aspekte zu modellierender Elemente. Das Verhalten wird als zu durchlaufender Graph dargestellt, der eine Reihe von Zuständen durchläuft, die jeweils durch spezifische Ereignisse getriggert werden. Beim Durchlaufen dieser Zustände führt der Zustandsautomat eine Reihe von Aktivitäten aus, die verschiedenen Elementen des Zustandsautomaten zugeordnet sind.

- Ein *protokollbasierter Zustandsautomat* stellt die möglichen und zugelassenen Zustandsübergänge und zugeordneten Operationen der Instanzen eines klassifizierbaren Elementes dar. Eine protokollbasierter Zustandsautomat ist immer an ein klassifizierbares Element gebunden. Sie spezifiziert, welche Operationen in welchen Zuständen unter welchen Bedingungen aufgerufen werden können bzw. dürfen.

Protokollbasierte Zustandsautomaten können zur Darstellung des Lifecycle eines klassifizierbaren Elementes dienen, indem sie die Reihenfolge der Operationen, die aktiviert werden können, und die Zustände, die eine Instanz durchläuft, darstellen.

Notation Zustandsdiagramm

Zustandsautomaten werden in Zustandsdiagrammen visualisiert. Zustände werden durch Zustandssymbole in Gestalt von abgerundeten Rechtecken dargestellt, siehe Abbildung 13.14.

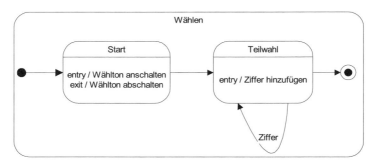

Abbildung 13.14: Zustandsautomat in UML-Notation

Übergänge zwischen Zuständen werden als gerichtete Kanten visualisiert. Eine jeder Zustandsautomat enthält einen Top-Zustand, der alle anderen Zustände des Zustandsautomaten beinhaltet. Die Darstellung dieses Topzustandes ist jedoch optional. Der Anfangszustand wird durch einen kleinen gefüllten schwarzen Kreis symbolisiert. Der Endzustand wird durch einen schwarzen gefüllten Kreis, der von einem äußeren Ring umgeben ist, dargestellt.

Zuordnung eines protokollbasierten Zustandsautomaten zu einem Port

Eine protokollbasierter Zustandsautomat (protocol state-machine) kann einem Port zugeordnet werden. Ein solcher Zustandsautomat bietet eine externe Sicht auf einen Port durch Darstellung dynamischer Randbedingungen bei der Abfolge von Operationen. Ein protokollbasierter Zustandsautomat kann den Ablauf bzw. die Koordination von Services, die von Ports der Komponente zur Verfügung gestellt werden, definieren; sie muss mit dem Satz an Protokollen, die von den Ports zur Verfügung gestellt werden, übereinstimmen.

Protokollbasierte Zustandsautomaten definieren die Art und Weise der Nutzung von Operationen und Rezeptionen eines klassifizierbaren Elementes. Sie definieren:

- in welchem Kontext, unter welchen Zuständen und unter welchen Vor- und Nach-Bedingungen ein klassifizierbares Element (z.B. eine Komponente) genutzt wird;
- alle Operationen, welche zu einem Übergang eines Zustandes einer Komponente führen. Alle anderen Operationen werden hier nicht berücksichtigt;
- alle erlaubten Übergänge für jede Operation;
- ob es eine Protokoll-Reihenfolge gibt;
- das Ergebnis durch Nutzung der Operationen und Rezeptionen.

Protokollbasierte Zustandsautomaten sind ein Mittel, die Schnittstellen von Komponenten formal aufzubereiten, und dienen dazu, Konsistenzregeln für die dynamische Nutzung von Komponenten darzustellen.

Die Nutzung protokollbasierter Zustandsautomaten kann auf zweierlei Art erfolgen:

- *Deklarative* protokollbasierte Zustandsautomaten spezifizieren die erlaubten Übergänge für jede Operation. Dabei wird die Triggerbedingung für die Operation nicht dargestellt. Die Spezifizierung definiert lediglich den Vertrag des Nutzers mit dem klassifizierbaren Element, z.B. einer Komponente.
- *Exekutive* protokollbasierte Zustandsautomaten spezifizieren alle Ereignisse und zugeordneten Übergänge, die eine Komponenten-Instanz erhalten und bearbeiten kann. Die erlaubten Übergänge der Operationen entsprechen genau den getriggerten Übergängen. Das Trigger-Ereignis spezifiziert die Aktion, d.h. die zugeordnete, auszuführende Operation.

Vertrag

Ein Vertrag zwischen den in einer Komponente enthaltenen Teilen regelt die Art und Weise der Erbringung der Services, d.h. des privaten, internen Verhaltens, welches aufgrund einer externen Anforderung zu leisten ist. Wenn für die externen Ports protokollbasierte Zustandsautomaten spezifiziert wurden, können diese auf Implementierungs-Zustandsautomaten der inneren Teile der Komponente abgebildet werden.

Zusammenhänge zentraler Begriffe

Abbildung 13.15 stellt die Zusammenhänge zentraler Begriffe im Kontext eines Konnektors aus Sicht von UML 2.0 dar.

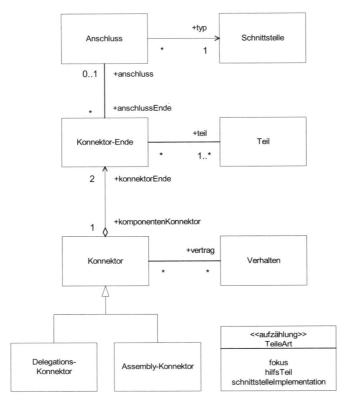

Abbildung 13.15: Schnittstelle, Port, Konnektor und Verhalten einer Komponente

Beispiel einer EJB-Komponente

Abbildung 13.16 veranschaulicht eine EJB-Komponente als White-Box-Darstellung für einen Einkaufswagen, wie er beispielsweise im Kontext einer Web-Anwendung genutzt wird. Die EJB-Komponente verfügt über eine Home-Schnittstelle und über eine Remote-Schnittstelle (siehe auch Abschnitt 10.2.2). Diese Export-Schnittstellen ragen in ihrer Detail-Darstellung über den Rahmen des Komponenten-Rechtecks hinaus. Alternativ können diese Schnittstellen auch über Ports und Konnektoren wie in Abbildung 13.12 dargestellt werden. Die Teile (parts) im Innern der Komponente sind Objekte, die die Schnittstellen implementieren. Die geschlossenen Pfeile vom Home- und vom Remote-Objekt zu den Schnittstellen bedeuten, dass diese Schnittstellen von eben diesen Objekten realisiert werden. Die durchbrochenen, offenen Pfeile signalisieren Abhängigkeiten von Schnittstellen, die hier in der sog. Lollipop-Darstellung vom KontextObjekt und Einkaufswagen angeboten werden. Ein Client kann von außen auf die Home- und auf die Remote-Schnittstelle der EJB-Komponente zugreifen.

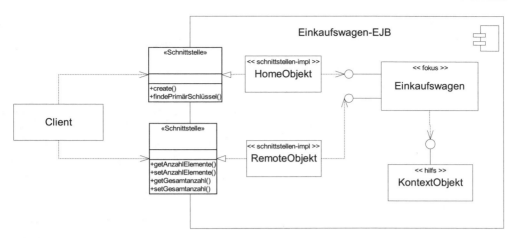

Abbildung 13.16: White-Box-Darstellung einer EJB-Komponente in UML 2.0-Notation

Arten von Komponenten

UML 2.0 unterscheidet verschiedene Arten von Komponenten:

- transaktionsbasierte Prozess-Komponenten;
- persistierbare Entity-Komponenten und
- zustandslose Service-Komponenten, die einen Service anbieten (beispielsweise eine Kalkulation durchführen).

13.3 XML

Was ist XML?

Die eXtensible Markup Language (XML) ist eine Spezifikation, die von der Standard General Markup Language (SGML), einem internationalen Standard zur Dokumenten-Auszeichnung, abgeleitet wurde. XML ermöglicht eine flexible Definition von Dokumenten-Strukturen. XML erlaubt eine Trennung von Inhalt und Darstellung. In einem XML-Dokument können Inhalte und Daten abgelegt werden, die mittels geeigneter Transformationen – beispielsweise mittels der eXtensible Stylesheet Language Transformation (XLST) – endbenutzergerecht umgewandelt und dargestellt (z.B. in HTML- oder WML-Format) werden können. XML zeichnet sich zum einen durch seine Einfachheit und zum anderen durch seine Reichhaltigkeit an verschiedenen Datenstrukturen aus. XML-Dokumente sind besser strukturierbar als ASCII-Texte; sie sind herstellerneutral und universell nutzbar.

Vorteile von XML

- XML ist einfach;
- kann Content und Layout trennen;
- vereinheitlicht die Darstellung von Dokumenten;
- erlaubt eine Verzahnung von Dokumenten;
- fördert die Automatisierung der Dokumentenverarbeitung;
- ist ein unabhängiger und effizienter Standard;
- verfügt über eine weltweit aktive Entwickler-Community;

- ruft viele Standardisierungsbemühungen auf den Plan;
- kann zur Integration von Unternehmensanwendungen genutzt werden.

Standards im Kontext von XML

Seit ihrer offiziellen Veröffentlichung im Februar 1998 durch das W3C[75] entwickelt sich XML zunehmend zur Universalsprache für den Datenaustausch und die Speicherung von Dokumenten. Mittlerweile sind eine Vielzahl von Organisationen und Unternehmen an der Verabschiedung von ca. 450 XML-Standards beteiligt.[76] Die verschiedenen Standards können in die folgenden vier Bereiche unterteilt werden:[77]

- *Kern-XML-Standards*, die als Basis für alle anderen XML-Standards gelten (Dokumenten-Verlinkung, Stil & Transformationsregeln, Schema & Validierung);
- *Nachrichten-orientierte Spezifikationen*, die es Applikationen erlauben, miteinander zu kommunizieren (WebServices, Nachrichtendienste, Workflow/Prozesse, User Interface, E-Business etc.);
- *Dokumenten-orientierte Spezifikationen*, die sich auf die Bedeutung von XML-Dokument-Inhalten beziehen (Content Management, Graphiken, Multimedia, Datenbanken, Voice, Web, Authentifizierung etc.);
- *XML-Vokabular-Spezifikationen*, die es vertikalen Nutzergruppen, Organisationen, Verbänden und Interessensgemeinschaften erlauben, effizient miteinander zu kommunizieren (Finanzdienste, öffentliche Einrichtungen, Gesundheitswesen, Medien und Nachrichtendienste etc.).

Aufbau eines XML-Dokumentes

XML ist eine Sprache zur Beschreibung von Daten in baumartigen Strukturen. Ein XML-Dokument setzt sich aus Elementen zusammen, die ihrerseits Subelemente und Attribute enthalten können. Daten werden durch Start- und Ende-Tags begrenzt. Die Abfolge der Tags kann mit so genannten XML-Schemas oder Document Type Definitions (DTD) definiert werden. Ein XML-Schema oder eine DTD spezifiziert die Syntax des XML-Dokumentes, d.h. sie regelt die Verschachtelung von Elementen und definiert, welche Attribute einem Elementtyp zugewiesen werden können. Die DTD selbst kann Teil eines XML-Dokumentes sein oder von diesem referenziert werden. Elemente können einen Inhalt in Gestalt untergeordneter Elemente oder Fließtext besitzen und/oder Attribute. Inhalte von XML-Texten können mit Hilfe von Parsern ermittelt und mit Transformationsmechanismen (z.B. XSLT) endbenutzerspezifisch aufbereitet werden.

Regeln zur Gestaltung eines XML-Dokumentes

Damit ein XML-Dokument als solches „well-formed" ist, muss es vier Regeln erfüllen:

---

[75] World Wide Web Consortium

[76] Data Interchange Standards Organisation (DISA), Internet Engineering Task Force (IETF), International Organization for Standardization (ISO), Organization for the Advancement of Structured Information Standards (OASIS), World Wide Web Consortium (W3C) etc.

[77] Eine übersichtliche Darstellung unterschiedlicher XML-Standards in Gestalt eines Posters wurde von ZapThink vorgenommen (www.zapthink.com).

- Elemente, die Inhalt besitzen, müssen über einen Start-Tag und einen Ende-Tag verfügen.
- Attributwerte müssen in Anführungszeichen stehen.
- Ein leeres Element muss entweder mit ‚/>' enden oder es muss ein Ende-Tag verwendet werden (z.B. <IMG></IMG>).
- Elemente sind ohne Überlappung zu schachteln.

Ein Beispiel für ein XML-Dokument ist:

```
<?XML Version = ``1.0''  ?>
<!DOCTYPE Adresse SYSTEM ``Adresse.dtd''>
<Adresse>
        <Strasse> Rothenbaumchaussee 101 </Strasse>
        <PLZ> 20142 </PLZ>
        <Ort> Hamburg </Ort>
</Adresse>
```

Die dem XML-Dokument zugeordnete DTD-Datei enthält beispielsweise die Elemente

```
<!ELEMENT Adresse (Strasse, PLZ, Ort)>
<!ELEMENT Strasse (#PCDATA)>
<!ELEMENT PLZ (#PCDATA)>
<!ELEMENT Ort (#PCDATA)>
...
```

Für eine ausführliche Beschreibung von XML-Dateien, DTDs und XML-Schemas sei auf die weiterführende Literatur in Abschnitt 8.4 verwiesen.

14 Glossar

Aktivitätsdiagramm: modelliert den Arbeitsfluss von Aktivität zu Aktivität; dabei können auch parallel auszuführende Aktivitäten dargestellt werden. Ein Aktivitätsdiagramm vereinigt Ideen verschiedener Techniken: Ereignisdiagramme von Jim Odell (event diagrams), der zustandsbasierten Modellierungstechnik SDL sowie der Petri-Netze.

Anforderungs-Sicht: betrachtet alle Anforderungen an das zu erstellende System.

Anwendungs-Architektur: Implementierung der Komponenten und Systeme mittels spezifischer Komponentenmodelle, Realisierung von Schichten-Architekturen und Integrations-Lösungen. Die Modelle sind unabhängig von der Art des Systemumfeldes.

Architektonische Sicht: stellt eine kontextspezifische Sicht auf ein Software-System dar und ist einer Teilarchitektur zugeordnet. Sie enthält eine Sammlung von Artefakten eines Software-Systems, die einer spezifischen Abstraktionsebene zugeordnet sind. Mittels einer architektonischen Sicht lässt sich ein Software-System aus kontextspezifischen Blickwinkeln betrachten.

Architektur-Framework: ist ein erweiterbares Rahmenwerk, welches sich aus Teilarchitekturen, architektonischen Sichten, Bausteinen, Interaktions- und Kommunikationsarten, Workflows und best practices zusammensetzt. Zur Beschreibung und Spezifikation aller Artefakte nutzt es Architektur-, Beschreibungs-, Komponenten-, Kommunikations- und Modellierungs-Standards.

Assembly-Konnektor: ist ein Konnektor, der zwei Komponenten miteinander verbindet, wobei die eine Komponente Services anbietet, die die andere benötigt. Die Services werden als Schnittstellen dargestellt und als Ports modelliert, die entweder zur Verfügung gestellt oder benötigt werden.

Business-Architektur: Business-Cases und -Konzepte, Anforderungen, Prozesse und Referenz-Modelle. Die Referenz-Modelle sind unabhängig von der Art der Software-Realisierung.

Business-Sicht: Betrachtung des bzw. der zu entwickelnden Systeme aus Sicht der Auftraggeber und des Managements und der Initiatoren des zu entwickelnden Systems. Es werden Business-Konzepte und Business Cases als Grundlage für zu erstellende Systeme erstellt.

Delegations-Konnektor: Eine Komponente stellt im Sinne einer White-Box-Ansicht private Eigenschaften zur Verfügung, die öffentlich nicht zugänglich sind. Die Abbildung von externer Sicht auf interne Sicht wird mittels sog. Delegations-Konnektoren realisiert. Diese Delegations-Konnektoren verbinden die externen Ports der Komponente mit den internen Teilen der Komponente (z.B. weitere Komponenten oder Klassen).

Implementierungs-Sicht: Im Rahmen der Implementierungs-Sicht werden Komponenten auf der Basis eines oder mehrerer Komponenten-Modelle spezifiziert. Die Plattform-unabhängigen Modelle der Referenz-Architektur werden um Plattform-spezifische Aspekte erweitert. Die Komponenten werden für ihre spezifische Laufzeitumgebung in Gestalt von z.B. EJBs, COM+-, .NET- oder CORBA-Komponenten vorbereitet. Besonderheiten der verschiedenen Komponenten-Arten sind zu beachten.

Interaktionsdiagramm: beschreibt, welche dynamischen Beziehungen zwischen Gruppen von Objekten bzw. Komponenten bestehen. Es werden die beteiligten Objekte bzw. Komponenten und die Botschaften, die sie miteinander austauschen dargestellt.

Interaktions-Sicht: ist eine dynamische Sicht auf die Komponenten. Sie betrachtet die Interaktion von Komponenten und Systemen, dabei werden ihre Verantwortlichkeiten festgelegt.

Integrations-Sicht: spezifiziert anzubindende bzw. zu integrierende Komponenten und Systeme (Web Services, Legacy-Systeme, CRM-Systeme, Datenbanken etc.). Insbesondere werden Integrationen auf der Basis von XML spezifiziert.

Gesamtarchitektur: stellt alle Artefakte eines Software-Systems in strukturierter Form dar. Sie kann in verschiedene Teilarchitekturen und architektonische Sichten unterteilt werden.

Infrastruktur-Sicht: Im Kontext der Infrastruktur-Sicht wird die Systemlandschaft dargestellt, auf der die Komponenten der Anwendungs-Architektur zum Einsatz kommen. Es werden Datenbanken, Server, Legacy-Systeme, Kommunikations-Protokolle etc. definiert.

Klassendiagramm: beschreibt die Typen von Objekten bzw. Klassen eines Systems und stellt die verschiedenen Arten von statischen Beziehungen zwischen ihnen dar.

Kollaborationsdiagramm: dient, ähnlich wie ein Sequenzdiagramm, zur Beschreibung der Zusammenarbeit (Kollaboration) von Objekten und Komponenten. Pfeile zeigen die Nachrichten der Objekte bzw. Komponenten an. Die Reihenfolge der Nachrichten wird durch Nummerierung dargestellt.

Komponenten-Diagramm: dienen dazu, Abhängigkeiten zwischen physischen Komponenten aufzuzeigen. Dabei werden auch die Artefakte, aus denen sich die Komponenten zusammensetzen (z.B. Klassen), und die Artefakte, die sie implementieren (z.B. Quellcode-Dateien, Binärdateien, ausführbare Dateien etc.) dargestellt.

Komponentenbasiertes Vorgehensmodell: beschreibt alle Aspekte und Aktivitäten im Kontext eines vollständigen Software-Entwicklungszyklus auf der Basis von Komponenten. Zentrales Element aller Aktivitäten ist die Komponente. Architekturen, Sichten, Bausteine, Kommunikationsarten und Workflows dienen der Konzeption, Spezifikation, Strukturierung, Implementierung, Kommunikation und Verteilung autonomer Komponenten, die mit anderen Komponenten und Systemen über definierte Schnittstellen interagieren können. Zur Beschreibung und Modellierung der Komponenten werden spezifische Modellierungssprachen und methodische Ansätze genutzt.

Konfigurations-Sicht: betrifft das Konfigurations-Management der Komponenten und Systeme. Artefakte des Komponenten-Systems sind zu klassifizieren, zu zertifizieren und zu versionieren. Veränderte und neue Komponenten sind in Hinsicht auf die schon ausgearbeiteten Artefakte zu berücksichtigen. Die Konfigurations-Sicht ist eine architektonische Sicht, die sich auf alle Artefakte und Abstraktionsebenen eines Komponenten-Systems bezieht.

Konnektor (connector): verbinden Komponenten oder Teile („parts') innerhalb einer Komponente. Ein Konnektor wird als gerichtete Verbindung dargestellt, optional können Multiplizitäten an den Enden des Konnektors angegeben werden. Konnektoren werden über Ports miteinander verbunden.

Konzeptions-Sicht: dient der Ausarbeitung von Referenz-Modellen eines oder mehrerer Geschäftsbereiche (oder eines Teils eines Bereichs) eines Software-Systems.

Laufzeit-Sicht: dient der Darstellung und Spezifikation des Systems zur Laufzeit.

Measurement: ist die quantitative Zählung observierbarer Daten, so z.B. die Anzahl der Methoden einer Schnittstelle, die Anzahl der Objekte einer Komponente oder die Anzahl von Fehlern einer Komponente.

Metrik: dient dazu, Ergebnisse verschiedener Measurements zu kombinieren bzw. zu vergleichen, so z.B. die Zeit zur Entwicklung einer komponentenbasierten Lösung im Vergleich zur Entwicklung einer prozedural entwickelten Lösung.

Paketdiagramm: Pakete (package) dienen dazu, Elemente zu Gruppen zusammenzufügen. Ein Paket wird grafisch als Rechteck mit einem Reiter dargestellt. Pakete können Klassen, Schnittstellen, Komponenten, Use Cases, andere Diagramme etc. enthalten. Die zu einem Paket verbundenen Elemente weisen Abhängigkeiten untereinander auf. Eine Abhängigkeit besteht zwischen zwei Elementen, wenn Änderungen an der Definition eines Elements Änderungen an der Definition eines anderen Elements bedingen. Pakete können andere Pakete enthalten und Vererbungsbeziehungen zwischen Paketen aufweisen.

PIM: Ein Platform Independent Model (PIM) liefert die formale Spezifikation der Struktur und Funktionalität eines Systems, welches die technischen Details unberücksichtigt lässt. Ein PIM beschreibt Software-Komponenten und deren Interaktion unabhängig von der Plattform, auf die diese zum Einsatz kommen sollen.

Port: spezifiziert einen Interaktionspunkt zwischen einem klassifizierbaren Element (classifier) – z.B. einer Komponente – und seiner Umgebung oder zwischen dem Verhalten eines klassifizierbaren Elements und seinen inneren Teilen. Ein Port ist eine Schnittstelle, die mit einem Namen versehen ist. Ports sind Punkte von über Konnektoren verbundenen klassifizierbaren Elementen. Wenn zwei Ports miteinander verbunden werden, muss die zur Verfügung gestellte Schnittstelle vom selben Typ oder Sub-Typ, bzw. Signatur-kompatibel sein.

Protokollbasierter Zustandsautomat: stellt die möglichen und zugelassenen Zustandsübergänge und zugeordneten Operationen der Instanzen eines klassifizierbaren Elements dar. Ein protokollbasierter Zustandsautomat ist immer an ein klassifizierbares Element gebunden. Sie spezifiziert, welche Operationen in welchen Zuständen unter welchen Bedingungen aufgerufen werden können bzw. dürfen.

Prozess-Sicht: ist eine dynamische Sicht auf das zu erstellende System. Auf Basis des Business-Konzeptes und auf der Grundlage formulierter Anforderungen werden Nutzer- und System-Prozesse bzw. -Workflows ausgearbeitet.

PSM: Ein Platform Specific Model (PSM) berücksichtigt die jeweilige Basistechnologie, auf der ein PIM zum Einsatz kommen kann. So werden z.B. Java-Applikations-Server, CORBA-Broker, .NET-Spezifika oder das Web Services-Protokoll SOAP spezifiziert.

Referenz-Architektur: ist ein Referenz-Modell, welches auf Software-Komponenten abgebildet wird und Informationsflüsse zwischen Komponenten in Gestalt von Schnittstellen, Abhängigkeiten und vertraglichen Vereinbarungen spezifiziert. Spezifikation der Komponenten und Systeme. Interaktion, Kommunikation der Komponenten und Systeme. Systemebenen verschiedener Arten von Komponenten. Modelle sind unabhängig von der Art des Komponentenmodells.

Referenz-Modell: ist eine Unterteilung von Funktionalität eines Geschäfts- bzw. Problembereiches inklusive der Darstellung von Abhängigkeiten und Informationsflüssen zwischen den Teilen.

Schichten-Sicht: dient der Trennung von Zuständigkeiten und einer losen Kopplung der Komponenten. Sie unterteilt ein Software-System in mehrere horizontale Schichten, wobei das Abstraktionsniveau der einzelnen Schichten von unten nach oben zunimmt.

Software-Architektur: ist die Identifikation, Spezifizierung und Dokumentation sowohl der statischen Struktur als auch der dynamischen Interaktion eines Software-Systems, welches sich aus Komponenten und Systemen zusammensetzt. Dabei werden sowohl die Eigenschaften der Komponenten und Systeme als auch deren Abhängigkeiten und Kommunikationsarten mittels spezifischer Sichten beschrieben und modelliert. Software-Architektur betrifft alle Artefakte der Software-Entwicklung.

Software-Komponente: Eine Software-Komponente ist ein eigenständiges Artefakt eines Software-Systems, welche über spezifisches Wissen verfügt und gemäß ihrer Spezifikation über eine oder mehrere Schnittstellen mit anderen Software-Komponenten und -Systemen kommunizieren kann. Das Wissen einer Software-Komponente repräsentiert ein Konzept eines Geschäftsfeldes. Eine Komponente kann verpackt und unter Berücksichtigung eines Komponenten-Modells als autonome, wiederverwendbare Einheit verteilt werden.

Spezifikations-Sicht: Komponenten, Schnittstellen und Abhängigkeiten werden im Rahmen von Verträgen spezifiziert. Es werden Patterns spezifiziert, die im Rahmen der Entwicklung der Software-Lösung Verwendung finden sollen. Die Spezifikations-Sicht betrachtet Artefakte, die eine Verfeinerung und Detaillierung der Konzeptions- und Interaktions-Sicht darstellen. Diese Spezifikation ist jedoch noch unabhängig von konkreten Implementierungsdetails, z.B. in Gestalt von EJBs, COM+-, CCM- oder .NET-Komponenten. Die Spezifikations-Sicht betrachtet Komponenten und Systeme aus statischer und dynamischer Sicht.

System-Architektur: Implementierung der Komponenten und Systeme in systemspezifischer Infrastruktur. Physische Anbindung an bestehende Systeme. Konfiguration und Verteilung der Komponenten auf systemspezifische Knoten. Spezifikation des Laufzeitverhaltens.

System-Ebenen-Sicht: dient der Ebenen-Bildung innerhalb eines Business-Systems, welches sich aus Komponenten zusammensetzt. Die Systemebenen-Sicht stellt ein sog. Lasagne-Modell eines Systems dar, um verschiedene Kategorien von Businesskomponenten zu strukturieren: Prozess-Komponenten, Entity-Komponenten und Service-Komponenten.

System-Sicht: nimmt Bezug auf die Plattform-spezifischen Artefakte der Anwendungs-Architektur, um diese auf der Grundlage der Infrastruktur-Sicht zur Erstellung physischer Komponenten zu nutzen. Die System-Sicht betrachtet Artefakte, die anhand von Code-

Generierung, durch manuelle Programmierung, durch Entwicklung und Anpassung des Systems und seiner Komponenten auf der Basis der Infrastruktur-Sicht – unter Berücksichtigung der Besonderheiten der Zielplattform – erstellt werden. Die System-Sicht stellt ein Extrakt der Konfigurations-Sicht dar.

Teilarchitektur: ist Bestandteil der Gesamtarchitektur eines Software-Systems. Sie ist eine Abbildung eines Software-Systems auf Basis einer spezifischen Abstraktionsebene. Eine Teilarchitektur setzt sich aus architektonischen Sichten zusammen.

Use Case (Anwendungsfall): beschreibt eine Interaktion zwischen einem Benutzer (Aktor) und einem System, in der Regel ein Software-System. Ein Use Case beschreibt in Textform einen funktionalen Ablauf von Arbeitsschritten.

Use-Case-Diagramm: ist eine grafische Darstellung der Beziehungen zwischen Aktoren und Use Cases und zwischen verschiedenen Use Cases. In einem Use Case Diagramm können Assoziationen mit den Stereotypen <<include>> und <<extend>> charakterisiert werden.

Verteilungsdiagramm (deployment diagram): stellt die realen Beziehungen zwischen Soft- und Hardware-Komponenten in einem ausgelieferten System dar.

Verteilungs-Sicht: dient der Beschreibung der Verteilung der Komponenten und Systeme auf verschiedene Knoten.

Zustand: stellt eine Situation eines Elements dar, die durch eine Invariante gekennzeichnet ist. Diese Invariante kann sich in Gestalt einer statischen Situation manifestieren, wo beispielsweise ein Objekt auf das Eintreten eines externen Ereignisses wartet. Ein Zustand kann aber auch eine dynamische Situation kennzeichnen, beispielsweise dass ein Element zu Beginn einer Aktivität einen bestimmten Zustand einnimmt und diesen Zustand verlässt, sobald die Aktivität beendet ist.

Zustandsdiagramm: wird verwendet, um das Verhalten eines Systems (z.B. eines Objektes oder einer Komponente) zu beschreiben. Zustandsdiagramme stellen alle denkbaren Zustände dar, die ein bestimmtes Objekt annehmen kann. Ein Zustandsdiagramm einer Komponente kann dazu dienen, deren Lifecycle zu beschreiben. Des Weiteren eignet sich ein Zustandsdiagramm gut zur Darstellung des Verhaltens einer Komponente über mehrere Use Cases hinweg.

Zustandsautomat: Ein Verhaltens-Zustandsautomat bzw. Zustandsautomat dient der Spezifizierung des Verhaltens der dynamischen Aspekte zu modellierender Elemente. Das Verhalten wird als zu durchlaufender Graph dargestellt, der eine Reihe von Zuständen durchläuft, die jeweils durch spezifische Ereignisse getriggert werden. Beim Durchlaufen dieser Zustände führt der Zustandsautomat eine Reihe von Aktivitäten aus, die verschiedenen Elementen des Zustandsautomaten zugeordnet sind.

15 Literatur

[Ahm 02]   Khawar Zaman Ahmed, Cary E. Umrysh: *Developing Enterprise Java Applications with J2EE and UML*, Addison-Wesley 2002

[Alu 01]   Deepak Alur, John Crupi, Dan Malks: *Core J2EE Patterns*, Sun Microsystems Press 2001

[Bas 98]   Len Bass, Paul Clements, Rick Kazman: *Software Architecture in Practice*, Addison-Wesley 1998

[Bau 01]   Herbert Bauer: *Unternehmensportale*, Galileo Press 2001

[Bec 00]   Kent Beck: *Extreme Programming*, Addison-Wesley 2000

[Berner]   Tim Berners-Lee, „Web Architecture from 50,000 feet", http://www.w3.org/DesignIssues/Architecture.html

[Bie 01]   Adam Bien: *Enterprise Java Frameworks*, Addison-Wesley 2001

[Boa 99]   Bernard H. Boar: *Constructing Blueprints for Enterprise IT Architectures*, John Wiley and Sons 1999

[Boe 04]   Barry Boehm, Richard Turner: *Balancing Agility and Discipline*, Addison-Wesley 2004

[Boo 99]   Grady Booch, James Rumbaugh, Ivar Jacobsen: *The Unified Modeling Language User Guide*, Addison-Wesley 1999

[Bos 00]   Jan Bosch: *Design and Use of Software Architectures*, Addison-Wesley 2000

[Bro 00]   Alan W. Brown: *Large-Scale Component-Based Development*, Prentice Hall 2000

[Bus 98]   Frank Buschmann, Regine Meunier, Hans Rohnert, Peter Sommerlad, Michael Stal: *Pattern-orientierte Software-Architektur*, Addison-Wesley 1998

[Cad 02]   Mark Cade, Simon Roberts: *Enterprise Architect for J2EE Technology*, Sun Microsystems Press 2002

[Car 01]   David Carlson: *Modeling XML Applications with UML*, Addison-Wesley 2001

[Cat 01]   Rick Catell, Jim Inscore: *J2EE Technology in Practice*, Addison-Wesley 2001

[Che 01]   John Cheesman, John Daniels: *UML Components*, Addison-Wesley 2001

[Cia 01]   Paolo Ciancarini, Michael J. Wooldridge: *Agent-Oriented Software Engineering*, Springer 2001

[Corba]   Object Management Group: *CORBA Components*, June 2002 – Version 3.0, www.omg.org

[Cou 01]   George Coulouris, Jean Dollimore, Tim Kindberg: *Distributed Systems,* Addison-Wesley 2001

[Dav 00]   Mark M. Davydov: *Corporate Portals and E-Business Integration*, McGraw-Hill 2000

[Des 99]   Desmond F. D'Souza, Alan C. Wills: *Objects, Components, and Frameworks with UML*: Addison-Wesley 1999

[Evr 01]   Evren Eren, Kai-Oliver Detken: *Mobiles Internet*, Addison-Wesley 2001

[Fay 98]   Mohamed Fayad, Douglas Schmidt, Ralph Johnson: *Building Application Frameworks*, Wiley 1998

[FaJ 99]   Mohamed Fayad, Ralph Johnson: *Domain-Specific Application Frameworks*, Wiley 1999

[Fay 99]   Mohamed Fayad, Douglas Schmidt, Ralph Johnson: *Implementing Application Frameworks*, Wiley 1999

[Fow 04]   Martin Fowler, Kendall Scott: *UML konzentriert*, Addison-Wesley 2004

[Fow 03]   Martin Fowler: *Patterns of Enterprise Application Architecture*, Addison Wesley 2003

[Fra 03]   David S. Frankel: *Model Driven Architecture*, Wiley Publishing - OMG Press 2003

[Gam 95]   Erich Gamma, Richard Helm, Ralph Johnson, John Vlissides: *Design Patterns*, Addison-Wesley 1995

[Gru 00]   Volker Gruhn, Andreas Thiel: *Komponenten-Modelle*, Addison-Wesley 2000

[Hat 00]   Derek Hatley, Peter Hruschka, Imtiaz Pirbhai: *Process System Architecture and Requirements Engineering*, Dorset House Publishing 2000

[Hei 01]   George T. Heineman, William T. Councill: *Component-based Software Engineering*, Addison-Wesley 2001

[Her 00]   Peter Herzum, Oliver Sims: *Business Component Factory*, John Wiley & Sons 2000

[Hru 02]   Peter Hruschka, Chris Rupp: *Agile Softwareentwicklung für Embedded Real-Time Systems mit der UML*, Carl Hanser Verlag 2002

[Hub 02]   Richard Hubert: *Convergent Architecture, Building Model-Driven J2EE Systems with UML*, Wiley Publishing – OMG Press 2002

[IEE 00]   IEEE Architecture Working Group: *IEEE Recommended Practice for Architectural Description, Standard 1471*, www.pithecanthropus.com/~awg

[Jab 97]   Stefan Jablonski, Markus Böhm, Wolfgang Schulze: *Workflow-Management – Entwicklung von Anwendungen und Systemen*, dpunkt.verlag 1997

[Jac 97]   Ivar Jacobsen, Martin Griss, Patrik Jonsson: *Software Reuse*,   Addison-Wesley Longman 1997

[Jac 99]   Ivar Jacobsen, Grady Booch, James Rumbaugh: *The Unified Software Development Process*, Addison-Wesley 1999

[Jec 04]   Mario Jeckle, Chris Rupp, Jürgen Hahn, Barbara Zengler, Stefan Queins: *UML 2 glasklar*, Carl Hanser Verlag 2004

[Kle 03]   Anneke Kleppe, Jos Warmer, Wim Bast: *MDA Explained*, Addison-Wesley 2003

[Kel 01]   Hedwig Kellner: *Die Kunst, IT-Projekte zum Erfolg zu führen*, 2. Auflage, Carl Hanser Verlag 2001

[Kru 99]   Philippe Kruchten: *Der Rational Unified Process*, Addison-Wesley 1999

[Kul 00]   Daryl Kulak, Eamonn Guiney: *Use Cases – Requirements in Context,* Addison-Wesley 2000

[Lan 80]   Landström: *Geschichte der Vasa*. Erhältlich im Vasa Museum von Stockholm 1980

[Lar 04]   Craig Larman: *Agile & Iterative Development*, Addison-Wesley 2004

[Lit 95]   Hans-D. Litke: *Projektmanagement, Methoden, Techniken, Verhaltensweisen*, Carl Hanser Verlag 1995

[Loc 97]   Dennis Lock: *Projektmanagement*, Ueberreuter 1997

[Löw 01]   Juval Löwy: *COM and .NET Component Services*, O'Reilly 2001

[Mai 90]   Hans-Heinz Maier: *Software-Projekte erfolgreich managen*, WRS Verlag 1990

[Mar 03]   Robert Martin: *Agile Software Development*, Prentice Hall 2003

[Mar 99]   Hiroshi Maruyama, Kent Tamura, Naohiko Uramoto: *XML and Java*, Addison-Wesley 1999

[MDA]   Object Management Group: *Model Driven Architecture*, www.omg.org/mda/

[Mel 04]   Stephen J. Mellor: *Agile MDA*, MDA Journal June 2004

[Mer 02]   Michael Merz: *E-Commerce und E-Business*, dpunkt.verlag 2002

[Mey 97]   Bertrand Meyer: *Object Oriented Software Construction*, Prentice Hall 1997

[Mic 99]   Thomas Michel: *XML kompakt*, Carl Hanser Verlag 1999

[Mow 97]   Thomas J. Mowbray, Raphael C. Malveau: *CORBA Design Patterns*, John Wiley and Sons 1997

[Orf 96]   Robert Orfali, Dan Harkey, Jeri Edwards: *The Essential Distributed Objects Survival Guide*, John Wiley & Sons 1996

[Pre 97]   Wolfgang Pree: *Komponentenbasierte Software-Entwicklung mit Frameworks*, dpunkt.verlag 1997

[Rob 99]   Suzanne Robertson, James Robertson: *Mastering the Requirements Process*, Addison-Wesley 1999

[Rom 99]   Ed Roman: *Mastering Enterprise JavaBeans*, John Wiley 1999

[Sch 96]   Heinz Schelle: *Projekte zum Erfolg führen*, Beck-Wirtschaftsberater 1996

[Sch 00]   Wolfgang Schulze: *Workflow-Management für CORBA-basierte Anwendungen*, Springer Verlag 2000

[Sch 01]   Douglas Schmidt, Michael Stal, Hans Rohnert, Frank Buschmann: *Pattern-Oriented Software Architecture*, Wiley 2001

[Sch 02]   Bruno Schienmann: *Kontinuierliches Anforderungs-Management*, Addison-Wesley 2002

[Ses 00]   Roger Sessions: *COM+ and the Battle for the Middle Tier*, Wiley 2000

[Sta 02]   Gernot Starke: *Effektive Software-Architekturen*, Carl Hanser Verlag 2002

[Szy 99]   Clemens Szyperski: *Component Software*, Addison-Wesley 1999

[Tex 97]   Putnam Texel, Charles Williams: *Use Cases*, Prentice Hall 1997

[UML 02]   Object Management Group: *Unified Modeling Language: Infrastructure version 2 und Unified Modeling Language: Superstructure version 2 beta R1*, September 2002, www.omg.org

[Vas 01]   Vasters, Oellers, Javidi, Jung, Freiberger, DePetrillo: *.net*, Microsoft Press 2001

[Ver 00]   Gerhard Versteegen: *Projektmanagement mit dem Rational Unified Process*, Springer Verlag 2000

[Vog 99]   Andreas Vogel, Madhavan Rangarao: *Enterprise JavaBeans, JTS and OTS*, Wiley 1999

[War 99]   Jos Warmer, Anneke Kleppe: *The Object Constraint Language,* Addison-Wesley 1999

[You 89]   Edward Yourdon: *Modern Structured Analysis*, Prentice Hall 1989

[Zim 00]   Jürgen Zimmermann, Gerd Beneken: *Verteilte Komponenten und Datenbankanbindung*, Addison-Wesley 2000

16 Index

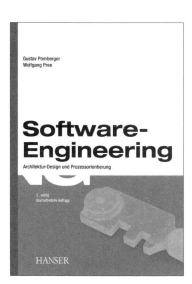